आर. गुप्ता® कृत

# पॉपुलर
# हिन्दी व्याकरण

विद्यार्थियों, सामान्य पाठकों एवं प्रतियोगी परीक्षाओं के अभ्यर्थियों के लिए एक उत्तम पुस्तक

लेखक

डॉ॰ ब्रजकिशोर प्रसाद सिंह

रमेश पब्लिशिंग हाउस, नई दिल्ली

**प्रकाशकः** ओ॰पी॰ गुप्ता, **रमेश पब्लिशिंग हाउस**

***प्रशासनिक कार्यालय***

12-H, न्यू दरियागंज रोड, ऑफिसर्स मेस के सामने,
नई दिल्ली-110002 ✆ 23275224, 23245124
**E-mail:** info@rameshpublishinghouse.com
**For Online Shopping:** www.rameshpublishinghouse.com

***विक्रय केन्द्र***

- बालाजी मार्किट, नई सड़क, दिल्ली-110006 ✆ 23282525 📱 9354373464
- 4457, नई सड़क, दिल्ली-10006



**Book Code: R-939**

**22nd Edition: April 2026**

**ISBN: 978-93-5012-616-5**

**मूल्यः ₹ 170**

**मुद्रकः** दीपक ऑफसैट, दिल्ली

# विषय-सूची

# पॉपुलर हिन्दी व्याकरण

(व्याकरण-1)

# 1

# भाषा (Language)

## भाषा

भाषा भाव या विचार की अभिव्यक्ति का अमूर्त माध्यम है। भाषा का शाब्दिक अर्थ है– कहना या व्यक्त करना। मनुष्य अपनी बातों को किसी से कहने के लिए या समझाने के लिए भाषा का प्रयोग करता है। मन के अन्दर जो विचार छिपे हुए हैं, आख़िरकार वे भाषा से ही प्रकट हो सकते हैं। मनुष्य क्या जीव-जन्तु , पशु-पक्षियों की भी अपनी भाषा होती है। भले ही उनकी भाषा हम नहीं समझ पाते हैं और मानवेतर प्राणी मनुष्य की भाँति अपने विचारों को लिखकर व्यक्त नहीं कर पाते हैं।

मनुष्य या अन्य प्राणी भी कुछ कहने या बोलने के समय अपने मुँह से कुछ ध्वनियाँ निकालते हैं। व्याकरण की भाषा में ध्वनि निकालने को ही उच्चारण करना कहा जाता है। मनुष्य एक बुद्धिमान प्राणी है इसलिए वह अपने मुँह से निकली हुई ध्वनियों का विशेष रूप से अर्थ निर्धारित कर लेता है। इस प्रकार, मनुष्य के मुँह से निकली हुई प्रत्येक ध्वनि के परस्पर योग से एक अर्थ व्यक्त होने लगता है, इसलिए मनुष्य अपने मन के विचारों या भावों को कहकर दूसरों को समझाता है या सुनकर स्वयं समझता है।

'भाषा' शब्द की उत्पत्ति के मूल में जाने पर यह पता चलता है कि इसकी उत्पत्ति संस्कृत के भास्' धातु से हुई है जिसका आशय है– वाणी को व्यक्त करना। भाषा क्या है? इस विषय पर ठोस बातें कहने के उद्देश्य से इसे परिभाषित किया गया है। यद्यपि भाषा की कोई एक परिभाषा पर्याप्त नहीं है तथापि कई परिभाषाओं में तत्त्वतः बातें एक जैसी होती हैं। यहाँ भाषा को समझने के लिए कुछ आधुनिक भाषा विज्ञानियों की परिभाषाएँ द्रष्टव्य हैं:

"मनुष्य और मनुष्य के बीच वस्तुओं के विषय में अपनी इच्छा और मति का आदान-प्रदान करने के लिए व्यक्त ध्वनि-संकेतों का जो व्यवहार होता है, उसे भाषा कहते हैं।"

**डॉ॰ श्याम सुन्दर दास**

"जिन ध्वनि-चिह्नों द्वारा मनुष्य परस्पर विचार-विनिमय करता है, उसको समष्टि रूप से भाषा कहते हैं।"

**डॉ॰ बाबू राम सक्सेना**

"उच्चरित ध्वनि-संकेतों की सहायता से भाव या विचार की पूर्ण अथवा जिसकी सहायता से मनुष्य परस्पर विचार-विनिमय कर सहयोग करते हैं, उस यादृच्छिक, रूढ़, ध्वनि-संकेत की प्रणाली को भाषा कहते हैं।"

**आचार्य देवेन्द्र नाथ शर्मा**

इन परिभाषाओं से भाषा की मुख्यतः तीन विशेषताएँ स्पष्ट होती हैं :

(क) भाषा ध्वनि-संकेत है।

(ख) भाषा यादृच्छिक है।

(ग) भाषा रूढ़ है।

संक्षेप में इतना ही कहना पर्याप्त होगा कि भाषा भावाभिव्यक्ति का साधन है, जिसका प्रयोग मानव-मात्र परस्पर विचार-विनिमय के लिए करता है तथा जिसका निर्माण यादृच्छिक ध्वनि-समूहों से होता है। भाषा का महत्त्व मानव समाज के लिए अत्यधिक है। इसके द्वारा ही हम अपने विचार दूसरों तक पहुँचाते हैं तथा दूसरों के भावों से अवगत होते हैं। यदि भाषा का प्रयोग न किया जाए, तो हमारे कार्य ठप हो जायेंगे और प्रगति अवरुद्ध हो जाएगी।

## भाषा के भेद

भाषा के मुख्यतः तीन भेद होते हैं– (क) कथित भाषा (ख) लिखित भाषा (ग) सांकेतिक भाषा

(क) **कथित भाषा :** कथित भाषा उसे कहते हैं, जो मुँह से बोली जाए और कान द्वारा सुनी जाए। जैसे- बातचीत, भाषण।

(ख) **लिखित भाषा :** लिखित भाषा, भाषा का वह स्वरूप है जो हाथों से या अन्य माध्यमों से लिखी जाए, आँखों से देखी जाए और मुँह से पढ़ी जाए। जैसे– निबन्ध, उपन्यास, कविता आदि की भाषा।

(ग) **सांकेतिक भाषा :** सांकेतिक भाषा का प्रयोग संकेत के रूप में होता है। सेना, बालचर संस्थाओं, एन. सी. सी. आदि में सांकेतिक भाषा को व्यवहार में लाया जाता है। चोर, डाकुओं, व्यापारियों की भी अपनी सांकेतिक भाषा होती है। आजकल पुलिस महकमें में जो आशुलिपि (Short hand) व्यवहार में लायी जाती है, वह भी सांकेतिक भाषा का ही एक उदाहरण है।

भाषा के उपर्युक्त भेद उसके विस्तृत अर्थ के अनुसार हैं। व्याकरण के अन्तर्गत सांकेतिक भाषा का कोई स्थान नहीं है और न व्याकरण उस पर विचार ही करता है।

## भाषा के विविध रूप

वस्तुतः भाषा के कई स्तर या रूप हैं। किसी भी देश की भाषा के अनेक रूप होते हैं या हो सकते हैं, भाषा के विविध रूप निम्नलिखित हैं :

(i) **बोलियाँ :** भाषा का वह रूप बोली कहलाता है जिसका प्रयोग साधारणजन अपने भावों की अभिव्यक्ति के लिए अपने घरों या समूहों में करते हैं। बोली का प्रयोग एक सीमित दायरे में होता है। भोजपुरी, अवधी, ब्रज, वैशवाड़ी, कन्नौजी, मगही, बुन्देलखण्डी आदि बोलियाँ ही हैं। भारत में लगभग 600 से अधिक बोलियाँ हैं।

बोली भाषा की एक इकाई है। बोली का क्षेत्र बहुत सीमित होता है जबकि भाषा का क्षेत्र बहुत बड़ा होता है। बोल-चाल की सहज और अनगढ़ भाषा को बोली कहा जाता है। दूसरे

शब्दों में एक भाषा के क्षेत्र में अनेक बोलियाँ हो सकती हैं लेकिन किसी एक बोली के भीतर अनेक भाषाएँ नहीं हो सकतीं। बोली, उपभाषा या विभाषा में लगभग अंतर नहीं होता है। किसी उप प्रान्त या एक सीमित क्षेत्र के अन्तर्गत रहने वाले निवासियों के बीच जो भाषा विचार-विमर्श या सम्पर्क का कार्य करती है तथा जिसमें सामान्य साहित्य, लोकगीतों का सृजन होता है, उसे विभाषा, बोली या उपभाषा कहते हैं।

**(ii) जनभाषा :** आम आदमी द्वारा बोली और समझी जाने वाली भाषा को जनभाषा कहते हैं। यह भाषा का सहज रूप होता है जिससे हर व्यक्ति अनायास ही परिचित हो जाता है। आम बोल-चाल की हिन्दी को जनभाषा कहा जाता है।

**(iii) परिनिष्ठित भाषा :** भाषा के व्याकरणिक और आदर्श रूप को परिनिष्ठित भाषा कहा जाता है। जब कोई बोली साहित्यिक, राजनीतिक, सामाजिक या धार्मिक में से किसी एक अथवा अनेक कारणों से विशेष महत्त्व प्राप्त करके, अपने क्षेत्र-विशेष में ही सीमित न रहकर अन्य विभाषाओं के क्षेत्र में भी शिष्ट व्यक्तियों द्वारा व्यवहृत होने लगती है और बृहत्तर समुदाय के मध्य अपने आदर्श रूप के साथ विचार-विनिमय, शिक्षा-दीक्षा, प्रशासन, साहित्य-रचना आदि का माध्यम बन जाती है तब उसे परिनिष्ठित भाषा कहा जाता है।

**(iv) साहित्यिक भाषा :** किसी क्षेत्र-विशेष की सामान्य बोलचाल की भाषा, विशेष ख्याति प्राप्त कर जब साहित्य के क्षेत्र में प्रवेश करती है और उस भाषा में सामान्य से लेकर प्रौढ़ साहित्य तक की रचना होने लगती है, तब उस भाषा को साहित्यिक भाषा की संज्ञा दी जाती है।
भाषा-विज्ञान के अनुसार– किसी भाषा की वह विभाषा जो सर्वश्रेष्ठ समझकर साहित्य-रचना के लिए प्रयुक्त की जाए तथा बोल-चाल की अपेक्षा कुछ विशिष्ट हो, साहित्यिक भाषा कहलाती है। साहित्यिक भाषा का आधार बोलचाल की भाषा हुआ करती है, किन्तु साहित्य के क्षेत्र में प्रवेश पाने पर वह परिष्कृत एवं परिमार्जित होकर अपने पूर्वरूप से कुछ भिन्न हो जाती है।

**(v) राष्ट्रभाषा :** जब कोई भाषा (मानक भाषा या परिनिष्ठित भाषा) व्यापक शक्ति-सम्पन्न हो जाती है तो राजनीतिक, सामाजिक शक्ति के आधार पर राजभाषा या राष्ट्रभाषा के स्थान को सुशोभित करती है। दूसरे शब्दों में जब कोई भाषा क्षेत्रीयता के बन्धन से मुक्त होकर देश के अन्यान्य भाषा-क्षेत्रों एवं भाषा-परिवारों में प्रविष्ट हो जाती है और अपने व्यापक रूप में समस्त राष्ट्र के सार्वजनिक कार्यों के लिए विचार-विनिमय का प्रमुख माध्यम बन जाती है, तब वह राष्ट्रभाषा का महत्त्वपूर्ण पद प्राप्त करती है।
राष्ट्रभाषा का सीधा अर्थ है– 'राष्ट्र की भाषा'। वह भाषा जिसके द्वारा सम्पूर्ण राष्ट्र में क्षेत्रीय भौगोलिक सीमाओं से परे विचार-विमर्श किया जा सके।

**(vi) राजभाषा :** वह भाषा जिसमें प्रशासन (सरकार) का कामकाज चलाया जाए राजभाषा कहलाती है। यह पदवी संविधान द्वारा दी जाती है। सभी सरकारी कर्मचारी, चाहे उनकी मातृभाषा कोई भी हो, अपना काम राजभाषा में करनें को बाध्य होते हैं। सिद्धान्त रूप में सरकार किसी भी एक भाषा को राजभाषा घोषित कर सकती है।

## व्याकरण

'व्याकरण' शब्द का अर्थ है– 'वाक् पृथक्करण-प्रक्रिया'। इसका निर्माण वि+आकरण यानि 'आ' उपसर्ग को 'कृ' धातु में जोड़कर जो रूप निष्पन्न होता है उसमें पुनः लुयुट् प्रत्यय जोड़ने से होता है। व्याकरण से भाषा में अनुशासन बना रहता है। वस्तुतः व्याकरण एक शास्त्र है। व्याकरण का निर्माण भाषा-विशेष के लिए होता है। अर्थात् प्रत्येक भाषा का अपना निजी व्याकरण होता है। इसके द्वारा भाषा विशेष के वर्ण, शब्द, ध्वनि और वाक्य के शुद्ध रूप एवं प्रयोग के नियम का सम्यक् निरूपण किया जाता है। दूसरे शब्दों में, व्याकरण वह शास्त्र है जिसका निर्माण भाषा-विशेष के लिए होता है और जिससे भाषा-विशेष के शुद्ध रूप तथा प्रयोग की नियमावली का ज्ञान होता है।

## भाषा और व्याकरण

भाषा पहले बनती है और उसी के आधार पर उस भाषा का व्याकरण लिखा जाता है। फिर भी भाषा के स्वरूप और प्रयोग को व्याकरण नियमित और नियंत्रित करता है। इसलिए व्याकरण भाषा का विधान करने वाला शास्त्र है। व्याकरण के नियमों का सही ज्ञान नहीं होने से हम भाषा का शुद्ध ज्ञान नहीं प्राप्त कर सकते हैं और न ही उसका शुद्ध अर्थ और प्रयोग जान सकते हैं। अतः भाषा और उसके व्याकरण का परस्पर अनन्य संबंध है।

## अभ्यास

1. भाषा किसे कहते हैं? भाषा के कितने रूप हो सकते हैं? संक्षिप्त वर्णन कीजिए।
2. व्याकरण किसे कहते हैं? भाषा और व्याकरण का सम्बन्ध बताइए।
3. इन पर टिप्पणियाँ लिखिए :- बोली, भाषा, परिनिष्ठित भाषा, साहित्यिक भाषा, राजभाषा, राष्ट्रभाषा।
4. कोष्ठक से सही विकल्प चुनकर खाली स्थानों को भरिए :-

   (क) व्याकरण में भाषा के ........................ रूप का अध्ययन किया जाता है। (लिखित/सांकेतिक)

   (ख) व्याकरण के ज्ञान से ........................ का सही-सही परिचय होता है। (भाषा/साहित्य)

   (ग) भाषा और व्याकरण का परस्पर ........................ सम्बन्ध है। (अन्य/अनन्य)

   (घ) भाषा भाव या विचार की ..................... का साधन है। (अभिव्यक्ति/नियमावली)

   (ड) भाषा मुख्यतः ........................ तरह की होती है। (दो, चार, तीन)

# 2

# वर्ण-विचार

## वर्ण

वर्ण वह मूल ध्वनि है जिसका खण्ड नहीं किया जा सकता है। जैसे- अ, आ, क्, ख्, ग्, च्, ट् आदि।

वर्ण को लिखने के लिए जिन चिह्नों का प्रयोग किया जाता है, उसे अक्षर कहते हैं। अक्षर का अर्थ है, जिसका क्षर न हो अर्थात् जो नष्ट न हो।

**वर्णमाला** : वर्णों के समूह को वर्णमाला कहते हैं। अंग्रेजी में इसे ही Alphabet कहते हैं। हिन्दी वर्णमाला को दो भागों में विभक्त किया जा सकता है– (i) स्वर (ii) व्यंजन

## स्वर (Vowel)

स्वर उन मूल ध्वनियों या वर्णों को कहा जाता है जिनका उच्चारण बिना किसी अवरोध के होता है। वस्तुतः इनका उच्चारण अबाध एवं स्वतंत्रतापूर्वक होता है। हिन्दी के भाषा-वैज्ञानिकों ने स्वर वर्णों की संख्या ग्यारह निर्धारित की है। स्वर निम्नलिखित हैं :- अ, आ, इ, ई, उ, ऊ, ए, ऐ, ओ, औ, ऋ।

विद्वानों का एक वर्ग 'ऋ' को अब हिन्दी वर्णमाला के अन्तर्गत नहीं रखता है। क्योंकि इसका प्रयोग मात्र तत्सम शब्दों में ही होता है। वास्तव में 'ऋ' के प्रयोग की अपनी सीमाएँ हैं।

**स्वरों का वर्गीकरण** : सामान्यतः स्वरों का वर्गीकरण चार आधारों पर किया जाता है– (i) उच्चारण काल (ii) उत्पत्ति (iii) जाति (iv) उच्चारण स्थान।

**उच्चारण-काल का आधार :** उच्चारण-काल का आधार स्वर के उच्चारण में लगे हुए समय हैं। कुछ स्वर ऐसे हैं जिनके उच्चारण में कम समय लगता है और कुछ ऐसे हैं जिनके उच्चारण में अधिक। उच्चारण में लगे समय का मापन मात्रा से किया जाता है। उच्चारण के काल-मान को मात्रा कहते हैं। उच्चारण-काल के आधार पर स्वरों के दो भेद किये जाते हैं :

(क) ह्रस्व स्वर (Short Vowel) (ख) दीर्घ स्वर (Long Vowel)

(क) **ह्रस्व स्वर :** जिनके उच्चारण में समय कम लगता है उन स्वरों को ह्रस्व स्वर कहते हैं। जैसे– अ, इ, उ, ए, ऋ।

(ख) **दीर्घ स्वर :** जिनके उच्चारण में अधिक समय लगता है, उन्हें दीर्घ स्वर कहते हैं। जैसे– आ, ई, ऊ, ऐ, औ।

**उत्पत्ति का आधार** : उत्पत्ति को आधार मानकर भी स्वरों का वर्गीकरण दो रूपों में किया गया है-(i) मूल स्वर (ii) संधि स्वर

(i) **मूल स्वर :** मूल स्वर उन स्वरों को कहते हैं जिनकी उत्पत्ति में दूसरे स्वरों की आवश्यकता नहीं होती है। जैसे- अ, इ, उ, ऋ।

(ii) **संधि स्वर :** संधि स्वर उन स्वरों को कहते हैं जिनकी उत्पत्ति मूल स्वरों के योग से होती है। संधि स्वर के भी दो भेद हैं- (अ) दीर्घ संधि स्वर (ब) संयुक्त संधि स्वर

(अ) **दीर्घ संधि स्वर :** किसी एक मूल स्वर में उसी मूल स्वर के योग से बने स्वर को दीर्घ संधि कहते हैं। जैसे : आ, ई, ऊ।

(ब) **संयुक्त संधि स्वर :** दो भिन्न स्वरों के मेल से निर्मित स्वर संयुक्त संधि स्वर कहे जाते हैं। जैसे- अ + इ = ए, अ + उ = ओ, आ + ए = ऐ, आ + ओ = औ। इस प्रकार- ए, ऐ, ओ, औ– संयुक्त संधि स्वर हैं।

**जाति का आधार :** जाति के आधार पर स्वरों को निम्नलिखित वर्गों में विभक्त किया गया है– (i) सवर्ण स्वर (ii) असवर्ण स्वर

(i) **सवर्ण स्वर :** सवर्ण स्वर वे हैं जिनका उच्चारण समान स्थान तथा प्रयत्न से होता है। इन्हें सजातीय स्वर भी कहते हैं। जैसे : अ, आ, इ, ई, उ, ऊ।

(ii) **असवर्ण स्वर :** असवर्ण स्वर वे हैं जिनका उच्चारण अलग-अलग स्थानों तथा असमान प्रयत्नों से होता है। इसे विजातीय स्वर भी कहते हैं। जैसे : अ + इ = ए, आ + ए = ऐ, अ + उ = ओ, अ + ओ = औ।

## उच्चारण-स्थान का आधार

स्वरों के उच्चारण में जिह्वा तथा ओष्ठ की विशेष भूमिका है। अतएव इनको आधार मानकर स्वरों के अनेक भेद किये गये हैं।

## जिह्वा के भागों के आधार पर

स्वरों के उच्चारण में कभी जिह्वा का अग्रभाग काम करता है तो कभी पश्चभाग और कभी मध्यभाग। अतः इस दृष्टि से स्वरों के निम्नलिखित भेद हो सकते हैः

(i) **अग्रस्वर :** ये वे स्वर हैं जिनके उच्चारण में जिह्वा का अग्रभाग कार्य करता है। जैसे- इ, ई, ए, ऐ।

(ii) **मध्य स्वर :** यह स्वर जिह्वा के मध्य भाग से उच्चरित होता है। जैसे- अ।

(iii) **पश्च स्वर :** पश्च स्वर वे स्वर हैं जिनका उच्चारण जिह्वा के पश्चभाग से होता है। जैसे- आ, उ, ऊ, ओ, औ।

**जिह्वा की ऊँचाई के आधार पर :** तालु और जिह्वा के मध्य की ऊँचाई के अनुसार स्वरों के निम्नलिखित चार भेद हैं :-

(i) **संवृत :** संवृत स्वरों के उच्चारण में जिह्वा तालु से नीचे सटी रहती है। जैसे- इ, ई, उ, ऊ।

(ii) **अर्द्ध संवृत :** अर्द्ध संवृत स्वरों के उच्चारण करते समय जिह्वा अपेक्षाकृत कम सटी रहती है। जैसे- ए, ओ।

(iii) **विवृत :** विवृत स्वर के उच्चारण में जिह्वा ऊपर उठी रहती है। जैसे :- आ।

(iv) **अर्द्ध विवृत :** अर्द्ध विवृत स्वर के उच्चारण में जिह्वा विवृत की अपेक्षा कुछ समय ऊपर जाती है। जैसे- ऐ, औ।

## ओष्ठ की स्थिति के आधार पर

इसके अनुसार स्वरों के तीन भेद किये गए हैं :

(i) **वर्तुल :** वर्तुल स्वर वे हैं जिनके उच्चारण में ओष्ठ की स्थिति गोलाकार हो जाती है। जैसे-उ, ऊ।

(ii) **अर्द्ध वर्तुल :** इन स्वरों के उच्चारण में ओष्ठ वर्तुल स्वरों की अपेक्षा कुछ कम गोल होते हैं। जैसे- ओ, औ।

(iii) **अवर्तुल :** ऐसे स्वर जिनके उच्चारण में ओष्ठ फैले रहते हैं, अवर्तुल कहे जाते हैं। जैसे- इ, ई, ए, ऐ, अ, आ।

## व्यंजन (Consonant)

**व्यंजन** : वे ध्वनियाँ जिनके उच्चारण में बाहर निकलती हुई वायु मुख विवर में किसी न किसी स्थान पर बाधित होती है, व्यंजन कहलाती हैं। व्यंजन ध्वनि का उच्चारण स्वतंत्र रूप से नहीं होता है। अर्थात् इनके उच्चारण में स्वर की सहायता की आवश्यकता पड़ती है। जैसे- क, च, ट, त, प, आदि। हिन्दी में व्यंजन ध्वनियों की संख्या 33 है।

व्यंजन की परिभाषा दूसरे प्रकार से भी दी जा सकती है। जिन वर्णों का उच्चारण किसी दूसरे वर्ण की सहायता से (स्वर की सहायता से) होता है या स्वरों की सहायता के बिना नहीं हो सकता– उन्हें व्यंजन वर्ण कहते हैं। 'अ' के बिना व्यंजन का उच्चारण संभव नहीं है। उदाहरण- क् + अ = क, ग् + अ = ग आदि।

व्यंजनों को निम्नलिखित वर्गों में रखा जाता है :

| | |
|---|---|
| क वर्ग | क ख ग घ ङ |
| च वर्ग | च छ ज झ ञ |
| ट वर्ग | ट ठ ड ढ ण |
| त वर्ग | त थ द ध न |
| प वर्ग | प फ ब भ म |
| अन्तस्थ | य र ल व |
| उष्म | श ष स ह |
| संयुक्त व्यंजन | क्ष त्र ज्ञ |

द्विगुण व्यंजन ड़ ढ़
अनुस्वार (ं)
विसर्ग (:)

हिन्दी व्यंजन ध्वनियों का उच्चारण निम्नलिखित आधार पर किया जाता है—

(i) उच्चारण स्थान के आधार पर
(ii) उच्चारण प्रयत्न के आधार पर

## उच्चारण स्थान के आधार पर

ध्वनि का उच्चारण मुख के जिस स्थान विशेष से होता है उसको उस ध्वनि विशेष का उच्चारण स्थान कहा जाता है। उच्चारण स्थान को दृष्टि में रखकर व्यंजन के निम्नलिखित भेद किये गये हैं :

(क) कंठ्य (ख) तालव्य (ग) मूर्धन्य (घ) दन्त्य (ङ) ओष्ठ्य (च) दन्तोष्ठ्य (छ) नासिक्य (ज) कण्ठ तालव्य (झ) कण्ठोष्ठ्य

(क) **कंठ्य :** कंठ से उच्चरित ध्वनियों को कंठ्य ध्वनियाँ कहते हैं। जैसे- क, ख, ग, घ, ङ। अ, आ, और विसर्ग भी।

(ख) **तालव्य :** तालु से उच्चारण की जाने वाली ध्वनियाँ तालव्य ध्वनियाँ कही जाती हैं। जैसे- च, छ, ज, झ, ञ, श, य। इ, ई भी।

(ग) **मूर्धन्य :** मूर्धा का स्थान कठोर तालु और कोमल तालु के मध्य है। जैसे : ट, ठ, ड, ढ, ण।

(घ) **दन्त्य :** दन्त्य ध्वनियाँ वे हैं जिनके उच्चारण में जिह्वा ऊपर की दन्तावली का स्पर्श करती है। जैसे- त, थ, द, ध, न, ल, स।

(ङ) **ओष्ठ्य :** वे ध्वनियाँ जिनका उच्चारण दोनों ओष्ठों के सम्पर्क में आने से होता है ओष्ठ्य कहलाती है। जैसे- प, फ, ब, भ, म। उ, ऊ भी।

(च) **दन्तोष्ठ्य :** दन्तोष्ठ्य वे ध्वनियाँ हैं जिनका उच्चारण ऊपर की दन्तावली और अधरोष्ठ के सम्पर्क से होता है।

(छ) **नासिक्य :** जिन ध्वनियों के उच्चारण में नासिका की सहायता लेनी पड़ती है उन्हें नासिक्य या आनुनासिक ध्वनियाँ कहते हैं। जैसे- ङ, ञ, ण, न, य।

(ज) **कण्ठ तालव्य :** जिन ध्वनियों के उच्चारण में तालु और कण्ठ दोनों को सहयोग करना पड़ता है, उन्हें कण्ठ तालव्य ध्वनियाँ कहते हैं। जैसे- ए, ऐ।

(झ) **कण्ठोष्ठ्य :** वे ध्वनियाँ कण्ठोष्ठ्य हैं जिनका उच्चारण कण्ठ और ओष्ठ्य के मिले-जुले प्रयत्न से होता है। जैसे- ओ, औ।

## उच्चारण प्रयत्न के आधार पर

व्यंजन ध्वनियों के उच्चारण-काल में उनमें स्पष्टता लाने के लिए जो क्रिया करनी पड़ती है उसे 'प्रयत्न' कहते हैं।

उच्चारण-प्रयत्न की दृष्टि से हिन्दी के व्यंजनों का वर्गीकरण निम्नलिखित है :-

(क) **स्पर्श :** इन व्यंजनों के उच्चारण के समय वागेन्द्रिय विभिन्न उच्चारण अवयवों को संस्पर्शित करती है। वस्तुतः इनके उच्चारण-काल में वायु बाहर निकलते समय अवरुद्ध होती है। तद्न्तर वायु वेग से बाहर निकलती है और उसी समय व्यंजन ध्वनि का निर्माण करती है। इस प्रक्रिया से उत्पन्न व्यंजन को स्पर्श व्यंजन कहते हैं। क वर्ग, च वर्ग, ट वर्ग, तथा प वर्ग की व्यंजन ध्वनियाँ स्पर्श हैं।

(ख) **उष्म :** कुछ ध्वनियों के उच्चारण के समय वायु पूर्ण रूप से अवरुद्ध नहीं होती वरन् आंशिक रूप में अवरुद्ध होती है। इस समय वायु मुख-विवर से संकीर्ण मार्ग से बाहर निकलती है जिससे उसका संघर्षण होता है। इस संघर्षण की क्रिया से उत्पन्न ध्वनि को उष्म कहते हैं। श, ष, स, ह उष्म व्यंजन ध्वनियाँ हैं।

(ग) **पार्श्विक :** पार्श्विक ध्वनि के उच्चारण में जिह्वा का अगला हिस्सा मसूड़े को स्पर्श करता है और वायु जिह्वा के दाहिने तथा बायें पार्श्व से बाहर निकल जाती है। केवल 'ल' ध्वनि पार्श्विक है।

(घ) **लुण्ठित :** लुण्ठित ध्वनि वह है जिसके उच्चारण में जिह्वा का अग्रांश दन्त मूल को छूता है और छूते समय उसमें कम्पन उत्पन्न होता है। केवल 'र' लुण्ठित व्यंजन ध्वनि है।

(ङ) **उत्क्षिप्त :** इन ध्वनियों को उच्चारित करते समय जिह्वा का निचला हिस्सा कठोर तालु को ताड़ित करता है अर्थात् उसमें ठोकर मारता है और तेजी से सामान्य स्थिति में लौट आता है। ड़, ढ़ उत्क्षिप्त ध्वनियाँ हैं।

(च) **अल्पप्राण :** जिन वर्णों के उच्चारण में अल्पप्राण अर्थात् कम वायु की आवश्यकता पड़ती है, उन्हें अल्पप्राण कहते हैं। प्रत्येक वर्ण की प्रथम, तृतीय, पंचम ध्वनियाँ अल्पप्राण होती हैं। जैसे- क, ग, ङ, च, ज, ञ, ट, ड, ण, त, द, न, प, ब, म तथा य, र, ल, व अल्पप्राण हैं।

(छ) **महाप्राण :** महाप्राण ध्वनियाँ वे हैं जिनके उच्चारण में अधिक वायु की जरूरत होती है। इन ध्वनियों के उच्चारण में हकार की ध्वनि सुनाई देती पड़ती है। प्रत्येक वर्ग के द्वितीय, और चतुर्थ व्यंजन महाप्राण हैं। जैसे- ख, घ, छ, झ, ठ, ढ़, थ, ध, फ, भ, तथा श, ष, ह।

(ज) **घोष व्यंजन :** घोष व्यंजन वे हैं जिनके उच्चारण में स्वर यंत्रों में प्रकम्पन होते हैं। इन्हें नाद ध्वनियाँ भी कहते हैं। प्रत्येक वर्ग का तीसरा, चौथा और पाँचवा व्यंजन घोष या नाद वर्ण है। जैसे- ग, घ, ङ, ज, झ, ञ, द, ध, न, ब, भ, म।

(झ) **अघोष व्यंजन :** अघोष व्यंजन के उच्चरित होने में स्वर यंत्रों में कम्पन नहीं होता है। प्रत्येक वर्ग का प्रथम और द्वितीय वर्ण अघोष होता है। जैसे- क, ख, च, छ, त, थ, प, फ।

(ञ) **अन्तस्थ वर्ण :** य और व को अंतस्थ माना जाता है।

## नवागत ध्वनियाँ

हिन्दी में कुछ विदेशी ध्वनियों का आगम हुआ है। ये ध्वनियाँ मूलतः अरबी-फारसी की हैं जो उर्दू के माध्यम मे हिन्दी में पहुँची हैं। इन ध्वनियों को हिन्दी ने आत्मसात् कर लिया है। जैसे- क़, ख़, ग़, ज़, फ़।

## अनुस्वार और विसर्ग

अनुस्वार और विसर्ग भी व्यंजन वर्ण हैं। अनुस्वार के लिए एक बिन्दु तथा विसर्ग के लिए दो बिन्दुओं का प्रयोग किया जाता है। अनुस्वार का प्रयोग स्वर/व्यंजन के ऊपर तथा विसर्ग का स्वर/व्यंजन के बाद किया जाता है। जैसे- अं, अः, पं, तः।

## अभ्यास

1. स्वर किसे कहते हैं? स्वरों के वर्गीकरण के कितने आधार हैं? सोदाहरण उत्तर दीजिए।
2. उच्चारण स्थान के आधार पर स्वरों के कितने भेद हैं? इन भेदों को लिखिए।
3. मूल स्वर और संधि स्वर में क्या अन्तर है?
4. उच्चारण स्थान के आधार पर व्यंजनों का वर्गीकरण कीजिए।
5. व्यंजनों का प्रयत्न के आधार पर वर्गीकरण कीजिए।
6. अल्पप्राण तथा महाप्राण किसे कहते हैं? उदाहरण दीजिए।
7. निम्नलिखित पर टिप्पणी लिखिए :- घोष, अघोष, अनुस्वार, विसर्ग, लुण्ठित व्यंजन, अर्द्धस्वर, अक्षर।

3

# शब्द-विचार

## शब्द

ध्वनियों के मेल से बने सार्थक वर्ण समुदाय को 'शब्द' कहते हैं। दूसरे शब्दों में– एक अक्षर या एक से अधिक अक्षरों का समूह, जिसका कुछ अर्थ होता है, शब्द कहा जाता है। जैसे-- पुष्प, पहाड़, लड़का, मैं, तुम आदि।

## शब्दों का वर्गीकरण

साधारणतः शब्दों का वर्गीकरण चार आधारों पर किया जाता है। ये आधार निम्नलिखित हैं :

(1) व्युत्पत्ति के आधार पर
(2) उत्पत्ति के आधार पर
(3) अर्थ के आधार पर
(4) विकार के आधार पर

## (1) व्युत्पत्ति के आधार पर

व्युत्पत्ति के आधार पर शब्दों के तीन भेद होते हैं :-

(क) रूढ़ (ख) यौगिक (ग) योगरूढ़

**(क) रूढ़ :** रूढ़ वे शब्द हैं जिनका खण्ड नहीं हो सकता। यदि इन शब्दों को खण्डित कर दिया जाता है तो उनके खण्डों का कोई अर्थ नहीं होता। जैसे- नाक, कान, घर, जल, फल, शीला, सीता, राम, हल, रात आदि।

**(ख) यौगिक :** वे शब्द जिनका निर्माण अन्य शब्दों के या प्रत्ययों के जोड़ से होता है, यौगिक कहे जाते हैं। जैसे- पाठशाला, दहीवाली, नाकवाला, शक्तिवान, पानीवाला आदि।

**(ग) योगरूढ़ :** योगरूढ़ शब्द दूसरे शब्दों के योग से निर्मित होते हैं। खण्ड करने पर इनके प्रत्येक खण्ड या योग का अपना अर्थ होता है। परन्तु जब दोनों खण्डों को एक कर दिया जाता है तो उस शब्द का अपना एक विशेष अर्थ होता है। इस प्रकार, योगरूढ़ वे शब्द हैं जो दूसरे शब्दों के योग से बनते हैं और प्रत्येक योग का अपना अर्थ होता है तथापि उनका एक विशेष अर्थ होता है। उदाहरणतः जलज में जल का अर्थ है पानी और 'ज' का अर्थ है– जन्म लेने वाला। इस प्रकार दोनों का अर्थ हुआ जल में जन्म लेने वाला। परन्तु यह

शब्द जल में उत्पन्न होने वाले सेवार आदि अन्य पदार्थों के लिए व्यवहृत नहीं होता है, वरन् कमल के लिए रूढ़ हो गया है और उससे मात्र कमल का बोध होता है। इसी प्रकार जलद, कुशल, पीताम्बर, लम्बोदर आदि शब्द हैं।

## (2) उत्पत्ति के आधार पर

उत्पत्ति के अनुसार शब्दों का वर्गीकरण निम्नलिखित है : (क) तत्सम (ख) तद्‌भव (ग) देशज (घ) विदेशज

(क) **तत्सम :** तत्सम मूलतः संस्कृत के शब्द हैं। संस्कृत के इन शब्दों के प्रयोग हिन्दी में ज्यों-के-त्यों होते हैं। जैसेः- कवि, घृत, अग्नि, रवि, माता, भ्राता, पिता, अमृत, महान् आदि।

(ख) **तद्‌भव :** तद्‌भव वे शब्द हैं जिनका विकास संस्कृत के शब्दों से हुआ है। तद्‌भव का अर्थ है- 'तत्' (तस्य) = उसके अर्थात् 'संस्कृत से' और 'भव' अर्थात् उत्पन्न। जैसे- घृतः = घी, अग्नि = आग, कर्म = काम, दाद्य = दही, अमृत = अमरित, कार्य = कारज, दुग्ध = दूध, जन्म = जनम, धर्म = धरम आदि।

(ग) **देशज :** देशज का अर्थ है– देश में उत्पन्न। हिन्दी भाषा के वे शब्द जो भारत की विभिन्न बोलियों एवं भाषाओं से आए हैं, देशज कहे जाते हैं। जैसे–कटोरी, थाली, पेट, पैर, पेड़, लोटा, डोरी आदि।

(घ) **विदेशज :** हिन्दी भाषा के वे शब्द जिनका आगम विदेशी भाषाओं से हुआ है, विदेशज शब्द कहे जाते हैं। जैसे- चाकू, मोटर, ट्रेन, स्टेशन, आदमी, अमीर, फालतू, किताब, तारीख़, तकिया, गवाह, देहा़त, जहर, बाल्टी, चेहरा, लगाम, कालीन, कैंची, बेग़म, तम्बाकू, बहादुर, प्रेस, पार्टी, स्टेशन, गजट, डायरी, रेडियो, नम्बर, नोटिस आदि।

## (3) अर्थ के आधार पर

अर्थ के अनुसार शब्दों के दो भेद हैं : (क) सार्थक (ख) निरर्थक

(क) **सार्थक :** सार्थक शब्द वे हैं, जिनका कुछ अर्थ होता है। जैसे- घर, घोड़ा, कमल, कलम, पुस्तक आदि। ये सभी शब्द सार्थक हैं, क्योंकि इन शब्दों के कहने से किसी परिचित पदार्थ का बिम्ब बनता है। जैसे– पुस्तक कहने से पढ़ने के काम में आने वाली किताब का बोध होता है। इस प्रकार ऊपर सभी शब्द सार्थक हैं।

(ख) **निरर्थक :** निरर्थक शब्द वे हैं जिनका कुछ भी अर्थ नहीं होता है। जैसे– अल्ल, बल्ल, गर्र, फर्र, मलक, नीपा, धदू आदि।

## (4) विकार के आधार पर

विकार के अनुसार सार्थक शब्दों के दो भेद किए गए हैं : (क) विकारी (ख) अविकारी

(क) **विकारी शब्द :** विकारी शब्द वे शब्द हैं, जिनके रूप में विकार या परिवर्तन होता है। यह विकार लिंग, वचन और कारक में होता है। जैसे– घोड़ा।

| | |
|---|---|
| लिंग के कारण परिवर्तन | घोड़ा से घोड़ी। |
| वचन के कारण परिवर्तन | घोड़ा से घोड़े, घोड़ों। |
| कारक के कारण परिवर्तन | घोड़ा से घोड़ों ने, घोड़े से आदि। |

## विकारी शब्दों के भेद

विकारी शब्दों के चार भेद हैं : (i) संज्ञा (ii) सर्वनाम (iii) विशेषण (iv) क्रिया

(i) **संज्ञा :** संज्ञा का अर्थ है नाम। किसी वस्तु, व्यक्ति, स्थान आदि के नाम को संज्ञा कहते हैं। जैसे- घर, पटना, कलम, बुढ़ापा आदि।

(ii) **सर्वनाम :** सर्वनाम उन शब्दों को कहते हैं जिनका प्रयोग संज्ञा के स्थान पर होता है। जैसे- वह, मैं, तुम, उस, आप, वे आदि।

(iii) **विशेषण :** संज्ञा अथवा सर्वनाम की विशेषता प्रकट करने वाले शब्द को विशेषण कहते हैं। जैसे- सुन्दर, मोटा, लाल, काला, दुबला आदि।

(iv) **क्रिया :** क्रिया उन शब्दों को कहते हैं जिनसे किसी काम का होना या करना प्रकट हो, जैसे- खाना, रोना, हँसना, लिखना आदि।

**(ख) अविकारी शब्द :** वे शब्द जिनके रूप में विकार अथवा परिवर्तन नहीं होता है, अविकारी शब्द कहलाते हैं, अर्थात लिंग वचन और कारक की दृष्टि से कोई परिवर्तन या विकार नहीं होता है। अविकारी शब्द 'अव्यय' भी कहलाते हैं।

अविकारी शब्दों के चार भेद हैं-

(i) क्रिया विशेषण (ii) समुच्चय बोधक (iii) सम्बन्ध बोधक (iv) विस्मयादि बोधक

(i) **क्रिया विशेषण :** क्रिया की विशेषता प्रकट करने वाले शब्द क्रिया विशेषण कहलाते हैं। जैसे- धीरे-धीरे, जल्दी-जल्दी आदि।

(ii) **समुच्चय बोधक :** समुच्चय बोधक शब्द वे हैं जो दो शब्दों, वाक्यों या वाक्यांशों को परस्पर जोड़ते हैं। जैसे- परन्तु, किन्तु, तथा और आदि।

(iii) **सम्बन्ध बोधक :** सम्बन्ध बोधक वे अव्यय हैं जो एक शब्द का दूसरे शब्द से सम्बन्ध स्थापित करते हैं। जैसे- ऊपर, नीचे, समीप, पास, निकट आदि।

(iv) **विस्मयादि बोधक :** विस्मय, हर्ष, शोक, घृणा, आदि भावों को प्रकट करने के लिए जिन शब्दों का प्रयोग किया जाता है, उन्हें विस्मयादि बोधक अव्यय कहते हैं। जैसे- हाय! छिः! अरे! हे! आदि।

## प्रमुख विदेशी शब्द

**अंग्रेजी भाषा के शब्द :** अफसर, अपील, अस्पताल, ऑर्डर, ऑर्डरली, इंच, इंजन, इन्जीनियर, इन्सपेक्टर, एजेन्ट, एजेन्सी, कप्तान, कम्पनी, कमिश्नर, कमीशन, कैम्प, कोर्ट, क्वार्टर, क्रिकेट, केबिन, गार्ड, गजट, गवर्नर, गारंटी, जेलर, जेल, डॉक्टर, डायरी, डेयरी, डिप्टी, डिस्ट्रिक्ट, ट्यूशन, टीचर, पेन, पेंसिल, पॉकेट, नोटिस, नर्स, नम्बर, पार्टी, पार्सल, प्लेट, पाउडर, मीटिंग,

मिनिस्टर, मोनीटर, मेनेजमेंट, मार्केट, म्युनिस्पेलटी, पार्लियामेंट, क्वालिटी, कॉलेज, कस्टमर, टिकट, चेन, चैलेंज, टेलीविजन, रेडियो, कम्प्यूटर, मीडिया, मेम्बर, ट्राफिक, ट्रेन, प्लेटफार्म, ड्रेस, ड्रामा, कार्बन, हेलिकॉप्टर, कॉर्पोरेशन आदि।

**अरबी भाषा के शब्द :** अमीर, अजीब, अजब, अहमियत, आखिर, आदमी, अक्ल, असर, आदत, इनाम, इज्जत, इमारत, इलाज, ईनाम, औरत, औलाद, कसूर, कदम, कर्ज, किस्त, किस्मत, कसम, कीमत, कसरत, कुर्सी, किताब, खबर, खत्म, खराब, गरीब, जवाब, तकदीर, तारीख, तकिया, तमाशा, तरक्की, दिमाग, दवा, दावा, दावत, दावात, दफ्तर, दुकान, दौलत, नतीजा, नशा, नकद, नकल, नहर, फकीर, फैसला, बहस, मुहावरा, माल, मालूम, मल्लाह, मवाद, मौसम, मुसाफिर, लिफाफा, लायक, वकील, शराब, हिम्मत, हैजा, कैद, हक, हुक्म, हाल, हवालात, हाकिम आदि।

**तुर्की भाषा के शब्द :** उर्दू, कालीन, कैंची, कुली, कुर्की, चेचक, चमचा, चुगली, चकमक, तमगा, तलाश, तोप, बहादुर, बेगम, लफंगा, लाश, सुराग, कुर्ता, खच्चर, दारोगा, बारूद आदि।

**पुर्तगाली भाषा के शब्द :** अलकतरा, अनन्नास, आया, आलपीन, आलमारी, इंसान, इस्तिरी, कमीज, किरानी, कमरा, काजू, गमला, गोदाम, गोभी, चाभी, तम्बाकू, तौलिया, नीलाम, पादरी, पिस्तौल, फीता, मेज, लबादा, साया आदि।

**फारसी भाषा के शब्द**

आराम, आमदनी, अफसोस, आतिशबाजी, आवारा, आफत, आवाज, आईना, उम्मीद, कबूतर, कमीना, कुश्ती, किशमिश, कमरबन्द, किनारा, खाल, खुद, खामोश, खरगोश, खुश, खुराक, खूब, गल्ला, गवाह, गिरफ्तार, गरम, गुलाब, चाबुक, चिराग, चश्मा, चर्खा, चूंकि, चेहरा, जहर, जिन्दगी, जादू, जान, जुर्माना, जोश, तमाशा, तेज, तीर, ताक, ताजा, दीवार, देहात, दुकान, दरबान, दंगल, दिल, दवा, नाव, पलंग, पैदावार, पलक, पुल, पारा, पेशा, बहरा, बीमार, मुफ्त, मोर्चा, मुर्गा, मरहम, याद, यार, रंग, रांत, लेकिन, शादी, शोर, सितारा, सरदार, सरकार, सूद, सौदागर आदि।

## तत्सम-तद्भव शब्द

| तत्सम | तद्भव | तत्सम | तद्भव |
|---|---|---|---|
| आम्र | आम | अग्नि | आग |
| उष्ट्र | ऊँट | वत्स | बच्चा |
| नव | नौ | मध्य | में |
| शलाका | सलाई | गृह | घर |
| पुष्प | फूल | मयूर | मोर |
| नारिकेल | नारियल | हरिद्रा | हल्दी |
| कर्पूर | कपूर | घृत | घी |
| सक्तु | सत्तू | हस्त | हाथ |
| चतुर्दश | चौदह | क्षीर | खीर |

| तत्सम | तद्भव | तत्सम | तद्भव |
|---|---|---|---|
| घोटक | घोड़ा | दुग्ध | दूध |
| चंचु | चोंच | मेघ | मेह |
| शत | सौ | कार्य | काज |
| क्षेत्र | खेत | कर्ण | कान |
| हस्ति | हाथी | दन्त | दाँत |
| तिक्त | तीता | वधू | बहू |
| कर्म | काम | स्वर्णकार | सोनार |
| चत्वारि | चार | अक्षि | आँख |
| पर्यंक | पलंग | कच्छप | कछुआ |
| अग्रणी | अगाड़ी | उपवास | उपास |
| अक्षर | आखर | उच्च | ऊँचा |
| अट्टालिका | अटारी | कोटि | करोड़ |
| अगणित | अनगिनत | चित्रक | चीता |
| आमसक | आँवला | चतुष्पाद | चौपाया |
| आलस्य | आलस | चतुर्वेदी | चौवे |
| कपाट | किवाड़ | चैत्र | चैत |
| कुम्भकार | कुम्हार | चतुर्थ | चौथा |
| चन्द्रिका | चाँदनी | क्षुर | छुरा |
| कोकिल | कोयल | छिद्र | छेद |
| कंकण | कंगन | कुपुत्र | कपूत |
| कुष्ठ | कोढ़ | चणक | चना |
| काक | कौआ | चर्मकार | चमार |
| कार्तिक | कातिक | घट | घड़ा |
| आश्चर्य | अचरज | चक्रवाक | चकवा |
| आदित्यवार | इतवार | तीक्ष्ण | तीखा |
| दधि | दही | पुस्तिका | पोथी |
| घृणा | घिन | पाषाण | पाहन |
| गृहणी | घरनी | मिष्ट | मीठा |
| ग्राहक | गाहक | पृष्ठ | पीठ |
| ग्राम | गाँव | पूर्ण | पूरा |
| गंभीर | गहरा | प्रतिच्छाया | परछाई |
| गर्त | गड्ढ़ा | पश्चाताप | पछतावा |

| तत्सम | तद्भव | तत्सम | तद्भव |
|---|---|---|---|
| युक्ति | जुगत | पर्पट | पापड़ |
| जंघा | जाँघ | पार्श्व | पास |
| दंश | डंक | धान्य | धान |
| नव्य | नया | मुक्ता | मोती |
| पौत्र | पोता | मित्र | मीत |
| दूर्वा | दूब | मृत्यु | मौत |
| दृष्टि | दीठि | रिक्त | रीता |
| धरित्री | धरती | रक्षिका | राखी |
| स्थाल | थाली | पंक्ति | पाँत |
| प्रस्तर | पत्थर | पाद | पाँव |
| ग्रन्थि | गाँठ | ज्येष्ठ | जेठ |
| क्षुद्र | छोटा | यम | जम |
| द्यूत | जुआ | त्वरित | तुरत |
| तादृश | तैसा | स्थल | थल |
| रात्रि | रात | नृत्य | नाच |
| वारिद | बादल | नासिका | नाक |
| विद्युत | बिजली | पूप | पूआ |
| वंशी | बाँसुरी | ध्वनि | धुन |
| भद्र | भला | गर्दभ | गदहा |
| भ्रातृ | भाई | निर्झर | झरना |
| भिक्षा | भीख | दण्ड | डण्डा |
| भ्रू | भौंह | तृण | तिनका |
| भक्त | भगत | निर्वाह | निबाह |
| वंश | बाँस | ताम्र | ताम्बा |
| लवण | नोन | योद्धा | जोधा |
| यज्ञोपवीत | जनेऊ | युवक | जवान |
| निमंत्रण | न्योता | शर्करा | शक्कर |
| श्वसुर | ससुर | शून्य | सूना |
| शृंगार | सिंगार | श्रावण | सावन |
| सर्व | सब | उल्लास | हुलास |
| हरित | हरा | सूर्य | सूरज |
| शृंगाल | सियार | शिंशपा | शीशम |

| तत्सम | तद्भव | तत्सम | तद्भव |
|---|---|---|---|
| स्रोत | सोत | भ्रमर | भौंरा |
| स्वर्ण | सोना | महिषी | भैंस |
| स्वामी | साईं | श्मशान | मसान |
| श्रृंग | सींग | मत्स्य | मछली |
| संध्या | सांझ | मस्तक | माथा |
| श्वाँस | साँस | मशक | मच्छर |
| स्वजन | साजन | शूचि | सूई |
| शिक्षा | सीख | शूकर | सूअर |
| सूत्र | सूत | सर्प | साँप |
| शय्या | सेज | हट्ट | हाट |
| हरिण | हिरन | ओष्ठ | होंठ |
| हीरक | हीरा | शाक | साग |
| श्रेणी | सीढ़ी | स्वप्न | सपना |
| साक्षी | साखी | | |

## अभ्यास

1. शब्द किसे कहते हैं? शब्दों का वर्गीकरण कितने आधारों पर किया गया है?
2. उत्पत्ति के अनुसार शब्दों के कितने भेद हैं?
3. व्युत्पत्ति के अनुसार शब्दों के कितने भेद हैं?
4. विकार के अनुसार शब्दों के कितने भेद हैं? उनके उपभेदों के नाम उदाहरण सहित लिखिए।
5. यौगिक और योगरूढ़ में अन्तर स्पष्ट कीजिए। उदाहरण भी दीजिए।
6. निम्नलिखित पर टिप्पणी लिखिए :-
   तत्सम, तद्भव, योगरूढ़, ध्वनिवाचक शब्द, विकारी और अविकारी शब्द, विदेशी शब्द।
7. तत्सम और तद्भव शब्दों में अन्तर समझाइये।
8. नीचे लिखे शब्द किस भाषा के हैं, शब्दों के सामने भाषा का नाम लिखिए :- (अं = अंग्रेजी, फा॰ = फारसी, पु॰ = पुर्तगाली, तु॰ = तुर्की)

| | | | |
|---|---|---|---|
| आलमारी | ________ | औरत | ________ |
| जेल | ________ | काजू | ________ |
| स्टेशन | ________ | पार्सल | ________ |
| तमाशा | ________ | सौदागर | ________ |
| कर्म | ________ | किस्मत | ________ |

4

# संज्ञा (Noun)

किसी व्यक्ति, वस्तु, स्थान, व्यापार तथा भाव आदि के नाम को संज्ञा कहते हैं। जैसे- हिमालय, गंगा, कोलकाता, वेद, आकाश, सुख, दुःख, खेती आदि। संज्ञा एक विकारी शब्द है।

## संज्ञा के भेद

संज्ञा का वर्गीकरण जीवन्तता, गणना, व्युत्पत्ति, एवं अर्थ के आधार पर किया गया है। लेकिन जीवन्तता, गणना, व्युत्पत्ति का आधार मानकर किया गया वर्गीकरण विशेष महत्त्वपूर्ण नहीं है। अर्थ के आधार पर किया गया वर्गीकरण ही परम्परागत है। अधिकांशतः विद्वानों ने संज्ञा के पाँच भेद माने हैं :

(i) व्यक्तिवाचक संज्ञा (ii) जातिवाचक संज्ञा (iii) द्रव्यवाचक संज्ञा (iv) समूहवाचक संज्ञा (v) भाववाचक संज्ञा।

**(i) व्यक्तिवाचक संज्ञा :** किसी विशेष व्यक्ति या स्थान का नाम बोध कराने वाली संज्ञा को व्यक्तिवाचक संज्ञा कहते हैं। जैसे- शीला, राकेश, कानपुर, इलाहाबाद, भारत, यमुना आदि। व्यक्तिवाचक संज्ञा के अन्तर्गत निम्नलिखित नामों का समावेश होता है :-

| | |
|---|---|
| **व्यक्तियों के नाम** | रमेश, शीला, ज्ञानप्रकाश, बिहारी, कालिदास। |
| **दिशाओं के नाम** | पूर्व, पश्चिम, उत्तर, दक्षिण। |
| **नदियों के नाम** | यमुना, महानन्दा, गंगा, सिन्धु, गोमती आदि। |
| **गाँवों के नाम** | कल्याणपुर, रामपुर, लालगँज आदि। |
| **देशों के नाम** | भारत, रूस, चीन, जापान आदि। |
| **वस्तुओं के नाम** | रामायण (ग्रंथ), महाभारत (ग्रंथ), टाइटन (घड़ी), फिलिप्स (रेडियो), ओनीडा (टेलीविजन) आदि। |
| **समुद्रों के नाम** | प्रशान्त महासागर, भूमध्य सागर, हिन्द महासागर, आदि। |

इसी प्रकार त्योहारों एवं उत्सवों के नाम, पुस्तकों एवं समाचार पत्रों के नाम, चौराहों तथा सड़कों के नाम, पर्वतों के नाम, राज्यों के नाम, ग्रह तथा नक्षत्रों के नाम, भाषाओं के नाम, वस्तुओं आदि के नाम भी व्यक्तिवाचक संज्ञा में समाविष्ट होते हैं।

**(ii) जातिवाचक संज्ञा :** जिस संज्ञा से एक ही प्रकार की वस्तुओं या प्राणी की पूरी जाति का बोध होता है, उसे जातिवाचक संज्ञा कहते हैं। जैसे- घोड़ा, गाय, बाघ, स्त्री, लड़का, पुस्तक, सड़क, विद्यालय आदि।

जातिवाचक संज्ञा के अन्तर्गत आगत शब्दों को अधोलिखित कोटियों में बाँटा जा सकता है—

| | |
|---|---|
| **जानवरों के नाम** | बैल, ऊँट, भैंस, साँप, कोयल आदि। |

| | |
|---|---|
| **स्थानों के नाम** | मैदान, पाठशाला, औषधालय आदि। |
| **वस्तुओं के नाम** | घड़ी, आलमारी, पंखा, किताब, आदि। |
| **सम्बन्धियों के नाम** | चाचा, मामा, मौसी, भाई आदि। |
| **व्यवसायों एवं पदों के नाम** | लोहार, कुम्हार, मोची, अध्यापक, मंत्री आदि। |
| **प्राकृतिक तत्त्वों के नाम** | वर्षा, गर्मी, भूकम्प, तूफान आदि। |

**(iii) द्रव्यवाचक संज्ञा :** द्रव्यवाचक संज्ञा से धातु या किसी द्रव्य का बोध होता है, जिसे तौला या नापा जा सकता है तथा जिससे अन्य वस्तुओं का निर्माण होता है। जैसे- सोना, चाँदी, ताँबा, लोहा, पीतल, दूध, पानी, तेजाब, तेल, पारा, घी आदि।

**(iv) समूहवाचक संज्ञा :** समूहवाचक संज्ञा को समुदायवाचक संज्ञा भी कहते हैं। वस्तुतः जिस संज्ञा से पदार्थ या प्राणियों के समूह का बोध होता है, उसे समूहवाचक संज्ञा कहते हैं। जैसे- सेना, सभा, कक्षा, मेला, दल, गुच्छा, कुञ्ज, भीड़ आदि।

**(v) भाववाचक संज्ञा :** भाववाचक संज्ञा वह संज्ञा है, जिससे किसी वस्तु या प्राणी के स्वभाव, गुण, धर्म, व्यापार एवं दशा का बोध होता है। जैसे- वीरता, चतुराई, मिठास, बुढ़ापा, बचपन, चाल, खेल, दौड़ आदि।

## भाववाचक संज्ञा का निर्माण

भाववाचक संज्ञाओं का निर्माण तद्धित और कृदन्त प्रत्ययों को विभिन्न शब्द भेदों में लगाकर किया जाता है। उदाहरणार्थ **जातिवाचक संज्ञा से**

| **जातिवाचक संज्ञा** | **भाववाचक संज्ञा** | **जातिवाचक संज्ञा** | **भाववाचक संज्ञा** |
|---|---|---|---|
| पशु | पशुता | स्त्री | स्त्रीत्व |
| मनुष्य | मनुष्यता | विद्वान् | विद्वता |
| पंडित | पांडित्य/पंडिताई | शत्रु | शत्रुता |
| लड़का | लड़कपन | बूढ़ा | बुढ़ापा |
| दास | दासत्व | बंधु | बंधुत्व |
| ग्राम | ग्रामीण | शहर | शहरी |
| देहात | देहाती | मित्र | मित्रता |
| भ्राता | भ्रातृत्व | साधु | साधुता |
| देह | दैहिक | माता | मातृत्व |
| जाति | जातीयता | घर | घरेलू |
| समाज | सामाजिकता | मूर्ख | मूर्खता |

**विशेषण से :**

| **विशेषण** | **भाववाचक संज्ञा** | **विशेषण** | **भाववाचक संज्ञा** |
|---|---|---|---|
| सुन्दर | सुन्दरता | कठोर | कठोरता |

| विशेषण | भाववाचक संज्ञा | विशेषण | भाववाचक संज्ञा |
|---|---|---|---|
| कुरूप | कुरूपता | मधुर | मधुरता |
| गर्म | गर्मी | उष्ण | उष्णता |
| ठंढ़ा | ठंढ़क | छोटा | छुटपन/छोटापन |
| सर्द | सर्दी | लम्बा | लम्बाई |
| चौड़ा | चौड़ाई | ऊँचा | ऊँचाई |
| काला | कालापन | मीठा | मिठास |
| लाल | लाली | चतुर | चतुराई |
| नीला | नीलापन | बड़ा | बड़ाई/बड़प्पन |
| कड़वा | कड़वाहट/कड़वापन | पवित्र | पवित्रता |
| मैला | मैल | शीतल | शीतलता |
| गंदा | गंदगी | मलिन | मलिनता |
| लघु | लघुता | गुरु | गुरुता |
| खुरदरा | खुरदरापन | लचीला | लचीलापन |
| धूर्त | धूर्तता | ठोस | ठोसपन |
| ईमानदार | ईमानदारी | दक्ष | दक्षता |
| कर्मठ | कर्मठता | पटु | पटुता |
| निपुण | निपुणता | भिन्न | भिन्नता |
| शिष्ट | शिष्टता | एक | एकता |
| वीर | वीरता | नीच | नीचता |
| उच्च | उच्चता | क्लिष्ट | क्लिष्टता |
| कायर | कायरता | सभ्य | सभ्यता |
| नपुंसक | नपुंसकता | शांत | शांति |
| उज्ज्वल | उज्ज्वलता | नम्र | नम्रता |
| क्षुद्र | क्षुद्रता | लोभी | लोभ |
| लालची | लालच | क्रोधी | क्रोध |
| डरावना | डर | भयावह | भय |
| आश्चर्य जनक | आश्चर्य | संक्षिप्त | संक्षिप्तता |
| दीर्घ | दीर्घता | | |

**क्रिया से :**

| क्रिया | भाववाचक संज्ञा | क्रिया | भाववाचक संज्ञा |
|---|---|---|---|
| चढ़ना | चढ़ाई/चढ़ाव | विकसित होना | विकास |
| पढ़ना | पढ़ाई | विचारना | विचार |

| क्रिया | भाववाचक संज्ञा | क्रिया | भाववाचक संज्ञा |
|---|---|---|---|
| लड़ना | लड़ाई | निकलना | निकास |
| उठना | उठाव | सजाना | सजावट |
| बहना | बहाव | लिखना | लिखावट |
| खींचना | खिंचाव | दौड़ना | दौड़ |
| लूटना | लूट | सिसकना | सिसकी |
| घुलना | घोल | झाड़ना | झाड़ |
| बोलना | बोल | फूँकना | फूँक |
| कूदना | कूद | घबराना | घबराहट |
| झुकना | झुकाव | बनाना | बनावट |
| तनना | तनाव | मिलाना | मिलावट |

**विशेष**

- जातिवाचक संज्ञाएँ गणनीय होती हैं। ये एकवचन में होती हैं और बहुवचन में भी। जबकि व्यक्तिवाचक संज्ञाएँ केवल एकवचन में होती हैं।
- समूहवाचक संज्ञाएँ एकवचन में हो सकती हैं और बहुवचन में भी।
- द्रव्यवाचक संज्ञा का भी सामान्यतः बहुवचन नहीं होता है। इन्हें एकवचन में ही माना जाता है।
- धर्म, गुण, भाव आदि का अनुभव न तो हमें स्पर्श से होता है और न दृष्टि से। इन्हें केवल अनुभव किया जा सकता है। अतः भाववाचक संज्ञाओं की न तो गणना हो सकती है और न ही इन्हें स्पर्श किया जा सकता है।
- व्यक्तिवाचक संज्ञा का जातिवाचक संज्ञा के रूप में भी प्रयोग हो सकता है। जैसे- शेक्सपियर यूरोप के कालिदास थे। कालिदास यद्यपि व्यक्तिवाचक संज्ञा है लेकिन यहाँ जातिवाचक के रूप में प्रयुक्त है।
- जातिवाचक संज्ञा का व्यक्तिवाचक के रूप में भी प्रयोग होता है। जैसे- देवी ने अपने गले में मुण्डमाल धारण कर ली। यहाँ देवी जातिवाचक संज्ञा है लेकिन मुण्ड की माला धारण करने से व्यक्तिवाचक (काली) हो गयी है।
- भाववाचक संज्ञा का जातिवाचक में भी प्रयोग हो सकता है। जैसे- ओलम्पिक खेलों में कई प्रकार की दौड़ें कराई जाती हैं। यहाँ 'दौड़' के प्रकारों का जिक्र हुआ है। दौड़ यहाँ सभी प्रकार की दौड़ से तात्पर्य होने के कारण जातिवाचक है।

## अभ्यास

1. संज्ञा की परिभाषा उदाहरण सहित लिखिए।
2. संज्ञा के कितने भेद हैं? सोदाहरण स्पष्ट कीजिए।
3. भाववाचक संज्ञा का निर्माण कितने प्रकार से होता है? उदाहरण दीजिए।
4. भाववाचक संज्ञा बनाने के प्रत्यय लिखिए तथा प्रत्येक प्रत्यय के योग से पाँच शब्द बनाइए।
5. जातिवाचक संज्ञा का प्रयोग व्यक्तिवाचक के रूप में कब होता है?
6. निम्नलिखित शब्दों का संज्ञा-भेद बताइए :-
   सेना, नाक, पुस्तक, तालाब, घोड़ा, लोहार, भेंड़, हाथी, कलम, रामायण, कोलकाता, भोजन, सभा, मिठास, बुढ़ापा।
7. निम्नलिखित शब्दों से भाववाचक संज्ञा बनाइए :-
   देव, नर, कुल, महान्, रावण, पढ़ना, दौड़ना, हँसना, रोना।
8. टिप्पणी लिखिए :-
   (क) भाववाचक जातिवाचक के रूप में।
   (ख) व्यक्तिवाचक जातिवाचक के रूप में।

5

# उपसर्ग और प्रत्यय (Prefix and Suffix)

## उपसर्ग

उपसर्ग उस शब्दांश को कहते हैं जो किसी शब्द के पूर्व प्रयुक्त होकर उसका नया अर्थात् विशेष अर्थ-बोध कराता है। उपसर्ग दो शब्दों के योग से बना है। उपसर्ग=उप+सर्ग। उप का अर्थ है– समीप और सर्ग का अर्थ है सृष्टि या स्थिति। इस प्रकार उपसर्ग का अर्थ होता है– निकट में बैठकर दूसरे नवीनार्थ वाले शब्द की रचना करना। इसलिए कहा जा सकता कि उपसर्ग उस अक्षर या आधार समूह को कहते हैं जो किसी शब्द के पहले जोड़े जाने पर विशिष्ट अर्थ की संरचना करता है। जैसे- प्र+हार = प्रहार। हार शब्द के पूर्व 'प्र' उपसर्ग जोड़ देने से नया शब्द प्रहार बनता है जिसका अर्थ 'मारना' होता है।

## उपसर्ग के कार्य

(क) उपसर्ग का योग करने पर शब्द में नयी विशेषता आ जाती है।
(ख) शब्द का अर्थ प्रतिकूल भी हो जाता है।
(ग) शब्द का अर्थ परिवर्तित भी नहीं होता है।

## हिन्दी उपसर्ग के विविध स्रोत

(क) हिन्दी के उपसर्ग
(ख) संस्कृत के उपसर्ग
(ग) उर्दू (अरबी-फारसी) के उपसर्ग।

## हिन्दी के उपसर्ग

हिन्दी के कुल दस उपसर्ग हैं, जो इस प्रकार हैं :

अ, अन, अध, उन, दु, नि, बिन, भर, क-कु, स-सु।

हिन्दी के इन उपसर्गों से निर्मित शब्दों की एक सूची निम्नलिखित है :

| उपसर्ग | उपसर्ग का अर्थ | नवनिर्मित शब्द |
|---|---|---|
| 1. अ-अन | निषेध के अर्थ में | अचल, अछूत, अगोचर, अनपढ़, अनमोल, अनमेल, अबोध, अधर्म, अदृश्य, अनीति, अखण्ड, |

| | | |
|---|---|---|
| 2. अध | आधा के अर्थ में | अधपका, अधकचरा, अधजला, अधखिला, अधमरा |
| 3. उन | एक कम | उन्नीस, उनतीस, उनतालिस, उनसठ, उनचास |
| 4. औ | हीन अर्थ में | औगुन, औढ़र, औघट |
| 5. दु | बुरा/हीन | दुकाल, दुबला, दुसह |
| 6. नि | रहित के अर्थ में | निकम्मा, निडर, निहत्था, निखरा, निठुर, निखार |
| 7. बिन | निषेध के अर्थ में | बिनमाँगा, बिनदेखा, बिनचाहा, बिनबोया, बिनखाया, बिनसोचा |
| 8. भर | पूरा/ठीक | भरपेट, भरदम, भरपूर, भरसक |
| 9. क-कु | हीनता के अर्थ में | कुपात्र, कपूत, कुढंग, कुरीति, |
| 10. स-सु | श्रेष्ठता और खास के अर्थ में | सरस, सुपाच, सुडौल, सपूत, सुमन, सगोत्र, सहित, सजग |

## संस्कृत के उपसर्ग

| उपसर्ग | उपसर्ग का अर्थ | नव-निर्मित शब्द |
|---|---|---|
| 1. अति | अधिक, ऊपर | अतिरिक्त, अतिक्रमण, अत्युक्ति, अत्याचार, अत्यावश्यक, अत्यन्त, अत्यधिक |
| 2. अधि | श्रेष्ठ, ऊपर, सामीप्य | अधिपति, अधिकार, अधिभार, अधिरथ, अध्यात्म, अधिकरण, अधिराज, अध्यक्ष |
| 3. अनु | कम, पश्चात्, समानता | अनुक्रम, अनुचर, अनुज, अनुराग, अनुकूल, अनुकरण, अनुपात, अनुवाद, अनुसार, अनुरूप, अनुशासन |
| 4. अप | अभाव, लघुता, हीनता, | अपवाद, अपराध, अपकीर्ति, अपयश, अपकर्ष, अपव्यय, अपमान, अपकार |
| 5. अभि | सामीप्य, इच्छा | अभिभावक, अभिभाषण, अभिलाषा, अभिराम, अभिशाप, अभिप्राय, अभिमान, अभियोग, अभिनव, अभिनय, अभिनेता, अभिषेक |
| 6. अव | पतन, हीनता, अनादर | अवनत, अवरोध, अवगुण, अवगति, अवगत, अवसान, अवधारणा, अवतार, अवमानना |

| | | |
|---|---|---|
| 7. आ | सीमा, ओर, समेत, कमी, विपरीत | आजन्म, आचरण, आजीवन, आभूषण, आरोग्य, आदान, आमुख, आचार, आगमन, आमरण |
| 8. उत्-उद् | ऊपर, उत्कर्ष | उत्कर्ष, उत्थान, उद्भव, उन्नत, उत्पन्न, उत्कंठा, उल्लास, उद्गम, उद्धार, उत्कृष्ट, उद्बोधन, उद्गम, उन्नयन, उद्घोष |
| 9. उप | गौण, सहायक, सदृश, निकटता, हीनता | उपवन, उपदेश, उपनिवेश, उपनगरी, उपचार, उपमान, उपाध्यक्ष, उपधारा, उपमुखिया |
| 10. दुर्-दुस् | बुरा, हीन, कठिन, दुष्ट | दुर्बल, दुर्दिन, दुर्भावना, दुस्साहस, दुर्गुण, दुर्जन, दुर्दशा, दुराचार, दुर्व्यवस्था, दुर्दांत, दुर्नाम, दुर्गम |
| 11. निर्-निस् | बाहर, निषेध, रहित | निर्भर, निर्झर, निर्मम, निर्गमन, निर्दोष, निर्वाण, निर्विरोध, निर्वाह, निर्लज्ज, निर्जन, निरपराध, निस्संदेह, निर्मूल, निर्यात, निर्वस्य, निर्निमेष |
| 12. नि | भीतर, नीचे, अतिरिक्त | नियम, नियुक्त, निबन्ध, निरोध, निकृष्ट, निमग्न, नियत, निषेध |
| 13. परा | उल्टा, अनादर, नाश | पराभव, पराजय, पराधीन, पराकाष्ठा, परामर्श, पराक्रम, पराभूत |
| 14. परि | आसपास, चारों ओर, पूर्ण, अतिशय, त्याग | परिमाण, परिणाम, परिधान, परिपूर्ण, परिच्छेद, परिजन, परिक्रमा, परिशीलन, परिपूर्ण, परिचालन, परिवहन, परिचय, परिणय, परिपाक, परित्याग, परिमार्जन, परिलक्षित |
| 15. प्र | अधिक, आगे, ऊपर, यश, गति | प्रमोद, प्रलाप, प्रभाग, प्रचार, प्रकाश, प्रवास, प्रबल, प्रयत्न, प्रकोष्ठ, प्रदीप, प्रणय, प्रसिद्ध, प्रताप, प्रशांत, प्रभेद, प्रच्छालन, प्रकार, प्रयोग, प्रमाण |
| 16. प्रति | विरोध, बराबरी, प्रत्येक, परिर्वतन | प्रत्युत्तर, प्रतिकूल, प्रतिवाद, प्रतिदिन, प्रत्येक, प्रतिभेद, प्रतिवर्ष, प्रतिलिपि, प्रतिदान, प्रतिस्पर्धा |
| 17. वि | भिन्नता, असमानता, हीनता, विशेषता | विराम, विशुद्ध, विमल, विभाग, विनाश, विमुख, विदेश, विशेष, विलास, विख्यात, विनम्र, विक्रम |

| | | |
|---|---|---|
| 18. सम् | पूर्णता, संयोग | संसार, संहार, संकल्प, सम्मुख, संतोष, संग्राम, सम्मेलन, समाचार |
| 19. सु | सुन्दर, अच्छा, भाव, सहज, सुखी | सुकर्म, सुलभ, सुगम, सुजन, सुकवि, सुमीत, सुयश, सुसंगति, सुविचार, सुनियोजित, सुनीति, सुवास, सुगन्ध, सुफल |
| 20. अन् | नहीं, अभाव | अनेक, अनन्त, अनादि, अनावश्यक, अनन्तर, अनौचित्य, अनुपस्थित |

## उर्दू के उपसर्ग

हिन्दी में व्यवहृत विदेशी उपसर्गों में अरबी, फारसी और अंग्रेजी के उपसर्ग शामिल हैं। अरबी-फारसी के उपसर्गों को हिन्दी आत्मसात् कर चुकी है। अरबी-फारसी के उपसर्ग उर्दू के माध्यम से हिन्दी में आये हैं। उर्दू के निम्नलिखित उपसर्ग हिन्दी में विशेषतः प्रचलित हैं :

| उपसर्ग | उपसर्ग का अर्थ | नवनिर्मित शब्द |
|---|---|---|
| 1. अल | निश्चित | अलबत्ता, अलगरज, अलविदा |
| 2. कम | हीन, थोड़ा | कमसिन, कमउम्र, कमख्याल, कमबख्त, कमजोर, कमगरज |
| 3. खुश | अच्छा | खुशबू, खुशदिल, खुशमिजाज, खुशहाल, खुशखबरी |
| 4. गैर | भिन्न, विरुद्ध | गैर-जवाबदेह, गैर-जिम्मेदार, गैर-कानूनी |
| 5. दर | में | दरअसल, दरमियान, दरकिनार, दरहकीकत, दरकान, |
| 6. ना | अभाव | नालायक, नापसंद, नाकाम, नादान, नामुमकिन, नाइंसाफ |
| 7. बद | बुरा | बदकिस्मत, बदहजमी, बदसूरत, बदनाम, बदबू |
| 8. बर | ऊपर, पर, बाहर | बरदाश्त, बरखास्त, बरवक्त |
| 9. बे | बिना | बेईमान, बेवकूफ, बेरहम, बेइज्जत, बेलगाम, बेवफा, बेकहा, बेशउर |
| 10. ला | बिना | लाचार, लाजवाब, लापता, लाइलाज, लावारिस, लापरवाह |
| 11. हम | बराबर, समान | हमशक्ल, हमसफर, हमउम्र, हमदर्द, हमराही, हमगरज, हमपेशा |
| 12. सर | मुख्य | सरदार, सरकार, सरताज, सरनाम |

| | | |
|---|---|---|
| 13. बा | साथ | बाकायदा, बाइज्जत, |
| 14. बिल | साथ | बिल्कुल |
| 15. हर | प्रत्येक | हरदम, हरदिन, हरदिल, हरसाल, हरतरह |

## अंग्रेजी के उपसर्ग

| **उपसर्ग** | **उपसर्ग का अर्थ** | **नव निर्मित शब्द** |
|---|---|---|
| डबल | दुहरा, दुगना | डबल रोटी, डबल खुराक, डबल नाश्ता |
| फुल | पूरा | फुल पैण्ट, फुल स्वेटर, फुल कमीज, फुल पेमेंट, फुल जूता |
| सब | अवर | सब रजिस्ट्रार, सब डिविजन, सब जज |
| हाफ | आधा | हाफ टिकट, हाफ कमीज, हाफ पैण्ट, हाफ शर्ट, हाफ पेमेंट |

## विशेष

1. संस्कृत के उपसर्गों का प्रयोग तत्सम शब्दों के साथ, हिन्दी के उपसर्गों का प्रयोग तद्भव शब्दों के साथ और उर्दू के उपसर्गों का प्रयोग उर्दू शब्दों के साथ किया जाना चाहिए।
2. जहाँ एक ही उपसर्ग भिन्न-भिन्न शब्दों से जुड़ता है वहाँ एक ही शब्द में भिन्न-भिन्न उपसर्ग भी जुड़ते हैं तथा मूल शब्द के अर्थ में विशेषता या परिवर्तन ला देते हैं।

   जैसे- प्र + हार = प्रहार (चोट मारना)  
   आ + हार = आहार (भोजन)  
   सम् + हार = संहार (विनाश)  
   वि + हार = विहार (घूमना-फिरना)
3. कभी-कभी एक ही शब्द के साथ दो या तीन उपसर्ग भी जोड़े जाते हैं।

   जैसे- निर् + अभि + मान = निरभिमान  
   निर् + आ + करण = निराकरण  
   सु + वि + अव + स्थित = सुव्यवस्थित  
   दुर् + वि + अव + हार = दुर्व्यवहार  
   वि + आ + करण = व्याकरण  
   सम् + आ + लोचन = समालोचन
4. संस्कृत के कुछ विशेषण और अव्यय भी उपसर्ग का कार्य करते हैं :

| **उपसर्ग** | **अर्थ** | **उदाहरण** |
|---|---|---|
| अलय् | सुन्दर | अलंकार, अलंकृत, अलंकृति |
| अन्तर् | भीतर | अन्तःकरण, अन्तर्राष्ट्रीय, अन्तर्द्धन्द |

| | | |
|---|---|---|
| पुनर् | फिर | पुनर्जन्म, पुनर्विचार, पुनरूक्ति, पुनरागमन |
| बहिर् (बहिस्) | बाहर | बहिर्गमन, बहिष्कार, बहिर्द्वार |
| पुरा | पहले का | पुरातन, पुराण, पुरावृत |
| आवि | प्रकट, बाहर | आविष्कार, आविर्भाव, आविर्भूत |

## प्रत्यय

प्रत्यय उस अक्षर या अक्षर समूह को कहते हैं। जो शब्द के अन्त में जुड़ता है। जैसे- गाना + वाला = गानेवाला। झगड़ा + आलू = झगड़ालू। यहाँ 'वाला' और 'आलू' प्रत्यय हैं।

**प्रत्यय के भेद :** प्रत्यय के मुख्यतः दो भेद हैं-

(1) कृदन्त प्रत्यय (2) तद्धित प्रत्यय

**(1) कृदन्त प्रत्यय :** कृदन्त प्रत्यय धातु या क्रिया पद के अन्त में जोड़ा जाता है। इस प्रत्यय का मूल नाम 'कृत' है। 'कृत' प्रत्यय के योग से बने शब्द को 'कृदन्त' कहते हैं।

**उदाहरण :**

| **कृत प्रत्यय** | **क्रिया** | **शब्द** |
|---|---|---|
| हार | होना | होनहार |
| वैया | गाना | गवैया |

**(2) तद्धित प्रत्यय :** वे हैं जो क्रियाओं अथवा धातुओं के अतिरिक्त अन्य पदों के अन्त में जुड़ते हैं।

जैसे- मानव + ता = मानवता। इसमें मानव के साथ 'ता' प्रत्यय का योग हुआ है। कृत प्रत्यय और तद्धित प्रत्यय में मूल अन्तर यह है कि कृत प्रत्यय धातु एवं क्रियापदों के अन्त में जुड़ता है जबकि तद्धित प्रत्यय संज्ञा, सर्वनाम और विशेषण के अन्त में सम्पृक्त होता है।

## कृदन्त के भेद

कृत प्रत्ययों के जुड़ाव से बने शब्द कृदन्त कहलाते हैं। इन्हें मुख्यतः सात वर्गों में विभक्त किया गया है-

(क) कर्तृ वाचक कृदन्त (ख) कर्म वाचक कृदन्त (ग) करण वाचक कृदन्त (घ) भाव वाचक कृदन्त (ङ) क्रिया द्योतक कृदन्त (च) योग्यता वाचक कृदन्त (छ) गुण वाचक कृदन्त।

**(क) कर्तृ वाचक कृदन्त** : कर्तृ वाचक प्रत्ययों से बने शब्द किसी काम के करने वाले का बोध कराते हैं। इसके लिए साधारणतः निम्नलिखित प्रत्यय प्रयुक्त होते हैं। जैसे- आकू, आऊ, आक, आका, आलूड़ी, आलू, इया, इयल, एर, ऐत, ओड़, अक्कड़, वन, वाला, वैया, हारा, हार, इया, ऊ आदि।

**उदाहरण :**

| **प्रत्यय** | **धातु/क्रिया** | **बने शब्द** |
|---|---|---|
| आका | लड़ | लड़ाका |
| आकू | पढ़ | पढ़ाकू |
| सार | मिलन | मिलनसार |
| ऐया | रख | रखैया |
| ओड़ा | भाग | भगोड़ा |
| आलू | झगड़ | झगड़ालू |

(ख) **कर्मवाचक कृदन्त :** इन प्रत्ययान्तों से बने शब्दों से कर्म का बोध होता है।

**उदाहरण :**

| **प्रत्यय** | **धातु/क्रिया** | **बने शब्द** |
|---|---|---|
| नी | चाटना | चटनी |
| आनी | कह | कहानी |
| नी | सूँघ | सूँघनी |

(ग) **करणवाचक कृदन्त :** इनके द्वारा क्रिया के साधन का संकेत मिलता है। ऐसे प्रत्यय हैं– नी, ना, ई, आ, त, ऊ आदि।

**उदाहरण :**

| **प्रत्यय** | **धातु/क्रिया** | **बने शब्द** |
|---|---|---|
| नी | लिख | लेखनी |
| ऊ | झाड़ | झाड़ू |
| आ | ठेल | ठेला |
| आनी | मथ | मथानी |
| नी | चल | चलनी |

(घ) **भाववाचक कृदन्त :** भाववाचक कृदन्त की रचना धातु के अन्त में अ, आ, अन्त, आई, आन, आप, आपा, आव, आवा, आस, आवना, आवनी, आवट, आहट, ई, औता, औती, औवल, औनी, क, की, गी, त, ती, न्ती, न, नी आदि के जुड़ने से होती है।–

**उदाहरण :**

| **प्रत्यय** | **धातु/क्रिया** | **बने शब्द** |
|---|---|---|
| आवना | भा | भावना |
| आई | लड़ | लड़ाई |
| आवट | सज | सजावट |
| त | खप | खपत |
| ती | घट | घटती |

(ङ) **क्रिया द्योतक कृदन्त** : क्रिया द्योतक कृदन्त यद्यपि क्रिया की भावाभिव्यक्ति करते हैं, किन्तु संज्ञा की विशेषता भी प्रकट करते हैं। क्रिया द्योतक कृदन्त के दो भेद हैं :

1. भूत कालिक
2. वर्तमान कालिक

**1. भूत कालिक**

| **प्रत्यय** | **धातु/क्रिया** | **बने शब्द** |
|---|---|---|
| आ | पढ़ | पढ़ा |
| आ | गा | गाया |
| आ | रो | रोया आदि। |

**2. वर्तमान कालिक**

| **प्रत्यय** | **धातु/क्रिया** | **बने शब्द** |
|---|---|---|
| ता | बह | बहता |
| ता | पढ़ | पढ़ता |
| ता | गा | गाता आदि। |

(च) **योग्यता वाचक कृदन्त :** योग्यता वाचक कृदन्त की रचना के लिए अनीय, इष्णुय, तव्य, ण्यत्, क्यप्, यत् आऊ, आदि प्रत्यय धातु के अन्त में जोड़े जाते हैं। जैसे-

| **प्रत्यय** | **धातु/क्रिया** | **बने शब्द** |
|---|---|---|
| अनीय | रम् | रमणीय |
| तव्य | कृ | कर्त्तव्य |
| यत् | गद् (बोलना) | गद्य |
| आऊ | कमाना | कमाऊ |

(छ) **गुण वाचक कृदन्त :** ये प्रत्यय हैं- आलुच्, वरय्, इया आदि

| **प्रत्यय** | **धातु/क्रिया** | **बने शब्द** |
|---|---|---|
| आलुच् | दय् | दयालु |
| इया | बढ़ना | बढ़ाना |
| वरय् | नश् | नश्वर |

## तद्धित प्रत्यय

धातु या क्रिया के अलावा संज्ञा, सर्वनाम और विशेषण के साथ अन्त में जुड़ने वाले प्रत्यय तद्धित प्रत्यय कहलाते हैं। तद्धित प्रत्ययों की संख्या अत्यधिक है। मुख्यतः इनका प्रयोग निम्नलिखित अर्थों के प्रकटीकरण के लिए होता है।

जैसे :

**कर्तृवाच्य-** इन प्रत्ययों के योग से बने शब्द कर्त्ता का अर्थ व्यक्त करते हैं। इन, उ, आर/कार, आलू, एरा, एड़ी, इया, आरी आदि प्रमुख प्रत्यय हैं।

| प्रत्यय | शब्द | बने शब्द |
|---|---|---|
| आर | लोहा | लोहार |
| एड़ी | नशा | नशेड़ी |
| आरी | भीख | भिखारी |
| आलू | कृपा | कृपालु |

**अपत्य वाचक :** इन प्रत्ययों द्वारा सन्तान या वंश के अर्थ की अभिव्यक्ति होती है। इसके लिए अण्, इञ्, एच आदि प्रत्ययों का प्रयोग होता है।

जैसे-

| प्रत्यय | शब्द | बने शब्द |
|---|---|---|
| अण् | रघु | राघव |
| अण् | पाण्डु | पाण्डव |
| इय | मरुत् | मारुति |
| एय | कुन्ती | कौन्तेय |
| एय | गंगा | गांगेय |

**भाव वाचक :** त्व, ता, आई, आका, आस, आहट, ई, पन, औती आदि प्रत्ययों के योग से भाव वाचक संज्ञाएँ बनती हैं।

**उदाहरण :**

| प्रत्यय | शब्द | बने शब्द |
|---|---|---|
| औती | बाप | बंपौती |
| आई | भला | भलाई |
| ई | चोर | चोरी |
| पन | बच्चा | बचपन |
| ता | निरंकुश | निरंकुशता आदि। |

**सम्बन्ध वाचक :** ईय, उल, व्य, ण्य, त्य, एरा, अला, जा आदि प्रत्ययों के योग से बने शब्द सम्बन्धी का अर्थ व्यक्त करते हैं।

**उदाहरण :**

| प्रत्यय | शब्द | बने शब्द |
|---|---|---|
| इय | भवत् | भवदीय |
| व्य | पितृ | पितृव्य |
| एरा | फूफा | फुफेरा |
| एला | सौत | सौतेला |
| जा | भ्राता | भतीजा आदि |

**ऊन वाचक :** ऊन वाचक तद्धितान्त प्रत्ययों से बने शब्द से तुच्छता या हीनता का अर्थ स्पष्ट होता है। क, कल्प, इया, ई, ओला, की, टा, ड़ा, ड़ी, री, ली, वा आदि प्रत्यय प्रयोग में आते हैं।

**उदाहरण :**

| **प्रत्यय** | **शब्द** | **बने शब्द** |
|---|---|---|
| क | बाल | बालक |
| ओला | खाट | खटोला |
| ली | टीका | टिकली |
| ड़ी | आँत | अँतड़ी |
| री | कोठा | कोठारी आदि। |

**रीति वाचक :** तः, था, शः आदि प्रत्ययों से युक्त शब्द रीति वाचक होते हैं।

**उदाहरण :**

| **प्रत्यय** | **शब्द** | **बने शब्द** |
|---|---|---|
| तः | मुख्य | मुख्यतः |
| तः | प्रथम | प्रथमतः |
| था | सर्व | सर्वथा |
| था | तद् | तथा |
| शः | शब्द | शब्दशः |
| शः | अक्षर | अक्षरशः |
| शः | क्रम | क्रमशः आदि। |

**स्थान वाचक :** स्थान वाचक के लिए 'त्र' प्रत्यय का योग होता है।

**उदाहरण :**

| **प्रत्यय** | **शब्द** | **बने शब्द** |
|---|---|---|
| त्र | यद् | यत्र |
| त्र | तद् | तत्र |
| त्र | कु | कुत्र |
| त्र | सर्व | सर्वत्र |
| त्र | अन्य | अन्यत्र |

'त्र' प्रत्यय के अतिरिक्त नगर, पुर, गढ़, गाँव, बाड़ा, नेर, मेर, कोट, पत्तन आदि प्रत्ययों से भी स्थान वाचक कृदन्त बनते हैं।

**काल वाचक :** काल वाचक के लिए 'दा' तद्धित प्रत्यय का प्रयोग होता है।

**उदाहरण :**

| **प्रत्यय** | **शब्द** | **बने शब्द** |
|---|---|---|
| दा | यत् | यदा |
| दा | तत् | तदा |
| दा | किम् | कदा |

**प्रकार वाचक :** 'धा' प्रत्यांत का प्रयोग प्रकार वाचक का बोध करने के लिए होता है।

**उदाहरण :**

| **प्रत्यय** | **शब्द** | **बने शब्द** |
|---|---|---|
| धा | मि | मिधा |
| धा | द्वि | द्विधा |

**निश्चक वाचक :** 'ही' प्रत्यांत का प्रयोग निश्चय सूचित करने के लिए होता है। जैसे-

| **प्रत्यय** | **शब्द** | **बने शब्द** |
|---|---|---|
| ही | जब | जभी |
| ही | सब | सभी |
| ही | कल | कल ही |
| ही | खुद | खुद ही |
| ही | तब | तभी |

**गुण वाचक :** ष्क्, अण, ठक्, इतच्, इय्, इन्, म, र, ल, लु, वत्, विनि, आऊ, ऐस, वन्त आदि प्रत्ययों के जुड़ने से बने शब्द गुणवाचक होते हैं।

**उदाहरण :**

| **प्रत्यय** | **शब्द** | **बने शब्द** |
|---|---|---|
| ष्क् | वर्ष | वार्षिक |
| ईन | रंग | रंगीन |
| म | मध्य | मध्यम |
| र | मुख | मुखर |
| ल | माँस | माँसल |
| वत् | विधि | विधिवत् |
| वन्त | ज्ञान | ज्ञानवन्त |
| ल | आगे | अगला |

## उपसर्ग और प्रत्यय में अन्तर

उपसर्ग एवं प्रत्यय दोनों ही शब्द में जुड़ते हैं तथापि दोनों में पर्याप्त अन्तर है। उपसर्ग शब्द के आदि में जुड़कर एक नया अर्थ देते हैं जबकि प्रत्यय शब्दान्त में जुड़कर नवीन अर्थ देते हैं। एक ही शब्द में उपसर्ग एवं प्रत्यय का योग करने पर भिन्न-भिन्न अर्थ प्राप्त होते हैं। इस अंतर को एक उदाहरण प्रस्तुत कर और अधिक स्पष्ट किया जा सकता है। जैसे- कवि में 'सु' उपसर्ग के योग से 'सुकवि' बनता है, जिसका अर्थ है– अच्छा कवि। कवि में 'त्व' के प्रत्यय जोड़ने से 'कवित्व' शब्द निष्पन्न होता है जिसका अर्थ है– कृदन्त कविता करने का भाव। दूसरा उदाहरण- यश में- 'सु' उपसर्ग जोड़ने से बनता है- 'सुयश'। यश में 'वान' प्रत्यय जोड़ने से बनता है- यशवान।

सुयश का अर्थ है। - सुकीर्ति।

यशवान का अर्थ है- यशस्वी।

## अभ्यास

1. उपसर्ग किसे कहते हैं? उदाहरण के साथ स्पष्ट कीजिए।
2. हिन्दी उपसर्ग के विविध स्रोतों का उल्लेख कीजिए।
3. हिन्दी, संस्कृत, अरबी-फारसी तथा अंग्रेजी के उपसर्गों के कुछ उदाहरण दीजिए।
4. प्रत्यय किसे कहते हैं? प्रत्यय के कितने भेद हैं?
5. कृत प्रत्यय और तद्धित प्रत्यय की परिभाषा दीजिए। इनके कुछ उदाहरण भी दीजिए।
6. कृदन्त प्रत्यय के भेद सोदाहरण लिखिए।
7. टिप्पणी लिखिए– हिन्दी के उपसर्ग, संस्कृत के उपसर्ग, उर्दू के उपसर्ग, कृदन्त, तद्धित, उपसर्ग और प्रत्यय में अन्तर।
8. संस्कृत के विशेषण और अव्यय का उपसर्ग के रूप में कहाँ-कहाँ उपयोग होता है। कुछ उदाहरण देकर स्पष्ट कीजिए।

# 6

# लिंग (Gender)

'व्याकरण' में लिंग, पुरुष एवं स्त्री जाति के लिए प्रयुक्त चिह्न को कहा जाता है। इसे परिभाषित करते हुए कहा जा सकता है- "लिंग उसे कहते हैं जिससे संज्ञा के स्त्री या पुरुष होने का बोध हो। " दूसरे शब्दों में- "जिस चिह्न से व्यक्ति या वस्तु की स्त्री या पुरुष जाति का ज्ञान हो, उसे लिंग कहते हैं।"

**लिंग-भेद**

हिन्दी में लिंग के दो भेद मान्य हैं– (i) पुल्लिग (ii) स्त्रीलिंग

(i) **पुल्लिग(Masculine Gender) :** 'पुल्लिग' संज्ञा के उस रूप को कहा जाता है, जिससे उसके पुरुष होने का बोध होता है। जैसे- राजेश, मुकेश, प्रमोद, सूर्य, चाँद, बैल, घोड़ा इत्यादि।

(ii) **स्त्रीलिंग (Feminine Gender) :** स्त्रीलिंग से आशय संज्ञा के उस रूप से है जिससे उसके स्त्री होने का पता चले। जैसे- राधा, शीला, घोड़ी, बकरी, तितली, मैना, कोयल, मुर्गी आदि।

**लिंग-निर्णय**

हिन्दी में लिंग-निर्णय अंग्रेजी, संस्कृत, मराठी, आदि भाषाओं की अपेक्षा जटिल है। हिन्दी में समस्त प्राणिवाचक एवं अप्राणिवाचक शब्दों को दो लिंगों के अन्तर्गत समाविष्ट किया जाता है। प्राणिवाचक संज्ञाओं के लिंग निर्णय में तो विशेष कठिनाई नहीं होती लेकिन अप्राणिवाचक संज्ञाओं का लिंग निर्णय कठिन हो जाता है। इसका कारण यह है कि एक ही अर्थ देने वाले विभिन्न शब्दों, समान आकृति वाले शब्दों तथा कभी-कभी एक ही शब्द में अर्थ भेद के कारण लिंग-भेद उपस्थित हो जाता है। ऐसे शब्दों के कुछ उदाहरण नीचे दिये जाते है :

**समान आकृति वाले शब्द :**

| **शब्द** | **अर्थ** | **लिंग** |
|---|---|---|
| कलम | लेखनी | स्त्री॰ |
| कलम | वृक्ष-शाखा का कलम | पु॰ |
| ओर | छोर | पु॰ |
| ओर | तरफ | स्त्री॰ |
| सरकार | स्वामी | पु॰ |
| सरकार | शासन तंत्र चलाने वाली | स्त्री॰ |
| विधि | ब्रह्मा | पु॰ |
| विधि | प्रणाली | स्त्री॰ |

**एक अर्थ के द्योतक भिन्न शब्द :** हिन्दी में एक ही अर्थ के लिए पर्यायवाची शब्द पाये जाते हैं। एक ही अर्थ देने वाले इन शब्दों में भी पर्याप्त लिंग भेद पाया जाता है।

**उदाहरण :**

| **शब्द** | **अर्थ** | **लिंग** |
|---|---|---|
| पवन | हवा | पु॰ |
| वायु | हवा | स्त्री॰ |
| ग्रंथ | धार्मिक किताब | पु॰ |
| पुस्तक | किताब | स्त्री॰ |
| पद | पैर | पु॰ |
| लात | पैर | स्त्री॰ |
| गात | शरीर | पु॰ |
| देह | शरीर | स्त्री॰ |
| पत्र | चिट्ठी | पु॰ |
| चिट्ठी | चिट्ठी | स्त्री॰ |
| पथ | मार्ग | पु॰ |
| बाट | मार्ग | स्त्री॰ |
| नदी | सरिता | स्त्री॰ |
| दरिया | सरिता | पु॰ |

**अर्थ भेद के कारण :**

| **शब्द** | **अर्थ** | **लिंग** |
|---|---|---|
| हार | पराजय के अर्थ में | स्त्री॰ |
| हार | माला के अर्थ में | पु॰ |
| सविता | सूर्य के अर्थ में | पु॰ |
| सविता | लड़की के नाम के अर्थ में | स्त्री॰ |
| तारा | नक्षत्र के अर्थ में | पु॰ |
| तारा | लड़की के नाम के अर्थ में | स्त्री॰ |
| विधि | ब्रह्मा के अर्थ में | पु॰ |
| विधि | प्रणाली के अर्थ में | स्त्री॰ |

## लिंग-निर्णय के नियम

**पुल्लिंग शब्दों के पहचान के लिए नियम :**

1. हिन्दी में वे तत्सम शब्द जो अकारान्त हैं, साधारणतः पुल्लिंग होते हैं। जैसे- ग्रंथ, हल, फल, जल, सूर्य, अध्यक्ष आदि। **अपवाद**– पुस्तक।

2. प्राणियों में मनुष्य, बड़े पशु आदि में नर पुल्लिंग होते हैं और नारी स्त्रीलिंग होती हैं। जैसे- आदमी, बैल, घोड़ा, बकरा, कुत्ता, गदहा, हाथी आदि। क्योंकि ये सभी नर बोधक शब्द हैं।
3. कुछ प्राणियों के लिंग-निर्णय का आधार व्यवहार है। व्यवहार के आधार पर लिंग-निर्णय विशेषतः कीड़ों, छोटे पक्षियों या जिनमें नर-मादा का अन्तर कठिन है-का होता है। जैसे- बन्दर, तीतर, बटेर, चीता आदि पुल्लिंग हैं जबकि मछली, मैना, गौरैया, कोयल स्त्रीलिंग हैं।
4. अप्राणिवाचक संज्ञाओं का लिंग-निर्णय रूप के आधार पर होता है। पुल्लिंग शब्दों के उदाहरण के तौर पर निम्नलिखित शब्द दिये जाते हैं-

   (क) द्रव पदार्थों (liquid) के नाम- दही, पानी, शर्बत, घी, तेल, सिरका इत्यादि।

   (ख) धातुओं के नाम- लोहा, ताम्बा, सोना, पीतल, जस्ता आदि। **अपवाद**- चाँदी।

   (ग) ग्रहों के नाम- मंगल, बुध, शुक्र, शनि, आदि। **अपवाद**- पृथ्वी।

   (घ) वनस्पतियों के नाम- सागौन, अशोक, महुवा, पीपल, आम, ताड़, बाँस आदि। **अपवाद**- नीम, जामुन, आदि।

   (ङ) अनाजों के नाम- चना, उड़द, जौ, गेहूँ, चावल, धान, मटर, आदि। **अपवाद**- अरहर, मक्का, ज्वर, मूँग, आदि।

   (च) रत्नों के नाम- हीरा, मोती, माणिक, नीलम, मूँग, जवाहर आदि। **अपवाद**- मणि

   (छ) दिनों के नाम- सोम, मंगल, रवि, गुरु आदि।

   (ज) पहाड़ों के नाम- विन्ध्याचल, हिमालय, हिन्दुकुश आदि।

   (झ) जल और स्थल भागों के नाम- नगर, द्वीप, देश, समुद्र, घर, आकाश, पाताल आदि। **अपवाद**- नदी, झील, घाटी आदि।

   (ञ) भाव वाचक संज्ञाएँ– जिनके अन्त में ना, वा, पा, आव, पन, आ होते हैं प्रायः पुल्लिंग होते हैं। जैसे :- घेरा, डेरा, बसेरा, बुढ़ापा, बड़प्पन, बहाव, चढ़ाव आदि।

   (ट) हिन्दी की वे संज्ञाएँ जिनके अन्त में आकार होता है पुल्लिंग होती हैं। परन्तु इसमें संस्कृत के तत्सम शब्द शामिल नहीं होंगे और न हिन्दी के 'इया' प्रत्यय को लगाकर बने हुए शब्द ही।

   जैसे- रुपया, छाता, आटा, पैसा, पहिया, कपड़ा, चमड़ा आदि।

   (ठ) कृदन्त संज्ञाएँ– जिनके अन्त में 'आन' होता है। जैसे- नहान, उठान, मिलान आदि।

## स्त्रीलिंग शब्दों की पहचान :

1. हिन्दी में जिन संज्ञाओं के अन्त में आ, इ, उ, हो, वे स्त्रीलिंग मानी जाती हैं। हिन्दी की ये संज्ञाएँ संस्कृत से हिन्दी में आयी हैं।

   **उदाहरण :**

   | | |
   |---|---|
   | आ | वन्दना, प्रार्थना, कविता, दया, क्षमा, कृपा, रेखा आदि। |
   | इ | सिद्धि, मति, गति, रीति, नीति, विधि, निधि आदि। |
   | उ | मृत्यु, रेणु, धेनु, आदि। |

2. ऐसी भाव वांचक संज्ञाएँ जिनके अन्त में ट, वट, आई, ता, हट, हो स्त्रीलिंग होती हैं।
**उदाहरण :**

| | |
|---|---|
| त | खाट, बाट, हाट आदि। |
| वट | मिलावट, लिखावट, सजावट आदि। |
| आई | लड़ाई, मिठाई, भलाई, चढ़ाई आदि। |
| ता | लघुता, प्रभुता, ममता, क्षमता आदि। |
| हट | अकुलाहट, घबड़ाहट, आहट आदि। |

3. हिन्दी की उन संज्ञाओं को स्त्रीलिंग माना जाता है जिनके अन्त में इ, इया, ऊ, ख, त, स, हो। जैसे-

| | |
|---|---|
| ई | नदी, चिट्ठी, टोपी, धोती, रोटी, चलनी आदि। **अपवाद**- घी, दही, जी, मोती, पानी, यही। |
| इया | खटिया, डिबिया, मचिया, पुड़िया, बुढ़िया, आदि। |
| ऊ | लू, बालू, झाड़ू, गेरू, दारू आदि। |
| ख | राख, भूख, कोख, साख, आँख, ईख, रेख आदि। **अपवाद**- रूख। |
| त | बात, रात, लात, छत आदि। |
| स | मिठास, रास (लगाम), ओस, प्यास, साँस, आदि। **अपवाद**- निकास, निवास। |

4. कृदन्त की अकारान्त संज्ञाएँ भी स्त्रीलिंग होती हैं।
जैसे- लूट, दौड़, चमक, पुकार, छाप, मार, समझ आदि। **अपवाद**- मेल, बिगार, नाच, खेल।
5. अनुस्वारांत संज्ञाएँ भी स्त्रीलिंग होती हैं।
जैसे- खड़ाऊँ, चूँ आदि।
6. नदियों के नाम स्त्रीलिंग होते हैं।
जैसे- गंगा, यमुना, गोमती, कृष्णा, बेतवा आदि। **अपवाद**- ब्रहमपुत्र, सोन, सिन्धु।
7. नक्षत्रों के नाम स्त्रीलिंग होते हैं।
जैसे- अश्विनी, रोहिणी, अनुराधा, कृत्तिका आदि।
8. तिथियों के नाम स्त्रीलिंग होते हैं।
जैसे- प्रतिपदा, दूज, तीज, चौथ, अष्टमी, नवमी आदि।
9. किराने के पदार्थों के नाम स्त्रीलिंग होते हैं।
जैसे- इलायची, सुपारी, लौंग, दालचीनी आदि। **अपवाद**- जीरा, नमक, कपूर, केसर आदि।
10. भोजनों के नाम स्त्रीलिंग होते हैं।
जैसे- खीर, दाल, खिचड़ी, कढ़ी, पकौड़ी, पूड़ी, कचौड़ी, आदि। **अपवाद**- भात, रायता, दूध, पराठा, हलुआ आदि।

## लिंग-परिवर्तन (पुल्लिग से स्त्रीलिंग बनाने) के नियम :

हिन्दी में पुल्लिंग से स्त्रीलिंग बनाने की कई विधियाँ प्रचलित हैं। इसके लिए शब्दों के अन्त में प्रत्यय जोड़े जाते हैं। इन्हें स्त्री प्रत्यय कहते हैं। हिन्दी में प्रमुख स्त्री प्रत्यय निम्नलिखित हैं–आ, ई, आइना, आनी, इका, इन, इया, नी।

**नियम :**

1. अकारान्त तथा आकारान्त पुल्लिंग संज्ञाओं के अंतिम 'अ' या 'आ' के स्थान पर 'ई' प्रत्यय जोड़ने से स्त्रीलिंग बनता है। जैसे :

| पुल्लिंग | स्त्रीलिंग | पुल्लिंग | स्त्रीलिंग |
|---|---|---|---|
| नर | नारी | चाचा | चाची |
| देव | देवी | दादा | दादी |
| पुत्र | पुत्री | नाना | नानी |
| लड़का | लड़की | बेटा | बेटी |
| गदहा | गदही | छोटा | छोटी |
| घोड़ा | घोड़ी | लम्बा | लम्बी |

2. पुल्लिंग संज्ञा शब्दों के अंतिम 'आ' के स्थान पर 'इया' जोड़कर स्त्रीलिंग बनाया जाता है। जैसे-

| पुल्लिंग | स्त्रीलिंग | पुल्लिंग | स्त्रीलिंग |
|---|---|---|---|
| बेटा | बिटिया | चूहा | चुहिया |
| बूढ़ा | बुढ़िया | कुत्ता | कुतिया |

3. कतिपय प्राणीवाचक अकारान्त पुल्लिंग संज्ञाओं के अन्त में 'नी' जोड़कर स्त्रीलिंग बनाया जाता है।
   जैसे :

| पुल्लिंग | स्त्रीलिंग | पुल्लिंग | स्त्रीलिंग |
|---|---|---|---|
| मोर | मोरनी | ऊँट | ऊँटनी |
| शेर | शेरनी | राजपूत | राजपूतनी |

4. वर्ण तथा व्यवसाय बोधक शब्दों के अन्त में 'आइन' प्रत्यय लगाकर स्त्रीलिंग बनाया जाता है। जैसे :

| पुल्लिंग | स्त्रीलिंग | पुल्लिंग | स्त्रीलिंग |
|---|---|---|---|
| पण्डित | पण्डिताइन | बाबू | बबुआइन |
| ठाकुर | ठकुराइन | साधु | सधुआइन |

5. कुछ पुल्लिंग संज्ञा शब्दों के अंतिम 'अक' प्रत्यय को इका करके भी स्त्रीलिंग बनाया जाता है।

जैसे :

| पुल्लिंग | स्त्रीलिंग | पुल्लिंग | स्त्रीलिंग |
|---|---|---|---|
| नायक | नायिका | सेवक | सेविका |
| गायक | गायिका | पाठक | पाठिका |

6. पुल्लिंग संज्ञाओं के अन्त में 'आनी' प्रत्यय जोड़कर स्त्रीलिंग बनाया जाता है।
   जैसे :

| पुल्लिंग | स्त्रीलिंग | पुल्लिंग | स्त्रीलिंग |
|---|---|---|---|
| मेहतर | मेहतरानी | देवर | देवरानी |
| सेठ | सेठानी | जेठ | जेठानी |
| नौकर | नौकरानी | | |

7. वर्ण और व्यवसाय सूचक शब्दों के अन्त में 'इन' लगाकर स्त्रीलिंग बनाया जाता है।
   जैसे :

| पुल्लिंग | स्त्रीलिंग | पुल्लिंग | स्त्रीलिंग |
|---|---|---|---|
| माली | मालिन | तेली | तेलिन |
| लुहार | लुहारिन | कहार | कहारिन |
| नाई | नाइन | | |

8. कुछ आकारान्त पुल्लिंग शब्दों के अन्त में आये हुए 'आ' को 'अ' कर देने से स्त्रीलिंग बन जाता है।
   जैसे :

| पुल्लिंग | स्त्रीलिंग |
|---|---|
| भैंसा | भैंस |
| भेंड़ा | भेंड़ |

9. कुछ आकारान्त पुल्लिंग शब्दों के अन्तिम 'आ' का 'ई' करके स्त्रीलिंग बनाया जाता है। जैसे :-

| पुल्लिंग | स्त्रीलिंग | पुल्लिंग | स्त्रीलिंग |
|---|---|---|---|
| फूफा | फूफी | चाचा | चाची |
| नाना | नानी | दादा | दादी |
| जीजा | जीजी | | |

10. कुछ पुल्लिंग संज्ञाओं के स्त्रीलिंग रूप बिल्कुल स्वतंत्र होते हैं। जैसे-

| पुल्लिंग | स्त्रीलिंग | पुल्लिंग | स्त्रीलिंग |
|---|---|---|---|
| मर्द | औरत | ससुर | सास |
| राजा | रानी | मियाँ | बीबी |
| सम्राट् | सम्राज्ञी | वर | वधू |
| कवि | कवयित्री | पिता | माता |
| पुरुष | स्त्री | | |

## वाक्य-प्रयोग द्वारा लिंग-निर्णय

संज्ञा के लिंग का ज्ञान वाक्य-प्रयोग द्वारा होता है। वाक्य-प्रयोग के अन्तर्गत लिंग-निर्णय तीन विधियों द्वारा किया जाता है– (क) क्रिया द्वारा (ख) विशेषणों द्वारा (ग) सम्बध कारक द्वारा।

| | |
|---|---|
| क्रिया द्वारा: | राम **खाता** है। |
| | सीता **खाती** है। |
| विशेषण द्वारा: | **मोटा** लड़का। |
| | **मोटी** लड़की। |
| सम्बन्ध कारक द्वारा: | रमेश **का** घोड़ा। |
| | सुरेश **की** घोड़ी। |

## वाक्य-प्रयोग द्वारा लिंग-निर्णय

( लिंग-निर्णय के लिए वाक्य बनाते समय यह ध्यान रहे कि छोटे वाक्य से ही लिंग बिल्कुल स्पष्ट हो जाए।)

| | | | |
|---|---|---|---|
| 1. | अग्नि | (स्त्री.) | अग्नि प्रज्वलित हो रही है। |
| 2. | अनाज | (पु.) | अनाज गोदाम में रखा है। |
| 3. | आग | (स्त्री.) | आग जल रही है। |
| 4. | अंगूठा | (पु.) | अंगूठा फूल गया। |
| 5. | आकाश | (पु.) | आकाश साफ दिखाई पड़ता है। |
| 6. | आरती | (स्त्री.) | भगवान् की आरती के बाद आना। |
| 7. | आँसू | (बहु व.पु.) | आँसू टपक पड़े। |
| 8. | आँख | (स्त्री.) | आँख लाल हो गयी है। |
| 9. | आयु | (स्त्री.) | आयु घट रही है। |
| 10. | आय | (स्त्री.) | आपकी आय बढ़ रही है। |
| 11. | आचरण | (पु.) | उसका आचरण अच्छा है। |
| 12. | आलोक | (पु.) | आलोक फैल रहा है। |
| 13. | ओला | (पु.) | ओला पड़ रहा है। |
| 14. | ओस | (स्त्री.) | रात में बहुत ओस गिरती है। |
| 15. | औलाद | (स्त्री.) | हमारी औलाद अच्छी है। |
| 16. | इरादा | (पु.) | हमारा इरादा कुछ और है। |
| 17. | ईमान | (पु.) | हमारा ईमान डगमग नहीं होता। |
| 18. | इम्तहान | (पु.) | हमारा इम्तहान कल से होगा। |
| 19. | इजाजत | (स्त्री.) | मुझे इस काम के लिए इजाजत मिली। |
| 20. | उपज | (स्त्री.) | इस बार अच्छी उपज हुई। |

| | | | |
|---|---|---|---|
| 21. | उपन्यास | (पु.) | यह नया उपन्यास है। |
| 22. | उपहार | (पु.) | मुझे उपहार मिला। |
| 23. | उल्लास | (पु.) | वहाँ उल्लास मनाया जा रहा है। |
| 24. | उत्सव | (पु.) | वहाँ किस तरह का उत्सव है। |
| 25. | उषा | (स्त्री.) | पूरब में उषा हँसने लगी। |
| 26. | कक्षा | (स्त्री.) | हमारी कक्षा में तीन लड़कियाँ हैं। |
| 27. | कक्ष | (पु.) | हमारे विद्यालय का कक्ष बड़ा-बड़ा है। |
| 28. | कल्याण | (पु.) | अब तुम्हारा कल्याण हो जाएगा। |
| 29. | कानन | (पु.) | कानन घना है। |
| 30. | घास | (स्त्री.) | घास हरी है। |
| 31. | कोयल | (स्त्री.) | कोयल कूकती है। |
| 32. | कमल | (पु.) | कमल खिल गया। |
| 33. | कलम | (स्त्री.) | कलम नयी है। |
| 34. | किस्मत | (स्त्री.) | उसकी किस्मत अच्छी है। |
| 35. | कागज | (पु.) | कागज चिकना है। |
| 36. | कमर | (स्त्री.) | उसकी कमर पतली है। |
| 37. | खबर | (स्त्री.) | कल वाली खबर झूठी थी। |
| 38. | अखबार | (पु.) | अखबार आज का है। |
| 39. | खुशामद | (स्त्री.) | हमारी खुशामद से कुछ नहीं होगा। |
| 40. | खेल | (पु.) | उसने खेल खराब कर दिया। |
| 41. | खिलौना | (पु.) | खिलौना टूट गया। |
| 42. | खटमल | (पु.) | खटमल काटता है। |
| 43. | गिद्ध | (पु.) | गिद्ध छत पर बैठ गया। |
| 44. | गुड़िया | (स्त्री.) | गुड़िया कपड़े की बनी है। |
| 45. | गंध | (स्त्री.) | गंध तीखी है। |
| 46. | गोद | (स्त्री.) | उसकी गोद भर गयी। |
| 47. | गेहूँ | (पु.) | गेहूँ महँगा हो गया। |
| 48. | गजल | (स्त्री.) | गजल गायी जा रही है। |
| 49. | घूँघट | (पु.) | घूँघट उठ गया। |
| 50. | घर | (पु.) | घर पुराना हो गया। |
| 51. | घी | (पु.) | घी ताजा है। घी महँगा है। |
| 52. | चलन | (पु.) | चलन बन्द हो गया है। |
| 53. | चाय | (स्त्री.) | चाय अच्छी है। |
| 54. | चोट | (स्त्री.) | उसे चोट लगी। |

| | | | |
|---|---|---|---|
| 55. | खेत | (पु.) | यह खेत मेरा है। |
| 56. | चाल | (स्त्री.) | अपनी चाल समझो। |
| 57. | चिन्ता | (स्त्री.) | मेरी चिंता मत करो। |
| 58. | चींटी | (स्त्री.) | चींटी मर गयी। |
| 59. | चिड़िया | (स्त्री.) | चिड़िया उड़ गयी। |
| 60. | चट्टान | (स्त्री.) | यह चट्टान बहुत बड़ी है। |
| 61. | जल | (पु.) | जल गंदा हो गया। |
| 62. | जीत | (स्त्री.) | हमारी जीत निश्चित है। |
| 63. | जरूरत | (स्त्री.) | सफलता के लिए परिश्रम की जरूरत है। |
| 64. | जोखिम | (स्त्री.) | जोखिम उठायी गयी। |
| 65. | जनतंत्र | (पु.) | हमारा जनतंत्र कामयाब है। |
| 66. | जमघट | (स्त्री.) | कैसी जमघट लगी है। |
| 67. | जीभ | (स्त्री.) | तुम्हारी जीभ बहुत चलती है। |
| 68. | जय | (स्त्री.) | आपकी जय होगी। |
| 69. | जलन | (स्त्री.) | जलन हो रही है। |
| 70. | जिन्दगी | (स्त्री.) | हमारी जिन्दगी खतरे में है। |
| 71. | जहाज | (पु.) | जहाज आ रहा है। |
| 72. | जी | (पु.) | जी घबरा रहा है। |
| 73. | जाड़ा | (पु.) | जाड़ा पड़ रहा है। |
| 74. | झील | (स्त्री.) | झील सूख गयी। |
| 75. | झरना | (पु.) | झरना बह रहा है। |
| 76. | झाड़ी | (स्त्री.) | बगल में झाड़ी में घुस जाओ। |
| 77. | टिकट | (पु.) | उसे पार्टी का टिकट मिल गया। |
| 78. | टैक्स | (पु.) | टैक्स बढ़ गया है। |
| 79. | तारा | (पु.) | तारा टिमटिमाता है। |
| 80. | तितली | (स्त्री.) | तितली उड़ती है। |
| 81. | तकिया | (पु.) | तकिया कड़ा है। |
| 82. | तन | (पु.) | तन जल रहा है। |
| 83. | तमन्ना | (स्त्री.) | यह हमारी तमन्ना है। |
| 84. | तोप | (स्त्री.) | तोप गरज रही है। |
| 85. | थकान | (स्त्री.) | थकान दूर हो गयी। |
| 86. | दौड़ | (स्त्री.) | दौड़ हो रही है। |
| 87. | दही | (पु.) | दही खट्टा है। |
| 88. | दर्शन | (पु.) | उसके दर्शन हुए। |

| | | |
|---|---|---|
| 89. दुकान | (स्त्री.) | उसकी दुकान बड़ी है। |
| 90. दुनिया | (स्त्री.) | दुनिया सब जानती है। |
| 91. द्वीप | (पु.) | द्वीप पानी के बीच में होता है। |
| 92. दर्रा | (पु.) | खैबर का दर्रा बहुत बड़ा है। |
| 93. देह | (स्त्री.) | उसकी देह भारी है। |
| 94. देश | (पु.) | यह हमारा देश है। |
| 95. दिल्ली | (स्त्री.) | दिल्ली बहुत बड़ी है। |
| 96. दीमक | (स्त्री.) | पुस्तक को दीमक चाट गई है। |
| 97. धुआँ | (पु.) | धुआँ ऊपर उठ रहा है। |
| 98. नहर | (स्त्री.) | नहर लम्बी है। |
| 99. नदी | (स्त्री.) | नदी बहती है। |
| 100. नमक | (पु.) | नमक गिर पड़ा। |
| 101. नाक | (स्त्री.) | उसकी नाक लम्बी है। |
| 102. न्याय | (स्त्री.) | उसे न्याय नहीं मिला। |
| 103. नशा | (पु.) | उसे अब नशा आ गया है। |
| 104. पतवार | (स्त्री.) | पतवार पानी में गिर गयी। |
| 105. प्रसाद | (पु.) | यह भगवान का प्रसाद है। |
| 106. पहर | (पु.) | दो पहर बीत गया। |
| 107. पक्षी | (पु.) | पक्षी उड़तें हैं। |
| 108. पानी | (पु.) | पानी ठंडा है। |
| 109. पीठ | (स्त्री.) | उसकी पीठ पर कूबड़ है। |
| 110. प्रतिकार | (पु.) | उसका प्रतिकार होना चाहिए। |
| 111. प्यास | (स्त्री.) | मुझे प्यास लगी है। |
| 112. प्लेटफार्म | (पु.) | प्लेटफार्म बहुत बड़ा है। |
| 113. पपीहा | (पु.) | पपीहा बोलता है। |
| 114. परीक्षा | (स्त्री.) | मेरी परीक्षा होने वाली है। |
| 115. प्रतिष्ठा | (स्त्री.) | हमारी प्रतिष्ठा बचा लीजिए। |
| 116. पवन | (पु.) | पवन बह रहा है। |
| 117. पहिया | (पु.) | पहिया बड़ा है। |
| 118. पुलिस | (स्त्री.) | पुलिस आ गयी। |
| 119. पतन | (पु.) | उसका पतन शुरू हो गया है। |
| 120. पसली | (स्त्री.) | उसकी पसली टूट गई। |
| 121. पुस्तक | (स्त्री.) | पुस्तक अच्छी है। |
| 122. प्रलय | (पु.) | अब प्रलय होने वाला है। |

| | | | |
|---|---|---|---|
| 123 . | पक्ष | (पु.) | उसका पक्ष नहीं लीजिए। |
| 124. | फसल | (स्त्री.) | फसल अच्छी है। |
| 125. | फटकार | (स्त्री.) | मैंने फटकार सुनी। |
| 126. | फरियाद | (स्त्री.) | मेरी फरियाद सुनिए। |
| 127. | बुढ़ापा | (पु.) | बुढ़ापा आ गया। |
| 128. | बचपन | (पु.) | हमारा बचपन सुखमय था। |
| 129. | बढ़ई | (पु.) | बढ़ई आ गया। |
| 130. | बूँद | (स्त्री.) | बूँद गिरने लगी। |
| 131. | बंगाल | (पु.) | बंगाल बहुत बड़ा नहीं है। |
| 132. | बात | (स्त्री.) | बात खत्म हो गयी। |
| 133. | ब्याज | (पु.) | ब्याज बढ़ता जा रहा है। |
| 134. | बालू | (स्त्री.) | बालू गर्म हो गयी है। |
| 135. | बादल | (पु.) | बादल गरज रहा है। |
| 136. | भूख | (स्त्री.) | मुझे भूख लगी है। |
| 137. | भीड़ | (स्त्री.) | भीड़ बढ़ रही है। |
| 138. | भेड़िया | (पु.) | भेड़िया आया। |
| 139. | भेड़ | (स्त्री.) | भेड़ चरती है। |
| 140. | मोती | (पु.) | मोती चमकता है। |
| 141. | मुकदमा | (पु.) | मुकदमा हो गया। |
| 142. | मौसम | (पु.) | मौसम खराब हो गया। |
| 143. | भार | (पु.) | मुझ पर भार पड़ गया है। |
| 144. | मणि | (स्त्री.) | साँप से मणि प्राप्त होती है। |
| 145. | मिट्टी | (स्त्री.) | यह मिट्टी काली है। |
| 146. | मात | (पु.) | उसे मुझसे मात खानी पड़ी। |
| 147. | मधु | (पु.) | मधु मीठा है। |
| 148. | माला | (स्त्री.) | माला टूट गयी। |
| 149. | मूँछ | (स्त्री.) | आपकी मूँछ बड़ी है। |
| 150. | राकेट | (पु.) | राकेट चन्द्रमा पर पहुँचा। |
| 151. | रामायण | (स्त्री.) | रामायण पढ़ी जाती है। |
| 152. | रोटी | (स्त्री.) | रोटी जल गयी। |
| 153. | राष्ट्र | (पु.) | राष्ट्र आदमी से बड़ा होता है। |
| 154. | रेल | (स्त्री.) | रेल चल रही है। |
| 155. | रात | (स्त्री.) | रात होने वाली है। |

| | | | |
|---|---|---|---|
| 156. | लूट | (स्त्री॰) | वहाँ कल ही लूट हुई है। |
| 157. | लज्जा | (स्त्री॰) | उसे लज्जा आ रही है। |
| 158. | ललकार | (स्त्री॰) | ललकार पड़ रही है। |
| 159. | लू | (स्त्री॰) | लू चल रही है। |
| 160. | लता | (स्त्री॰) | लता फैल रही है। |
| 161. | वेद | (पु॰) | वेद का पाठ हो रहा है। |
| 162. | विवेक | (पु॰) | उसका विवेक नष्ट हो गया। |
| 163. | वर | (पु॰) | उसे भगवान का वर प्राप्त है। |
| 164. | विनती | (स्त्री॰) | विनती की जा रही है। |
| 165. | विज्ञान | (पु॰) | विज्ञान विकास कर रहा है। |
| 166. | विजय | (स्त्री॰) | आपकी विजय हो गयी। |
| 167. | विद्वान् | (पु॰) | विद्वान सर्वत्र पूजा जाता है। |
| 168. | विद्रोह | (पु॰) | विद्रोह फैल गया है। |
| 169. | विवाह | (पु॰) | उसका विवाह हो गया। |
| 170. | विध्वंस | (पु॰) | विध्वंस हो गया। |
| 171. | सम्पत्ति | (स्त्री॰) | उसकी सम्पत्ति नष्ट हो गयी। |
| 172. | समीर | (पु॰) | समीर बह रहा है। |
| 173. | शहद | (पु॰) | शहद मीठा है। |
| 174. | सौगन्ध | (स्त्री॰) | आपको हमारी सौगन्ध है। |
| 175. | सवारी | (स्त्री॰) | यह अच्छी सवारी है। |
| 176. | शराब | (स्त्री॰) | शराब बुरी होती है। |
| 177. | सेना | (स्त्री॰) | भारतीय सेना बहुत बड़ी है। |
| 178. | सोना | (पु॰) | सोना चमकता है। |
| 179. | सोन | (पु॰) | सोन बह रहा है। |
| 180. | सबेरा | (पु॰) | सबेरा हो चुका है। |
| 181. | सिनेमा | (पु॰) | कौनसा सिनेमा लगा हुआ है। |
| 182. | सतह | (स्त्री॰) | यह सतह ऊँची है। |
| 183. | समझ | (स्त्री॰) | यह हमारी समझ है। |
| 184. | सीमा | (स्त्री॰) | उसकी सीमा बड़ी है। |
| 185. | स्टेशन | (पु॰) | स्टेशन बड़ा है। |
| 186. | सलाह | (स्त्री॰) | हमारी सलाह मानिए। |
| 187. | सन्तान | (स्त्री॰) | हम भारत की सन्तान हैं। |
| 188. | संदेश | (पु॰) | यही हमारा संदेश है। |

| | | | |
|---|---|---|---|
| 189. | हार | (स्त्री.) | हमारी हार नहीं होगी। |
| 190. | हाथी | (पु.) | हाथी आ रहा है। |
| 191. | हीरा | (पु.) | हीरा चमकता है। |
| 192. | होठ | (बहु व./पु.) | उसके होठ सूख गये। |
| 193. | हिरण | (पु.) | हिरण दौड़ रहा है। |
| 194. | हलचल | (स्त्री.) | हलचल मची है। |
| 195. | हल्दी | (स्त्री.) | हल्दी पीली है। |
| 196. | हिफाजत | (स्त्री.) | हमारी हिफाजत होनी चाहिए। |
| 197. | त्रिदेव | (पु.) | ब्रह्मा, विष्णु, महेश, त्रिदेव कहलाते हैं। |
| 198. | क्षितिज | (पु.) | क्षितिज पूरी तरह लाल हो गया। |
| 199. | क्षमा | (स्त्री.) | मुझे क्षमा मिली। |
| 200. | सिफारिश | (स्त्री.) | मैंने किसी की सिफारिश नहीं की। |
| 201. | टीका | (स्त्री.) | यह कामायनी की टीका है। |
| 202. | पृथ्वी | (स्त्री.) | हमारी पृथ्वी गोल है। |

## लिंग-निर्णय-कोश

### पुल्लिंग शब्द :

**अ-**अकाल, अक्षांश, अखबार, अखरोट, अख्तियार, अखाड़ा, अचम्भा, अचार, अजगर, अत्याचार, अतिथि, अदरक, अधिकार, अधर्म, अधीन, अध्ययन, अनल, अन्वय, अनाज, अनार, अनशन, अनुनय, अनुच्छेद, अनुज, अनुदान, अनुबंध, अनुमान, अनुमोदन, अनुराग, अपमान, अपयश, अपराध, अपहरण, अबीर, अभाव, अनुमान, अरमान, अमृत, अवकाश, अवतरण, अवतार, अवयव, अवलोकन, अवशेष, असुर, उस्तरा (अस्तुरा), अस्तित्व, अहंकार, अन्तःकरण।

**आ-**आईना, आकाश, आखेट, आख्यान, आडम्बर, आगन्तुक, आगमन, आघात, आचरण, आचार, आटा, आदेश, आधार, आन्दोलन, आर्यावर्त, आर-पार, आराम, आरोप, आयात, आयोजन, आलिंगन, आलोक, आवरण, आवागमन, आविष्कार, आवास, आश्चर्य, आश्रम, आषाढ़, आसमान, आस्वादन, आँसू, आतंक, आर्तनाद।

**इ-**इलजाम, इतिवृत्त, इतिहास, इत्र, इन्द्रासन, इन्दु, इन्सपेक्टर, इलाका, इशारा, इश्क, इस्तीफा, इस्तेमाल, इस्पात, इकतारा, इंगित।

**ई-**ईश्वर, ईमान, ईसाई।

**उ-**उत्तर, उत्पादन, उत्पीड़न, उद्घाटन, उपक्रम, उपचार, उपकार, उपग्रह, उपन्यास, उपमान, उपयोग, उपाय, उफान, उलटफेर, उल्लंघन, उल्लेख, उस्ताद, उद्धरण, उद्यम, उन्माद, उत्थान, उत्तरदायित्व।

**ऊ ऋ ऐ ओ औ ऑं :** ऊद्यम, ऊन, ऋण, ऋषि, ऐरावत, ऐश्वर्य, ऐब, औचित्य, औषध, औसत, औषधालय, आँचल, आँवला।

**अं**-अंक, अंकगणित, अंग, अंगूठा, अंगूर, अंचल, अंजाम, अंतराल, अंतरिक्ष, अंधा, अंतर्दाह, अंधर।

**क**-कगार, कनेर, कपाट, करैला, काग, कागज, कायापलट, कीचड़, कुटुम्ब, कुटीर, कायदा, किसलय, कुहरा, कुहासा, केंकड़ा, केला, कौआ, कौरव, क्रय, कौशल, कोटर, कुष्ठ, कुशल, कथानक, कच्छा, कत्था, कण्ठ, कमल, कफन, कफ, कपूर, कल्याण, कोदो, कोकिल, कोयला, कुमुद, कलह, कलश, कपड़ा, कटाव, कटिबन्ध, कंगन, कंकड़, कचनार, कछुआ।

**ख**-खच्चर, खटमल, खपड़ा, खरगोश, खाट, खून, खोंच, खिलौना, खिंचाव, खूँट, खंडहर, खरबूजा, खलिहान, खीरा, खिलवाड़, खटका, खत, खर्राटा।

**ग**-गड्ढा, गन्ना, गद्य, गर्व, गर्भाशय, ग्रास, ग्रह, ग्रहण, गलियारा, गल्प, गिद्ध, गुलाब, गुलाल, ग्रीष्म, गिलाफ, गिलास, गाँजा, गौरव, गुस्सा, गला, गरूड़, गबन, गुण, गोदान, गोदाम, गिरि।

**घ**-घड़ा, घपला, घमण्ड, घर, घूँघट, घुमाव, घोंसला, घोड़ा, घोंघा, घर्षण, घराना, घात, घड़ियाल, घूँसा, घाट, घी, घुँघरू, घुटना, घटा।

**च**-चक्रव्यूह, चढ़ाव, चन्दन, चना, चप्पल, चमत्कार, चारागाह, चश्मा, चाकू, चाक, चाबुक, चाल-चलन, चिराग, चिह्न, चीता, चीलर, चुम्बन, चौपाल, चंगुल, चूल्हा, चोकर, चौक, चाँटा।

**छ**-छिलका, छछूंदर, छेद, छोर, छिद्र, छत्र, छप्पर, छल, छलावा, छज्जा, छक्का, छाता, छिपाव, छोवा, छंद।

**ज**-जगत् (संसार), जत्था, जन्म, जन्तु, जप, जमघट, ज्वर, जलपान, जाड़ा, जहाज, जीवन, जी, जीवाणु, जेलर, जेल, जेठ, जुर्म, जुल्म, जुलाब, जूता, जांता, जंजाल, ज्योतिष, जिक्र, जिगर, जहर, जादू, जलावन, जुकाम।

**झ**-झरना, झटका, झंझावात, झींगुर, झुण्ड, झूमर, झाड़ू, झाल, झापड़, झूला, झोंका, झाग, झुरमुट।

**ट**-टमटम, टमाटर, टाट, टापू, टिकाव, टिफिन, टीका, टीन, टुकड़ा, टैक्स, टोला, टट्टू, टापू, टिकाव।

**ढ**-ढक्कन, ढाँचा, ढिंढोरा, ढोल, ढेर, ढोंग।

**त**-तकिया, तट, तन्तु, तंत्र, तबला, तम्बाकू, तमंचा, तारा, तालाब, तिनका, त्याग, ताश, तूतिया, तोड़फोड़, त्योहार, तौलिया, ताबीज, ताप, तर्क, तर्ज, तरबूज, तीर्थ, तीतर, तीर, तिलकुट, तिल, तेजाब, तोता, तेवर, त्राण, त्रिशंकु, तेल।

**थ**-थप्पड़, थाना, थाल, थूक, थल।

**द**-दंगल, दफ्तर, दरबार, दानव, दिग्दर्शन, दिन, दिमाग, दियारा, देश, देशाटन, देहात, दोष, दूध, दलाल, दमन, दम, दिखावा, दास, दासान, दौरान, दीपक, दीया, दस्त, दस्यु, दंश, दंगा, दरिया।

**ध**-धक्का, धतूरा, धनुष, धनिया, धान, धार, ध्यान, धैर्य, धोखा, धर्म, धन्यवाद।

**न**-ननिहाल, नफा, न्याय, नाखून, नसीब, नर्तन, नयन, निदान, निबाह, निवास, निवेदन, नगर, नकद, नमक, नमस्कार, निखार, नींबू, नीर, नीलाम, नुस्खा, नेत्र, नेपथ्य, निष्कर्ष, निशान, नाद, नायक, नीड़, नैहर, नैवेद्य।

**प**-पत्थर, प्रहरी, पदार्थ, पनघट, परिचय, पलड़ा, पिल्लू, पापड़, पुआल, पुलाव, पुलिन्दा, पेड़, पैसा, पौरुष, पाण्डव, पर्यटन, पथ्य, पतलून, पति, परिधान, प्रत्यक्ष, प्रमाण, प्राण, पानी, पुखराज, पाजामा, प्रस्ताव, प्रत्यय, पलास, परिणाम, परिवहन, पनघट, पड़ाव, पतन, परदा, पन्ना, परवाना, प्रतिबंध, प्रभाव, पाखण्ड, प्रसव, प्रसाद, प्रारम्भ।

**फ**-फल, फकीर, फंदा।

**ब**-बखान, बगुला, बटन, बहिष्कार, बरतन, बलात्कार, बुखार, बिगाड़, बाँध, बोल, ब्रेक, बिछावन, बाजरा, बहुपत, बीमा, बीज, बन्दरगाह, बण्डल।

**भ**-भंडार, भजन, भवन, भस्म, भ्रमण, भाग्य, भेड़िया, भुजंग, भुलावा, भुट्टा, भौंरा, भात, भार, भत्ता, भंडाफोड़।

**म**-मथुरा, मृणाल, मोची, मेढक, मैदा, मैदान, म्यान, मधु, मेला, मोम, मौलिक, मलाल, मनसूबा, मक्खन, मजमन, मंगल, मुंशी, म्यान, मसूर, मगर।

**य**-यकीन, यत्न, यश, यातायात, यात्री, योग, योगफल, योगी, योद्धा, युवा, यक्ष्मा।

**र**-रंगरूट, रक्त, रबड़, रस्सा, राँगा, रिवाज, रिश्ता, रुझान, रूख, रेशम, रसातल, रवैया, रंग, रंक, रेशा।

**ल**-लतीफा, लांछन, लिंग, लिफाफा, लिहाज, लेनदेन, लोभ, लौंग, लोहा, लालच, लक्ष्य, लग्न, लेप, लेख, लिवास, लंगर, लगान।

**व**-वापस, वार्तालाप, विधि, विध्वंस, विपर्यय, विप्लव, विमर्श, वियोग, विरह, विरोध, विलास, विष, विहान, वेग, व्याख्यान, व्यूह, व्योम, विभूषण, वादा, वकील, वक, वस्त्र, वसीयतनामा, विमान, विलाप।

**श**-शीशा, शुल्क, शून्य, शकुन, शिकार, शिखर, शहद, शाप, शिकंजा, शिविर, शिशिर, शुमार।

**ष**-षट्, षट्चक्र।

**स**-संगम, संगमरमर, संगीत, संगीन, संग्रह, संचय, संदेश, संवाद, सप्राह, सबूत, सम्मान, समाज, सारथी, साधन, सिपाही, सियार, सीप, सुराग, सुहाग, सोना, सौरभ, स्वप्न, स्वर्ग, स्वेद, स्वागत, सन्नाटा, संयम, सवाल, सबब, सबेरा, समर, साहस, सूद, सूप, सूत, सेहरा।

**ह**-हाहाकार, हिंडोला, हीरा, हुक्का, हिसाब, हैजा, हौसला, हुस्न, हुड़दंग, हावभाव, हलफ, हलक, हल, हर्ज, हठ, हक, हस्तक्षेप, हल्ला, हिस्सा, हुंकार, हुलिया, हेरफेर, होटल, होश, होठ, हड़कम्प, हरम।

**स्त्रीलिंग शब्द**

**अ**-अप्सरा, अरहर, अनुकृति, अग्नि, अँतड़ी, अस्थि, अवज्ञा, अफवाह, अफीम, अक्ल, अकबक, अभिलाषा, अशर्फी, अटारी।

**आ**-आँत, आजमाइश, आदत, आनाकानी, आत्मा, आड़, आपत्ति, आरती, आसक्ति, आहुति, आपाधापी, आमद।

**इ,ई**-इंद्रिय, इच्छा, इजाजत, इज्जत, इलायची, ईद, ईर्ष्या, ईंट, ईख।

**उ,ऊ**-ऊँचाई, ऊष्मा, ऊब, ऊर्मि।

**ऋ, ए, ऐ, ओ, औ**-एड़ी, ऐंठन, औलाद, ऋतु, ऋद्धि, ऐनक, ओखली, औषध, ओठ।

**क**-करुणा, कतार, कलम, कसम, कसक, काउंसिल, कुक्षि, कस्तूरी, कहावत, कवायद, कसमस, कंघी, किशमिश, कुश्ती, कुदाल, कस्तूरी, कमान, करवट, कतरन, कसरत, कजली, कीमत, कुण्डली, कला, कलाई, कचौड़ी, ककड़ी, कक्षा, कोकिल, कुटी, कोख।

**ख**-खटिया, खदान, खबर, खरीद, खास, खीर, खुजली, खिजाँ, खाक, खाज, खुराक, ख्वाहिश, खटपट, खाद।

**ग**-गली, गवाही, गाली, गिनती, गिरह, गुठली, गोधूलि, गुड्डी, गोद, गौरैया, गंधक, गंध, गंजी, गुजर-बसर।

**घ**-घास, घिन, घुसपैठ, घूस, घुंघची, घिसघिस।

**च**-चमेली, चकरी, चट्टान, चट्टी, चमक, चपेट, चाँदी, चादर, चर्बी, चाशनी, चुड़ैल, चुलबुलाहट, चूड़ी, चेष्टा, चोली, चौखट, चाल, चाबी, चारपाई।

**छ**-छत, छवि, छाँव, छाँह, छाया, छुट्टी, छेनी, छौंक, छानबीन, छाल।

**ज**-जरूरत, जिनिस, जिज्ञासा, जन्मकुण्डली, जमावट, जमीन, जटा, जंजीर, जननी, जयमाल, जहर, जहालत, जिद, जुल्फ, ज्वार, जोंक, जलन, जय, जीविका, जिरह।

**झ**-झंझट, झण्डी, झड़ी, झील, झोंक, झाड-फूँक, झालर, झाईं, झड़प।

**ट**-टिप्पणी, टुकड़ी, टोकरी, टोपी, टोह, टहनी, टिकिया, टाँग, टीस, टालमटोल।

**ठ**-ठंढक, ठसक, ठाकुरबाड़ी, ठोकर।

**ड,ढ**-डंडी, डपट, डाली, डाँट, डींग, डुबकी, डोली, ड्योढी, डोरी, डगर, ढाल, ढिबरी, ढोंढी, (नाभि)।

**त**-तकली, तकलीफ, तरजीह, तलवार, ताकीद, ताड़ी, तानाशाही, तालीम, तमीज, तड़प, तकदीर, तसल्ली, तुलसी, तवायफ, तराई, तलाश, तलवार, तिजोरी, तोंद, तोशक, तैयारी।

**थ**-थरथर, थाली, थाह, थकान।

**द**-दक्षिणा, दफा, दस्तावेज, दस्तूरी, दीमक, देख-रेख, देह, दोपहर, दौड़-धूप, दौलत, दारू, दुआ, दहशत, दुकान, दमकल, दगा।

**ध**-धुंध, ध्वजा, ध्वनि, धिक्कार, धाँधली, धरोहर, धड़कन, धज्जी, धुनकी।

**न**-नकेल, नकल, नाई, नाक, नींद, नसीहत, निष्ठा, निधि, नींव, नुमाइश, नजाकत, नजीर, नफ़रत, नाभि, निछावर, निगाह, नदी, नाप, नौबत।

**प**-पंचायत, पटरी, पदावली, पदवी, पट्टी, पंचमी, पड़ताल, पंक्ति, परख, पॉलिसी, पिंडली, पूँछ, पूछताछ, प्रतियोगिता, पायल, परेशानी, प्रतिष्ठा, प्रार्थना, पूर्णिमा, पिस्तौल, परिभाषा, पहचान, परंपरा, पहुँच, प्रसिद्धि।

**फ**-फजीहत, फौजदारी, फूट, फाइल, फिसलन, फुलवारी, फुलौड़ी, फरियाद।

**ब**-बंडी, बंदूक, बत्ती, बनावट, बकबक, बटेर, बारात, बागडोर, बारूद, बिल्टी, बुनियाद, बाइबिल, बाढ़, बात, बूटी, बोतल, बौछार।

**भ**-भक्ति, भभक, भरमार, भड़क, भगदड़, भैंस, भीड़, भीत, भूख, भूमि, भेंट, भेंड़।

**म**-माँग, मौत, मूँछ, महफिल, मशाल, मस्जिद, मचिया, मदिरा, मरम्मत, मिलावट, मीनार, मोच, मुलाकात, मुसीबत, मुहब्बत, मुहर, मूँग, मूँगफली, मिसरी, मारकाट, मालगुजारी।

**य**-यमुना, याचना, युवती, योजना, योनि, याददाश्त, यात्रा, याद।

**र**-रैयत, रजाई, रट, रुखसत, रूई, रेल, रोकड़, रीझ, रसीद, रात, राजनीति, रंगत।

**ल**-ललक, लाज, लाट, लाद, लार, लालटेन, लियाकत, लूट, लोरी, लगन, लपट।

**व**-वसीयत, वायु, विदुषी, विधा, विधि, विपासा, विभा, व्याख्या, विपत्ति, विभूति।

**श**-शऊर, शक्ल, शिकस्त, शृंखला, शर्त, शिक्षा, श्रेणी, शराब, शराफत।

**स**-संध्या, संसद, संस्कृति, सरकार, सरहद, सीमा, सलाह, सनक, सजधज, संस्था, सत्ता, स्याही, सौंफ, सोंठ, सुबह।

**ह**-हजामत, हड़बड़, हरकत, हलचल, हाँक, होली, हौवा, हवेली, हार, हालत, हवा, हवस।

---

**7**

# वचन (Number)

वचन का शाब्दिक अर्थ है- बोली। परन्तु हिन्दी में व्याकरण की दृष्टि में वचन का अर्थ संख्या से लिया जाता है। इसलिए वचन को परिभाषित करते हुए कहा जा सकता है– संज्ञा, सर्वनाम, विशेषण और क्रिया के जिस रूप से संख्या का बोध होता है, उसे वचन कहते हैं।

## वचन के भेद

हिन्दी में वचन के दो भेद माने गए हैं (1) एकवचन (2) बहुवचन

**(1) एकवचन (Singular Number) :** जैसा कि नाम से स्पष्ट है, एकवचन विकारी शब्द का वह रूप है जिससे एक ही व्यक्ति या वस्तु का बोध होता है। उदाहरण- घोड़ा दौड़ता है। गाय चरती है। इन वाक्यों में 'घोड़ा' और 'गाय' से एक जानवर का बोध होता है। अतः ये एकवचन हैं।

**(2) बहुवचन (Plural Number) :** बहुवचन वह विकारी शब्द है जिससे एक से अधिक वस्तुओं, व्यक्तियों आदि का बोध होता है। जैसे- घोड़े चरते हैं। गायें दौड़ती हैं। 'घोड़े' और 'गायें' कहने से एक से अधिक जानवरों का बोध होता है। अतः ये बहुवचन हैं।

**वचन के रूपान्तर** : यद्यपि वचन के कारण संज्ञा, सर्वनाम, विशेषण और क्रिया के रूप में परिवर्तन होता है तथापि सर्वनाम, विशेषण और क्रिया के रूप मूलतः इनसे जुड़ी संख्या पर ही आधारित होते हैं। अतएव एकवचन में संज्ञा शब्दों के रूपान्तर की ही प्रमुखता है।

वचन के अधीन संज्ञा के रूप दो तरह से परिवर्तित होते हैं– (1) विभक्ति रहित (2) विभक्ति सहित

## विभक्ति रहित संज्ञाओं के बहुवचन बनाने के नियम :

विभक्ति रहित संज्ञाओं का बहुवचन साधारणतः निम्नलिखित नियमों के अन्तर्गत बनाया जाता है-

1. पुल्लिंग संज्ञा के आकारान्त को एकारान्त कर बहुवचन बनाया जाता है। यथा-

| एकवचन | बहुवचन | एकवचन | बहुवचन |
|---|---|---|---|
| घोड़ा | घोड़े | गधा | गधे |
| लड़का | लड़के | | |

**अपवाद-** मामा, नाना, बाबा, पिता, योद्धा, आत्मा, देवता, जामाता आदि। इन शब्दों के रूप दोनों वचनों में समान होते हैं।

2. पुल्लिंग आकारान्त शब्दों के अतिरिक्त अन्य मात्राओं से अन्त होने वाले शब्दों के रूप दोनों वचनों में एक समान रहते हैं। जैसे–

| **एकवचन** | **बहुवचन** | **एकवचन** | **बहुवचन** |
|---|---|---|---|
| एक बालक | चार बालक | एक डाकू | चार डाकू |
| एक भाई | चार भाई | एक जौ | चार जौ |

3. आकारान्त स्त्रीलिंग शब्दों के अन्त में 'एँ' जोड़ने से बहुवचन बनता है। जैसे–

| **एकवचन** | **बहुवचन** | **एकवचन** | **बहुवचन** |
|---|---|---|---|
| शाखा | शाखाएँ | लता | लताएँ |
| माता | माताएँ | महिला | महिलाएँ |

4. अकारान्त स्त्रीलिंग संज्ञा के बहुवचन शब्द में आगत अंतिम अ को यें कर देने से बनता है। जैसे–

| **एकवचन** | **बहुवचन** | **एकवचन** | **बहुवचन** |
|---|---|---|---|
| गाय | गायें | रात | रातें |
| बात | बातें | आँख | आँखें |
| याद | यादें | | |

5. दीर्घ या ह्रस्व इकारान्त संज्ञाओं को ह्रस्व इकारान्त कर उनके अन्त में याँ जोड़ देने से बहुवचन बनता है। जैसे–

| **एकवचन** | **बहुवचन** | **एकवचन** | **बहुवचन** |
|---|---|---|---|
| नारी | नारियाँ | पहेली | पहेलियाँ |
| लड़की | लड़कियाँ | सहेली | सहेलियाँ |
| नीति | नीतियाँ | नदी | नदियाँ |
| घड़ी | घड़ियाँ | छड़ी | छड़ियाँ |
| धोती | धोतियाँ | साड़ी | साड़ियाँ |

6. जिन स्त्रीलिंग शब्दों के अन्त में 'या' आता है, 'या' पर चन्द्रबिन्दु लगाकर बहुवचन बनाया जाता है जैसे–

| **एकवचन** | **बहुवचन** | **एकवचन** | **बहुवचन** |
|---|---|---|---|
| बुढ़िया | बुढ़ियाँ | चिड़िया | चिड़ियाँ |
| गुड़िया | गुड़ियाँ | डिबिया | डिबियाँ |
| दुनिया | दुनियाँ | | |

7. ह्रस्व या दीर्घ ऊकारान्त स्त्रीलिंग संज्ञाओं को ह्रस्व उकारान्त बनाकर अन्त में 'एँ' लगाने से बहुवचन का निर्माण होता है। जैसे-

| **एकवचन** | **बहुवचन** | **एकवचन** | **बहुवचन** |
|---|---|---|---|
| धेनु | धेनुएँ | वस्तु | वस्तुएँ |
| बहू | बहुएँ | ऋतु | ऋतुएँ |

8. कुछ शब्द समष्टि मूलक होते हैं। जैसे– गण, कुल, वृन्द, समूह, वर्ग, लोग, जन, मण्डल, दल, ग्राम, मण्डली आदि। ये शब्द विशेषतः वहाँ जोड़े जाते हैं, जहाँ दोनों वचनों में पुल्लिंग अथवा स्त्रीलिंग में एक ही रूप होते हैं।

**उदाहरण :**

| **एकवचन** | **बहुवचन** | **एकवचन** | **बहुवचन** |
|---|---|---|---|
| पाठक | पाठकगण | आप | आप लोग |
| तुम | तुम लोग | छात्र | छात्रगण |
| विद्यार्थी | विद्यार्थीगण | | |

## विभक्ति सहित संज्ञाओं के बहुवचन बनाने के नियम :-

सविभक्ति संज्ञाओं के बहुवचन बनाने के सामान्य नियम निम्नलिखित हैं–

1. संस्कृत शब्दों को छोड़कर हिन्दी के अकारान्त, आकारान्त तथा एकारान्त संज्ञाओं के अन्तिम अ, आ, ए के बदले बहुवचन बनाने में इसे 'ओ' कर दिया जाता है। जैसे-

| **एकवचन** | **बहुवचन** |
|---|---|
| नर | नरों (का) |
| चीता | चीतों (द्वारा) |
| चोर | चोरों (ने) |
| घोड़ा | घोड़ों (को) |

विभक्ति चिह्नों के साथ प्रयोग :

(क) नरों की कहानी।

(ख) चीतों का भय।

(ग) चोरों की पकड़।

(घ) घोड़ों की हिनहिनाहट।

2. संस्कृत आकारान्त संज्ञाओं तथा हिन्दी एवं संस्कृत की सम्पूर्ण अकारान्त, उकारान्त, ऊकारान्त तथा आकारान्त संज्ञाओं को बहुवचन बनाने के लिए अन्त में 'ओं' जोड़ना पड़ता है। ऊकारान्त में 'ओं' सम्पृक्त करने के पूर्व उसे उकारान्त करना पड़ता है। जैसे-

| **एकवचन** | **बहुवचन** | **विभक्ति चिह्नों के साथ प्रयोग** |
|---|---|---|
| कला | कलाओं | कलाओं का प्रदर्शन |
| घर | घरों | घरों में जाओ |
| वधू | वधुओं | वधुओं का सम्मेलन |

3. समस्त इकारान्त और ईकारान्त संज्ञाओं का बहुवचन बनाने के लिए अन्त में 'यों' जोड़ना पड़ता है। ईकारान्त संज्ञाओं में 'यों' जोड़ने के पूर्व ई का इ कर दिया जाता है। जैसे :-

| **एकवचन** | **बहुवचन** | **विभक्ति चिह्नों के साथ प्रयोग** |
|---|---|---|
| नारी | नारियों | नारियों की स्थिति |

| | | |
|---|---|---|
| नदी | नदियों | नदियों का प्रवाह |
| कवि | कवियों | कवियों की वाणी |
| कपि | कपियों | कपियों का समूह |

**विशेष**

1. सम्मान ज्ञापित करने के लिए सदैव एकवचन के स्थान पर बहुवचन का प्रयोग होता है, जैसे- गुरु जी पढ़ा रहे हैं।
2. प्रत्येक तथा हर एक का प्रयोग हमेशा एकवचन में ही होता है। जैसे- प्रत्येक व्यक्ति अपनी जगह बैठ चुका है।
3. द्रव्यवाचक संज्ञाओं का उपयोग एकवचन में होता है। जैसे- सोना का भाव बहुत ऊँचा है। परन्तु यदि द्रव्य के विभिन्न प्रकारों का बोध होता है तो द्रव्यवाचक संज्ञा बहुवचन में प्रयोग की जाती है, यथा- लोहे की कई किस्में हैं।
4. समाचार, प्राण, होंठ, आँसू, हस्ताक्षर, दर्शन, होश आदि शब्दों का प्रयोग बहुवचन में होता है।

## अभ्यास

1. वचन से क्या तात्पर्य है?
2. हिन्दी में वचन कितने हैं?
3. एकवचन से बहुवचन के नियम समझाकर लिखें।
4. एकवचन का प्रयोग बहुवचन में कब होता है?
5. नित्य बहुवचन शब्दों का क्या तात्पर्य है? ऐसे पाँच शब्द बताइए।
6. निम्नलिखित शब्दों के बहुवचन रूप लिखिए :

| एकवचन | बहुवचन | एकवचन | बहुवचन |
|---|---|---|---|
| छात्र | .......... | लता | ............ |
| विद्यार्थी | .......... | सेवक | ............ |
| हिरनी | .......... | भक्त | ............ |
| रीति | .......... | तरणी | ............ |
| बुढ़िया | .......... | धेनु | ............ |
| ब्राह्मण | .......... | पक्षी | ............ |
| तारा | .......... | वधू | ............ |
| तुम | .......... | कामना | ............ |
| तिथि | .......... | बात | ............ |
| शाखा | ........... | विचार | ............. |

8

# कारक (Case)

संज्ञा या सर्वनाम के उस रूप को कारक कहते हैं जिससे उसका सम्बन्ध वाक्य के अन्य शब्दों विशेषतः क्रिया के साथ प्रकट होता है। वास्तव में, विभक्ति चिह्नों से युक्त संज्ञा या सर्वनाम शब्द ही वाक्य में अन्य शब्दों से सम्बन्ध प्रकट करते हैं।

ने, को, से, द्वारा– आदि विभक्ति चिह्न हैं। कारक का एक उदाहरण इस प्रकार है-'मोहन ने बाग में डण्डे से आम तोड़ा।' इस वाक्य में मोहन ने, डण्डे से, और आम संज्ञाओं के रूपान्तरण हैं। जिस तत्त्व के द्वारा इन रूपान्तरित संज्ञाओं का सम्बन्ध तोड़ा, क्रिया से स्पष्ट होता है, वही कारक है।

## कारक-चिह्न

हिन्दी में कारक के आठ भेद माने जाते है :

| | कारक | विभक्ति या कारक चिह्न |
|---|---|---|
| 1. | कर्त्ता | ने |
| 2. | कर्म | को |
| 3. | करण | से, द्वारा |
| 4. | सम्प्रदान | को, के लिए |
| 5. | अपादान | से |
| 6. | सम्बन्ध | का, के, की, रा, रे, री, ना, ने, नी |
| 7. | अधिकरण | में, पर |
| 8. | सम्बोधन | हे, हो, अरे, अजी, अहो आदि। |

## कारक-चिह्न/विभक्ति/परसर्ग

हिन्दी में कारक का ज्ञान कराने के लिए संज्ञा या सर्वनाम के साथ जो प्रत्यय लगाये जाते हैं, उन्हें ही व्याकरण में विभक्ति कहते हैं। हिन्दी में चूँकि विभक्ति चिह्न पद से अलग प्रयुक्त होते हैं इसलिए इन्हें 'परसर्ग' भी कहा जाता है। परसर्ग का शब्दिक अर्थ है- पीछे जुड़ना। कारक चिह्न सदैव संज्ञा या सर्वनाम के पीछे जुड़ते हैं।

**(i) कर्त्ता कारक :** कर्त्ता का अभिप्राय है, करने वाला। वाक्य में जो क्रिया सम्पन्न करता है, उसे कर्त्ता कहा जाता है। जैसे- राम पढ़ता है। सुरेश पत्र लिखता है। इन वाक्यों में राम और सुरेश कर्त्ता कारक हैं क्योंकि ये ही क्रिया को सम्पादित करने वाले हैं।

**(ii) कर्म कारक :** कर्त्ता द्वारा सम्पादित क्रिया का फल जिस पर पड़ता है, उसे 'कर्म' कहते हैं। जैसे— शीला ने राजेश को पढ़ाया। इस वाक्य में कर्त्ता है- शीला, क्रिया है— पढ़ाना। पढ़ाना क्रिया का फल राजेश पर स्पष्ट पड़ रहा है। इसलिए यहाँ राजेश कर्म कारक की स्थिति में है।

**(iii) करण कारक :** वाक्य में कारण कारक उस शब्द को कहते हैं जो क्रिया को पूर्ण करने में साधन के रूप में कर्ता का सहायक होकर आता है। जैसे— मैं कलम से लिखता हूँ। इस वाक्य में 'कलम से' करण कारक है क्योंकि लेखन-क्रिया में कलम साधन है।

**(iv) सम्प्रदान कारक :** कर्त्ता क्रिया की सिद्धि जिसके लिए करता है अथवा जिसको कुछ देता है, उसे प्रकट करने वाले शब्द रूप को सम्प्रदान कारक कहते हैं। जैसे— श्याम मीरा के लिए खिलौने लाया। राकेश शीला के लिए रोता है। इन वाक्यों में लाना और रोना क्रियाएँ क्रमशः मीरा और शीला के लिए सम्पादित की जा रही हैं। इसलिए मीरा और शीला के लिए शब्द रूप सम्प्रदान कारक है।

**(v) अपादान कारक :** वाक्य में अलगाव सूचित करने वाला शब्द अपादान कारक कहलाता है। जैसे- शारदा नहर गंगा नदी से निकली है। पेड़ से पत्ते गिरते हैं। इन वाक्यों में निकलना और गिरना क्रियाओं के अलग होने का भाव क्रमशः गंगा नदी और पेड़ से स्पष्ट हो रहा है। अतएव इन दोनों शब्दों की स्थिति अपादान कारक में है।

**(vi) सम्बन्ध कारक :** संज्ञा सर्वनाम का वह रूप जिससे वाक्य में आगत अन्य शब्द के साथ जुड़ाव या सम्बन्ध का बोध हो सम्बन्ध कारक कहलाता है। सम्बन्ध कारक का सम्बन्ध क्रिया के साथ प्रत्यक्ष नहीं होता है। जैसे— शीला की पुस्तक। रमेश का घोड़ा। मेरी कलम। इन वाक्यों में शीला की, रमेश का, मेरी— क्रमशः पुस्तक, घोड़ा, कलम से लगाव स्पष्ट करते हैं। अतः ये सम्बन्ध कारक हैं।

**(vii) अधिकरण कारक :** संज्ञा या सर्वनाम के उस रूप को अधिकरण कारक कहते हैं जिससे वाक्य में क्रिया के आधार का बोध होता है। जैसे- गाय बाग में चरती है। विद्यालय में 400 विद्यार्थी हैं। इन वाक्यों में 'बाग में' और 'विद्यालय में' अधिकरण कारक हैं। क्योंकि वे क्रमशः गाय के चरने के लिए तथा विद्यार्थियों के लिए आधार का काम करते हैं।

**(viii) सम्बोधन कारक :** वाक्य में वक्ता श्रोता का ध्यान अपनी ओर खीचने के लिए अथवा उसे सचेत करने के लिए संज्ञा के जिस रूप को प्रयुक्त करता है उसे सम्बोधन कारक कहते हैं। जैसे— अरे राकेश, तुमने यह क्या हाल कर रखा है। इस वाक्य में 'अरे राकेश' सम्बोधन कारक है, क्योंकि इस पद द्वारा ध्यानाकृष्ट किया गया है। सम्बोधन कारक का सम्बन्ध क्रिया के साथ नहीं होता है। इसका प्रयोग बिना चिह्न के भी हो सकता है। जैसे गुरुदेव, क्षमा करें। यहाँ गुरुदेव सम्बोधन कारक है।

## करण कारक और अपादान कारक में अन्तर

करण कारक और अपादान कारक दोनों ही कारकों की विभक्ति 'से' है। किन्तु दोनों में पर्याप्त अन्तर परिलक्षित होता है। करण कारक उस पद में होता है जो क्रिया को सम्पादित करने में साधन के रूप में कर्त्ता का सहायक होकर वाक्य में प्रयुक्त होता है। जैसे- राम ने बाण से रावण को मारा।

इस वाक्य में 'बाण' करण कारक की अवस्था में है, क्योंकि बाण की सहायता से राम ने रावण के मारने के कार्य को पूर्णता प्रदान की। दूसरी ओर अपादान कारक उस पद में होता है जो वाक्य में पार्थक्य सूचित करता है। जैसे- गंगा हिमालय से निकलती है। यहाँ गंगा के निकलने का काम हिमालय से हो रहा है, अतः हिमालय अपादान कारक के रूप में वाक्य में प्रयुक्त हुआ है।

## कर्म और सम्प्रदान कारक में अन्तर

हालाँकि कर्म और सम्प्रदान कारक दोनों की ही विभक्ति 'को' है तथापि दोनों के प्रयोग में अन्तर है। कर्म कारक वाक्य में प्रयुक्त उस पद में होता है जिस पर कर्त्ता द्वारा की गयी क्रिया का फल पड़ता है। जैसे- मैंने महेश को पढ़ाया। वाक्य में क्रिया का कर्त्ता 'मैं' है और क्रिया– 'पढ़ाना'। पढ़ाना क्रिया के कर्त्ता का फल 'महेश' पर पड़ रहा है। इसलिए 'महेश' कर्म कारक है। सम्प्रदान कारक में कर्त्ता जिसके लिए क्रिया का सम्पादन करता है अथवा जिसको कुछ देता है, उसे प्रकट करने वाले शब्द को सम्प्रदान कारक की स्थिति में माना जाता है। जैसे- मैं गुड़िया के लिए खिलौने लाया। इस वाक्य में लाया क्रिया को 'गुड़िया' के लिए पूरा किया गया। अतः 'गुड़िया' सम्प्रदान कारक है।

## 'ने ' का प्रयोग जहाँ-जहाँ होता है।

1. सकर्मक क्रियाओं में सामान्य भूत, आसन्न भूत, पूर्ण भूत, संदिग्ध भूत और हेतु हेतु मद् भूत कालों में कर्त्ता के साथ 'ने' प्रयुक्त होता है।
   जैसे-

   | | |
   |---|---|
   | सामान्य भूत | मोहन ने पुस्तक पढ़ी। |
   | आसन्न भूत | सोहन ने रोटी खायी है। |
   | पूर्ण भूत | शीला ने लिख दिया था। |
   | संदिग्ध भूत | शीला ने पुस्तक पढ़ी होगी। |
   | हेतु हेतु मद् भूत | उसने पुस्तक पढ़ी होती तो उत्तर दिया होता। |

2. यदि क्रिया संयुक्त है और उसके दोनों खण्ड सार्थक हैं तो ऊपर कथित कालों में कर्त्ता के साथ 'ने' आता है।
   जैसे– बेबी ने लिख दिया। अंजु ने कहला भेजा है। आदि।

3. संयुक्त क्रिया का उत्तर खण्ड यदि सकर्मक है तो ऊपर कथित भूतकाल के भेदों में कर्त्ता के आगे 'ने' का प्रयोग होगा।
   जैसे– मैंने रो दिया।
4. छीकना, थूकना, नहाना, भूँकना, आदि अकर्मक क्रियाओं में कर्त्ता के साथ भी उपर्युक्त भूतकालों में 'ने' का प्रयोग होता है।
   जैसे– राम ने छींका।
   मोहन ने थूका था।
   अमित ने नहाया था।
   कुत्ते ने भौंका होगा।
5. प्रेरणार्थक क्रिया में अपूर्णभूत के अतिरिक्त भूतकाल के सभी कालों में कर्त्ता के साथ 'ने' आता है।
   जैसे– राम ने पुस्तक दिलवायी।
6. वाक्य में यदि अकर्मक क्रिया सकर्मक के रूप में प्रयुक्त होती है तो उपर्युक्त भूतकालों में कर्त्ता के साथ 'ने' चिह्न आता है।
   जैसे– चन्द्रगुप्त मौर्य ने अनेक लड़ाइयाँ लड़ी हैं।
7. संयुक्त क्रिया के अन्त में यदि 'डालना' या 'देना' क्रिया आती है तो सामान्य भूत, आसन्न भूत, पूर्णभूत और संदिग्ध भूत कालों में कर्त्ता के साथ 'ने' चिह्न आता है।
   जैसे– शेर ने शिकार को मार डाला।

## 'ने' का प्रयोग जहाँ-जहाँ वर्जित है।

1. संयुक्त क्रिया का दूसरा खण्ड यदि अकर्मक हो तो कर्त्ता के साथ 'ने' का प्रयोग नहीं होता है। जैसे– मोती सारा दूध पी गया।
2. अकर्मक क्रियाओं के भूतकाल में कर्त्ता के आगे 'ने' परसर्ग का प्रयोग नहीं होता है। जैसे- वह रोया। पत्ता गिरा।
3 पूर्ण कालिक क्रियाओं में कर्त्ता के साथ 'ने' का प्रयोग नहीं हो सकता।
   जैसे– नरेश पढ़कर सो गया।
4. जाना, सकना और चुकना क्रियाओं के भूतकाल में कर्त्ता के साथ 'ने' चिह्न नहीं आता है। जैसे– मैं पढ़ चुका। वह जा सका।

## 'को' का प्रयोग जहाँ-जहाँ होता है।

1. 'को' विभक्ति का प्रयोग कर्मकारक में होता है।
   जैसे– सपेरे ने साँप को पकड़ा। मोहन ने पुस्तक को खरीदा।
2. सम्प्रदान कारक में भी 'को' विभक्ति प्रयुक्त होती है।
   जैसे– विद्यार्थियों ने शिक्षक को लेखनी और डायरी दी।

3. वाक्य में यदि द्विकर्मक क्रिया का व्यवहार होता है तो प्राणिवाचक कर्म के साथ 'को' का प्रयोग किया जाता है।
   जैसे– राजा ने ब्राह्मणों को धन दिया।
4. जब विशेषण का प्रयोग कर्म के रूप में होता है तो उसके साथ भी 'को' का व्यवहार होता है। जैसे– मूर्खों को उपदेश देना व्यर्थ है।
   गरीबों को सताना नहीं चाहिए।
5. यदि मानसिक आवेगों को स्पष्ट किया जाता है तो कर्त्ता के साथ 'को' आता है।
   जैसे– तुम को आनन्द मिल रहा है।
   राम को ईर्ष्या हो रही है।
6. प्रेरणार्थक क्रिया के साथ, गौण कर्म के साथ 'को' चिह्न का व्यवहार होता है। जैसे– गुरु शिष्य को पुस्तक पढ़ाता है।
7. कै, दस्त, पेशाब, टट्टी आदि स्वाभाविक आवेगों को व्यक्त करने के लिए कर्त्ता के साथ 'को' का प्रयोग होता है।
   जैसे– सुरेश को दस्त आ रहे हैं।
   उसको पेशाब करने जाने दो।
8. व्यक्तिवाचक, अधिकारवाचक एवं सम्बन्धवाचक कर्म में 'को' आता है।
   जैसे– आप राम को पहचानते हैं। (व्यक्ति वाचक वाक्य)
   मैं अपने पुत्र को भेजता हूँ। (अधिकार वाचक वाक्य)
   मालिक नौकर को बुलायेंगे। (सम्बन्ध वाचक)
9. मन, जी, आदि के साथ भी 'को' का प्रयोग होता है।
   जैसे– अंग्रेजी में एम. ए. करने को मन करता है।
   कहानी लिखने को जी होता है।
10. अधिकरण कारक के स्थान में 'को' का प्रयोग होता है।
    जैसे– मैं रात को गया था।
11. समझना, बनाना, मानना, करना आदि अपूर्ण क्रियाओं के साथ जो कर्म है और यदि उन क्रियाओं की कर्मपूर्ति विद्यमान होती है तो उसके साथ 'को' का प्रयोग होता है।
    जैसे– मैंने रमेश को महाविद्यालय का प्राचार्य बनाया।
    तुमने उसको गलत समझा।

## 'को' का प्रयोग जहाँ-जहाँ वर्जित है।

1. अप्राणिवाचक शब्दों के साथ 'को' का प्रयोग नहीं होता है।
   जैसे– वह रामायण पढ़ता है।
2. छोटे-छोटे जीवों के साथ भी 'को' नहीं आता है।
   जैसे– छिपकली तिलचट्टा पकड़ती है।

3. यदि कर्म अनिश्चित या अपरिचित होता है तो 'को' का प्रयोग नहीं होता है।
   जैसे— सेठजी एक नौकर खोजते हैं। राम ने हाथी देखा।
4. सजातीय कर्म में 'को' नहीं आता है।
   जैसे— प्रताप ने मुगलों से कई लड़ाइयाँ लड़ीं।
5. द्विकर्मक क्रिया में कर्म के साथ 'को' का प्रयोग नहीं होता है।
   जैसे— मैंने तुमको पुस्तक दी।

## 'से' का प्रयोग जहाँ-जहाँ होता है।

1. क्रिया सम्पादित करने के साधन के अर्थ में 'से' का प्रयोग होता है। जैसे— मैं लेखनी से लिखता हूँ।
2. पहचान के अर्थ में 'से' का प्रयोग होता है।
   जैसे— वह भाषा से मराठी लगता है।
3. कर्मवाच्य, भाववाच्य और प्रेरणार्थक क्रियाओं में कर्त्ता के साथ 'से' का व्यवहार होता है।
   जैसे— पुस्तक राम से पढ़ी गयी।
   मुझसे चला नहीं जाता।
   तुम सुनीता से पुस्तक पढ़वाओ।
4. प्रकृति या स्वभाव के अर्थ में 'से' प्रयुक्त होता है।
   जैसे— तन से मोटा।
   स्वभाव से उदार।
   हृदय से कोमल।
5. करण के अर्थ में 'से' प्रयुक्त होता है।
   जैसे— गुड़िया के जाने से बड़ा दुःख हुआ।
6. रीति के अर्थ में 'से' का प्रयोग होता है।
   जैसे— विद्यार्थी क्रम से बैठे हैं।
7. वाक्य में प्रयोज्य कर्त्ता के साथ 'से' चिह्न आता है।
   जैसे— रमेश कौशल से पत्र लिखवाता है। वाक्य में कौशल प्रयोज्य कर्त्ता है और वास्तविक कर्त्ता रमेश है।
8. गौण कर्म के स्थान में 'से' का प्रयोग होता है।
   जैसे— वह तुमसे क्या पूछ रहा था?
   उसने मुझसे कहानी सुनी।

## 'से' का प्रयोग जहाँ-जहाँ वर्जित है।

भूख, प्यास, जाड़ा, गर्मी, हाथ, आँख इत्यादि का प्रयोग जब बहुवचन में होता है, तब इन शब्दों के साथ 'से' विभक्ति का प्रयोग नहीं होता है। जैसे— किसान भूखों मर गये।

## अपादान कारक में 'से'

1. अलगाव का अर्थ होने पर अपादान कारक में 'से' का प्रयोग होता है।
   जैसे– दिल्ली से पत्र आया।
   पेड़ से फल गिरते हैं।
2. उत्पत्ति के अर्थ में 'से' का प्रयोग होता है।
   जैसे– नहर नदी से निकलती है।
   खेतों से अन्न उपजता है।
3. समय या काल, स्थान आदि की दूरी स्पष्ट करने के लिए भी 'से' का प्रयोग होता है।
   जैसे– कानपुर से दिल्ली अधिक दूर नहीं है।
   वह विगत सोमवार से बीमार है।
4. तुलना के अर्थ में 'से' का प्रयोग होता है।
   जैसे– राम मोहन से लम्बा है।
5. हीनता का बोध कराने के लिए भी 'से' का प्रयोग होता है।
   जैसे– रश्मि मनीषा से कमजोर है।

## 'में' का प्रयोग

1. अधिकरण कारक में 'में' चिह्न का प्रयोग होता है। इस अवस्था में 'में' आधार का बोध कराता है।
   जैसे– नदी में जल है।
2. समय का बोध कराने के अर्थ में भी 'में' का प्रयोग होता है।
   जैसे– मैं दिन में नहीं सोता हूँ।
   राकेश रात में पाठ याद करता है।
3. निर्धारण के अर्थ में 'में' प्रयुक्त होता है।
   जैसे– संतों में कबीर श्रेष्ठ हैं।
4. घृणा, प्रेम, बैर, मित्रता, अन्तर आदि भावों को स्पष्ट करने के लिए भी 'में' का प्रयोग होता है।
   जैसे– राधा और मीरा में बहुत अन्तर है।
   रमेश और कमलेश में मित्रता है।
5. स्थिति स्पष्ट करने के लिए भी 'में' का प्रयोग किया जाता है।
   जैसे– वह कष्ट में है।

## 'पर' का प्रयोग

1. 'पर' अधिकरण कारक का विभक्ति चिह्न है। इसका प्रयोग 'ऊपर' के अर्थ में किया जाता है। जैसे– वृक्ष पर पक्षी बैठे हैं।
2. नियम पालन का बोध कराने के लिए 'पर' का प्रयोग किया जाता है। जैसे– अपनी बात पर अटल रहना चाहिए।
3. 'कारण' स्पष्टीकरण के अर्थ में 'पर' का व्यवहार किया जाता है। जैसे– वह मेरे पहुँचने पर अत्यन्त प्रसन्न थी।
4. निश्चित समय का संकेत करने के अर्थ में भी 'पर' का प्रयोग होता है। जैसे– वर्षा बोआई पर प्रारम्भ हुई।
5. मूल्य बताने के अर्थ में भी 'पर' का व्यवहार किया जाता है। इसका अभिप्राय 'के लिए' लिया जाता है। जैसे– अधिकारी रुपयों पर बिकने लगे हैं।

## संज्ञाओं की कारक रचना

1. यदि कारक की विभक्ति का प्रयोग हो तो संस्कृत से भिन्न आकारान्त पुल्लिग संज्ञाओं के वचन में अंतिम आकार को .एकार में परिवर्तित कर देते हैं।
   जैसे–
   बकरा – बकरे ने, बकरे को, बकरे से
   घोड़ा – घोड़े ने, घोड़े को, घोड़े से
2. संस्कृतेतर शब्दों में विभक्ति का प्रयोग होने पर संज्ञाओं के बहुवचनात्मक रूपों के साथ 'औ' तथा 'यों' प्रत्यय जोड़ते हैं।
   जैसे–
   गधे – गधे ने, गधों को, गधों से।
   लड़कियाँ – लड़कियों ने, लड़कियों को, लड़कियों से।
3. हिन्दी शब्दों के अन्त में यदि 'ओं' पहले से विद्यमान होता है तो उसका कारकीय रूप बहुवचन में ज्यों का त्यों बना रहता है। जैसे– सरसों ने, सरसों को।
4. ह्रस्व या दीर्घ इकारान्त शब्दों को कारक का बहुवचन रूप बनाने के लिए अन्त में 'यों' का प्रयोग करते हैं। साथ ही ईकारान्त शब्दों के अन्त में 'यों' जोड़ने के पूर्व 'ई' को 'इ' बना देते हैं।
   जैसे–

| | | |
|---|---|---|
| ऋषि | ऋषियों ने | ऋषियों को। |
| मति | मतियों ने | मतियों को। |
| डाली | डालियों ने | डालियों को |
| धनी | धनियों ने | धनियों को। |

5. सम्बोधन कारक की बहुवचन रचना के लिए शब्दान्त में 'ओं' जोड़ते हैं। स्मरणीय है, यदि शब्द के अन्त में 'ई' या 'ऊ' हो तो उसे पहले ह्रस्व कर लेते हैं।

जैसे–

नर – नरों

माता – माताओं

6. संस्कृतेतर आकारान्त शब्दों का सम्बोधन एकवचन रूप बनाते समय आकार को एकार में बदल देते हैं।

जैसे–

बच्चा – ए बच्चे।

लड़का – ओ लड़के।

## कुछ संज्ञाओं की कारक-रचना

| **कारक** | **एकवचन** | **बहुवचन** |
|---|---|---|
| कर्त्ता | नर, नर ने | नर, नरों से |
| कर्म | नर, नर को | नर, नरों को |
| करण | नर से, नर द्वारा | नरों से, नरों द्वारा |
| सम्प्रदान | नर के लिए | नरों के लिए |
| अपादान | नर से | नरों से |
| सम्बन्ध | नर का, के, की | नरों का, के, की |
| अधिकरण | नर में, पर | नरों में, पर |
| सम्बोधन | हे नर | हे नरों |

**नदी**

| **कारक** | **एकवचन** | **बहुवचन** |
|---|---|---|
| कर्त्ता | नदी, नदी ने | नदियाँ, नदियों ने |
| कर्म | नदी, नदी को | नदियाँ, नदियों को |
| करण | नदी से, नदी द्वारा | नदियों से, नदियों द्वारा |
| सम्प्रदान | नदी के लिए | नदियों के लिए |
| अपादान | नदी से | नदियों से |
| सम्बन्ध | नदी का, के, की | नदियों का, के, की |
| अधिकरण | नदी में, पर | नदियों में, पर |
| सम्बोधन | हे नदी | हे नदियों |

## अभ्यास

1. कारक किसे रहते हैं? हिन्दी में कितने कारक हैं?
2. परसर्ग से क्या समझते हैं?
3. 'ने' का प्रयोग कहाँ-कहाँ होता है?
4. 'ने' का प्रयोग कहाँ-कहाँ निषिद्ध है?
5. 'को' का प्रयोग किन-किन अवस्थाओं में होता है?
6. 'में' का प्रयोग किन-किन अवस्थाओं में होता है?
7. 'पर' का प्रयोग किन-किन अवस्थाओं में होता है?
8. एक ऐसा वाक्य लिखिए जिसमें सभी कारकों के प्रयोग हुए हों।
9. टिप्पणी लिखिए :
   (क) करण कारक और अपादान कारक में अन्तर।
   (ख) कारक के भेद कारक चिह्नों सहित।
   (ग) कर्म और सम्प्रदान में भेद।
   (घ) अविभक्तिक तथा सविभक्तिक कर्म।

# 9

# सर्वनाम (Pronoun)

सर्वनाम दो शब्दों से मिलकर बना है– सर्व + नाम। सर्व का अर्थ है 'सब' और 'नाम' का अर्थ 'संज्ञा' है। जिन विकारी शब्दों का प्रयोग संज्ञा के बदले में होता है, उन्हें सर्वनाम कहते हैं। जैसे– तुम, मैं, आप, यह, वह, जो, सो, कोई, कुछ, कौन, क्या इत्यादि।

सर्वनाम का प्रयोग कर वाक्य को संज्ञा के पुनरुक्ति दोष से बचाया जाता है। सर्वनाम की सर्वोपरि विशेषता यह है कि उससे उसी संज्ञा का बोध होता है जिससे उसका पूर्वापर सम्बन्ध होता है। किन्तु संज्ञा से केवल उसी का बोध होता है, जिसका वह नाम है। उदाहरण के लिए 'घोड़ा' कहने से मात्र घोड़ा का ही बोध होता है, पुस्तक, गाय आदि का ज्ञान नहीं होता। लेकिन 'वह' कहने से पूर्वापर सम्बन्ध के अनुरूप ही संज्ञा का पता चलता है।

## सर्वनाम के भेद

सर्वनाम के सात भेद माने गये हैं :

(1) पुरुषवाचक सर्वनाम
(2) निजवाचक सर्वनाम
(3) निश्चयवाचक सर्वनाम
(4) अनिश्चयवाचक सर्वनाम
(5) सम्बन्धवाचक सर्वनाम
(6) प्रश्नवाचक सर्वनाम
(7) साकल्पवाचक सर्वनाम

(1) **पुरुषवाचक सर्वनाम** :– जो सर्वनाम– बोलने वाले, सुनने वाले और जिसके विषय में कुछ कहा जाए– का बोध कराते हैं, उन्हें पुरुषवाचक सर्वनाम कहते हैं। जैसे– मैं, तुम, वह आदि।

पुरुषवाचक सर्वनाम तीन प्रकार के होते हैं :

(क) उत्तम पुरुष (ख) मध्यम पुरुष (ग) अन्य पुरुष

**(क) उत्तम पुरुष** :– उत्तम पुरुष में वक्ता या लेखक आते हैं। जैसे– मैं, हम।

**(ख) मध्यम पुरुष** :– मध्यम पुरुष में– तू, तुम, आप, आते हैं। जिससे कोई बात बोली या कही जाती है उसे मध्यम पुरुष कहते हैं।

**(ग) अन्य पुरुष** :– जिसके विषय में कुछ कहा, लिखा या सुना जाए– वह अन्य पुरुष कहलाता है। जैसे– वह, वे।

(2) **निजवाचक सर्वनाम** :— जो सर्वनाम स्वयं या निज का बोध कराने वाले हैं उन्हें निजवाचक सर्वनाम कहते हैं। जैसे— मैं आप चला जाऊँगा। तुम आप वहाँ चले जाना। मैं अपने को सुधार लूँगा। यहाँ 'आप' निजवाचक सर्वनाम है।

निजवाचक सर्वनाम 'आप' एक ही तरह दोनों वचनों में आता है और तीनों पुरुषों में इसका प्रयोग किया जा सकता है।

(क) निजवाचक सर्वनाम 'आप' का प्रयोग किसी संज्ञा, सर्वनाम के निश्चय के लिए होता है। जैसे— मैं आप आया हूँ।

(ख) निजवाचक 'आप' का प्रयोग दूसरे व्यक्ति के निराकरण के लिए होता है। जैसे— उन्होंने मुझे रहने को कहा और आप चलते बने।

(ग) सर्वसाधारण के अर्थ में भी आप का प्रयोग होता है। जैसे— आप भला तो जग भला।

(घ) निश्चय के अर्थ में कभी-कभी 'आप' के साथ 'ही' जोड़ा जाता है। जैसे— मैं आप ही चला आया था।

## निजवाचक आप और पुरुषवाचक आप में अन्तर

पुरुषवाचक आप मध्यम पुरुष में आदर सूचक के रूप में प्रयुक्त होता है। इसका रूप तू के स्थान पर होता है। जैसे— आप कब आयेंगे? आप कहाँ जा रहे हैं?

निजवाचक 'आप' शब्द स्वयं या खुद के लिए होता है। जैसे— वह अपने आप आ जायेगा। मैं आप ही बुरा हूँ।

(3) **निश्चयवाचक सर्वनाम** :— जिस सर्वनाम से किसी निश्चत व्यक्ति या वस्तु का बोध होता है, उसे निश्चयवाचक सर्वनाम कहते हैं। जैसे— यह, वह आदि। यह का बहुवचन 'ये' और 'वह' का बहुवचन 'वे' है।

(4) **अनिश्चयवाचक सर्वनाम** :— जिस सर्वनाम से किसी निश्चित व्यक्ति, वस्तु या स्थान का बोध न हो, उसे अनिश्चयवाचक सर्वनाम कहते हैं।

जैसे— कोई, कुछ आदि।

उदाहरण : कोई आ रहा है। कुछ भी लेते आना।

साधारणतः 'कोई' अनिश्चित व्यक्ति के लिए आता है और 'कुछ' अनिश्चित वस्तु के लिए।

(5) **सम्बन्धवाचक सर्वनाम** :— जिस सर्वनाम से संज्ञा या अन्य सर्वनाम के साथ सम्बन्ध जाना जाता है, उसे सम्बन्धवाचक सर्वनाम कहते हैं। जैसे :— जो आयेगा सो जायेगा। जिसकी लाठी उसकी भैंस। यहाँ 'जिस' और 'उस' सम्बन्ध वाचक सर्वनाम हैं। वर्तमान हिन्दी में 'सो', 'तिस', 'तिन' शब्दों के स्थान पर 'यह' और 'उन' का प्रयोग भी शुद्ध माना जाता है।

(6) **प्रश्नवाचक सर्वनाम** :— जिस सर्वनाम शब्द से प्रश्न का बोध हो, उसे प्रश्नवाचक सर्वनाम कहते हैं। जैसे— क्या, कौन आदि।

**उदाहरण :**

तुम्हारा नाम क्या है?
आप क्या चाहते हैं?
कौन आ रहा है?

'कौन' शब्द व्यक्ति के विषय में तथा 'क्या' शब्द वस्तु के विषय में प्रश्न के निमित्त प्रयोग में लाया जाता है।

(7) **साकल्पवाचक सर्वनाम** :– इस सर्वनाम में साकल्प या समूह का बोध होता है। जैसे– सब, कुल, सकल आदि। इसे समूह बोधक भी कहते हैं।

**सर्वनाम की विशेषताएँ**

(1) सर्वनाम का लिंग के अनुसार रूपात्मक परिवर्तन नहीं होता है। मैं, तुम, यह, वह इत्यादि सर्वनाम पुरुष और स्त्री दोनों के लिए प्रयोग में लाये जाते हैं।
(2) सर्वनाम के कारकीय रूपों में सम्बन्ध कारक नहीं होता है।
(3) सर्वनाम के कारकीय रूपों में सम्बन्ध कारक का केवल 'का' रूप लिंग से प्रभावित होता है।
जैसे– उसकी पुत्री। उसका पुत्र।
मेरी पुत्री। मेरा पुत्र।

## सर्वनाम का लिंग

लिंग की दृष्टि से सर्वनाम में किसी प्रकार का परिवर्तन उपस्थित नहीं होता। उसका रूप सदैव एक-सा विद्यमान रहता है। वाक्य में उनका प्रयोग चाहे पुल्लिंग के लिए हो या स्त्रीलिंग के लिए। मैं, तुम, हम, वह, वे आदि सर्वनामों का प्रयोग दोनों लिंगों में एक जैसा होता है।

जैसे– मैं खेलता हूँ। लड़का कहेगा।
मैं खेलती हूँ। लड़की कहेगी।

लड़का और लड़की पुल्लिग स्त्रीलिंग संज्ञाओं के स्थान पर प्रयुक्त 'मैं' सर्वनाम के रूप में किसी प्रकार का परिवर्तन नहीं हुआ।

## सर्वनाम का वचन

सर्वनाम का प्रयोग दोनों वचनों में संज्ञा की तरह ही होता है। जैसे–

| **एकवचन** | **बहुवचन** |
|---|---|
| वह | वे |
| यह | ये |
| मैं | हम |

## सर्वनाम की रूप-रचना

**मैं (उत्तम पुरुष)**

| **कारक** | **एकवचन** | **बहुवचन** |
|---|---|---|
| कर्त्ता | मैं, मैंने | हम, हमने |
| कर्म | मुझे, मुझको | हमें, हमको |
| करण | मुझसे, मेरे द्वारा | हमसे, हमारे द्वारा |
| सम्प्रदान | मुझे, मेरे लिए | हमें, हमारे लिए |
| अपादान | मुझसे | हमसे |
| सम्बन्ध | मेरा, मेरे, मेरी | हमारा, हमारे, हमारी |
| अधिकरण | मुझ में, मुझ पर | हममें, हम पर |

**वह (अन्य पुरुष)**

| **कारक** | **एकवचन** | **बहुवचन** |
|---|---|---|
| कर्त्ता | वह, उसने | वे, उन्होंने, उन लोगों ने |
| कर्म | उसे, उसको | उन्हें, उनको |
| करण | उससे, उसके द्वारा | उनसे, उनके द्वारा |
| सम्प्रदान | उसको, उसे, उसके लिए | उनको, उन्हें, उनके लिए |
| अपादान | उससे | उनसे |
| सम्बन्ध | उसका, उसके, उसकी | उनका, उनके, उनकी |
| अधिकरण | उसमें, उस पर | उनमें, उन पर |

**यह (निकटवर्ती)**

| **कारक** | **एकवचन** | **बहुवचन** |
|---|---|---|
| कर्त्ता | यह, इसने | ये, इन्होंने |
| कर्म | इसको, इसे | इनको, इन्हें |
| करण | इससे, इसके द्वारा | इनसे, इनके द्वारा |
| सम्प्रदान | इसे, इसको, इसके लिए | इन्हें, इनको |
| अपादान | इससे | इनसे |
| सम्बन्ध | इसका, इसके, इसकी | इनका, इनके, इनकी |
| अधिकरण | इसमें, इस पर | इनमें, इन पर |

**कोई (अनिश्चय वाचक)**

| **कारक** | **एकवचन** | **बहुवचन** |
|---|---|---|
| कर्त्ता | कोई, किसने | इसका बहुवचन रूप नहीं है। |
| कर्म | किसी को | |
| करण | किसी से | |

| | |
|---|---|
| सम्प्रदान | किसी को, किसी के लिए |
| अपादान | किसी से |
| सम्बन्ध | किसी का, किसी के, किसी की |
| अधिकरण | किसी में, किसी पर |

**जो (सम्बन्धवाचक)**

| **कारक** | **एकवचन** | **बहुवचन** |
|---|---|---|
| कर्त्ता | जो, जिसने | जो, जिन ने, जिन्होंने |
| कर्म | जिसे, जिसको | जिन्हें, जिनको |
| करण | जिससे, जिसके द्वारा | जिनसे, जिनके द्वारा |
| सम्प्रदान | जिसको, जिसे, जिसके लिए | जिनको, जिन्हें, जिन के लिए |
| अपादान | जिससे | जिनसे |
| सम्बन्ध | जिसका, जिसके, जिसकी | जिनका, जिनके, जिनकी |
| अधिकरण | जिसमें, जिस पर | जिनमें, जिन पर |

## सर्वनामों के प्रयोग की विविधता

### 'हम' का प्रयोग

(1) नेता, अधिकारी, सम्पादक, प्रधानमंत्री, राष्ट्रपति, मुख्यमंत्री, देशभक्त, लेखक आदि अपने लिए हम का प्रयोग करते हैं।
जैसे— हम राष्ट्र भाषा के समर्थन में आन्दोलन करेंगे।

(2) अभिमान एवं क्रोध जैसे संवेगों की स्थिति में हम का प्रयोग किया जाता है।
जैसे— हम एक-एक से निपट लेंगे।

(3) कुटुम्ब, देश, जाति आदि का प्रतिनिधित्व करते समय हम का प्रयोग किया जाता है।
जैसे— हम शत्रुओं के लिए ज्वाला हैं।

(4) आजकल 'हम' का प्रयोग साधारणतः एकवचन के लिए सभी लोग करने लगे हैं।

### 'तू' का प्रयोग

(1) 'तू' को 'अति स्नेह' के अर्थ में प्रयोग में लाया जाता है।
जैसे— तू मेरी माँ है।

(2) भक्त या पुजारी ईश्वर के लिए 'तू' का प्रयोग करते हैं।
जैसे— हे भगवान्! तू कब खबर लेगा।

(3) 'तू' का प्रयोग तुच्छता दिखाने के लिए किया जाता है।
जैसे— जा-जा! तू मेरा क्या बिगाड़ेगा।

(4) 'तू' का प्रयोग आजकल लगभग समाप्त हो चुका है।

### 'आप' का प्रयोग

(1) महामहिम पुरुषों के लिए सम्मान प्रदर्शनार्थ मध्यम पुरुष में 'आप' का प्रयोग किया जाता है।
जैसे– गुरुवर! आप आशीर्वाद दें।

(2) सम्मान देने के लिए अन्य पुरुष में स्थानापन्न रूप में 'आप' का प्रयोग किया जाता है।
जैसे– डा. बी. एन. सिन्हा वनस्पति विभाग के व्याख्याता हैं। आप विद्यार्थियों के बीच अत्यन्त लोकप्रिय हैं।

(3) शिष्टाचार ज्ञापित करने के लिए उत्तम पुरुष में 'आपका' प्रयोग में लाया जाता है। जिसका अर्थ होता है– मेरा।
जैसे– आपका ही पुत्र है (मेरा ही पुत्र है)।

(4) निज परक अर्थ बोध के लिए 'आप' का प्रयोग किया जाता है।
जैसे– मैं आप चला जाऊँगा।

(5) अपनी इच्छा से, स्वतः अपना, स्वभाव से, मन से, आदि के अर्थ में भी 'आप' का प्रयोग होता है।
जैसे– पागल आप चला जायेगा।
मशीन आप ही चलने लगी।
पाकिस्तान ने अपने-आप समर्पण किया।

### 'कोई' का प्रयोग

(1) लगभग के अर्थ में 'कोई' का प्रयोग होता है। यह प्रयोग संख्यावाचक विशेषण के पूर्व किया जाता है।
जैसे– कोई डेढ़ सौ व्यक्तियों ने सभा में भाग लिया।

(2) 'प्रत्येक' के रूप में भी 'कोई' का प्रयोग साधारणतः होता है। लेकिन ऐसी स्थिति में यह 'हर' और 'सब' के बाद जोड़ दिया जाता है।
जैसे– हर कोई या सब कोई प्रसाद पा चुका है।

(3) 'कोई' का प्रयोग विशेषण के रूप में भी होता है।
जैसे– कोई लड़की गीत गा रही है।

(4) क्रिया-विशेषण के अर्थ में भी 'कोई' का प्रयोग होता है।
जैसे– सम्प्रति मैंने कोई ग्रन्थ नहीं लिखा है।

(5) आदर एवं सम्मान देने में 'कोई' का प्रयोग बहुवचन में होता है।
जैसे– कोई आ रहे हैं।

(6) प्रश्नसूचक वाक्य में निर्धारण के लिए 'कोई' का प्रयोग होता है।
जैसे– कोई है यहाँ? मेरे सहयोगियों में कोई है यहाँ?

(7) मनुष्य या श्रेष्ठ प्राणियों के लिए 'कोई' का प्रयोग होता है।
जैसे– कोई बोल रहा है।

(8) अवधारणा या विनिश्चय बोधन के लिए कोई-कोई के मध्य 'न' का भी प्रयोग किया जाता है।
जैसे– कोई-न-कोई उपाय अवश्य ढूढ़ लिया जायेगा।

(9) अनिश्चयार्थ द्योतन के लिए 'कोई' के साथ एक, अन्य या दूसरा लगा दिया जाता है।
जैसे– कोई दूसरा होगा।
कोई अन्य चला जायेगा।

## 'कुछ' का प्रयोग

(1) 'कुछ' का प्रयोग निर्जीव पदार्थो के लिए किया जाता है।
जैसे– कुछ दे दीजिए।

(2) 'कुछ' का प्रयोग क्रिया विशेषण के रूप में होता है।
जैसे– वह मुझसे कुछ चिढ़ा रहता है।

(3) 'कुछ' का प्रयोग सार या तत्त्व के रूप में भी होता है।
जैसे– तुम्हारे भाषण में कुछ था।

(4) 'कुछ' का प्रयोग अज्ञात वस्तु, धर्म, पदार्थ आदि के लिए होता है।
जैसे– सरसों के तेल में कुछ मिला है।

(5) विरोध, विचित्रता आदि के भावों में प्रदर्शन के लिए भी 'कुछ' का प्रयोग होता है।
जैसे– कहते कुछ हो और करते कुछ हो।

(6) आश्चर्य, आनन्द, उपेक्षा आदि संवेगों को व्यक्त करने के लिए 'कुछ' का प्रयोग किया जाता है।
जैसे– उसका कुछ न पूछिये। (आनन्द)

(7) 'कुछ' का प्रयोग संज्ञा के अर्थ में होता है।
जैसे– कुछ गा रहे हैं, अन्य खामोश हैं।

(8) 'कुछ' का प्रयोग समुच्चयबोधक के रूप में भी होता है।
जैसे– कुछ धनाभाव से, कुछ सिफारिश की कमी से, कुछ लापरवाही से और कुछ उपयुक्त परामर्श के अभाव में सफलता नहीं मिली।

(9) परिमाणवाचक क्रिया विशेषण के समान 'कुछ' का प्रयोग होता है।
जैसे– शरीर कुछ गरम है। दोनों निबन्धों की विषय-वस्तु कुछ-कुछ मिलती है।

(10) अवधारणा के लिए 'कुछ' का प्रयोग किया जाता है।
जैसे– उसने अपना विचार कुछ-न-कुछ निश्चय ही प्रकट किया होगा।

## 'जो' का प्रयोग

(1) 'जो' का प्रयोग समुच्चय बोधक के रूप में किया जाता है। यह एक उपवाक्य को दूसरे उपवाक्य से जोड़ने का काम करता है।
जैसे– आप कार्य सुचारु ढंग से करें, जो मेहनताना होगा जरूर मिलेगा।

(2) 'जो' का प्रयोग 'कोई' और कुछ के साथ भी होता है।
जैसे— जो कोई आये, आने दो।

(3) 'जो' का प्रयोग 'सो' के साथ भी होता है।
जैसे— जो करेगा, सो भरेगा।

(4) 'जो' का प्रयोग 'यदि' के अर्थ में भी होता है।
जैसे— जो तुम उचित समझते हो, कर डालो।

(5) 'जो' का प्रयोग समूह के अर्थ में भी होता है, लेकिन उस अवस्था में 'जो' की द्विरुक्ति होती है।
जैसे— जो-जो तुम्हारी माँगें हैं, मैं मानने को तैयार हूँ।

(6) 'जो' का प्रयोग सर्वनाम, विशेषण और अव्यय— तीनों रूपों में होता है।
जैसे— जो तैयार हो, सो जाए। (सर्वनाम)
जो लड़का अध्ययन करेगा, परीक्षा में उत्तीर्ण होगा। (विशेषण)।
जो वह आए, तो बात करूँ। (अव्यय)

**'कौन' का प्रयोग**

(1) 'कौन' का प्रयोग प्राणिवाचक संज्ञा के स्थान पर किया जाता है।
जैसे— कौन आ रहा है?

(2) अनाधिकार हस्तक्षेप को चुनौती देने के अर्थ में 'कौन' का प्रयोग किया जाता है।
जैसे— उन दोनों के बीच में बोलने वाले तुम कौन होते हो?

(3) 'कौन' का प्रयोग प्राणिवाचक और अप्राणिवाचक दोनों के लिए निरूपण के अर्थ में होता है।
जैसे— तुम्हारी बहन कौन है?
तुम्हारी कलम कौन-सी है?

(4) 'कौन' का प्रयोग विशेषण के अर्थ में भी होता है।
जैसे— कौन-सी कलम माँग रहे हो।

(5) 'कौन' का प्रयोग 'कुछ नहीं' के अर्थ में भी होता है।
जैसे— इस सवाल को हल करना कौन-सी बड़ी बात है।

(6) 'कौन' का प्रयोग क्रिया-विशेषण की तरह भी होता है।
जैसे— सेठ जी के लिए विद्यालय का भवन बनाना कौन-सी बड़ी बात है।

**'क्या' का प्रयोग**

(1) किसी वस्तु की विशेषता जानने के लिए 'क्या' का प्रयोग होता है।
जैसे— आत्मा क्या है? पुण्य क्या है?
पाप क्या है?

(2) 'क्या' का प्रयोग आलोचना या अवमानना के अर्थ में होता है।

जैसे– क्या हुआ यदि सफलता नहीं मिली।

एक बार क्या हम बार-बार सजा भुगत सकते हैं।

(3) बहुत्व के अर्थ में भी 'क्या' का प्रयोग होता है।

जैसे– मैं आपसे क्या-क्या निवेदन करूँ।

(4) आश्चर्य की स्थिति में 'क्या' का प्रयोग होता है।

जैसे– अरे, क्या हुआ?

(5) स्थिति बोध कराने के लिए भी 'क्या' का प्रयोग होता है।

जैसे– वह क्या से क्या बन गया।

## अभ्यास

(1) सर्वनाम किसे कहते हैं?

(2) सर्वनाम के कितने भेद हैं? उदाहरण सहित लिखिए।

(3) शुद्ध कीजिए–

(क) मैं कहेगा।

(ख) राम और उनका मित्र बाजार गया।

(ग) कौन-सा लड़की आपको पसंद है।

(घ) अध्यापक और उसके शिष्य स्कूल गया।

(ङ) मेरा पुस्तक है।

(च) उसका लड़की पढ़ने में तेज है।

(छ) आप बोलता है।

(4) 'कोई' तथा 'क्या' के विभिन्न प्रयोग सोदाहरण लिखिए।

(5) पुरुष वाचक सर्वनाम 'आप' निजवाचक कब हो जाता है? सोदाहरण लिखिए।

10

# विशेषण (Adjective)

संज्ञा या सर्वनाम शब्दों की विशेषता बताने वाले शब्दों को विशेषण कहते हैं। जैसे :– लाल पैण्ट, पाँच आम, मोटा लड़का, अच्छी लड़की आदि। ऊपर के उदाहरणों में लाल, पाँच, मोटा, अच्छा आदि विशेषण हैं।

**विशेषण के भेद**

विशेषण के निम्नलिखित भेद हैं–

(1) सार्वनामिक विशेषण
(2) संख्यावाचक विशेषण
(3) गुणवाचक विशेषण
(4) परिमाणवाचक विशेषण
(5) व्यक्तिवाचक विशेषण
(6) प्रविशेषण

(1) **सार्वनामिक विशेषण** :– ऐसे सर्वनाम शब्द जो विशेषण के रूप में प्रयुक्त किये जाते हैं, वे सार्वनामिक विशेषण कहे जाते हैं। क्या, कोई, कुछ, यह, वह, कौन, जो, सो, जैसा, कैसा, इतना, उतना आदि सार्वनामिक विशेषण के उदाहरण हैं। वस्तुतः ऐसे शब्द सर्वनाम और विशेषण दोनों ही का कार्य करते हैं। जब क्रिया के पूर्व उन शब्दों का प्रयोग होता है तब वे सर्वनाम होते हैं और जब उनका प्रयोग किसी संज्ञा के साथ होता है तब उन्हें विशेषण कहा जाता है। जैसे–

| **सर्वनाम** | **विशेषण** |
|---|---|
| वह पढ़ रहा है। | वह लड़का पढ़ रहा है। |
| यह देखो। | यह घोड़ा देखो। |

सार्वनामिक विशेषण के दो भेद हैं–

(क) मूल सार्वनामिक विशेषण
(ख) यौगिक सार्वनामिक विशेषण

**(क) मूल सार्वनामिक विशेषण** :– मूल सार्वनामिक विशेषण वे हैं जिनमें वचन एवं कारक के कारण किसी प्रकार का परिवर्तन उपस्थित नहीं होता। जैसे– यह, वह, कौन, जो, सो, कोई कुछ, क्या आदि।

**(ख) यौगिक सार्वनामिक विशेषण** :– ये मूल सर्वनाम में प्रत्यय लगाकर बनाये जाते हैं तथा इनका रूप कारक एवं वचन के अनुसार बदलता रहता है। जैसे– कैसा, कैसी, ऐसा,

ऐसे, ऐसी, जैसा, जैसे, जैसी। इसी प्रकार वैसा, तैसा, इतना, उतना, जितना, कितना आदि।

(2) **संख्यावाचक विशेषण** :– संख्यावाचक विशेषण के द्वारा संज्ञा या सर्वनाम की संख्या का ज्ञान होता है। संज्ञा-सर्वनाम की संख्यात्मक विशेषता स्पष्ट करने के कारण ही इसे संख्यावाचक विशेषण कहा जाता है। जैसे– दस घोड़े, चालीस गायें, कुछ आदमी, सब अध्यापक। यहाँ दस, चालीस, कुछ, सब– संख्यावाचक विशेषण हैं। क्योंकि इनसे संख्या की संख्यात्मक स्थिति का आभास मिलता है।

संख्यावाचक विशेषण के दो प्रकार हैं–

(क) निश्चित संख्यावाचक

(ख) अनिश्चित संख्यावाचक

(क) **निश्चित संख्यावाचक विशेषण** :– निश्चित संख्या का बोध कराने वाले विशेषण को निश्चित संख्यावाचक विशेषण कहते हैं। जैसे– आठ लड़कियाँ, तीस रुपये।

(ख) **अनिश्चित संख्यावाचक विशेषण** :– संज्ञा या सर्वनाम की निश्चित संख्या का बोध न कराने वाले विशेषण को अनिश्चित संख्यावाचक विशेषण कहा जाता है। जैसे– कुछ मकान, सब घोड़े।

(3) **गुणवाचक विशेषण** :– जिस शब्द से संज्ञा या सर्वनाम का गुण स्पष्ट होता है, उसे गुणवाचक विशेषण कहते हैं। गुण के अन्तर्गत संज्ञा या सर्वनाम के रूप, रंग, स्थान, स्वभाव आदि स्थितियों का स्पष्टीकरण होता है। गुण से आशय अच्छे और बुरे दोनों से है। जैसे– सुन्दर पुरुष, गरीब किसान, दुष्ट आदमी, काला घोड़ा, मोटी स्त्री, सूखा खेत, शान्त अध्यापक।

(4) **परिमाणवाचक विशेषण** :– जिन शब्दों के द्वारा परिमाण अर्थात् माप, तौल इत्यादि का बोध होता है, उन्हें परिमाणवाचक विशेषण कहते हैं। जैसे– बहुत पानी, थोड़ा दूध, कुछ अनाज, सब तेल। इसके दो भेद हैं :– (क) निश्चित परिमाणवाचक (ख) अनिश्चित परिमाणवाचक।

**(क) निश्चित परिमाणवाचक** :– जिससे परिमाण की निश्चित स्थिति का पता चलता है, उसे निश्चित परिमाणवाचक विशेषणं कहते हैं। जैसे– दो किलो दूध, चार गज कपड़ा।

**(ख) अनिश्चित परिमाणवाचक** :– जिससे निश्चित परिमाण का बोध नहीं होता है, उसे अनिश्चित परिमाणवाचक विशेषण कहते हैं। जैसे– कुछ अनाज, सब तेल।

(5) **व्यक्तिवाचक विशेषण** :– व्यक्तिवाचक संज्ञा से निर्मित विशेषणों को व्यक्तिवाचक विशेषण कहते हैं। जैसे– कानपुर-कानपुरी, बनारस-बनारसी, पटना-पटनियाँ, कलकत्ता-कलकतिया आदि।

(6) **प्रविशेषण** :– विशेषण की एक नयी कोटि भी बनायी गयी है। इसका नाम प्रविशेषण है। प्रविशेषण वे शब्द हैं जो विशेषण की विशेषता बताते हैं।

जैसे– शीला अति सुन्दर है।
राणा प्रताप बड़े साहसी थे।
राजेश अत्यन्त मेधावी छात्र है।

इन वाक्यों में अति, बड़े, अत्यन्त, शब्द विशेषण का विशेषण बनकर प्रयुक्त हुए हैं। इसलिए ये सभी शब्द प्रविशेषण हैं।

## विशेषण और विशेष्य

विशेष्य और विशेषण का सम्बन्ध अत्यन्त घनिष्ठ है। वाक्य में विशेषण का व्यवहार दो प्रकार का होता है। विशेषण का प्रयोग कभी विशेष्य के पहले और कभी विशेष्य के बाद होता है। इन प्रयोगों को आधार बनाकर विशेषण को दो भागों में बाँटा गया है–

(क) विशेष्य विशेषण

(ख) विधेय विशेषण

जिस विशेषण का प्रयोग विशेष्य के पूर्व होता है उसे विशेष्य विशेषण कहा जाता है।

जैसे– आशा सुंदर लड़की है। यहाँ सुन्दर विशेषण है और लड़की विशेष्य है। सुन्दर का प्रयोग लड़की के पहले हुआ है। इसलिए 'सुन्दर' विशेष्य विशेषण है।

जिस विशेषण का प्रयोग विशेष्य के बाद होता है उसे विधेय विशेषण कहते हैं।

जैसे– मेरा घर छोटा है। इस वाक्य में 'छोटा' विशेषण है जो विशेष्य 'घर' के बाद प्रयुक्त हुआ है। इसीलिए 'छोटा' विधेय विशेषण है।

## विशेष

- विशेषण का लिंग, वचन और कारक विशेष्य के लिए लिंग, वचन और कारक का अनुसरण करता है।
  जैसे– राम भला लड़का है। सीता भली लड़की है।
- केवल आकारान्त विशेषण का रूप बदलता है।
  जैसे– अच्छा लड़का। अच्छी लड़की।
- वाक्य में यदि कोई विशेष्य हो और उसके लिए एक ही विशेषण पद का प्रयोग किया गया हो तो विशेषण का लिंग, वचन और कारक निकटस्थ विशेष्य के लिए लिंग, वचन और कारक के अनुरूप होगा।
  जैसे– सफेद घोड़ा और गाय।

## विशेषणों की रचना

विशेषण कई प्रकार से बनाये जाते हैं। जैसे–

(1) कुछ शब्द मूलतः विशेषण होते हैं अर्थात् उनकी रचना किसी प्रत्यय या शब्द के योग से नहीं होती। ये मूल विशेषण कहे जाते हैं। जैसे– बदमाश, काला, सुन्दर आदि।

(2) कुछ विशेषण संज्ञाओं में प्रत्यय योग करने से बनते हैं–

| संज्ञा | प्रत्यय | विशेषण |
|---|---|---|
| प्यास | आ | प्यासा |
| गुण | वान् | गुणवान् |

| | | |
|---|---|---|
| रंग | ईन | रंगीन |
| दया | आलु | दयालु |
| तिल | भर | तिलभर |
| राष्ट्र | ईय | राष्ट्रीय |
| तर्क | इक | तार्किक |
| तन्द्रा | इल | तन्द्रिल |

(3) कुछ विशेषण क्रियाओं में प्रत्यय योग से बनते हैं—

| **क्रिया** | **प्रत्यय** | **विशेषण** |
|---|---|---|
| झगड़ा | लू | झगड़ालू |
| लड़ना | कू | लड़ाकू |
| पूजा | ईय | पूजनीय |
| ठगना | ऊ | ठगाऊ |
| बिकना | ऊ | बिकाऊ |
| दौड़ना | वाला | दौड़नेवाला |

(4) कुछ विशेषणों की रचना अव्यय से होती है—

| **अव्यय** | **प्रत्यय** | **विशेषण** |
|---|---|---|
| बाहर | ई | बाहरी |
| भीतर | ई | भीतरी |
| कल | वाला | कलवाला |
| आज | का | आज का |

(5) दो विशेषणों के योग से भी विशेषण बनते हैं :—

| **विशेषण** | **विशेषण** | **विशेषण** |
|---|---|---|
| बुरा | भला | बुरा-भला |
| मोटा | पतला | मोटा-पतला |
| महीन | मोटा | महीन-मोटा |
| बड़ा | छोटा | बड़ा-छोटा |
| लाल | पीला | लाल-पीला |
| लम्बा | चौड़ा | लम्बा-चौड़ा |

## विशेषण की तुलनात्मक अवस्थाएँ

दो या दो से अधिक वस्तुओं के गुणों या अवगुणों के 'मिलान' को 'तुलना' कहते हैं। तुलना के लिए जिन विशेषणों का प्रयोग किया जाता है उन्हें 'तुलनात्मक विशेषण' कहा जाता है। इन विशेषणों की तीन अवस्थाएँ होती हैं :—

(क) **मूलावस्था** :– मूलावस्था में विशेषण के द्वारा किसी से तुलना का भाव व्यक्त नहीं होता हैं। जैसे– गुलाब सुन्दर है। राजेश लम्बा है।

(ख) **उत्तरावस्था** :– उत्तरावस्था में विशेषण दो विशेष्यों में तुलना करता है। जैसे :– राजेश मुकेश से लम्बा है। अंजू बेबी से सुन्दर है।

(ग) **उत्तमावस्था** :– उत्तमावस्था में विशेषण दो से अधिक विशेष्यों की तुलना में एक को सर्वाधिक श्रेष्ठ या निकृष्ट बताता है। जैसे– शीला सबसे सुन्दर है। राजेश सबसे लम्बा है।

**उत्तरावस्था (Comparative degree) के लिए प्रयुक्त प्रत्यय**

| | | |
|---|---|---|
| से | – | राम से श्याम सुन्दर है। |
| में | – | रेखा और सीमा में रेखा सुन्दर है। |
| की अपेक्षा | – | राम श्याम की अपेक्षा अधिक सुन्दर है। |
| से भी अधिक | – | राम श्याम से भी अधिक लम्बा है। |
| से कहीं | – | राम श्याम से कहीं अच्छा है। |

इसी प्रकार बनिस्बत, से बढ़कर आदि प्रत्ययों का प्रयोग होता है।

**उत्तमावस्था (Superlative degree) के लिए प्रयुक्त प्रत्यय**

| | | |
|---|---|---|
| सबसे | – | राम कक्षा में सबसे तेज विद्यार्थी है। |
| सर्वश्रेष्ठ | – | भारत सर्वश्रेष्ठ देश है। |
| आवृत्ति से | – | सुन्दर से सुन्दर कपड़ा दिखाओ। |
| तम | – | मानव ईश्वर की सुन्दरतम रचना है। |

## विशेषण का पद परिचय

विशेषण के पद-परिचय में लिंग, वचन, विशेषण, विशेषण का भेद, विशेष्य और कारक बताए जाते हैं।

जैसे– मानव श्रेष्ठतम कृति है।

**श्रेष्ठतम**– विशेषण, गुणवाचक विशेषण, पुल्लिग, एकवचन, विशेष्यकृति, उत्तमावस्था, विशेष्य विशेषण।

## विशेष्य-विशेषण-कोश

| **विशेष्य** | **विशेषण** | **विशेष्य** | **विशेषण** |
|---|---|---|---|
| अधिकार | आधिकारिक | इतिवृत्त | इतिवृत्तात्मक |
| अंश | आंशिक | उपेक्षा | उपेक्षित |
| अनुवाद | अनुवादित | उदारता | उदार |
| अन्तर | आन्तरिक | उपन्यास | औपन्यासिक |

| विशेष्य | विशेषण | विशेष्य | विशेषण |
|---|---|---|---|
| अंचल | आंचलिक | उद्योग | औद्योगिक |
| अर्थ | आर्थिक | उपनिवेश | औपनिवेशिक |
| अध्यात्म | आध्यात्मिक | उपदेश | उपदेशक |
| अवरोध | अवरुद्ध | उत्कर्ष | उत्कृष्ट |
| अनुराग | अनुरक्त | उदय | उदित |
| अंकुर | अंकुरित | उपमा | उपमेय |
| अनुमान | अनुमानित | ऋषि | आर्ष |
| अनुगमन | अनुगत | ऋण | ऋणी |
| अरण्य | आरण्यक | ऋतु | आर्तव |
| अपेक्षा | अपेक्षित | एकता | एक |
| आदर | आदरणीय | ओज | ओजस्वी |
| आदि | आदिम | खेद | खिन्न |
| आरंभ | आरंभिक | खण्ड | खण्डित |
| आवरण | आवृत | ग्राम | ग्रामीण |
| आत्मा | आत्मीय | गाँव | गँवार |
| आश्रय | आश्रित | गर्व | गर्वित |
| आकर्षण | आकर्षित/आकृष्ट | गमन | गत |
| अराधना | आराधित | ग्रास | ग्रस्त |
| आकाश | आकाशीय | गुलाब | गुलाबी |
| अनुशासन | अनुशासित | रंग | रंगीन |
| अनुमोदन | अनुमोदित | शौक | शौकीन |
| आयु | आयुष्मान | गुण | गुणी |
| अनीति | अनैतिक | गंगा | गांगेय |
| अभिनय | अभिनेय | घनिष्ठता | घनिष्ठ |
| आभूषण | आभूषित | घास | घसियारा |
| अरण्य | आरण्यक | चर्चा | चर्चित |
| इच्छा | ऐच्छिक | चरित्र | चारित्रिक |
| इन्द्रजाल | ऐन्द्रजालिक | चित्र | चित्रित |
| इतिहास | ऐतिहासिक | तेज | तेजस्वी |
| उपार्जन | उपार्जित | तृप्ति | तृप्त |
| उन्मुक्ति | उन्मुक्त | चन्द्र | चान्द्र |
| उत्तेजना | उत्तेजित | कर्म | कर्मठ |
| उद्धरण | उद्धृत | कथन | कथित |

| विशेष्य | विशेषण | विशेष्य | विशेषण |
|---|---|---|---|
| काँटा | कँटीला | दाह | दग्ध |
| छवि | छवीला | दमन | दमित |
| काया | कायिक | दोष | दूषित |
| देह | दैहिक | दर्शन | दर्शनीय/दार्शनिक |
| भूत | भौतिक | धैर्य | धीर |
| क्रय | क्रीत | धूप | धूमिल |
| क्रम | क्रमिक | धुन्ध | धुँधला |
| कुल | कुलीन | न्याय | न्यायिक |
| कुटुम्ब | कौटुम्बिक | नियोजन | नियोजित |
| केन्द्र | केन्द्रीय | निर्माण | निर्मित |
| कृषि | कृषक | नीति | नैतिक |
| कर्पण्य | कृपण | विधि | वैध |
| करुण | कारुणिक | प्रतीक्षा | प्रतीक्षित |
| कुत्सा | कुत्सित | फल | फलित |
| कण्ठ | कण्ठस्थ | भ्रम | भ्रमित/भ्रामक |
| क्लेष | क्लिष्ट | भूमि | भौम |
| जनपद | जनपदीय | भूगोल | भौगोलिक |
| जटा | जटिल | मन | मानसिक |
| जंगल | जंगली | मनु | मानव |
| जाति | जातीय | दनु | दानव |
| ज्वाला | ज्वलित | मुनि | मौन |
| झगड़ा | झगड़ालू | मर्म | मार्मिक |
| झंझट | झंझटी | धर्म | धार्मिक |
| टकसाल | टकसाली | कर्म | कार्मिक |
| तप | तप्त | मुख | मौखिक |
| ताप | तपित | तुष्टि | तुष्ट |
| तत्त्व | तात्त्विक | ताकत | ताकतवर |
| तरंग | तरंगित | तमाशा | तमाशबीन |
| तालु | तालव्य | निशा | नैश |
| दंत | दंत्य | पक्ष | पाक्षिक |
| ओष्ठ | ओष्ठ्य | विष्णु | वैष्णव |
| क्षमा | क्षम्य | पंक | पंकिल |
| दम्पति | दाम्पत्य | पथ | पाथेय |

| विशेष्य | विशेषण | विशेष्य | विशेषण |
|---|---|---|---|
| पशु | पाशविक | संसार | सांसारिक |
| परीक्षा | परीक्षित | शक्ति | शाक्त |
| पुराण | पौराणिक | शासन | शासित |
| पतन | पतित | शोषण | शोषित |
| पान | पेय | संयोग | संयुक्त |
| पाठ | पठित | सूर्य | सौर्य |
| प्रथम | प्राथमिक | स्मरण | स्मरणीय |
| पृथ्वी | पार्थिव | सूचना | सूचित |
| प्रार्थना | प्रार्थित | समय | सामयिक |
| पुरुष | पौरुष | सभा | सभ्य |
| प्रसाद | प्रसन्न | समर | सामरिक |
| विषाद | विषन्न | समास | सामासिक |
| प्रणाम | प्रणम्य | व्याकरण | व्याकरणिक |
| पुष्प | पुष्पित | सम्पत्ति | सम्पन्न |
| मात्रा | मात्रिक | साहित्य | साहित्यिक |
| मृत्यु | मर्त्य | रसायन | रासायनिक |
| माँस | माँसल | संस्कृत | सांस्कृतिक |
| मध्यम | माध्यमिक | स्मृति | स्मार्त्त |
| मधु | मधुर | स्नायु | स्नायविक |
| मण्डल | माण्डलिक | सप्ताह | साप्ताहिक |
| योग | योगी | वर्ष | वार्षिक |
| यश | यशस्वी | मास | मासिक |
| यवन | यवनीय | सीमा | सीमित |
| यज्ञ | याज्ञिक | संताप | संतप्त |
| रथ | रथी | स्वास्थ्य | स्वस्थ |
| रक्त | रक्तिम | हृदय | हार्दिक |
| माता | मातृक | हिम | हैम |
| मगध | मागधी | क्षय | क्षीण |
| लोभ | लोभी | राज | राजकीय |
| हर्ष | हर्षित | क्षोभ | क्षुब्ध |
| शिव | शैव | लज्जा | लज्जालु |
| पुराण | पौराणिक | लक्षण | लाक्षणिक |
| समाज | सामाजिक | त्रास | त्रस्त |

| विशेष्य | विशेषण | विशेष्य | विशेषण |
|---|---|---|---|
| ज्ञापन | ज्ञापित | रोमांच | रोमांचित |
| श्रम | श्रान्त | निषेध | निषिद्ध |
| रूद्र | रौद्र | नियम | नियमित |
| लक्षण | लाक्षणिक | ऊँचाई | ऊँचा |
| घर | घरेलू | ईमानदारी | ईमानदार |
| भय | भयानक | ख्याति | ख्यात |
| शहर | शहरी | प्रतिष्ठा | प्रतिष्ठित |
| दिन | दैनिक | उत्कृष्टता | उत्कृष्ट |
| क्षण | क्षणिक | भावुकता | भावुक |
| केन्द्र | केन्द्रित | स्थिरता | स्थिर |
| संग्रह | संग्रहित | विभक्ति | विभक्त |
| अणु | आणविक | स्वीकृति | स्वीकृत |
| अवश्य | आवश्यक | सम्बद्धता | संबद्ध |
| अनुशंसा | अनुशंसित | स्पष्टता | स्पष्ट |
| आसक्ति | आसक्त | मौलिकता | मौलिक |
| ईश्वर | ईश्वरीय | धैर्य | धीर |
| उन्नति | उन्नत | चतुराई | चतुर |
| काम | कामी | मिठास | मीठा |
| क्लेश | क्लिष्ट | खटास | खट्टा |
| पाठ | पाठ्य | नमक | नमकीन |
| विस्मय | विस्मित | तबाही | तबाह |
| निज | निजी | गवाही | गवाह |
| क्षेत्र | क्षेत्रीय | खुशहाली | खुशहाल |
| व्यवसाय | व्यावसायिक | गरीबी | गरीब |
| प्रकृति | प्राकृतिक | चिकनाहट | चिकना |
| रक्त | रक्तिम | बड़प्पन | बड़ा |
| राष्ट्र | राष्ट्रीय | सुन्दरता | सुन्दर |
| देश | देशी | कुरूपता | कुरूप |
| विदेश | विदेशी | नवीनता | नवीन |
| | | प्रचीनता | प्राचीन |

## अभ्यास

(1) विशेषण किसे कहते हैं? विशेषण के कार्य समझाकर लिखिए।

(2) विशेष्य से क्या समझते हैं?

(3) विशेषण के भेद सोदाहरण लिखिए।

(4) संख्यावाचक विशेषण के कितने भेद हैं?

(5) सार्वनामिक विशेषण के भेद लिखिए।

(6) टिप्पणी लिखिए—

(क) तुलनात्मक दृष्टि से विशेषण की अवस्था

(ख) प्रविशेषण

(ग) विशेषणों की रचना

(घ) विशेषण और विशेष्य में संबंध

(ङ) व्यक्तिवाचक विशेषण।

(7) निम्नलिखित शब्दों से विशेषण बनाइए—

| **विशेष्य** | **विशेषण** | **विशेषण** | **विशेष्य** |
|---|---|---|---|
| गर्मी | .......... | हवा | .......... |
| राष्ट्र | .......... | हृदय | .......... |
| प्यास | .......... | ऋषि | .......... |
| ठगना | .......... | गाँव | .......... |
| अंश | .......... | ग्राम | .......... |
| अक्ल | .......... | इतिहास | .......... |
| उदय | .......... | स्त्री | .......... |
| किताब | .......... | जल | .......... |
| पुस्तक | .......... | आकाश | .......... |
| काल | .......... | मुनि | .......... |
| केन्द्र | .......... | दर्शन | .......... |
| माया | .......... | विरोध | .......... |
| खेद | .......... | जबान | .......... |
| ताप | .......... | कृषि | .......... |
| दया | .......... | शिक्षा | .......... |
| पाठ | .......... | क्षण | .......... |
| मर्म | .......... | ज्ञापन | .......... |

# 11

# क्रिया (Verb)

**क्रिया** :– वाक्य में जिस शब्द से किसी काम का होना या करना ज्ञात होता है, उसे क्रिया कहते हैं। जैसे :– लिखना, पढ़ना, खाना, खेलना, दौड़ना, रोना, आना, जाना आदि।

क्रिया विकारी शब्द है जिसके रूप, लिंग, वचन और पुरुष के अनुसार बदलते हैं।

**धातु** :– क्रिया जिस मूल शब्द से बनती है, उसे धातु कहते हैं। क्रिया का निर्माण 'धातु' में 'ना' जोड़ने से होता है। क्रिया से 'ना' हटा देने पर जो शेष बचता है, वही धातु कहलाता है। जैसे– लिख, खा, आ, जा, पढ़ आदि धातु हैं।

**धातु के भेद** :– धातु मुख्यतः दो प्रकार के होते हैं :–

(1) मूल धातु
(2) यौगिक धातु

(1) **मूल धातु** :– मूल धातु किसी पर आधारित न होकर स्वतंत्र होता है। जैसे– पढ़, लिख, खा, देख इत्यादि।

(2) **यौगिक धातु** :– यौगिक धातु का निर्माण प्रत्येक के जुड़ाव से होता है। यौगिक धातु का निर्माण मुख्यतः तीन प्रकार से होता है–

(i) धातु में जब प्रत्यय का योग किया जाता है तब अकर्मक से सकर्मक और प्रेरणार्थक धातु की रचना होती है।

(ii) धातु के साथ धातु को संपृक्त करने से संयुक्त धातु की रचना होती है।

(iii) संज्ञा या विशेषण से नाम धातु का निर्माण होता है।

**प्रेरणार्थक क्रिया**– (धातु)– जिससे यह ज्ञात होता हो कि कर्त्ता स्वयं नहीं कर रहा है बल्कि कार्य करने के लिए किसी अन्य को प्रेरित कर रहा है, वह प्रेरणार्थक क्रिया कहलाती है। जैसे– पढ़ना = पढ़ाना/पढ़वाना।

चलना = चलाना/चलवाना।

**यौगिक क्रिया**– (धातु)– दो या दो से अधिक धातुओं के मेल से जिस क्रिया का निर्माण होता है, उसे यौगिक क्रिया कहते हैं। जैसे– गिर पड़ना, मार देना, रख देना इत्यादि।

**नाम धातु** :– जिस धातु की रचना संज्ञा या विशेषण से होती है, उसे नाम धातु कहते हैं। जैसे– हाथ से हथियाना, लात से लतियाना इत्यादि।

## क्रिया के भेद

साधारणतः क्रिया के भेद दो आधारों पर किये जाते हैं–

(i) रूप के आधार पर

(ii) अर्थ के अनुसार

**रूप के अनुसार क्रिया के भेद** : रूप के अनुसार क्रिया के दो भेद हैं :–

(क) सकर्मक क्रिया (ख) अकर्मक क्रिया

**(क) सकर्मक क्रिया** :– जिस क्रिया के साथ कर्म के प्रयोग की अपेक्षा होती है, अथवा जो क्रिया कर्म के साथ आती है, उसे सकर्मक क्रिया कहते हैं। सकर्मक क्रिया को सम्पादित करने वाला यद्यपि कर्त्ता ही होता है, किन्तु उसके कार्य का फल कर्म पर पड़ता है। जैसे– राम रोटी खाता है। इस वाक्य में प्रयुक्त क्रिया खाता है– सकर्मक है, क्योंकि उसका एक कर्म है। रोटी खाने वाला राम है लेकिन उसकी क्रिया खाना का फल रोटी पर पड़ता है। वह जाता है। यहाँ जाना क्रिया सकर्मक है। इस वाक्य में यद्यपि कर्म का प्रयोग नहीं हुआ है लेकिन कर्म के प्रयोग की आवश्यकता है। 'जाता है' के पहले घर, गाँव, स्कूल, मंदिर या किसी विशेष स्थान का बोधक शब्द रखा जा सकता है।

**(ख) अकर्मक क्रिया** :– जिस क्रिया का प्रयोग बिना कर्म के होता है अर्थात् जिस क्रिया के साथ कर्म का प्रयोग न हो, वह अकर्मक क्रिया कहलाती है। अकर्मक क्रिया के कर्त्ता का फल कर्त्ता पर ही पड़ता है। जैसे– वह रोता है। यहाँ प्रयुक्त 'रोना' क्रिया अकर्मक है। क्योंकि इस वाक्य में न तो कोई कर्म है और न उसके प्रयोग की आवश्कता ही महसूस होती है। रोना क्रिया का फल कर्त्ता 'वह' पर ही पड़ रहा है।

**अर्थ के अनुसार क्रिया के भेद**

(क) समापिका क्रिया

(ख) असमापिका क्रिया

**(क) समापिका क्रिया** :– समापिका क्रिया वह क्रिया है जिससे पूर्णता का भाव प्रकट होता है। दूसरे शब्दों में कहा जा सकता है– "वह क्रिया जो संदेह या आकांक्षा को समाप्त कर देती है, समापिका क्रिया है।" जैसे– रमेश मैदान में खेलता है। इस वाक्य में 'खेलता है' समापिका क्रिया है क्योंकि इसके बाद रमेश क्या करता है, इस तरह का संदेह नहीं रह जाता।

**(ख) असमापिका क्रिया** :– असमापिका क्रिया वह है जिससे अपूर्णता का भाव जाना जाता है। इस क्रिया से सन्देह या आकांक्षा का समापन नहीं होता और आगे जानने की जरूरत महसूस होती है। जैसे–'राम ने आते ही... ।' यदि इस वाक्य को यहीं छोड़ दिया जाए तो आकांक्षा होगी कि 'क्या किया'? इस आकांक्षा की समाप्ति तभी होगी जब आगे वाक्य जोड़ दिया जाए– 'बच्चों को प्यार किया।' अब पूरा वाक्य हुआ। राम ने आते ही बच्चों को प्यार किया। इस प्रकार आते ही, आते हुए, आकर इत्यादि असमापिका क्रियाएँ हैं।

## क्रिया के अन्य रूप

### सकर्मक क्रियाओं के भेद

सकर्मक क्रियाओं के दो भेद हैं :–

(i) पूर्ण सकर्मक

(ii) अपूर्ण सकर्मक

**(i) पूर्ण सकर्मक** :– जिन सकर्मक क्रियाओं का पूर्ण अर्थ एक कर्म से प्रकट हो जाता है, उन्हें पूर्ण सकर्मक कहते हैं।

जैसे– शीला पत्र लिखती है। वह घर जाता है। उषा दूध पीती है। गुड़िया रोटी खाती है। इन उदाहरणों में आगत क्रियाओं के अर्थ की पूर्णता एक कर्म से ही हो गयी है। अतः इन क्रियाओं को पूर्ण सकर्मक क्रिया कहा जाएगा।

**(ii) अपूर्ण सकर्मक** :– जिन क्रियाओं के अर्थ की पूर्णता एक कर्म से नहीं मिलती है उसे अपूर्ण सकर्मक कहते हैं। सामान्यतः इसके भी दो भेद होते हैं– (क) द्विकर्मक (ख) कर्मपूर्तियुक्त।

**(क) द्विकर्मक** :– कुछ क्रियाएं अर्थ स्पष्टीकरण के लिए दो कर्मों की अपेक्षा रखती हैं। इन्हें द्विकर्मक क्रिया कहते हैं। स्मरणीय है, अप्राणिवाचक कर्म को मुख्य कर्म तथा प्राणिवाचक कर्म को गौण कर्म माना गया है। जैसे– 'मैंने ऊषा को एक पत्र दिया।' इस वाक्य में दो कर्म आते हैं 'ऊषा' और 'पत्र'। ऊषा गौण कर्म है और 'पत्र' मुख्य कर्म। इस तरह दो कर्म रखने के कारण यह क्रिया द्विकर्मक हो गयी है। द्विकर्मक क्रियाओं के उदाहरण के रूप में पढ़ना, बतलाना, सुनना, सिखाना, समझना, कहना आदि क्रियाओं के नाम लिये जा सकते हैं।

**(ख) कर्मपूर्तियुक्त** :– कुछ सकर्मक क्रियाएँ ऐसी हैं जिनके साथ यद्यपि एक कर्म होता है, तथापि अर्थ का स्पष्टीकरण नहीं होता। तदर्थ संज्ञा या विशेषण शब्द प्रयुक्त होते हैं। वस्तुतः ऐसी क्रियाओं के अर्थ की पूर्णता के लिए जिन संज्ञा या विशेषण शब्दों का व्यवहार किया जाता है, उन्हें कर्मपूरक कहते हैं।

जैसे– मैंने मधु को कक्षा का मॉनीटर बनाया। इस वाक्य में आगत क्रिया 'बनाया' कर्मपूर्तियुक्त है। 'मॉनीटर' शब्द कर्मपूरक है। इसी प्रकार 'मैंने राजीव को नेता घोषित किया'। इस वाक्य में प्रयुक्त क्रिया 'घोषित किया' कर्मपूर्तियुक्त है तथा 'नेता' कर्मपूरक (objective complement) है।

## अकर्मक क्रियाओं के भेद

अकर्मक क्रियाओं के दो भेद हैं :–

(i) पूर्ण अकर्मक

(ii) अपूर्ण अकर्मक

**(i) पूर्ण अकर्मक** :– ऐसी अकर्मक क्रियाएँ जिससे अर्थ की पूर्णता व्यक्त नहीं होती, वरन् तदर्थ किसी संज्ञा या विशेषण शब्द की अपेक्षा होती है, उन्हें अपूर्ण अकर्मक कहते हैं। इन क्रियाओं के साथ जो पूरक शब्द आते हैं, उनको कर्त्ता सम्बन्धी क्रिया पूरक (Subjective Complement) कहा जाता है।

जैसे— वह स्वस्थ है।

राम बीमार है।

महेश खुश है।

निशा उदास है।

इन वाक्यों में क्रमशः स्वस्थ, बीमार, खुश, उदास कर्त्ता सम्बन्धी क्रिया पूरक हैं यहाँ वह, राम, महेश, निशा आदि से क्रिया पूर्ण होती है। इन्हीं शब्दों की यहाँ अपेक्षा है अन्यथा स्वस्थ, बीमार, खुश, उदास आदि क्रिया पूरक शब्दों के बाद भी अर्थ की पूर्णता व्यक्त नहीं हो पाती। पूर्ण अकर्मक क्रियाओं में ही कर्त्ता सम्बन्धी क्रिया पूरक की आवश्यकता होती है।

वैसी अकर्मक क्रियाएँ जिनसे अर्थ की पूर्णता तो व्यक्त नहीं ही होती है और पूर्णता व्यक्त करने के लिए किसी संज्ञा या विशेषण शब्द की अपेक्षा भी नहीं होती है, अपूर्ण अकर्मक क्रियाएँ कहलाती हैं।

जैसे : निकल आया अच्छा बना

ठहर गया बन पाया

पढ़ गया हो गया आदि।

रह गया

यहाँ निकलना, ठहरना, पढ़ना, रहना, बनना, होना— आदि अपूर्ण अकर्मक क्रियाएँ हैं।

## सजातीय कर्म

अकर्मक क्रिया जब अपने से निर्मित कर्म के साथ व्यवहार में आती हैं, तब उस कर्म को 'सजातीय कर्म' तथा क्रिया को 'सजातीय क्रिया' कहा जाता है। जैसे— 'इस तरह की लड़ाइयाँ नहीं लड़ी जातीं'। 'इस तरह की हँसी मत हँसिए'।

उपर्युक्त दोनों वाक्यों में लड़ाइयाँ और हँसी सजातीय कर्म हैं और लड़ी तथा हँसिए सजातीय क्रियाएँ हैं।

## कर्म और पूरक में अन्तर

कर्म और पूरक में पर्याप्त अन्तर है। वाक्य में कर्म का स्वतंत्र अस्तित्व होता है। पूरक का वाक्य में पृथक् अस्तित्व नहीं होता हैं, वरन्, कर्त्ता या कर्म तक ही उसकी सत्ता सीमित रहती है।

जैसे— मैंने बच्चों को मिठाई दी।

काँग्रेस ने राजीव को अपना नेता बनाया।

पहले वाक्य में 'मिठाई' कर्म है। 'बच्चों' और 'मिठाई' दोनों अलग-अलग चीजें हैं। अर्थात् दोनों का स्वतंत्र अस्तित्व है। परन्तु दूसरे वाक्य में 'राजीव' और 'नेता' एक ही है। आशय यह है कि 'नेता' का 'राजीव' से भिन्न अपना पृथक् अस्तित्व नहीं है। अतएव इसे पूरक माना जाएगा।

## अकर्मक से सकर्मक बनाने के नियम

सामान्यतः अकर्मक क्रियाओं को निम्नलिखित विधि से सकर्मक बनाया जाता है :–

(1) अकारान्त क्रियाओं को आकारान्त में परिवर्तित करते हैं।
जैसे– बैठना-बैठाना, छपना-छपाना, निकलना-निकालना।

(2) धातु के आदि स्वर को ह्रस्व कर अकर्मक क्रिया सकर्मक बनती है।
जैसे– नाचना-नचाना, भागना-भगाना, घूमना-घुमाना।

(3) धातु के आदि स्वर को दीर्घ कर भी अकर्मक से सकर्मक क्रिया बनती है।
जैसे-- मरना-मारना, छटना-छाँटना। इस संदर्भ में स्मरणीय है कि उ का ओ हो जाता है।

(4) धातु के आदि दीर्घ स्वर को ह्रस्व बनाकर भी अकर्मक क्रिया सकर्मक बनती है। इसमें एकारान्त को इकारान्त तथा ओकारान्त को उकारान्त बनाया जाता है।
जैसे– सोना-सुलाना, रोना-रुलाना।

## समापिका क्रिया के भेद

समापिका क्रिया के निम्नलिखित भेद हैं :–

(1) **साधारण क्रिया** :– साधारण समापिका क्रिया से क्रिया के विधान का निश्चय ज्ञान होता है।
जैसे– सोहन दूध पीता है।
वह तुम्हें देखता है।

(2) **सम्भावना बोधक क्रिया** :– जिन समापिका क्रियाओं द्वारा इच्छा, अनुमान, सन्देह, सम्भावना आदि के भाव व्यक्त किये जाते हैं। उन्हें सम्भावना बोधक क्रिया कहते हैं।
जैसे– ईश्वर आपको सफलता प्रदान करें।
राम पढ़ता होगा।
सम्भवतः रमेश उत्तीर्ण हो गया होगा।

स्मरण रहे कि हेतु हेतु मद् भूत्, संदिग्धभूत, संदिग्ध वर्तमान तथा संभावना भविष्यत क्रियाएँ इसी श्रेणी में आती हैं। वह समापिका क्रिया जिससे शर्त का भाव ज्ञात होता है, उसे हेतु हेतु मद् क्रिया कहते हैं। इसे संकेतार्थक क्रिया भी कहा गया है।
जैसे– यदि परिश्रम किए होते तो अवश्य उत्तीर्ण हो जाते।

**विधि क्रिया** :– विधि क्रिया से आज्ञा, निषेध, अनुमति, उपदेश इत्यादि का अर्थ प्रतिभावित होता है।
जैसे– सत्य बोलो। (उपदेश)
बाजार मत ज़ा। (निषेध)
आप जा सकते हैं। (अनुमति)
पुस्तक निकालो। (आज्ञा)

**विधि क्रिया के भेद**

विधि क्रिया के दो भेद हैं–

(i) प्रत्यक्ष विधि

(ii) परोक्ष विधि

**(i) प्रत्यक्ष विधि** :– प्रत्यक्ष विधि उस क्रिया को कहते हैं जिससे यह ज्ञात हो कि जिसे आज्ञा दी जा रही है वह प्रत्यक्ष है।

जैसे– तुम पढ़ना शुरू कर दो।

**(ii) परोक्ष विधि** :– जिसे आज्ञा दी जा रही हो वह यदि सामने नहीं होता है तो उसे परोक्ष विधि कहा जायेगा।

जैसे– प्रिय, पत्र देते रहना।

आलस्य न करना।

**असमापिका क्रिया**

असमापिका क्रिया के निम्नलिखित भेद हैं :–

(i) तात्कालिक क्रिया

(ii) अपूर्ण क्रिया

(iii) पूर्वकालिक क्रिया।

**(i) तात्कालिक क्रिया** :– इस तरह की असमापिका क्रियाओं के साथ 'ते ही' जुड़ा होता है।

जैसे– मेरे पहुँचते ही वह चला गया।

आचार्य के आते ही शिष्य शांत हो गये।

**(ii) अपूर्ण क्रिया** :– इस कोटि की असमापिका क्रियाओं के साथ 'हुआ', 'हुए', 'हुई', का योग होता है।

जैसे– बालिका हँसती हुई आ रही है।

कन्या रोती हुई जा रही है।

**(iii) पूर्वकालिक क्रिया** :– इस क्रिया से यह ज्ञात होता है कि कर्त्ता एक क्रिया को सम्पन्न कर तुरन्त दूसरी क्रिया में प्रवृत्त हुआ है। इसमें 'कर' लगा होता है।

जैसे– पहुँचकर, उठकर, पढ़कर, लेकर, हँसकर, आकर, खाकर आदि। मेरी बात पर वह हँसकर चला गया।

**अन्य क्रियाएँ**

**संयुक्त क्रिया** :– जो क्रिया दो या दो से अधिक धातुओं के मेल से बनती है, उसे संयुक्त क्रिया कहते हैं।

जैसे– सीता रो चुकी।

राम चला गया।

इन वाक्यों में 'रो चुकी' और 'चला गया; संयुक्त क्रियाएँ हैं।

## संयुक्त क्रिया के भेद

**अर्थ के अनुसार** :– अर्थ के अनुसार संयुक्त क्रिया के निम्नलिखित भेद हैं–

**(i) पूर्णता बोधक** :– इसके पद से क्रिया की समाप्ति का बोध होता है। इसलिए इसका दूसरा नाम समाप्त बोधक भी है। इसके पदों की रचना पूर्वकालिक कृदन्त के साथ 'चुकना' योग करने से होती है।

जैसे– लिख चुकना। खा चुकना।

**(ii) प्रारम्भ बोधक** :– इसके पद से क्रिया के आरम्भ होने का ज्ञान होता है। इसका निर्माण असमायिक पद के विकारी रूप के साथ 'लगना' जोड़ने से होता है।

जैसे– लिखने लगा। गाने लगा। रोने लगा। खेलने लगा।

वाक्य– वह लिखने लगा, मैं गाने लगा, सीता रोने लगी। बालक खेलने लगा।

**(iii) शक्यता बोधक** :– इस क्रिया से सकना और शक्यता का बोध होता है। इसके पदों का रूपात्मक निर्माण पूर्वकालिक कृदन्त के साथ सक् (ना) के जोड़ने से होता है।

जैसे– पढ़ सकना, लिख सकना, आ सकना, बोल सकना।

**(iv) अनुमति बोधक** :– जिस क्रिया-पद से किसी कार्य के समापन हेतु अनुमति लेने या देने के भाव का बोध हो उसे अनुमति बोधक कहा जाता है। इस क्रिया की रूप रचना समापिका क्रिया के विकारी रूप के साथ 'देना' का योग करने से होती है।

जैसे– जीने दो, हँसने दो, पढ़ने दो, रोने दो, मरने दो, लिखने दो, गाने दो, खेलने दो।

**(v) सामर्थ्य बोधक** :– वह संयुक्त क्रिया सामर्थ्य बोधक कही जाती है जिससे कठिनाई से कार्य में साफल्य लाभ हो। इसे साफल्य बोधक क्रिया के नाम से भी जाना जाता है।

जैसे– जा पाना, लिख पाना, बोल पाना, दौड़ पाना, पढ़ पाना आदि। इसके पदों की निष्पत्ति समापिका क्रिया के विकारी रूप के साथ पा (ना) का योग करने से होती है।

**(vi) अभ्यास बोधक** :– इस क्रिया से किसी कार्य के करने के अभ्यास का आभास मिलता है। इसका दूसरा नाम पौनः पुन्यार्थक क्रिया भी है। इसकी रचना आकारान्त क्रिया द्योतक विशेष्य पद में कर (ना) योग करने से होती है। जैसे– नहाया करना, गाया करना, मारा करना, खाया करना, सोया करना, पढ़ा करना।

**(vii) इच्छार्थक** :– इस क्रिया से कार्य करने की इच्छा का बोध होता है। इस संयुक्त क्रिया का निर्माण आकारान्त क्रियामूलक विशेष्य पद या भूतकालिक कृदन्त के साथ 'चाहना' का योग करने से होता है। जैसे– पढ़ा चाहना, लिखा चाहना, आदि।

**(viii) भृशार्थक** :– क्रोध, आवेश, दुख, प्रचण्डता आदि संवेगों से अनुप्रेरित भावों का आभास कराने वाली संयुक्त क्रिया को भृशार्थक क्रिया के नाम से जाना जाता है। जैसे– चीर डालना, खा जाना, फेंक देना आदि।

**(ix) निरन्तरता बोधक** :– इस प्रकार की संयुक्त क्रियाओं से किसी कार्य के बराबर होते रहने का आभास मिलता है। इस कोटि की क्रियाओं को नित्यता बोधक भी कहा जाता है। इनकी रचना वर्तमानकालिक कृदन्त के साथ रह(ना) संपृक्त करने से होती है।

जैसे– मैं रात भर कराहता रहा।

वह जीवन भर तड़पता रहा।

इन उदाहरणों में 'कराहता रहा', 'तड़पता रहा' निरन्तरता बोधक क्रियाएँ हैं।

(x) **प्रगति बोधक** :– इससे यह ज्ञात होता है कि क्रिया उत्तरोत्तर सम्पन्न होती जाती थी, हो रही थी या होती जाती है। इसके पदों की रचना वर्तमानकालिक कृदन्त के साथ जा(ना) जोड़ने से होती है।

जैसे– स्वास्थ्य दिनानुदिन गिरता जाता था। आन्दोलनकारी आगे बढ़ते जाते थे।

(xi) **गत्यर्थक** :– इस संयुक्त क्रिया से कार्य-सम्पादन करने की गत्यात्मकता प्रतिभाषित होती है। इसकी रचना करने की सामान्य प्रक्रिया यह है कि वर्तमानकालिक कृदन्त के साथ 'हुए' जोड़कर पुनः कोई वर्तमानकालिक कृदन्त रखा जाए।

जैसे– वे नाचते हुए गाते हैं। तुम झूमते हुए चलते थे।

**योग्यता बोधक** :– इस संयुक्त क्रिया से योग्यता का ज्ञान मिलता है। इसके निर्माणार्थ क्रिया पद के अन्त में 'बनना' जोड़ा जाता है।

जैसे– मुझसे गाते नहीं बनता।

तुमसे लिखते नहीं बना।

**रूप के अनुसार संयुक्त क्रिया के भेद**

(i) **साधारण रूप प्रारंभ क्रिया** :– साधारण रूप प्रारंभ क्रिया का पहला अंश साधारण रूप में रहता है। इस क्रिया से आवश्यकता या चाहिए का अर्थ ध्वनित होता है।

जैसे– लिखना चाहिए।

पढ़ना चाहिए।

बताना चाहिए।

समझना चाहिए।

(ii) **धातु मूलक प्रारंभ क्रिया** :– धातु मूलक प्रारंभ क्रिया में क्रिया का प्रारंभ रूप धातु के रूप में रहता है।

जैसे– पढ़ सकेगा।

लिख सकेगा।

गा सकेगा।

(iii) **सामान्य भूतकालिक प्रारंभ क्रिया** :– वह संयुक्त क्रिया जिसका प्रारंभ सामान्य भूतकालिक क्रिया से होता है, उसे सामान्य भूतकालिक प्रारंभ क्रिया कहते हैं।

जैसे– लिखा जाएगा।

पढ़ा जाएगा।

चला जाएगा।

(iv) **हेतु हेतु मद् भूतकालिक प्रारंभ क्रिया** :– जिस संयुक्त क्रिया का प्रारंभ हेतु हेतु मद् भूतकालिक क्रिया से होता है, उसे हेतु हेतु मद् भूतकालिक प्रारंभ क्रिया कहा जाता है।
जैसे– लिखा करते, पढ़ा करते, गाया करते, जाया करते।

(v) **पुनरुक्त संयुक्त क्रिया** :– समान अर्थ या ध्वनि वाली क्रियाओं को पुनरुक्त क्रिया कहते हैं। इन क्रियाओं के साथ सामान्य क्रिया रखकर जिन संयुक्त क्रियाओं की रचना होती है उन्हें पुनरुक्त संयुक्त क्रिया कहा जाता है।
जैसे– पढ़ना लिखना सीख लो। वह सदा आया-जाया करता है।

(vi) **पूर्ण क्रियाद्योतक कृदन्तीय क्रिया** :– इस तरह की संयुक्त क्रियाएँ पूर्ण क्रियाद्योतक कृदन्त के योग से बनायी जाती है।
जैसे– गाए देता हूँ। चले जाता हूँ, कहे देता हूँ।

(vii) **नाम क्रिया** :– संज्ञा, सर्वनाम, विशेषण और क्रिया विशेषण के धातु रूप में संयुक्त होने से बनी क्रियाओं को 'नाम क्रिया' की संज्ञा से अभिहित किया जाता है। क्रियाएँ मूल एवं व्युत्पन्न धातुओं को छोड़कर अन्य पदों से बनती हैं।
जैसे– त्याग से त्यागना। दुहरा से दुहराना।
आप से अपनाना। थरथर से थरथराना।

(viii) **अनुकरण बोधक क्रिया** :– वे क्रियाएँ जिनकी रचना अनुकरणात्मक धातुओं से होती हैं, उन्हें अनुकरण बोधक क्रिया कहते हैं। इन्हें ध्वन्यात्मक क्रिया भी कहते हैं।
जैसे– फनफना से फनफनाना, झनझना से झनझनाना, टनटना से टनटनाना, भनभना से भनभनाना।

(ix) **संदिग्ध क्रियाएँ** :– संदिग्ध क्रियाएँ वे क्रियाएँ हैं जिनकी व्युत्पत्ति के सम्बन्ध में कुछ भी ज्ञात नहीं है। हिन्दी में इन संदिग्ध धातुओं से निर्मित क्रियाओं को संदिग्ध क्रिया कहा जाता है।
जैसे– उठंग से उठंगना।
अटू से अटना। आदि।

(x) **सहायक क्रिया** :– सहायक क्रिया प्रधान क्रिया की सहायता करती है। वस्तुतः इसका अस्तित्व संयुक्त क्रिया में होता है। संयुक्त क्रिया में एक प्रधान क्रिया होती है और दूसरी उसकी सहायता के लिए आती है।
जैसे– राम अपने गाँव के लिए चल पड़ा।
यहाँ प्रधान क्रिया है– 'चलना' और 'पड़ा' सहायक क्रिया है।

## अभ्यास

(1) क्रिया किसे कहते हैं? सामान्यतः क्रिया के कितने भेद हैं? सोदाहरण लिखिए।

(2) सकर्मक क्रिया के भेदों का सोदाहरण वर्णन कीजिए।

(3) समापिका क्रिया से आप क्या समझते हैं? समापिका क्रिया के भेदों पर प्रकाश डालिए।

(4) संयुक्त क्रिया किसे कहते हैं? संयुक्त क्रिया के भेदों का वर्णन कीजिए।

(5) सहायक क्रिया किसे कहते हैं? समझाइए।

(6) निम्नलिखित पर टिप्पणी लिखिए–

(क) अकर्मक क्रिया

(ख) प्रेरणार्थक क्रिया

(ग) पूर्वकालिक क्रिया

(घ) द्विकर्मक क्रिया

(ङ) विधि क्रिया

(च) सजातीय कर्म

(छ) कर्म और पूरक में अन्तर

(7) सही क्रिया भेद को चुनकर लिखिए–

| | | |
|---|---|---|
| (क) हँसना | अकर्मक/सकर्मक/नाम धातु | (   ) |
| (ख) रोना | प्रेरणार्थक/सकर्मक/अकर्मक | (   ) |
| (ग) लिखवाना | नाम धातु/प्रेरणार्थक/सकर्मक | (   ) |
| (घ) पढ़कर | सकर्मक/प्रेरणार्थक/पूर्वकालिक | (   ) |
| (ङ) हथियाना | सकर्मक/नाम धातु/पूर्वकालिक | (   ) |

(8) नीचे की प्रेरणार्थक क्रियाओं के कोष्ठक में सही या गलत (√ या × ) का निशान लगाइए–

| | | |
|---|---|---|
| (क) लिखना | लिखवाना | ☐ |
| (ख) पढ़ना | पढ़वाना | ☐ |
| (ग) दौड़ना | दौड़ाना | ☐ |
| (घ) रोना | रुलाना | ☐ |
| (ङ) जगना | जगाना | ☐ |
| (च) नहाना | नहलाना | ☐ |
| (छ) ठगना | ठगाना | ☐ |
| (ज) सुनना | सुनाना | ☐ |
| (झ) टहलना | टहलाना | ☐ |

**12**

# वाच्य (Voice)

वाच्य, क्रिया के उस रूपान्तरण को कहते हैं जिससे यह ज्ञात होता है कि वाक्य में क्रिया का संबंध (अव्यय) कर्त्ता के साथ है अथवा कर्म के साथ अथवा इन दोनों में से किसी के भी साथ न होकर केवल उसके (क्रिया के) कार्य व्यापार की प्रधानता है।

जैसे– राम पत्र लिखता है।

पत्र राम द्वारा लिखा जाता है।

तुमसे लिखा नहीं जाता।

प्रथम वाक्य में लिखना क्रिया का संबंध कर्त्ता राम से है। दूसरे वाक्य में कर्म प्रधान है जिसमें पत्र (कर्म) उद्देश्य के स्थान पर आया है और इसी की प्रधानता है। 'तुमसे लिखा नहीं जाता' वाक्य में क्रिया का संबंध न तो कर्त्ता से है और न ही कर्म से, इसका सम्बन्ध भाव से है।

वाच्य के तीन भेद हैं :

(1) कर्तृवाच्य

(2) कर्मवाच्य

(3) भाववाच्य

(1) **कर्तृवाच्य** :– क्रिया के जिस रूप से यह प्रकट हो कि वाक्य में क्रिया का उद्देश्य कर्त्ता है उसे कर्तृवाच्य कहते हैं। दूसरे शब्दों में क्रिया के जिस रूप से यह ज्ञात हो कि वाच्य में क्रिया का उद्देश्य कर्त्ता है, उसे कर्तृवाच्य कहते हैं। जैसे– शीला पत्र लिखना चाहती है। इस वाक्य में लिखने की चाह शीला करती है इसलिए शीला क्रिया का उद्देश्य है।

(2) **कर्मवाच्य** :– क्रिया के उस रूपान्तर को कर्मवाच्य कहते हैं जिससे यह ज्ञात हो कि वाक्य में कर्त्ता की प्रमुखता न होकर कर्म की प्रमुखता है। जिस कार्य की गति में कर्म की प्रधानता हो एवं क्रिया के लिंग, वचन कर्म के अनुसार हो उसे कर्मवाच्य कहते हैं।

जैसे– कविता मुझसे पढ़ी जाती है।

पत्र तुमसे पढ़ा जाता है।

यहाँ 'पढ़ी जाती है' – कविता

'पढ़ा जाता है' – पत्र

इसमें कविता और पत्र दोनों कर्म हैं। क्रिया का प्रयोग कर्म के अनुसार हुआ है। क्रिया का संबंध कर्म से ही है।

(3) **भाववाच्य** :– क्रिया के जिस रूप से यह प्रकट हो कि वाक्य में क्रिया का उद्देश्य न तो कर्त्ता है, न कर्म, बल्कि वह सदा स्वतंत्र रहकर अपनी ही प्रधानता से युक्त है, उसे

भाववाच्य कहते हैं। भाववाच्य केवल सकर्मक क्रियाओं में ही होता है। कर्त्ता या कर्म के बदलने पर भी क्रिया पर प्रभाव नहीं पड़ता है। इसकी क्रिया पुल्लिंग होती है।

जैसे– 'अंधेरे में लिखा नहीं जाता।'

यहाँ न तो कर्त्ता की प्रधानता है न कर्म की बल्कि क्रिया के व्यापार की प्रधानता है। कभी-कभी सकर्मक क्रिया भी भाववाच्य में प्रयुक्त होती है।

**वाच्य के प्रयोग**

वाच्य में आगत क्रिया के लिंग, वचन तथा पुरुष के अध्ययन को प्रयोग कहते हैं। हिन्दी में निम्नलिखित तीन प्रयोग होते हैं :–

(क) कर्तरि प्रयोग

(ख) कर्मणि प्रयोग

(ग) भाव प्रयोग

(क) **कर्तरि प्रयोग** :– कर्तरि प्रयोग में वाक्य की क्रिया के लिंग, वचन और पुरुष कर्त्ता के लिंग, वचन और पुरुष के अनुरूप होते हैं।

जैसे– कमला घर जाती है। मोहन पुस्तक पढ़ता है।

इन दोनों वाक्यों में क्रिया के लिंग, वचन और पुरुष कर्त्ता के लिंग, वचन और पुरुष का अनुसरण कर रहे हैं। अतः यहाँ क्रिया का कर्तरि प्रयोग है।

(ख) **कर्मणि प्रयोग** :– कर्मणि प्रयोग में वाक्य की क्रिया के लिंग, वचन और पुरुष कर्म के लिंग, वचन और पुरुष के अनुरूप होते हैं।

जैसे– शीला ने पत्र लिखा। मोहन ने मिठाई खाई।

इन दोनों वाक्यों में क्रिया का लिंग, वचन और पुरुष कर्म के लिंग, वचन और पुरुष के अनुसार है, अतः क्रिया का कर्मणि प्रयोग माना जायेगा।

(ग) **भाव प्रयोग**– भाव प्रयोग में वाक्य में प्रयुक्त क्रिया के लिंग, वचन और पुरुष न तो कर्म के लिंग, वचन और पुरुष के अनुसार होते हैं बल्कि सदैव एकवचन, पुल्लिंग तथा अन्य पुरुष में होते हैं।

जैसे– मुझसे चला नहीं जाता।

इस वाक्य में क्रिया के लिंग, वचन और पुरुष न तो कर्त्ता के अनुरूप हैं और न कर्म के बल्कि क्रिया एकवचन तथा अन्य पुरुष में है। अतः क्रिया का भाव प्रयोग है।

**वाच्य-परिवर्तन के नियम**

एक वाच्य के वाक्य को दूसरे वाच्य के वाक्य में परिवर्तित करने को वाच्य परिवर्तन कहते हैं।

जैसे–

| **कर्तृवाच्य** | **से** | **कर्मवाच्य** |
|---|---|---|
| (1) राम पुस्तक पढ़ता है। | | पुस्तक राम द्वारा पढ़ी जाती है। |
| (2) बछड़ा दूध पीता है। | | दूध बछड़े द्वारा पीया जाता है। |

कर्तृवाच्य से कर्मवाच्य बनाते समय प्रधान क्रिया को भूतकालिक क्रिया में बदल दिया जाता है। इसकी भूतकालिक क्रिया के साथ 'जाता', 'जाती' का प्रयोग सहकारी क्रिया के रूप में किया जाता है। कर्मवाच्य में कर्म को कर्त्ता में तथा कर्त्ता को करण कारक में बदल दिया जाता है।

| **कर्तृवाच्य से** | **भाववाच्य** |
|---|---|
| (1) मैं जाग नहीं सकता। | मुझसे जागा नहीं जाता। |
| (2) वह नहीं टहलता। | उससे टहला नहीं जाता। |
| (3) घोड़ा दौड़ता है। | घोड़े द्वारा दौड़ा जाता है। |

ऊपर के उदाहरणों से स्पष्ट है कि कर्तृवाच्य की क्रिया को सामान्य भूत के रूप में लाकर उसके साथ लिंग, वचन, पुरुष और काल के अनुसार 'जाना क्रिया' के रूप जोड़ने से कर्तृवाच्य से भाववाच्य की क्रिया बन जाती है। भाववाच्य में कर्त्ता को करण कारक में रखा जाता है।

## कर्मवाच्य से कर्तृवाच्य

कर्मवाच्य में करण कारक में जो कर्त्ता हो, उसको कर्त्ता के रूप में बदल देना चाहिए और उसके अनुसार क्रिया का रूपान्तर होना चाहिए।

**उदाहरण :**

| **कर्मवाच्य** | **कर्तृवाच्य** |
|---|---|
| (1) माया द्वारा वीणा बजाई जाती है। | माया वीणा बजाती है। |
| (2) लेख उनसे लिखा गया। | उन्होंने लेख लिखा। |
| (3) मोहन से पुस्तक पढ़ी गयी। | मोहन ने पुस्तक पढ़ी। |

| **भाववाच्य से** | **कर्तृवाच्य** |
|---|---|
| (1) नवीन से खेला नहीं गया। | नवीन नहीं खेल पाया। |
| (2) सौरभ से दौड़ा नहीं जाता। | सौरभ दौड़ नहीं सकता। |

इसमें करण कारक वाले शब्द को 'उद्देश्य' कर्त्ता कारक के रूप में लिखते हैं और क्रिया को उसके अनुसार बदल देते हैं। भाववाच्य में कर्त्ता, करण कारक में वर्तमान रहता है। उसे करण कारक में जाने के उपरांत कर्त्ता के अनुकूल क्रिया का रूप देना चाहिए।

## अभ्यास

(1) वाच्य से क्या तात्पर्य है?

(2) वाच्य कितने होते हैं? उनके नाम क्या-क्या हैं?

(3) कर्तृवाच्य में क्रिया के लिंग, वचन और पुरुष किसके अनुसार होते हैं?

(4) कर्मवाच्य में क्रिया साधारणतः किसके अनुसार होती है?

(5) भाववाच्य में क्रिया का लिंग, पुरुष और वचन क्या-क्या रहता है?

(6) निम्नलिखित वाक्यों को पहचानिए और उनके सामने उनके वाच्य लिखिए :–

| वाक्य | वाच्य |
|---|---|
| (क) चिड़िया पेड़ पर घोंसला बना रही है। | .......... |
| (ख) हवा ने बड़े-बड़े भी पेड़ गिरा दिये। | .......... |
| (ग) नदी से कई गाँव बहा दिये गये। | .......... |
| (घ) विमला से ये पुस्तकें नहीं पढ़ी जायेंगी। | .......... |
| (ङ) गणतंत्र दिवस पर लाखों लोग आए। | .......... |
| (च) मुझसे नहीं चला जाता। | .......... |

(7) प्रश्न 6 में आये सभी वाक्यों के प्रयोग भी क्रमशः लिखिए :—

(क) .......... (ख) .......... (ग) ..........

(घ) .......... (ङ) .......... (च) ..........

13

# काल (Tense)

काल क्रिया के उस रूपान्तरण को कहते हैं जिससे कार्य-व्यापार का समय और उसके पूर्ण अथवा अपूर्ण अवस्था का बोध हो।

जैसे– राम खाता है।
राम जायेगा।
मोहन ने खाया।

## काल के भेद

क्रिया के मुख्यतः तीन काल हैं :– (1) वर्तमान काल (2) भूतकाल (3) भविष्यत् काल

(1) **वर्तमान काल** :– 'वर्तमान काल' में क्रिया से कार्य होने का बोध होता है अर्थात् इसमें क्रिया के व्यापार की निरन्तरता का स्पष्टीकरण होता है। जैसे– 'वह पढ़ता है।' – इस वाक्य में पढ़ने की क्रिया हो रही है।

**वर्तमान काल के भेद**

(क) सामान्य वर्तमान (ख) अपूर्ण वर्तमान/तात्कालिक वर्तमान
(ग) पूर्ण वर्तमान (घ) संभाव्य वर्तमान

**(क) सामान्य वर्तमान** :– सामान्य वर्तमान उसे कहते हैं जिसमें क्रिया का वर्तमान काल में होना जाना जाता है।

जैसे– मोहन जाता है।
राम पढ़ता है।
गीता देखती है।

**(ख) अपूर्ण वर्तमान** :– इसका दूसरा नाम तात्कालिक वर्तमान भी है। अपूर्ण वर्तमान में इस बात का बोध होता है कि क्रिया वर्तमान काल में जारी है। जैसे– मैं पत्र लिख रहा हूँ। सुरेश गाना गा रहा है।

**(ग) पूर्ण वर्तमान** :– इस काल से यह ज्ञात होता है कि क्रिया वर्तमान काल में सम्पन्न हो चुकी है। जैसे– राम गया है। रमेश ने रोटी खायी है।

**(घ) संभाव्य वर्तमान** :– इस काल में कार्य के पूर्ण होने की संभावना रहती है। जैसे– राम खाया हो। वह सोया हो।

(2) **भूतकाल** :– भूतकाल का अर्थ है– बीता हुआ समय अर्थात् क्रिया के जिस रूपान्तरण से कार्य के समापन का बोध हो, उसे भूतकाल की क्रिया कहते हैं। जैसे– राम खा चुका था। वह सोया था। सीता ने गाया।

## भूतकाल के भेद

भूतकाल के छः भेद हैं–

(क) सामान्य भूत (घ) अपूर्ण भूत

(ख) आसन्न भूत (ङ) संदिग्ध भूत

(ग) पूर्ण भूत (च) हेतु हेतु मद् भूत

**(क) सामान्य भूत** :– इस काल की क्रिया से यह ज्ञात होता है कि कार्य स्वाभाविक रीति से हुआ अर्थात् क्रिया के विशेष समय का बोध नहीं होता। जैसे– राम ने पत्र लिखा। मोहन गया।

**(ख) आसन्न भूत** :– इस बात के द्वारा यह ज्ञात होता है कि क्रिया की समाप्ति निकट भूत में तत्काल हुई। जैसे– राम पत्र लिख चुका है। वह अभी आया था।

**(ग) पूर्ण भूत** :– पूर्ण भूत की क्रिया से यह स्पष्ट पता चलता है कि क्रिया की समाप्ति सुदूर भूत में ही हो चुकी है अर्थात् क्रिया के सम्पादित होने के समय का स्पष्ट ज्ञान होता है। जैसे– राम ने रावण को मारा था। आशा ने गीत गाया था।

**(घ) अपूर्ण भूत** :– इस काल की क्रिया से यह ज्ञात होता है कि भूतकाल में कार्य निरन्तर जारी था। जैसे– रमेश पुस्तक पढ़ रहा था। सुरेश खाना खा रहा था।

**(ङ) संदिग्ध भूत** :– संदिग्ध भूत में इस बात का सन्देह बना रहता है कि कार्य समाप्त हुआ या नहीं। जैसे– तुमने लिखा होगा। उसने चुराया होगा।

**(च) हेतु हेतु मद् भूत** :– इस काल में यह पता चलता है कि यद्यपि क्रिया का समापन भूतकाल में होना था। परन्तु किसी कारणवश नहीं हो सका। दूसरे शब्दों में हम कह सकते हैं कि इस काल में कार्य के होने की शर्त लगी रहती है अर्थात् एक क्रिया की सिद्धि में दूसरी क्रिया शर्त बनकर प्रयुक्त होती है।

जैसे– यदि तुम पढ़ते तो परीक्षा पास करते।
यदि वर्षा होती तो पैदावार अच्छी होती।

(3) **भविष्यत् काल** :– वह क्रिया जो भविष्य में होनी है, उसे भविष्यत् काल की क्रिया कहा जाता है।

जैसे– वह खाएगा।
वह नौकरी करेगा।
रमेश व्यापार करेगा।

**भविष्यत् काल के भेद**

(क) सामान्य भविष्यत्

(ख) हेतु हेतु मद् भविष्यत्

(ग) सम्भाव्य भविष्यत्

(क) **सामान्य भविष्यत्** :– इस काल की क्रिया से यह पता चलता है कि कार्य स्वाभाविक रीति से भविष्य में पूरा होगा।

जैसे– मैं लिखूँगा। वह गाँव जायेगा।

(ख) **हेतु हेतु मद् भविष्यत्** :– इस काल की क्रिया से यह प्रकट होता है कि भविष्य में एक क्रिया का होना दूसरी क्रिया पर निर्भर करता है।

जैसे– अध्यापक आएं तो पढ़ाएं।
विद्यार्थी पढ़े तो परीक्षा उत्तीर्ण करे।

(ग) **संभाव्य भविष्यत्** :– इस काल की क्रिया से भविष्यत् काल में कार्य के होने की संभावना का बोध होता है।

जैसे– सम्भव है, वह पत्र लिखे।
सम्भवतः वह कल आए।

## अभ्यास

(1) काल किसे कहते हैं? काल के कितने भेद हैं?
(2) वर्तमान काल के भेद सोदाहरण लिखिए।
(3) भूतकाल के भेद सोदाहरण लिखिए।
(4) निम्नलिखित क्रियाओं में काल-भेद सामने के कोष्ठक में लिखिए–
(क) राम पढ़ता है। ( )
(ख) मोहन दिल्ली गया था। ( )
(ग) अध्यापक आते तो पढ़ाते। ( )
(घ) वह रामायण पढ़ेगा। ( )
(ङ) उसने खेल लिया है। ( )
(5) नीचे के वाक्यों में कोष्ठक में दिये गये निर्देशों के अनुसार काल की क्रियएँ भरिए–
(क) यदि वह परिश्रम करता तो सफल .......... (हेतु हेतु मद् भूत)
(ख) तुमने पुस्तक .......... (आसन्न भूत)
(ग) मेरा भाई दिल्ली से .......... (पूर्ण भूत)
(घ) सुरेश पुस्तक .......... (तात्कालिक वर्तमान)
(ङ) गाय दूध .......... (सामान्य वर्तमान)
(च) वह पत्र .......... (सामान्य भविष्यत्)

**14**

# अव्यय (Indeclinable)

'अव्यय' ऐसे शब्द या शब्दांश को कहते हैं जिसके रूप में लिंग, वचन, कारक इत्यादि के कारण कोई विचार (परिवर्तन) उत्पन्न नहीं होता।

जैसे– जब, तब, यहाँ, वहाँ, कब, क्यों, वाह, आह, ठीक, अरे, और, तथा, एवं, किन्तु, परन्तु, बल्कि, इसलिए, अतः, अतएव, चूँकि, अर्थात्, इत्यादि।

**अव्यय के भेद**

अव्यय के चार भेद हैं :–

(1) क्रिया विशेषण (Adverb)

(2) सम्बन्ध बोधक (Preposition)

(3) समुच्चय बोधक (Conjunction)

(4) विस्मयादि बोधक (Interjection)

## (1) क्रिया-विशेषण

'क्रिया-विशेषण' ऐसे अविकारी शब्दों को कहा जाता है जो क्रिया-विशेषण या दूसरे क्रिया-विशेषण की विशेषता बतलाते हैं। दूसरे शब्दों में– क्रिया के अर्थ में विशेषता उत्पन्न करने वाले शब्दों को क्रिया विशेषण कहते हैं।

जैसे– तुम तेज दौड़ते हो।

राम वहाँ जा रहा है।

उपर्युक्त वाक्यों में 'तेज' और 'वहाँ' विशेषता बताने वाले शब्द हैं। कभी-कभी क्रिया-विशेषण, विशेषण या दूसरे क्रिया-विशेषण शब्दों की विशेषता बतलाते हैं।

जैसे– वह बहुत अच्छा लड़का है।

तुम बहुत जल्दी आए।

### क्रिया-विशेषण के भेद

क्रिया-विशेषण का विभाजन निम्नलिखित तीन आधारों पर होता है :–

(i) प्रयोग के आधार पर

(ii) रूप के आधार पर

(iii) अर्थ के आधार पर

## (i) क्रिया-विशेषण के भेद (प्रयोग के आधार पर)

प्रयोग के अनुसार क्रिया-विशेषण के तीन भेद हैं :—

(क) साधारण क्रिया-विशेषण

(ख) संयोजक क्रिया-विशेषण

(ग) अनुबद्ध क्रिया-विशेषण

**(क) साधारण क्रिया-विशेषण** :— वाक्य में स्वतंत्र रूप से प्रयोग किये जाने वाले क्रिया-विशेषण शब्द साधारण क्रिया-विशेषण कहलाते हैं।

जैसे— रमेश, जल्दी जाओ।
अरे, ठग कहाँ गया।
हाय! अब वह क्या करेगा।

**(ख) संयोजक क्रिया-विशेषण** :— जो क्रिया विशेषण दो उपवाक्यों को जोड़ने के लिए प्रयुक्त होते हैं, उन्हें संयोजक क्रिया-विशेषण कहते हैं।

जैसे— जब अध्यापक आयेंगे, तब बच्चे पढ़ेंगे।
जहाँ अभी कानपुर शहर है, वहाँ किसी समय जंगल था।

**(ग) अनुबद्ध क्रिया-विशेषण** :— अनुबद्ध क्रिया विशेषण वे हैं जिनका प्रयोग वाक्य में अवधारण (निश्चय) के लिए किसी भी शब्द-भेद के साथ होता है।

जैसे— मैं उसका पता मात्र जानता हूँ।
यह तो किसी ने चालाकी की है।
शीला मुझे जानती तक नहीं।

— ही, भर, केवल, मात्र, भी आदि अवधारण के लिए आते हैं, अतः ये अनुबद्ध क्रिया-विशेषण हैं।

## (ii) क्रिया-विशेषण के भेद (रूप के आधार पर)

रूप के अनुसार क्रिया-विशेषण को तीन भागों में वर्गीकृत किया गया है :—

(क) मूल क्रिया-विशेषण

(ख) यौगिक क्रिया-विशेषण

(ग) स्थानीय क्रिया-विशेषण

**(क) मूल क्रिया-विशेषण** :— मूल क्रिया-विशेषण ऐसे क्रिया-विशेषण हैं जो किसी शब्द के मेल से नहीं बनते हैं।

जैसे— नीचे, नजदीक, दूर, ऊपर, अभी, फिर, पुनः आदि।

**(ख) यौगिक क्रिया-विशेषण** :— यौगिक क्रिया-विशेषण दूसरे शब्दों के मेल से बनते हैं। दूसरे शब्दों के योग से निर्मित होने के कारण इन्हें यौगिक क्रिया-विशेषण कहते हैं।

जैसे— साल भर, रात भर, प्रति वर्ष, हर दिन, हृदय से आदि।

यौगिक क्रिया-विशेषण का निर्माण संज्ञा, सर्वनाम, विशेषण, धातु और अव्यय के मेल से होता है।

**यौगिक क्रिया-विशेषण का निर्माण** :— यौगिक क्रिया-विशेषण साधारणतः निम्नलिखित शब्दों के मेल से बनते हैं :

| | | |
|---|---|---|
| संज्ञा द्विरुक्ति से | — | साल-साल, घर-घर, वन-वन, बीच-बीच, हाथों-हाथ। |
| दो संज्ञाओं के मेल से | — | हाथ-पाँव, घर-बाहर, एड़ी-चोटी, नख-शिख, सुबह-शाम। |
| विशेषणों की द्विरुक्ति से | — | साफ-साफ, ठीक-ठीक, थोड़ा-थोड़ा। |
| संज्ञा और विशेषणों के मेल से | — | हर-घड़ी, एक-साथ, एक-बार। |
| क्रिया-विशेषणों की द्विरुक्ति से | — | धीरे-धीरे, बैठे-बैठे, पहले-पहले, कभी-कभी। |
| दो क्रिया-विशेषणों के मेल से | — | नीचे-ऊपर, दूर-पास, आजकल, आस-पास, जब-तब। |
| अनुकरण वाचक शब्दों की द्विरुक्ति | — | धड़ाधड़, फटाफट, खटाखट, टनाटन, भनाभन। |
| अव्ययों के मेल से | — | यथाशक्ति, यथाक्रम, अनुक्रम, प्रतिदिन, आजन्म, भरपेट। |
| पूर्वकालिक कृदन्त और विशेषण के मेल से | — | विशेषकर, एक-एक कर, मुख्यकर, |

**(ग) स्थानीय क्रिया-विशेषण** :— ऐसे दूसरे शब्द, जो बिना परिवर्तन के किसी विशेष स्थान पर क्रिया-विशेषण के स्थान पर प्रयुक्त होते हैं स्थानीय क्रिया-विशेषण कहलाते हैं। जैसे— वह अपना सिर पढ़ेगा।

**(iii) क्रिया-विशेषण के भेद (अर्थ के आधार पर)**

अर्थ के अनुसार क्रिया-विशेषण के निम्नलिखित भेद हैं :—

**(क) परिमाण वाचक क्रिया-विशेषण** :— जिन शब्दों के द्वारा परिमाण का बोध होता है, उन्हें परिमाण वाचक क्रिया विशेषण कहते हैं। ये निम्नलिखित प्रकार से वर्गीकृत हो सकते हैं।

वे परिमाणवाचक क्रिया विशेषण जो कम मात्रा का बोध कराते हैं।

| | | |
|---|---|---|
| (i) अधिकता बोधक | — | बहुत, भारी, खूब, अत्यन्त, अतिशय, बड़ा। |
| (ii) न्यूनता बोधक | — | कम, अल्प, अत्यल्प, कुछ, जरा, किंचित्। |
| (iii) पर्याप्ति बोधक | — | केवल, बराबर, बस, काफी, यथेष्ठ। |
| (iv) तुलना-वाचक | — | अधिक, कम, जितना, उतना, कितना, बढ़कर। |
| (v) श्रेणी-वाचक | — | क्रम-क्रम से, बारी-बारी से, यथा-क्रम, थोड़ा-थोड़ा, तिल-तिल आदि। |

**(ख) रीति वाचक क्रिया-विशेषण** :— इनकी संख्या बहुत अधिक है। नीचे मुख्य रीतिवाचक क्रिया-विशेषण दिये जाते हैं।

(क) प्रकार — यथा, तथा, ऐसे, कैसे, जैसे, सहज, अनायास, साक्षात्, हौले, पैदल।

(ख) निश्चय — सचमुच, सही, निस्सन्देह, अवश्य, वस्तुतः इत्यादि।

(ग) स्वीकार — हाँ, जी, ठीक, सच।

(घ) अनिश्चय – शायद, कदाचित, यथासंभव।

(ङ) कारण – किसलिए, क्यों, काहे को।

(च) निषेध – न, नहीं, मत।

(छ) अवधारण – भी, ही, मात्र, भर, तक, तो, सा।

**(ग) स्थान वाचक क्रिया-विशेषण :–** इसके द्वारा स्थान का ज्ञान होता है। इसके दो भेद हैं :–

(1) स्थिति वाचक– यहाँ, वहाँ, ऊपर, नीचे, पीछे, बाहर, भीतर, पास, सर्वत्र इत्यादि।

(2) दिशा वाचक– इधर, उधर, किधर, दाएँ, बाएँ, इस तरफ, उस तरफ आदि।

**(घ) काल वाचक क्रिया-विशेषण :–** इसके द्वारा समय का ज्ञान होता है। इसका वर्गीकरण तीन भागों में किया गया है :–

समय वाचक – आज, कल, परसों, नरसों, तरसों, जब, तब, सबेरे, शाम, तुरन्त इत्यादि।

अवधि वाचक – आजकल, नित्य, सदा, लगातार, दिनभर, कब का।

पौनः पुन्य वाचक – प्रतिदिन, एक, दूसरे, तीसरे, बार-बार, बहुधा इत्यादि।

**(ड़) गुण वाचक क्रिया-विशेषण :–** जिन शब्दों से क्रिया का गुण प्रकट होता है, उनको गुण वाचक क्रिया-विशेषण कहते हैं। जैसे– वह तेज भागता है।

## सम्बन्ध-बोधक

सम्बन्ध-बोधक वे अविकारी शब्द हैं जो संज्ञा या सर्वनाम के अनन्तर प्रयुक्त होकर वाक्य में आगत अन्य शब्दों के साथ उसका सम्बन्ध प्रकट करते हैं। जैसे :– परिश्रम के बिना सफलता नहीं मिलती। उसने कक्षा पाँच तक पढ़ा। इन वाक्यों में 'बिना' और 'तक' शब्द सम्बन्ध-बोधक हैं।

**सम्बन्ध-बोधक के भेद :–** सम्बन्ध-बोधक अव्यय का वर्गीकरण प्रयोग, अर्थ और व्युत्पत्ति के आधार पर अधोलिखित रूप में किया गया है–

**प्रयोग के अनुसार भेद :–** प्रयोग के अनुसार सम्बन्ध-बोधक के दो भेद हैं–

(i) सम्बद्ध

(ii) अनुबद्ध

**(i) सम्बद्ध-सम्बन्ध-बोधक :–** सम्बद्ध सम्बन्ध-बोधक अव्यय का प्रयोग वाक्य में संज्ञा की विभक्तियों के बाद होता है।

जैसे– परिश्रम के बिना, पूजा से पहले, घर के बाहर, घोड़े के ऊपर।

**(ii) अनुबद्ध सम्बन्ध-बोधक :–** अनुबद्ध सम्बन्ध-बोधक अव्यय वाक्य में संज्ञा के विकृत रूप के अनन्तर प्रयुक्त होता है।

जैसे– मित्रों सहित, कटोरे भर, पाँचवी तक, सैनिकों समेत।

**अर्थ के अनुसार सम्बन्ध-बोधक के भेद**

(i) काल-वाचक – आगे, पीछे, पूर्व, पश्चात्, लगभग, बाद, उपरान्त आदि।

(ii) स्थान-वाचक – आगे, पीछे, नीचे, तले, सामने, पास, निकट, भीतर, यहाँ, वहाँ, बीच, बाहर, दूर।

(iii) दिशा-वाचक — प्रति, ओर, तरफ, पार, आरपार, आसपास।
(iv) साधन-वाचक — जरिये, द्वारा, मारफत, हाथे, सहारे, बल करके।
(v) हेतु-वाचक — लिए, वास्ते, सीमित, खातिर, कारण, हेतु, मारे।
(vi) विषय-वाचक — बाबत, बनिस्बत, विषय, भरोसे इत्यादि।
(vii) व्यतिरेक-वाचक — सिवाय, अलावा, बिना, अतिरिक्त, रहित, बगैर।
(viii) विरोध-वाचक — समान, तरह, तुल्य, अनुसार, अनुरूप, भाँति, नाई, सरीखा, खिलाफ, प्रतिकूल, विपरीत, उल्टे।
(ix) विनिमय-वाचक — बदले, पलटे, एवज, जगह।
(x) सहचर-वाचक — संग, समेत, साथ, वश, स्वाधीन, सहित, अधीन।
(xi) संग्रह-वाचक — तक, भर, मात्र, पर्यंत।
(xii) तुलना-वाचक — अपेक्षा, बनिस्बत, आगे, सामने।

## व्युत्पत्ति के अनुसार सम्बन्ध-बोधक के भेद

व्युत्पत्ति के अनुसार सम्बन्ध-बोधक के निम्नलिखित भेद हैं :–

(i) मूल सम्बन्ध-बोधक
(ii) यौगिक सम्बन्ध-बोधक

**(i) मूल सम्बन्ध-बोधक** :– हिन्दी में मूल सम्बन्ध-बोधक अव्यय वे हैं जो दूसरे शब्दों के योग से नहीं बनते हैं।

जैसे– बिना, पर्यंत, नाईं, पूर्वक, समेत इत्यादि।

**(ii) यौगिक सम्बन्ध-बोधक** :– यौगिक सम्बन्ध-बोधक वे हैं जो दूसरे शब्दों के योग से बनते हैं।

जैसे– उपेक्षा, मारफत, भीतर, दरम्यान।

**यौगिक सम्बन्ध-बोधक का निर्माण** :– इसका निर्माण अधोलिखित शब्दों से होता है :–

संज्ञा से — पलटे, मारफत, लेखे, बदले, विषय, पालते, नाच आदि।
विशेषण से — समान, तुल्य, उल्टा, ऐसा, जैसा, योग्य, सरीखा आदि।
क्रिया-विशेषण से — ऊपर, भीतर, यहाँ, बाहर, पास, पीछे, इत्यादि।
क्रिया से — करके, लिए, मारे, जाने।

## समुच्चय बोधक

जो अव्यय दो या दो से अधिक शब्दों, वाक्यांशों अथवा वाक्यों को जोड़ता या अलग करता है, उसे 'समुच्चय बोधक' अव्यय कहते हैं। जैसे :– "राम और लक्ष्मण वन गए।" यहाँ 'और' अव्यय दो वाक्यों 'राम वन गए', 'लक्ष्मण वन गए' को जोड़ता है। इस वाक्य में और समुच्चय बोधक है।

## समुच्चय बोधक अव्यय के भेद

समुच्चय बोधक अव्यय के दो प्रमुख भेद हैं :–

(i) समानाधिकरण समुच्चय बोधक

(ii) व्यधिकरण समुच्चय बोधक

**(i) समानाधिकरण समुच्चय बोधक** :– समानाधिकरण समुच्चय बोधक उन अव्ययों को कहते हैं जो दो मुख्य वाक्यों या समान स्थिति वाले पदों अथवा वाक्य खण्डों को जोड़ते हैं। इनके चार उपभेद निम्नलिखित हैं–

संयोजक – और, तथा एवं, अब और व।

विभाजक – या, वा, अथवा, किंबा, कि, न कि, नहीं तो, न न, चाहे....चाहे।

विरोध दर्शन – बल्कि, मगर, परन्तु, किन्तु, लेकिन, पर, वरन्।

परिमाण दर्शक – इसलिए, अतः, अतएव, सो।

**(ii) व्यधिकरण समुच्चय बोधक** :– व्यधिकरण समुच्चय बोधक अव्यय उसे कहते हैं जिसका प्रयोग प्रधान वाक्य या उसके समानाधिकरण वाक्य खण्डों को जोड़ने के लिए होता है। इनके भी चार भेद हैं–

कारक वाचक – क्योंकि, चूँकि, कि, कारण, इसलिए, जो कि।

उद्देश्य वाचक – कि, जो, इसलिए ताकि।

संकेत वाचक – जो....तो, यदि....तो, चाहे, परन्तु, यद्यपि, तो.....भी, अगर, कि।

स्वरूप वाचक – कि, जो, अर्थात्, याने, मानो।

## विस्मयादि बोधक अव्यय

'विस्मयादि बोधक अव्यय' वे पद हैं जिनका प्रयोग वक्ता के शोक, हर्ष आदि मनोभावों की अभिव्यक्ति के लिए होता है। किन्तु उनका सम्बन्ध वाक्य या उसके किसी विशेष पद से नहीं होता है।

जैसे– हाय! अब वह नहीं रहा। इस वाक्य में हाय विस्मयादि बोधक अव्यय है। इसका सम्बन्ध न तो वाक्य से है और न किसी पद से।

## विस्मयादि बोधक अव्यय के भेद

विस्मयादि बोधक अव्ययों का वर्गीकरण अधोलिखित रूप में किया गया है :–

(i) हर्ष बोधक – आहा! वाह-वाह! धन्य-धन्य! शाबाश! जय-जय! कैसा मनोरम दृश्य!

(ii) शोक बोधक – आह! ऊह! हा-हा! दइया रे! राम-राम! बाप रे! आदि।

(iii) आश्चर्य बोधक – वाह! हैं! ऐ! ओहो! क्या! वाह वा!

(iv) अनुमोदन बोधक– ठीक! वाह! शाबाश! हाँ-हाँ! अच्छा!

(v) तिरस्कार बोधक– छिः! हट! अरे! धिक्! दुर्! चुप!

(vi) स्वीकार बोधक– हाँ! जी हाँ! अच्छा! जी! ठीक! बहुत अच्छा!

(vii) सम्बोधन बोधक– अरे! रे! लो! हे! अहो! अजी! जी! अरी!

## अभ्यास

(1) अव्यय किसे कहते हैं? अव्यय के कितने भेद हैं?

(2) क्रिया-विशेषण से क्या समझते हो? क्रिया-विशेषण के भेद के कितने आधार हैं?

(3) अर्थ के आधार पर क्रिया-विशेषण के भेद सोदाहरण लिखिए।

(4) प्रयोग के आधार पर क्रिया-विशेषण के भेद बताइए।

(5) सम्बन्ध बोधक अव्यय से आप क्या समझते हैं?

(6) अर्थ के आधार पर सम्बन्ध बोधक अव्यय के कितने भेद हैं? प्रत्येक के दो-दो उदाहरण दीजिए।

(7) समुच्चय बोधक अव्यय की परिभाषा तथा भेद लिखिए।

(8) विस्मयादि बोधक अव्यय से आप क्या समझते हैं? इसके कितने भेद हैं? प्रत्येक के दो-दो उदाहरण दीजिए।

(9) टिप्पणी लिखिए–

(क) व्यधिकरण समुच्चय बोधक

(ख) समानाधिकरण समुच्चय बोधक

(ग) यौगिक सम्बन्ध बोधक

(घ) परिमाण वाचक क्रिया-विशेषण

(ङ) यौगिक क्रिया-विशेषण

**15**

# संधि

दो वर्णों या अक्षरों (स्वर या व्यंजन) के मेल से उत्पन्न विकार को संधि कहते हैं।

जैसे :— गण + ईश = गणेश

अ + ई = ए

धर्म + आत्मा = धर्मात्मा

अ + आ = आ

संधि तोड़ने को संधि-विच्छेद कहते हैं। जैसे :— हिमालय का संधि-विच्छेद है— हिम + आलय।

## संधि के प्रकार

हिन्दी में संधि के तीन प्रकार हैं—

(1) स्वर संधि (2) व्यंजन संधि (3) विसर्ग संधि

**(1) स्वर संधि** :— दो स्वरों के मेल से जो विकार या वर्ण के रूप में परिवर्तन होता है, वही स्वर संधि कहलाता है।

**स्वर संधि के भेद** :— स्वर संधि के निम्नलिखित पाँच भेद हैं :— (क) दीर्घ संधि (ख) गुण संधि (ग) वृद्धि संधि (घ) यण् संधि (ङ) अयादि संधि।

**(क) दीर्घ संधि** :— जब दो सवर्ण स्वरों का मेल होता है तो एक दीर्घ स्वर बन जाता है। यह दीर्घ संधि है। अ और आ सवर्ण स्वर हैं। इसी प्रकार इ ई उ ऊ और ऋ सवर्ण स्वर हैं। ह्रस्व या दीर्घ अ इ उ ऋ के बाद यदि पूर्ववत् ह्रस्व या दीर्घ स्वर हो तो दोनों के स्थान पर एक सवर्ण दीर्घ स्वर होता है।

जैसे—

अ + अ = आ (नर + अधय = नराधय)

अ + आ = आ (कार्य + आलय = कार्यालय)

आ + अ = आ (विद्या + अर्थी = विद्यार्थी)

आ + आ = आ (महा + आशय = महाशय)

इ + इ = ई (मुनि + इन्द्र = मुनीन्द्र)

इ + ई = ई (कपि + ईश = कपीश)

ई + इ = ई (मही + इन्द्र = महीन्द्र)

ई + ई = ई (नदी + ईश = नदीश)

उ + उ = ऊ (साधु + उवाच = साधूवाच)

उ + ऊ = ऊ (लघु + ऊर्मि = लघूर्मि)

ऊ + उ = ऊ (वधू + उत्सव = वधूत्सव)

ऊ + ऊ = ऊ (भू + ऊर्ध्व = भूर्ध्व)

**(ख) गुण संधि** :– अ या आ के बाद यदि इ या ई, उ या ऊ और ऋ आवे तो दोनों के मेल से क्रमशः ए, ओ अर हो जाता है।

जैसे–

अ + इ = ए (नर + इन्द्र = नरेन्द्र)

आ + इ = ए (महा + इन्द्र = महेन्द्र)

अ + ई = ए (सुर + ईश = सुरेश)

आ + ई = ए (राका + ईश = राकेश)

अ + उ = ओ (नर + उत्तम = नरोत्तम)

आ + उ = ओ (महा + उदर = महोदर)

अ + ऊ = ओ (नव + ऊढ़ा = नवोढ़ा)

आ + ऊ = ओ (गंगा + ऊर्मि = गांगोर्मि)

अ + ऋ = अर् (देव + ऋषि = देवर्षि)

आ + ऋ = अर् (महा + ऋषि = महर्षि)

**(ग) वृद्धि संधि** :– अ या आ के बाद यदि ए या ऐ और ओ या औ का आगमन होता है, तो दोनों मिलकर क्रमशः ऐ और औ उत्पन्न करते हैं।

जैसे–

अ + ए = ऐ (एक + एक = एकैक)

आ + ए = ऐ (तथा + एव = तथैव)

अ + ऐ = ऐ (नर + ऐश्वर्य = नरैश्वर्य)

आ + औ = औ (महा + ओज = महौज)

अ + औ = औ (परम + औषधम = परमौषधम)

आ + ऐ = ऐ (महा + ऐश्वर्य = महैश्वर्य)

आ + औ = औ (महा + औषध = महौषध)

**(घ) यण संधि** :– ह्रस्व या दीर्घ इ, उ, ऋ के अनन्तर यदि कोई असवर्ण स्वर आता है तो 'इ' का य्, उ का व् और ऋ का र् हो जाता है।

जैसे–

इ + आ = या (अति + आनन्द = अत्यानन्द)

इ + ए = ये (प्रति + एक = प्रत्येक)

इ + उ = यु (प्रति + उत्तर = प्रत्युत्तर)

उ + अ = व (अनु + अय = अन्वय)

उ + आ = वा (सु + आगत = स्वागत)

ऋ + आ = रा (मातृ + आदेश = मात्रादेश)

**(ङ) अयादि संधि** :– ए ऐ ओ औ के अनन्तर यदि कोई असवर्ण स्वर आये तो ए का अय्, ऐ का आय, ओ का अव् और औ का आव हो जाता है।

जैसे–

ए + अ = अय (ने + अन = नयन)

ऐ + अ = आय (नै + अक = नायक)

ओ + अ = अव (पो + अन = पवन)

ओ + इ = अव (पो + इत्र = पवित्र)

औ + अ = आव (सौ + अन = सावन)

औ + उ = आव (भौ + उक = भावुक)

**(2) व्यंजन संधि**

व्यंजन संधि उसे कहते हैं जिसमें संधि होने वाले दो वर्णों में से प्रथम वर्ण व्यंजन हो और दूसरा स्वर या व्यंजन हो।

जैसे– दिक् + गज = दिग्गज

व्यंजन संधि के प्रमुख नियम इस प्रकार हैं–

(1) यदि किसी वर्ण के पहले व्यंजन के अनन्तर किसी वर्ग का पंचम वर्ण आता है तो प्रथम व्यंजन वर्ग का परिवर्तन उसी वर्ग के पंचम वर्ण में होता है।

जैसे– जगत् + नाथ = जगन्नाथ।

वाक् + मय = वाङ्मय।

(2) यदि म् के बाद किसी स्पर्श वर्ण का आगमन होता है तो म् अनुस्वार में बदल जाता है।

जैसे– किम + चित् = किंचित् या किञ्चित्

अहम् + कार = अहंकार या अहङ्कार

(3) यदि म् के बाद य र ल व (अन्तस्थ) और श ष स ह (ऊष्म) वर्ण हों तो 'म्' अनुस्वार में बदल दिया जाता है।

जैसे– सम् + षय = संशय।

सम् + सार = संसार।

(4) यदि वर्ग के प्रथम वर्ण के अनन्तर कोई स्वर हो या किसी वर्ग का तृतीय, चतुर्थ व्यंजन हो या य र ल व में से कोई वर्ण आए तो वर्ग के प्रथम वर्ण के स्थान पर तृतीय वर्ण हो जाता है।

जैसे– वाक् + दन्त = वाग्दन्त।

सत् + गति = सद्गति।

(5) यदि च अथवा ज के अनन्तर न का आगमन होता है तो दोनों का स्थान ञ ले लेता है।

जैसे– यज् + न = यज्ञ।

(6) यदि ष के बाद त तथा व आता है तो त का ट, थ का ठ हो जाता है।

जैसे– उत्कृष् + त = उत्कृष्ट

वरिष् + थ = वरिष्ठ।

(7) यदि त् के बाद ल आता है तो त् का ल् हो जाता है।

जैसे– उत् + लेख = उल्लेख।

तत् + लीन = तल्लीन।

(8) यदि त् अथवा द् के अनन्तर श् हो तो त् या द् च् में बदल जाता है। श् के स्थान पर छ् हो जाता है।

जैसे– उत् + शिष्ट = उच्छिष्ट।

(9) यदि स्वर के अनन्तर छ हो तो छ के पूर्व च् का जुड़ाव हो जाता है।

जैसे– परि + छेद = परिच्छेद।

अनु + छेद = अनुच्छेद।

(10) यदि त् या द् के अनन्तर 'ह' हो तो त् या द् का द् हो जाता है। तथा ह का परिवर्तन ध में हो जाता है।

जैसे– तत् + हित = तद्धित।

उत् + हरण = उद्धरण।

(11) यदि त् अथवा द् के अनन्तर च या छ हो तो ज् या झ् ट् या ठ् और ड् या द् हो तो क्रमशः च् ज् ट् और ड् हो जाता है।

जैसे– उत् + डयन = उड्डयन

उत् + चारण = उच्चारण

सत् + जन = सज्जन

यावत् + जीवन = यावज्जीवन।

## (3) विसर्ग संधि

विसर्ग के साथ स्वर अथवा व्यंजन के मेल से उत्पन्न विकार को विसर्ग संधि कहा जाता है।

जैसे– मनः + रथ = मनोरथ।

**विसर्ग संधि के प्रमुख नियम**

(1) विसर्ग के बाद च् या छ् ट् या ढ् तथा त् या यू आवे तो क्रमशः श, ष हो जाता है।

जैसे– निः + चय = निश्चय

निः + तार = निस्तार

(2) यदि विसर्ग के बाद श, ष या स आवे तो विसर्ग को उसी परवर्ती सकार में बदल दिया जाता है।

जैसे— दुः + शासन = दुश्शासन

निः + सन्देह = निस्संदेह

(3) यदि विसर्ग के पूर्व अ आवे और उसके बाद किसी वर्ग का तीसरा चौथा पाँचवा या य र ल व ह में से कोई व्यंजन आवे तो विसर्ग का 'उ' होता है और उ अपने पूर्ववर्ती अ के साथ जुड़कर ओ में रूपान्तरित हो जाता है।

जैसे— सरः + वर = सरोवर।

पयः + धर = पयोधर।

(4) यदि विसर्ग के बाद र् व्यंजन आवे तो विसर्ग का पूर्ववर्त्ती स्वर दीर्घ हो जाता है साथ ही विसर्ग का लोप हो जाता है।

जैसे— निः + रव = नीरव।

निः + रोग = नीरोग।

(5) यदि विसर्ग के पूर्व अकार के अतिरिक्त कोई दूसरा स्वर हो और उसके बाद कोई स्वर हो अथवा किसी वर्ग का तीसरा, चौथा, पाँचवा वर्ण हो तो विसर्ग 'र' में रूपान्तरित होता है।

जैसे— दुः + गन्ध = दुर्गन्ध।

निः + रोग = नीरोग।

(6) यदि विसर्ग के पहले एवं बाद दोनों ओर अ आता है तो विसर्ग तथा पूर्व अ जुड़ कर ओ हो जाते हैं तथा परवर्ती अ अर्द्ध अ (ऽ) में बदल जाता है।

जैसे— सः + अहम् = सोऽहम्।

विकल्प में अ का लोप हो जाता है।

(7) यदि विसर्ग के पहले इ या उ आये तो क ख प फ के पूर्व आगत विसर्ग का 'ष' में रूपान्तरण होता है।

जैसे— निः + कपट = निष्कपट।

निः + फल = निष्फल।

(8) यदि विसर्ग के पूर्व अकार हो और विसर्ग के बाद क ख प फ रहे तो विसर्ग का परिवर्तन नहीं होता है।

जैसे— रजः + कण = रजः कण

पयः + पान = पयः पान

कुछ शब्दों में विसर्ग का 'स' होता है।

जैसे— नमः + कार = नमस्कार।

तिरः + कार = तिरस्कार।

## संधि के कुछ अपवाद

निम्नलिखित शब्दों में संधि के नियमों में से एक भी लागू नहीं होता है :–

कुल + अटा = कुलटा।
पत् + अञ्जलि = पतञ्जलि।
स्थुल + ओष्ठ = स्थुलोष्ठ
अक्षा + उहिणी = अक्षौहिणी।
स्व + दूरी = स्वौरी।
प्र + ऊढ़ = प्रौढ़
मनष् + ईषा = मनीषा
सार + अंग = सारंग
प्र + ईस = प्रैस
सुख + ऋत = सुखार्त
दश + ऋण = दशार्ण

## संधि कोष

| | |
|---|---|
| अ + नि + आय = अन्याय। | इति + आदि = इत्यादि। |
| अन्य + अन्य = अन्यान्य। | उत् + नति = उन्नति। |
| अभि + उदय = अभ्युदय। | उत् + हार = उद्धार। |
| अति + अधिक = अत्यधिक। | उत् + गम = उद्गम। |
| अति + अन्त = अत्यन्त। | उत् + श्वास = उच्छ्वास। |
| अनु + अय = अन्वय। | उत् + नायक = उन्नायक। |
| अति + आचार = अत्याचार। | उत् + मत्त = उन्मत्त। |
| अन्तः + निहित = अन्तर्निहित। | उपरि + उक्त = उपर्युक्त। |
| अहः + निश = अहर्निश। | उत् + माद = उन्माद। |
| आत्म + उत्सर्ग = आत्मोसर्ग। | उत् + हत = उद्धत |
| उत् + चारण = उच्चारण | उप + इच्छा = उपेक्षा। |
| उत् + लेख = उल्लेख | कृत् + अन्त = कृदन्त |
| उत् + भव = उद्भव | किम् + चित = किंचित |
| उत् + शिष्ट = उच्छिष्ट | गै + अक = गायक |
| उत् + शृंखल = उच्छृंखल | गज + इन्द्र = गजेन्द्र |
| उत् + योग = उद्योग | गुरु + ओदन = गुर्वोदन |
| उत् + ज्वल = उज्ज्वल | गुरु + औदार्य = गुर्वौदार्य |
| उत् + लास = उल्लास | चे + अन = चयन |

एक + एक = एकैक
कल्प + अन्त = कल्पान्त
जगत + आधार = जगताधार
ज्ञान + उदय = ज्ञानोदय
ज्ञान + अर्थी = ज्ञानार्थी
तथा + एव = तथैव
तत् + लीन = तल्लीन
तत् + हित = तद्धित
तथा + अपि = तथापि
तपः + भूमि = तपोभूमि
तपः + वन = तपोवन
तेजः + मय = तेजोमय
तृष् + ना = तृष्णा
तिरः + कार = तिरस्कार
देव + इन्द्र = देवेन्द्र
देव + ईश = देवेश
देव + आलय = देवालय
देश + उत्थान = दशोत्थान
देवी + आगम = देव्यागम
नमः + ते = नमस्ते
नमः + कार = नमस्कार
नदी + ईश = नदीश
नदी + अम्बु = नद्यम्बु
नदी + उर्मि = नद्यूर्मि
नर + ईश = नरेश
ने + अन = नयन
नै + अक = नायक
नौ + इक = नाविक
निः + गुण = निर्गुण
निः + ईह = निरीह
निः + आधार = निराधार
निः + बल = निर्बल
निः + मल = निर्मल

चित् + आनन्द = चिदानन्द
जगत् + नाथ = जगन्नाथ
दुः + गति = दुर्गति
दुः + शासन = दुश्शासन
दुः + आत्मा = दुरात्मा
दुः + बल = दुर्बल
दुः + कर = दुष्कर
दुः + नीति = दुर्नीति
दुः + लभ = दुर्लभ
दुः + आचारी = दुराचारी
दुः + तर = दुस्तर
दुः + धर्ष = दुर्धर्ष
दिक् + अम्बर = दिगम्बर
दिक् + भ्रम = दिग्भ्रम
दिन + अन्त = दिनान्त
देव + ऋषि = देवर्षि
निः + उपाय = निरूपाय
निः + चय = निश्चय
निः + कपट = निष्कपट
निः + झर = निर्झर
निः + धन = निर्धन
निः + रोग = नीरोग
निः + रव = नीरव
निः + रस = नीरस
निः + तार = निस्तार
निः + सार = निस्सार
परम् + तु = परन्तु
पयः + धि = पयोधि
पुरुष + उत्तम = पुरुषोत्तम
पितृ + आदेश = पित्रादेश
पो + इत्र = पवित्र
पौ + अक = पावक
निः + काम = निष्काम

निः + चेष्ट = निश्चेष्ट
निः + चिंत = निश्चिन्त
निः + प्राण = निष्प्राण
निः + शब्द = निश्शब्द
पीत + अम्बर = पीताम्बर
परिः + कार = परिष्कार
पुरः + कार = पुरस्कार
पुनः + उक्ति = पुनरूक्ति
परि + ईक्षा = परीक्षा
परि + छेद = परिच्छेद
यथा + उचित = यथोचित
यथा + इष्ट = यथेष्ट
यशः + धरा = यशोधरा
यदि + अपि = यद्यपि
मनः + विकार = मनोविकार
महा + ऋषि = महर्षि
मधु + अरि = मध्वरि
महत् + छत्र = महच्छत्र
मधु + आलय = मध्वालय
मनः + योग = मनोयोग
मनः + रथ = मनोरथ
मत + ऐक्य = मतैक्य
मही + इन्द्र = महीन्द्र
महा + ईश = महेश
महा + आत्मा = महात्मा
भानू + उदय = भानूदय
भो + अन = भवन
भौ + उक = भावुक
वि + उत्पत्ति = व्युत्पति
वहिः + कार = वहिष्कार
विपद् + जाल = विपज्जाल
पो + अन = पवन
परम + अर्थ = परमार्थ

परम + ईश्वर = परमेश्वर
प्रति + उत्तर = प्रत्युत्तर
परम + आत्मा = परमात्मा
प्रति + एक = प्रत्येक
पितृ + अनुमति = पित्रानुमति
राम + ईश्वर = रामेश्वर
राज + ऋषि = राजर्षि
राम + अयन = रामायण
रत्न + आलय = रत्नालय
यशः + दा = यशोदा
युधि + स्थिर = युधिष्ठिर
पृथ्वी + ईश = पृथ्वीश
प्र + उत्साहन = प्रोत्साहन
पृष् + थ = पृष्ठ
प्रति + अक्ष = प्रत्यक्ष
सत् + भावना = सद्भावना
सत् + आनन्द = सदानन्द
सु + अर्थ = स्वार्थ
सु + आगत = स्वागत
शम् + कर = शंकर
शिरः + मणि = शिरोमणि
वाक् + मय = वाङ्मय
वयः + वृद्ध = वयोवृद्ध
वाक् + ईश = वागीश
वसुधा + एव = वसुधैव
वि + आकुल = व्याकुल
वि + अर्थ = व्यर्थ
वि + आख्या = व्याख्या
सः + अहम् = सोऽहम्
श्रेयः + कर = श्रेयस्कर
शश + अंक = शशंक
वधू + उत्सव = वधूत्सव
लोक + उक्ति = लोकोक्ति

लोक + उत्तर = लोकोत्तर
रमा + ईश = रमेश
सत् + चित् + आनन्द = सच्चिदानन्द
स्वः + ग = स्वर्ग
सम् + अनु + अय = समन्वय
स + अष्ट + अंग = साष्टांग
सम् + चय = संचय
सम् + वत् = संवत्
सम् + निहित = सन्निहित
सम् + धि = संधि
सत् + चरित्र = सच्चरित्र
सरः + ज = सरोज
सरः + वर = सरोवर
सम् + उत् + आय = समुदाय
सम् + वाद = संवाद
सम् + योग = संयोग
सम् + सार = संसार
सम् + कल्प = संकल्प
सत् + जन = सज्जन
सदा + एव = सदैव
सीमा + अन्त = सीमान्त

## संधि और समास में अन्तर

(1) संधि का अर्थ है– 'जोड़', समास का अर्थ है– 'संक्षेप'।
(2) संधि दो वर्णों में होती है, समास दो शब्दों में होता है।
(3) संधि तोड़ने को विच्छेद कहते हैं, समास तोड़ने को विग्रह कहा जाता है।
(4) दो निरर्थक शब्दों में भी संधि हो सकती है, समास केवल सार्थक शब्दों में ही होता है।
(5) संधि में लोप प्रक्रिया नहीं होती, समास करने पर उनके मध्य प्रयुक्त समास चिह्न का लोप हो जाता है।
(6) संधि प्रक्रिया में दो वर्णों का विकार उत्पन्न होता है। समास में विकार उत्पन्न होना आवश्यक नहीं है।
(7) दो वर्णों में जब संधि होती है तो उनके बीच किसी प्रकार की रेखा का प्रयोग नहीं होता है। समस्त पदों के बीच सामासिक रेखा का प्रयोग भी किया जाता है।
(8) संधि का उदाहरण 'देव + आलय = देवालय' है तो समास का उदाहरण 'देव के लिए आलय' है।

## अभ्यास

(1) संधि किसे कहते हैं? संधि के कितने भेद हैं?
(2) स्वर संधि के भेद सोदाहरण लिखिए।
(3) संधि और समास में क्या अन्तर है?

(4) निम्नलिखित में संधि कीजिए :

| | | | |
|---|---|---|---|
| धन + आगम | = .............. | एक + एक | = .............. |
| नव + आगत | = .............. | तथा + एव | = .............. |
| नर + इन्द्र | = .............. | अन्तः + निहित | = .............. |
| मुनि + ईश | = .............. | निः + उपाय | = .............. |
| वाक् + जाल | = .............. | सदा + एव | = .............. |
| अति + अन्त | = .............. | प्रथम + अध्याय | = .............. |
| निः + फल | = .............. | सरः + वर | = .............. |

(5) निम्नलिखित में संधि-विच्छेद कीजिए—

| | | | |
|---|---|---|---|
| वागीश | = .............. | नराधम | = .............. |
| निष्पाप | = .............. | यज्ञ | = .............. |
| मनोज | = .............. | वनस्पति | = .............. |
| स्वार्थ | = .............. | सरोज | = .............. |
| भास्कर | = .............. | नीरव | = .............. |
| उन्मत्त | = .............. | महाशय | = .............. |
| निरानन्द | = .............. | पवन | = .............. |
| पावक | = .............. | अतएव | = .............. |
| मध्वन्तर | = .............. | प्रतिच्छाया | = .............. |
| कमलेश | = .............. | सर्वोदय | = .............. |
| उन्नति | = .............. | वाङ्मय | = .............. |
| जगदीश | = .............. | देवेन्द्र | = .............. |
| नराधम | = .............. | यशोदा | = .............. |

**16**

# समास

**समास** :– अनेक शब्द जब मिलकर एक पद बन जाते हैं तो समास कहलाता है। अर्थात् जब दो या दो से अधिक पद अपने प्रत्ययों या विभक्तियों को छोड़कर मिलते हैं तब उस संयोग को समास कहते हैं।

**समास की उपयोगिता** :– भाषा में समास की उपयोगिता कई दृष्टियों से है–

(क) समास से भाषा में संक्षिप्तता आती है।
(ख) समास के प्रयोग से भाषा में अर्थ गायनीर्य उत्पन्न होता है।
(ग) समास से उच्चारण-प्रक्रिया में सहजता का बोध होता है।
(घ) भाषा समास के प्रयोग से चुस्त होती है।
(ङ) भाषा के सौंदर्य में वृद्धि समास के प्रयोग से संभव है।

**समास के भेद** :– पदों की प्रधानता को आधार मानकर समास को मुख्यतः चार भागों में विभाजित किया जाता है तथापि छः भेद स्वीकार किये जाते हैं।

(1) अव्ययीभाव समास – पहला पद प्रधान होता है।
(2) तत्पुरुष समास – दूसरा पद प्रधान होता है।
(3) द्वन्द्व समास – दोनों पद प्रधान होते हैं।
(4) बहुब्रीहि समास – कोई भी पद प्रधान नहीं होता है।

**नोट** :– 'कर्मधारय' को तत्पुरुष का एक भेद माना गया है और 'द्विगु' को कर्मधारय का एक भेद माना गया है।

## (1) अव्ययीभाव समास

अव्ययीभाव समास का पहला पद क्रिया-विशेषण अव्यय होता है और प्रधानता प्रायः प्रथम पद की ही होती है। जैसे– यथा समय (समय के अनुसार) प्रति वर्ष (प्रत्येक वर्ष)।

अव्ययीभाव समास के अन्तर्गत निम्नलिखित कोटि के पद आते हैं–

(क) अव्यय शब्दों के योग से बनने वाले समास– आचरण, व्यर्थ, यावज्जीवन, प्रतिदिन, यथा-संभव, आदि।
(ख) शब्दों की द्विरुक्ति से भी अव्ययीभाव समास बनता है। जैसे– वन-वन, घर-घर मन्दिर-मन्दिर आदि।
(ग) द्विरुक्ति शब्दों के बीच में कभी-कभी ही, आ, ओं भी प्रयुक्त होते हैं। जैसे– एका-एक, हाथो-हाथ, मन-ही-मन आदि।

हिन्दी में संस्कृतेतर निम्न प्रकार के अव्ययीभाव समास व्यवहार में आ रहे हैं–

| | | |
|---|---|---|
| हिन्दी | – | भरपूर, भरपेट, निडर, निधड़क, अनजाने, अनबूझे। |
| उर्दू | – | हर रोज, बेशक, नाटक, बखूबी, बेबुनियाद, बेगुनाह। |
| मिश्रित | – | हर घड़ी, हर क्षण, हर वर्ष, बेखटके, बेकाम। |

**अव्ययीभाव समास के उदाहरण** :–प्रत्यंग (प्रतिअंग), प्रत्यक्ष (अक्षि के आगे), निधड़क (बिन धड़के), सादर (आदर के साथ), बेफायदा (बिना फायदा के) बेलाग (बिना लाग के)।

## (2) तत्पुरुष समास

जिस समस्त पद में द्वितीय या अंतिम पद की प्रधानता को स्वीकारा जाता है उनमें तत्पुरुष समास होता है। जैसे :– राज-भवन (राजा का **भवन**)। उत्तर पद भवन प्रधान है।

**तत्पुरुष समास के भेद :–**

(i) व्यधिकरण तत्पुरुष– यह वास्तव में तत्पुरुष समास होता है।

(ii) समानाधिकरण तत्पुरुष– इस समास को कर्मधारय समास कहते हैं।

समस्त पदों में जिस कारक या विभक्ति चिह्न का लोप होता है उसी के आधार पर उसका नामकरण किया जाता है। तत्पुरुष समास में प्रथम पद कारक की स्थिति में होता है। इसके निम्नलिखित भेद हैं :–

**(क) कर्म तत्पुरुष** :– प्रथम पद कर्मधारय की स्थिति में होता है तथा कर्म की विभक्ति 'को' का लोप हो जाता है।

| | | |
|---|---|---|
| जैसे– | गगन चुम्बी | (गगन को चूमने वाला) |
| | माखन चोर | (माखन को चुराने वाला) |
| | देशगत | (देश को गत) |
| | मनोहर | (मन को हरने वाला) |

**(ख) करण तत्पुरुष** :– प्रथम पद करण कारक की स्थिति में होता है और करण की विभक्ति चिह्न 'से' द्वारा 'के साथ' का लोप होता है।

| | | |
|---|---|---|
| जैसे– | ईश्वर दत्त | (ईश्वर द्वारा दत्त) |
| | विश्व बन्ध | (विश्व द्वारा बन्ध) |
| | तपः पूत | (तप द्वारा पूत) |
| | रंग भरी | (रंग से भरी) |
| | नीति युक्त | (नीति से युक्त) |
| | बुद्धिजीवी | (बुद्धि से जीने वाला) |
| | मनमाना | (मन से माना हुआ) |

**(ग) सम्प्रदान तत्पुरुष** :– प्रथम पद सम्प्रदान कारक में रहता है तथा सम्प्रदान की विभक्ति 'को', 'के लिए', 'निमित्त', 'हेतु' आदि का लोप होता है।

| | | |
|---|---|---|
| जैसे– | स्वाधीनता संग्राम | (स्वाधीनता के लिए संग्राम) |
| | देश-प्रेम | (देश के लिए प्रेम) |
| | मातृ-भक्ति | (माता के लिए भक्ति) |
| | राष्ट्रपति | (राष्ट्र के लिए पति) |

**(घ) अपादान तत्पुरुष** :– इसमें भी प्रथम पद अपादान कारक में होता है तथा अपादान कारक के विभक्ति चिह्न 'से' का लोप हो जाता है।

| | | |
|---|---|---|
| जैसे– | धर्म विमुख | (धर्म से विमुख) |
| | जन्म जात | (जन्म से जात) |
| | मरणोत्तर | (मरण से उत्तर) |
| | दूरागत | (दूर से आगत) |

**(ङ) सम्बन्ध तत्पुरुष** :– इसका पूर्व पद सम्बन्ध कारक में होता है तथा सम्बन्ध के विभक्ति चिह्न का, के, की का लोप होता है।

| | | |
|---|---|---|
| जैसे– | वन मानुष | (वन का मानुष) |
| | चरित्र-चित्रण | (चरित्र का चित्रण) |
| | उमा-भवन | (उमा का भवन) |
| | कृष्ण-निवास | (कृष्ण का निवास) |
| | कंचन कुटी | (कंचन की कुटी) |
| | कनक-सदन | (कनक का सदन) |

**(च) अधिकरण तत्पुरुष** :– अधिकरण तत्पुरुष में पहला पद अधिकरण कारक में होता है तथा अधिकरण कारक का विभक्ति चिह्न 'में' या 'पर' आदि का बोध होता है।

| | | |
|---|---|---|
| जैसे :– | आपबीती | (आप पर बीती) |
| | नगरवास | (नगर में वास) |
| | गृह-प्रवेश | (गृह में प्रवेश) |
| | ध्यान-मग्न | (ध्यान में मग्न) |

**तत्पुरुष समास के अन्य भेद**

**(i) अलुक समास** :– तत्पुरुष समास के जिस समास में पहले पद के विभक्ति चिह्न का लोप नहीं होता है, उसे अलुक समास कहते हैं।

जैसे– मनसिज, युधिष्ठिर, वाचस्पति आदि। ये सभी तत्सम शब्द हैं। इनमें संस्कृति की विभक्ति विद्यमान है। दूसरे शब्दों में विभक्ति का लोप नहीं हुआ है।

जैसे– वाच (वाक् के) पति = वाचस्पति।
मनसि (मन में) ज (उत्पन्न होने वाला) = मनसिज।

**(ii) नञ समास** :– इस समास में शब्दों के पहले निषेधात्मक अथवा अभावात्मक उपसर्ग 'अन्', 'अ', का प्रयोग किया जाता है।

जैसे— अनाचार (अन् + आचार)

(अनन्त) (अन् (न) + अन्त)

अनेक (न एक)

अनिष्ट (न इष्ट)

अन्याय (न न्याय)

अधर्म (न धर्म) आदि।

**(iii) उपपद समास** :— इस समास का उत्तर पद ऐसा कृदन्त होता है जिसका स्वतंत्र प्रयोग नहीं किया जाता।

जैसे— कृतज्ञ— कृत (किये हुए का) ज्ञ (ज्ञान)

घुड़सवार— घोड़े पर सवार (चढ़ने) होने वाला।

## (3) द्वन्द्व समास

द्वन्द्व समास में दोनों ही पद प्रधान होते हैं और समस्त पद में दोनों पद संज्ञा या उसका समूह होता है। स्मरणीय है कि इसमें 'और', 'वा' 'अथवा', समुच्चय बोधक का लोप रहता है। इस समुच्चय बोधक के द्वारा दोनों पद जुड़े रहते हैं। द्वन्द्व समास के सामान्यतः निम्नलिखित भेद होते हैं :—

**(क) इतरेतर द्वन्द्व** :— इतरेतर द्वन्द्व में समस्त पदों के बीच 'और' समुच्चय बोधक का लोप होता रहता है।

जैसे— माता-पिता (माता और पिता)

सीता-राम (सीता और राम)

देवर-भाभी (देवर और भाभी)

**(ख) समाहार द्वन्द्व** :— समाहार द्वन्द्व में समस्त पद अपने अर्थ के अलावा उसी रूप के अन्य अर्थ का भी आभास देता है।

जैसे— नमक-रोटी (नमक और रोटी के अतिरिक्त और भी उसी कोटि की खाद्य-सामग्री) रुपया-पैसा, धन-दौलत, सेठ-साहूकार, मान-मर्यादा।

**(ग) वैकल्पिक द्वन्द्व** :— वैकल्पिक द्वन्द्व में दोनों पदों के मध्य 'थ' और 'अथवा' समुच्चय बोधक का लोप रहता है। इस समस्त पद में साधारणतः दो परस्पर विरोधी शब्दों का योग होता है।

जैसे— मान-अपमान, धर्म-अधर्म, ज्ञान-अज्ञान, पाप-पुण्य, चार-छः, दो-चार, जात-कुजात, भला-बुरा।

## (4) बहुव्रीहि समास

बहुव्रीहि समास उस समास को कहते हैं जिसमें दोनों ही पद अप्रधान होते हैं। उसमें एक नये अर्थ का संकेत मिलता है।

जैसे— चन्द्रशेखर (चन्द्रमा है शिखर पर जिसके अर्थात् शिव)
चतुर्भुज (चार भुजाएँ हैं जिनकी अर्थात् विष्णु)
गजानन (गज के समान मुख है जिसका अर्थात् गणेश)

**बहुब्रीहि की कोटियाँ**

बहुब्रीहि समास की कोटियों का नामकरण भी तत्पुरुष की भाँति किया गया है अर्थात् कारक चिह्न के अनुसार इन्हें नाम दिया गया।

जैसे—

**(क) कर्म बहुब्रीहि–**

प्राप्तधन (प्राप्त है धन जिसको वह)
ज्ञात भेद (ज्ञात है भेद जिसको वह)

**(ख) करण बहुब्रीहि :–**

दत्तचित्त (दिया गया है चित्त जिसके द्वारा वह)
जितेन्द्रिय (जीती गई है इन्द्रियाँ जिसके द्वारा वह)
कृतकार्य (किया गया है कार्य जिसके द्वारा वह)

**(ग) सम्प्रदान बहुब्रीहि :–** दत्तधन (दिया गया है धन जिसके लिए वह)

**(घ) अपादान बहुब्रीहि :–** निर्मल (निर्मल है मन जिससे वह), विमल, निर्जन, निर्विकार आदि।

**(ङ) सम्बन्ध बहुब्रीहि :–**

दशानन (दश हैं आनन जिसके वह अर्थात् रावण)।
नीलकण्ठ (नीला है कण्ठ जिसका वह अर्थात् शंकर)।

**(च) अधिकरण बहुब्रीहि :–** प्रफुल्ल कमल (खिले हैं कमल जिसमें वह– तालाब)।

## बहुब्रीहि के अन्य भेद

**(i) समानाधिकण बहुब्रीहि :–** ऐसे समस्त पदों में एक ही विभक्ति आती है। जैसे— दशानन, नीलकण्ठ, कृतमार्य, सिरकटा।

**(ii) व्यधिकरण बहुब्रीहि :–** इसमें पदों में भिन्न-भिन्न विभक्तियाँ आती हैं। जैसे— चन्द्रमौलि, चन्द्रशेखर।

**(iii) तुल्ययोग बहुब्रीहि :–** ऐसे समस्त पद का प्रथम पद 'स' होता है जिसका अभिप्राय 'साथ' या 'सह' होता है। जैसे— सपरिवार (परिवार के साथ) सधवा, सफल, सदेह, सचेत, सहर्ष, सार्थक आदि।

**(iv) कर्मव्यतिहार बहुब्रीहि :–** कर्मव्यतिहार बहुब्रीहि समास ऐसे समस्त पदों में होता है, जो जिस चीज से लड़ाई लड़ी जाए उसकी द्विरुक्ति से बनता है। जैसे— बाताबाती, (बात के प्रति बात कहकर जो लड़ाई लड़ी जाय वह लड़ाई) मुक्कामुक्की, खींचातानी आदि।

**(v) प्रादि बहुब्रीहि** :– 'प्र' आदि उपसर्गों के योग से बनने वाले समास को प्रादि बहुब्रीहि समास कहते हैं।

जैसे– कुरूप (कुत्सित है रूप वह जिसका वह)
निर्दय (निकल गई है दया जिससे) आदि।

## (5) कर्मधारय (समानाधिकरण तत्पुरुष)

कर्मधारय समास में दोनों पद प्रधान होते हैं। इसके पदों में विशेष्य-विशेषण, विषेशज्ञ-विशेषण, उपमान-उपमेय का भाव होता है।

जैसे– शशिमुख (शशि सम मुख), नीलाम्बर, पीताम्बर।

**कर्मधारय के प्रकार**– कर्मधारय के मुख्यतः दो भेद हैं–

(1) विशेषता वाचक

(2) उपमान वाचक

**(1) विशेषता वाचक** :–

**विशेषण पूर्वपद** :– पहला पद विशेषण होता है।

जैसे– पीताम्बर, नीलकण्ठ, सुन्दर लाल, सद्गुण, खुशबु, बदबू, काली मिर्च, नीलगाय, छुटभैया।

**विशेषणोत्तर पद** :– इसमें उत्तरपद विशेषण होता है।

जैसे– पुरुषोतम, प्रभुदयाल, रामदहिन, देशान्तर, मुनीश्वर, युगान्तर, नराधम, जन्मान्तर।

**विशेषणोभय पद** :– दोनों ही पद विशेषण होते हैं।

जैसे– नील-पीत, मोटा ताजा, लाल पीला, श्याम सुन्दर, श्वेत-श्याम, भला-बुरा, खट्टा-मिट्ठा।

**विशेष्योभय पद** :– दोनों ही पद विशेष्य होते हैं।

जैसे– प्राणप्रिय, वज्रदेह।

**उपमानोत्तर पद** :– उत्तर पद उपमान होता है।

जैसे– मुखारविन्द, राजर्षि।

**अवधारण पूर्वपद** :– जिसका प्रथम पद अवधारण के लिए होता है।

जैसे– पुरुष रत्न, विद्या धन, पुरुष सिंह।

## (6) द्विगु समास

द्विगु समास कर्मधारय समास का एक भेद है। इस समास में पहला पद संख्या बोधक होता है और द्वितीय पद प्रधान होता है। संख्यावाची शब्द समुदाय (समाहार) के अर्थ में प्रयुक्त होता है।

जैसे– नवरत्न (नवरत्नों का समूह), अष्टाध्यायी (आठ अध्यायों का समाहार), त्रिभुवन, तिमाही, पंसेरी, सप्तशती, त्रिकाल, चौमाल।

## कर्मधारय और बहुव्रीहि समास में अन्तर

कर्मधारय समास उसे कहते हैं जिसमें विशेषण और विशेष्य होता है। बहुव्रीहि समास उसे कहते हैं जिसमें अन्य पद की प्रधानता होती है। वस्तुतः एक ही पद कर्मधारय भी हो सकता है और बहुव्रीहि भी। पद में समास का निर्धारण उसके विग्रह की प्रक्रिया पर आधारित है। इसे एक उदाहरण द्वारा समझा जा सकता है। जैसे :– पीताम्बर। पीताम्बर का विग्रह होता है पीत (पीला) हो अम्बर (वस्त्र) जिसका और यदि हम पीला कपड़ा ही आशय लेते हैं तो विशेषण-विशेष्य का भाव होने के कारण कर्मधारय समास होगा। परन्तु यदि पीताम्बर का अर्थ पीला कपड़ा और उसको धारण करने वाला श्री कृष्ण हो जाता है तो इस स्थिति में अन्य पद प्रधान हो जाने के कारण बहुव्रीहि समास होगा।

## द्विगु और बहुव्रीहि में अन्तर

द्विगु समास में संख्यावाची शब्द पहले विद्यमान रहता है किन्तु प्रधानता उत्तर पद की होती है। बहुव्रीहि समास में अन्य पद की प्रधानता स्वीकार की गयी है। एक ही समस्त पद विग्रह के अनुसार द्विगु और बहुव्रीहि दोनों हो सकता है।

जैसे– दशानन– दश आननों का समूह– द्विगु।
दशानन– दश आननों वाला अर्थात् रावण– बहुव्रीहि।

अव्ययी भाव के समस्त पदों की सूची

| **समस्त पद** | **विग्रह** | **समास** |
|---|---|---|
| यथाशक्ति | शक्ति भर | अव्ययी भाव |
| यथा संभव | जहाँ तक संभव है | अव्ययी भाव |
| यथा समय | समय के अनुसार | अव्ययी भाव |
| आजन्य | जन्म से मृत्यु तक | अव्ययी भाव |
| अकारण | बिना कारण के | अव्ययी भाव |
| बखूबी | खूबी के साथ | अव्ययी भाव |
| प्रत्येक | एक-एक | अव्ययी भाव |
| यावज्जीवन | जब तक जीवन | अव्ययी भाव |
| आमरण | मरण तक | अव्ययी भाव |
| यथा शीघ्र | जितना शीघ्र हो | अव्ययी भाव |
| आपाद मस्तक | पद से लेकर मस्तक तक | अव्ययी भाव |
| प्रत्यंग | अंग-अंग | अव्ययी भाव |
| व्यर्थ | बिना अर्थ के | अव्ययी भाव |
| यथा स्थान | स्थान के अनुसार | अव्ययी भाव |

| | | |
|---|---|---|
| प्रति माह | हर माह | अव्ययी भाव |
| प्रति दिन | हर दिन | अव्ययी भाव |
| प्रति वर्ष | हर वर्ष | अव्ययी भाव |

**तत्पुरुष**

| **समस्त पद** | **विग्रह** | **समास** |
|---|---|---|
| गगन चुम्बी | गगन को चूमने वाला | कर्म तत्पुरुष |
| मुँह तोड़ | मुँह को तोड़ने वाला | कर्म तत्पुरुष |
| धरणीधर | धरणी को धारण करने वाला | कर्म तत्पुरुष |
| पॉकेट मार | पॉकेट को मारने वाला | कर्म तत्पुरुष |
| गृहागत | गृह को आगत | कर्म तत्पुरुष |
| धर्म भीरू | धर्म से भीरू | करण तत्पुरुष |
| कामचोर | काम से चोर | करण तत्पुरुष |
| तुलसीकृत | तुलसी द्वारा कृत | करण तत्पुरुष |
| श्रमजीवी | श्रम से जीने वाला | करण तत्पुरुष |
| रोग ग्रस्त | रोग से ग्रस्त | करण तत्पुरुष |
| रस भरा | रस से भरा | करण तत्पुरुष |
| मुँह माँगा | मुँह से माँगा | करण तत्पुरुष |
| मदान्ध | मद से अन्ध | करण तत्पुरुष |
| अकाल पीड़ित | अकाल से पीड़ित | करण तत्पुरुष |
| पद दलित | पद से दलित | करण तत्पुरुष |
| शोक ग्रस्त | शोक से ग्रस्त | करण तत्पुरुष |
| वाक्‌युद्ध | वाक् से युद्ध | करण तत्पुरुष |
| देश भक्ति | देश के लिए भक्ति | सम्प्रदान तत्पुरुष |
| ठकुर सुहाती | ठाकुर के लिए सोहाती | सम्प्रदान तत्पुरुष |
| हथकड़ी | हाथ के लिए कड़ी | सम्प्रदान तत्पुरुष |
| देवालय | देव के लिए आलय | सम्प्रदान तत्पुरुष |
| गोशाला | गो (गाय) के लिए शाला | सम्प्रदान तत्पुरुष |
| स्नानघर | स्नान के लिए घर | सम्प्रदान तत्पुरुष |
| पाठशाला | पाठ के लिए शाला | सम्प्रदान तत्पुरुष |
| विधान सभा | विधान के लिए सभा | सम्प्रदान तत्पुरुष |
| बलि पशु | बलि के लिए पशु | सम्प्रदान तत्पुरुष |
| रसोई घर | रसोई के लिए घर | सम्प्रदान तत्पुरुष |
| विद्यालय | विद्या के लिए आलय | सम्प्रदान तत्पुरुष |

| | | |
|---|---|---|
| राह खर्च | राह के लिए खर्च | सम्प्रदान तत्पुरुष |
| नेत्रहीन | नेत्र से हीन | अपादान तत्पुरुष |
| लक्ष्य हीन | लक्ष्य से हीन | अपादान तत्पुरुष |
| पदच्चुत | पद से च्युत | अपादान तत्पुरुष |
| माया रहित | माया से रहित | अपादान तत्पुरुष |
| ऋण मुक्त | ऋण से मुक्त | अपादान तत्पुरुष |
| धर्म विमुख | धर्म से विमुख | अपादान तत्पुरुष |
| बल हीन | बल से हीन | अपादान तत्पुरुष |
| जन्मान्ध | जन्म से अन्धा | अपादान तत्पुरुष |
| धन हीन | धन से हीन | अपादान तत्पुरुष |
| राज पुत्र | राजा का पुत्र | सम्बन्ध तत्पुरुष |
| नरेश | नर का ईश | सम्बन्ध तत्पुरुष |
| हिमालय | हिम का आलय | सम्बन्ध तत्पुरुष |
| सेनापति | सेना का पति | सम्बन्ध तत्पुरुष |
| वन मानुष | वन का मानुष | सम्बन्ध तत्पुरुष |
| बैल गाड़ी | बैल की गाड़ी | सम्बन्ध तत्पुरुष |
| राम कहानी | राम की कहानी | सम्बन्ध तत्पुरुष |
| राज भवन | राजा का भवन | सम्बन्ध तत्पुरुष |
| गंगाजल | गंगा का जल | सम्बन्ध तत्पुरुष |
| कन्यादान | कन्या का दान | सम्बन्ध तत्पुरुष |
| चरित्र-चित्रण | चरित्र का चित्रण | सम्बन्ध तत्पुरुष |
| राष्ट्रपति | राष्ट्र का पति | सम्बन्ध तत्पुरुष |
| सूर्योदय | सूर्य का उदय | सम्बन्ध तत्पुरुष |
| रत्नाकर | रत्न का आकर | सम्बन्ध तत्पुरुष |
| पुस्तकालय | पुस्तक का आलय | सम्बन्ध तत्पुरुष |
| धर्मवीर | धर्म में वीर | अधिकरण तत्पुरुष |
| धर्मरत् | धर्म में रत् | अधिकरण तत्पुरुष |
| नराधम | नर में अधम | अधिकरण तत्पुरुष |
| पुरूषोतम | पुरुष में उत्तम | अधिकरण तत्पुरुष |
| मुनिश्रेष्ठ | मुनियों में श्रेष्ठ | अधिकरण तत्पुरुष |
| ग्राम वास | ग्राम में वास | अधिकरण तत्पुरुष |
| हरफनमौला | हरफन में मौला | अधिकरण तत्पुरुष |
| कविराज | कवियों में राजा | अधिकरण तत्पुरुष |

| | | |
|---|---|---|
| ऋषिराज | ऋषियों का राजा | अधिकरण तत्पुरुष |
| कला प्रवीण | कला में प्रवीण | अधिकरण तत्पुरुष |
| ध्यानमग्न | ध्यान में मग्न | अधिकरण तत्पुरुष |
| जितेन्द्रिय | जीत लिया है इन्द्रियों को जिसने | बहुब्रीहि |
| पीताम्बर | पीत है अम्बर जिसका (विष्णु) | बहुब्रीहि |
| चतुर्भुज | चार हैं भुजाएँ जिसकी (विष्णु) | बहुब्रीहि |
| चतुरानन | चार हैं आनन जिसके (ब्रह्मा) | बहुब्रीहि |
| दशमुख | दश हैं मुख जिसके (रावण) | बहुब्रीहि |
| नीलकण्ठ | नीला है कण्ठ जिसका (शिव) | बहुब्रीहि |
| वीणापाणि | वीणा है पाणि (हाथ) में जिसके (सरस्वती) | बहुब्रीहि |
| सीता-राम | सीता और राम | द्वन्द्व |
| पाप-पुण्य | पाप और पुण्य | द्वन्द्व |
| भला-बुरा | भला और बुरा | द्वन्द्व |
| लाभ-हानि | लाभ और हानि | द्वन्द्व |
| राधा-कृष्ण | राधा और कृष्ण | द्वन्द्व |
| रुपया-पैसा | रुपया और पैसा | द्वन्द्व |
| नाक-कान | नाक और कान | द्वन्द्व |
| घर-द्वार | घर और द्वार | द्वन्द्व |
| राजा-प्रजा | राजा और प्रजा | द्वन्द्व |
| पीताम्बर | पीत अम्बर | कर्मधारय |
| नीलाम्बर | नील अम्बर | कर्मधारय |
| नीलोत्पल | नील उत्पल | कर्मधारय |
| परमेश्वर | परम ईश्वर | कर्मधारय |
| महात्मा | महान् आत्मा | कर्मधारय |
| महावीर | महान् वीर | कर्मधारय |
| घनश्याम | घन के समान श्याम | कर्मधारय |
| नरसिंह | नर सिंह के समान | कर्मधारय |
| चरण कमल | चरण कमल के समान | कर्मधारय |
| विद्या रत्न | विद्या ही है रत्न | कर्मधारय |
| कदन्न | कुस्सित अन्न | कर्मधारय |
| दोपहर | दो पहरों का समाहार | द्विगु |
| सतसई | सात सौ का समाहार | द्विगु |

| दोराहा | दो राहों का समाहार | द्विगु |
|---|---|---|
| त्रिवेणी | तीन वेणियों का समाहार | द्विगु |
| छमाही | छह महीनों का समाहार | द्विगु |
| त्रिकाल | तीन कालों का समाहार | द्विगु |
| पंचानन | पाँच आननों का समाहार | द्विगु |
| नवग्रह | नव ग्रहों का समाहार | द्विगु |
| नवरत्न | नवरत्नों का समाहार | द्विगु |
| पंचवटी | पाँच वटों का समाहार | द्विगु |
| त्रिलोकी | तीन लोकों का समाहार | द्विगु |

## अभ्यास

(1) समास किसे कहते हैं?

(2) समास के भेद सोदाहरण लिखिए।

(3) तत्पुरुष समास के कारक कृत भेदों में लिखिए।

(4) अधोलिखित पदों के समास बताइए :—

| दिनानुदिन | = ............ | भरपेट | = ............ |
|---|---|---|---|
| नेत्रहीन | = ............ | निर्धन | = ............ |
| स्नानघर | = ............ | रसोईघर | = ............ |
| प्रतिमाह | = ............ | यथासमय | = ............ |
| आजन्म | = ............ | देवासुर | = ............ |
| त्रिवेणी | = ............ | नवरत्न | = ............ |
| हिमालय | = ............ | विद्यालय | = ............ |
| पाठशाला | = ............ | धर्मच्युत | = ............ |

(5) टिप्पणी लिखिए—

(क) कर्मधारय और बहुब्रीहि में अन्तर

(ख) द्विगु और बहुब्रीहि में अन्तर

(ग) हिन्दी और संस्कृत समास में अन्तर

(घ) समास की उपयोगिता

17

# वाक्य (Sentence)

**वाक्य**–वाक्य सार्थक शब्दों का वह समूह है जिससे बोलने अथवा लिखने वाले का तात्पर्य पूरी तरह स्पष्ट हो जाता है। जैसे : वह निर्धन लेकिन परिश्रमी बालक है।

रीता गीत गाती है।

**उपवाक्य**–जब किसी एक भाव को स्पष्ट करने के लिए किसी एक वाक्य के अंश-रूप में दो या दो से अधिक वाक्यों का उपयोग किया जाता है, तब उन अंश या खण्ड वाक्यों में प्रत्येक को उपवाक्य कहा जाता है।

जैसे– 'मैं जानता हूँ कि वे मेरे मित्र हैं।'

इस वाक्य में 'मैं जानता हूँ' तथा 'वे मेरे मित्र हैं' दोनों ही उपवाक्य या खण्डवाक्य कहलाएँगे।

**उपवाक्य के भेद**–उपवाक्य के दो भेद हैं :

1. प्रधान उपवाक्य
2. आश्रित उपवाक्य

**प्रधान उपवाक्य**–जो उपवाक्य पूरे वाक्य से पृथक होकर भी अपना स्वतन्त्र एवं पूर्ण अर्थ रखता है उसे प्रधान उपवाक्य कहते हैं। जैसे–'मैं जानता हूँ कि वे मेरे मित्र हैं।' इस वाक्य में 'मैं जानता हूँ'–प्रधान उपवाक्य है।

**आश्रित उपवाक्य**–जो उपवाक्य प्रधान उपवाक्य के बिना अपना अर्थ स्पष्ट नहीं कर सकता वह 'आश्रित उपवाक्य' कहलाता है। आश्रित उपवाक्य अर्थ के लिए वस्तुतः प्रधान उपवाक्य पर आश्रित रहता है।

जैसे–'मैं जानता हूँ कि वे मेरे मित्र हैं'–में 'वे मेरे मित्र हैं' –आश्रित उपवाक्य है।

## आश्रित उपवाक्य के भेद

1. संज्ञा उपवाक्य
2. विशेषण उपवाक्य
3. क्रिया उपवाक्य

**संज्ञा उपवाक्य**–जो आश्रित उपवाक्य संज्ञा का दायित्व निर्वाह करता है उसे 'संज्ञा उपवाक्य' कहते हैं।

जैसे–'मैं नहीं जानता कि वे कब लौटेंगे।'–इस वाक्य का उपवाक्य 'वे कब लौटेंगे' 'जानता' क्रिया के कर्म के रूप में कार्य कर रहा है इसलिए संज्ञा उपवाक्य है।

**विशेषण उपवाक्य**–जो आश्रित उपवाक्य विशेषण का कार्य करता है, उसे विशेषण उपवाक्य कहते हैं।

जैसे– वह लड़का **जो कल यहाँ आया था** बीमार है।

वह अपने नौकर को **जिसने चोरी की है** पीट रहा है।

वह अपने नौकर को उस छड़ी से पीट रहा है **जिसे उसने कल ही खरीदी है।** इनमें प्रत्येक रेखांकित उपवाक्य विशेषण का कार्य कर रहा है।

विशेषण उपवाक्य मुख्यतः जो, जिसको, जिससे, जिसके लिए, जिसका, जिसमें आदि से प्रारम्भ होता है।

**क्रिया उपवाक्य**–जो उपवाक्य क्रिया विशेषण का कार्य करे उसे क्रिया विशेषण उपवाक्य कहते हैं।

जैसे– **जब पानी बरसता है** तब मेढक बोलता है।

**जहाँ वह मन्दिर बना हुआ है** वहाँ एकदिन यज्ञ हुआ था।

इन वाक्यों में प्रत्येक रेखांकित उपवाक्य क्रिया विशेषण उपवाक्य हैं। क्यों ये उपवाक्य क्रिया विशेषण का कार्य करते हैं। क्रिया विशेषण उपवाक्य का आरम्भ विशेषतः निम्नलिखित शब्दों से होता है– जब, ज्योंही, जब-जब, जहाँ-कहाँ, जिधर, जैसे, मानो, ज्यों-ज्यों, जैसे-जैसे, जहाँ तक, चूँकि, ताकि, शायद, तथापि आदि।

## वाक्य के भेद

वाक्यों के भेद सामान्यतः दो आधारों पर किए जाते हैं–

(क) रचना के आधार पर

(ख) अर्थ के आधार पर

**रचना के आधार पर**–रचना के आधार पर वाक्य के तीन भेद होते हैं–(1) सरल वाक्य (II) मिश्र वाक्य (III) संयुक्त वाक्य

**सरल वाक्य**–जिस वाक्य में एक ही उपवाक्य होता है, उसे सरल वाक्य कहते हैं। इसमें केवल एक कर्त्ता और एक क्रिया होती है।

जैसे– राम ने रावण का वध किया।

बच्चे खेल रहे हैं।

वह मेरा मित्र है।

**मिश्र वाक्य**–जिस वाक्य में एक प्रधान उपवाक्य तथा एक या अधिक आश्रित उपवाक्य हो उसे मिश्र वाक्य कहते हैं।

जैसे–तुम वहाँ आ सकते हो जहाँ मैं रहता हूँ। मैं उस व्यक्ति को जानता हूँ जो तुम्हारा मित्र है। हमसे वह पुस्तक खो गई है जो तुमने हमें दी थी।

**संयुक्त वाक्य**–जिस वाक्य में दो या दो से अधिक प्रधान उपवाक्य हों और वे परस्पर किसी

अव्यय द्वारा जुड़े हों तो वह संयुक्त वाक्य कहलाता है।

जैसे— मैं आया और वह चल दिया।

उसने परिश्रम किया किन्तु असफल रहा।

संयुक्त वाक्य में सरल तथा मिश्र दोनों प्रकार के वाक्य प्रविष्ट हो सकते हैं। प्रधान उपवाक्यों को जोड़ने वाले शब्द प्रायः निम्नलिखित होते हैं।

यथा—और, तथा, एवं, व, वा, या, अथवा, परन्तु, पर, किन्तु, बल्कि, इसलिए, सो, अतः आदि।

**अर्थ के आधार पर**—अर्थ के आधार पर वाक्य के मुख्यतः आठ भेद होते हैं:—

1. **विधि वाचक वाक्य**—जिस वाक्य से किसी बात के होने का बोध हो उसे विधि वाचक वाक्य कहते हैं।

   जैसे—अच्छे लोग सदा मधुर भाषण करते हैं।

2. **निषेध वाचक वाक्य**—जिस वाक्य से आज्ञा, अनुरोध, आदेश आदि का भाव प्रकट हो, उसे आज्ञा वाचक वाक्य कहते हैं। जैसे—परिश्रम कभी व्यर्थ नहीं जाता।

3. **आज्ञा वाचक वाक्य**—जिस वाक्य से आज्ञा, अनुरोध, आदेश आदि का भाव प्रकट हो, उसे आज्ञा वाचक वाक्य कहते हैं।

   जैसे— कभी चोरी न करो।

   यहाँ आइये।

4. **प्रश्न वाचक वाक्य**—जिस वाक्य से किसी प्रकार के प्रश्न का बोध हो उसे प्रश्न वाचक वाक्य कहते हैं।

   जैसे— तुम क्या चाहते हो?

5. **विस्मयादि बोधक वाक्य**—जिस वाक्य से हर्ष, शोक, विस्मय आदि का बोध हो उसे विस्मयादि बोधक वाक्य कहते हैं। जैसे— अहा! कितना सुन्दर फल है।

6. **इच्छा वाचक वाक्य**—जिस वाक्य से इच्छा या आशंका का बोध हो उसे इच्छा वाचक वाक्य कहते हैं।

   जैसे— भगवान, आपको दीर्घायु करें।

7. **संदेह वाचक वाक्य**—जिस वाक्य से किसी प्रकार के संदेह का बोध हो उसे संदेह वाचक वाक्य कहते हैं। जैसे—वे लोग आ रहे होंगे। वह शायद बीमार है।

8. **संकेत वाचक वाक्य**—जिस वाक्य से किसी शर्त या संकेत का बोध हो उसे संकेत वाचक वाक्य कहते हैं।

   जैसे—यदि वह पढ़ता तो निश्चय ही उत्तीर्ण होता।

## वाक्य-विस्तार

किसी भी वाक्य के मुख्य रूप से दो अंग होते हैं— (1) उद्देश्य (2) विधेय।

**उद्देश्य**–वाक्य में जिस वस्तु या व्यक्ति के बारे में कुछ कहा जाता है उसे उद्देश्य कहते हैं। वाक्य की समाविका क्रिया का कर्त्ता ही उद्देश्य होता है।

जैसे– सीता पुस्तक पढ़ती है।
मेरी माताजी इन दिनों बीमार हैं।
मैं उन्हें जानता हूँ।

इन वाक्यों में सीता, माताजी, मैं–उद्देश्य अथवा कर्त्ता शब्द हैं। उद्देश्य का अपना विस्तार भी होता है। संज्ञा, सर्वनाम, विशेषण, क्रिया विशेषण, क्रियार्थक संज्ञा, वाक्यांश आदि सभी उद्देश्य का रूप ले सकते हैं।

जैसे–

1. संज्ञा–गाय रँभाती है।
2. सर्वनाम–वे घर जाते हैं।
3. विशेषण–मेहनती छात्र सफलता पाते हैं।
4. क्रिया–धीरे-धीरे चलो।
5. क्रियार्थक संज्ञा–टहलना स्वास्थ्यप्रद होता है।
6. वाक्यांश–दूसरे की निन्दा अच्छी नहीं होती।

**उद्देश्य का विस्तार**–उद्देश्य की विशेषता वाले शब्दों को उद्देश्य का विस्तार कहते हैं।

जैसे–दुष्ट जनों की संगति अच्छी नहीं होती है। विस्तार शब्दों के भिन्न-भिन्न रूप होते हैं।

जैसे–

1. विशेषण–दुष्टजन त्याज्य हैं।
2. सम्बन्ध कारक–मेरी पुस्तक खो गई है।
3. क्रिया द्योतक–सोता हुआ व्यक्ति जाग उठा।
4. प्रश्न बोधक–क्या चाहते हो?
5. वाक्यांश–निरन्तर परिश्रम करने वाला छात्र सुखी होता है।
6. संबोधनात्मक–हे भाई! तुम कौन हो?

**विधेय**–उद्देश्य के सम्बन्ध में जो कुछ कहा जाता है उसे विधेय कहते हैं। जैसे–राम-श्याम खेल रहे हैं। विधेय 'साधारण और जटिल' दो प्रकार के होते हैं। विधेय के साथ यदि पूरक शब्द आता है तब विधेय 'जटिल' कहलाता है। संज्ञा, विशेषण, सम्बन्ध वाचक तथा क्रिया विशेषण प्रायः पूरक शब्दों के रूप में आते हैं।

1. संज्ञा–मेरे मित्र अध्यापक हैं।
2. विशेषण–वह छात्र मेधावी है।
3. सम्बन्ध वाचक–यह पुस्तक तो आपकी है।
4. क्रिया विशेषण–तुम कहाँ खो गए थे।

**विधेय का विस्तार**–विधेय के सम्बन्ध में जो कुछ कहा या लिखा जाए उसे विधेय का विस्तार कहते हैं। जैसे–घोड़ा धीरे-धीरे दौड़ रहा है। वह घर लौटते ही गिर पड़ा।

विधेय का विस्तार निम्नलिखित रूपों में होता है–

| | | |
|---|---|---|
| कर्म | – | बच्चा सेब खाता है। |
| विशेषण | – | आभा विदुषी है। |
| क्रिया विशेषण | – | घोड़ा धीरे-धीरे दौड़ रहा है। |
| सम्बन्ध सूचक | – | पुत्र के साथ माँ चली गई। |
| क्रिया द्योतक | – | मोटर पों-पों करती चली गई। |
| पूर्वकालिक क्रिया | – | वह उठकर दौड़ पड़ा। |
| पद वाक्यांश | – | बाजार से लौटने के बाद वह सो गया। |
| करण कारक | – | उसने मुझे बेंत से मारा। |
| सम्प्रदान कारक | – | गरीबों के लिए उसने दान दिया। |
| अपादान कारक | – | वृक्ष से पत्ते गिरते हैं। |
| अधिकरण कारक | – | वह पिता पर आश्रित है। |

**वाक्य-विश्लेषण**–किसी भी वाक्य के विभिन्न अंशों को अलग-अलग करके वाक्य में उनका स्थान निश्चित करना तथा उनके पारस्परिक सम्बन्धों पर प्रकाश डालना 'वाक्य-विश्लेषण' कहलाता है।

## सरल वाक्य की विश्लेषण पद्धति

सरल वाक्य के विश्लेषण में निम्न बातों पर ध्यान दिया जाना चाहिए–

I. समस्त वाक्य को उद्देश्य तथा विधेय के प्रधान खण्डों में विभाजित करें।

II. उद्देश्य खण्ड को उपखण्डों में विभाजित करें।
(क) मुख्य उद्देश्य तथा (ख) उद्देश्य के विस्तार को अलग-अलग करें।

III. विधेय खण्ड को भी उपखण्डों में विभाजित कर (क) मुख्य विधेय अर्थात् क्रिया (ख) कर्म अथवा पूरक (ग) कर्म अथवा पूरक का विस्तार (घ) विधेय का विस्तार को अलग-अलग करें।

**उदाहरण**–

1. अयोध्या के राजा राम बड़े प्रतापी थे।
2. वह मुझे अपने विद्यालय का छात्र समझता था।
3. वह व्यक्ति उत्तम कार्य करता है।
4. एक दिन आचार्य ने अपने सभी छात्रों को विद्यालय के प्रांगण में बुलाया।
5. मोहन का भाई मेरी पुस्तक धीरे-धीरे पढ़ता है।

1. अयोध्या के राजा राम बड़े प्रतापी थे।

   मुख्य उद्देश्य–राम

   उद्देश्य का विस्तार–अयोध्या के राजा

   क्रिया–थे

   कर्म–×

   कर्म का विस्तार–×

   पूरक–प्रतापी

   पूरक का विस्तार–बड़े

   विधेय का विस्तार–×

2. वह मुझे अपने विद्यालय का छात्र समझता था।

   मुख्य उद्देश्य–वह

   उद्देश्य का विस्तार–×

   क्रिया–समझता था

   कर्म–मुझे

   कर्म का विस्तार–×

   पूरक–छात्र

   पूरक का विस्तार–अपने विद्यालय का

   विधेय का विस्तार–×

**मिश्र वाक्य की विश्लेषण पद्धति**–मिश्र वाक्य के विश्लेषण में निम्नलिखित बातों पर ध्यान दिया जाना चाहिए–

1. समस्त वाक्य को प्रधान उपवाक्य तथा आश्रित उपवाक्य खण्डों में विभाजित करें।
2. उपवाक्यों के संयोजक शब्दों को अलग कर दें।
3. आश्रित उपवाक्य का भेद बताएँ।
4. प्रत्येक उपवाक्य का सरल वाक्य की भाँति विश्लेषण करें।

**उदाहरण**–

1. मोहन ने कहा कि मैं अपनी पुस्तक दूँगा।
2. ज्योंही वह घर पहुँचा उसकी माँ ने उसे बुलाया।

1. वाक्य– (क) मोहन ने कहा

   (ख) मैं अपनी पुस्तक दूँगा

   वाक्य भेद– (क) प्रधान

   (ख) आश्रित संज्ञा उपवाक्य

   संयोजक– (क) ×

   (ख) कि

   मुख्य उद्देश्य (क) मोहन ने

   (ख) मैं

| | |
|---|---|
| उद्देश्य का विस्तार | (क) × |
| | (ख) × |
| क्रिया | (क) कहा |
| | (ख) दूँगा |
| कर्म | (क) |
| | (ख) पुस्तक |
| कर्म का विस्तार | (क) × |
| | (ख) अपनी |
| पूरक | (क) × |
| | (ख) × |
| विधेय का विस्तार | (क) × |
| | (ख) × |

## संयुक्त वाक्य की विश्लेषण पद्धति

संयुक्त वाक्य का विश्लेषण निम्नलिखित तरह से किया जाता है—

I. प्रत्येक प्रधान उपवाक्य को अलग-अलग छाँट दें।

II. आश्रित उपवाक्य को अलग-अलग छाँट दें।

III. संयोजक शब्द छाँट दें।

IV प्रत्येक उपवाक्य का सरल वाक्य की भाँति विश्लेषण करें।

उदाहरण—

उसने मुझे देखा और मैंने उसे।

| | |
|---|---|
| वाक्य— | (क) उसने मुझे देखा |
| | (ख) मैंने उसे देखा |
| वाक्य भेद— | (क) प्रधान उपवाक्य |
| | (ख) समानाधिकरण उपवाक्य |
| संयोजक— | (क) × |
| | (ख) और |
| उद्देश्य— | (क) उसने |
| | (ख) मैंने |
| उद्देश्य का विस्तार— | (क) × |
| | (ख) × |
| क्रिया— | (क) देखा |
| | (ख) देखा |

कर्म— (क) मुझे
(ख) उसे

कर्म का विस्तार— (क) ×
(ख) ×

पूरक— (क) ×
(ख) ×

विधेय का विस्तार— (क) ×
(ख) ×

**पदबन्ध**—पदबन्ध का शाब्दिक अर्थ है अनेक पदों का बँधा समूह या बँध। 'पदबन्ध' की परिभाषा इस प्रकार दी जा सकती है—"वाक्य के उस भाग को जिसमें एक से अधिक पद परस्पर सम्बद्ध होकर अर्थ तो दे देते हैं लेकिन पूरा अर्थ नहीं देते—पदबन्ध या वाक्यांश कहलाते हैं।"

इस प्रकार दो या दो से अधिक पदों के समूह को पदबन्ध कहते हैं जो व्याकरणिक रूप से आपस में सम्बद्ध हों और वाक्य या अन्य किसी पदबन्ध में सम्मिलित रूप से एक ही व्याकरणिक कार्य को सम्पादित करता हो।

**उदाहरण**— (क) रश्मि बोल रही है।
(ख) इस विद्यालय की सर्वाधिक नटखट लड़की रश्मि बोल रही है।

पहले वाक्य में कर्त्ता 'रश्मि' एक पद है लेकिन दूसरे वाक्य में अनेक पद सम्मिलित रूप से कर्त्ता का कार्य सम्पन्न कर रहे हैं। दूसरे शब्दों में कह सकते हैं कि दूसरे उदाहरण में कर्त्ता का व्याकरणिक कार्य 'इस विद्यालय की सर्वाधिक नटखट लड़की रश्मि' के द्वारा सम्पन्न हो रहा है। 'रश्मि' एक पद है जबकि 'इस विद्यालय की सर्वाधिक नटखट लड़की' अनेक पदों का बँधा समूह है या बन्ध है अर्थात् पदबन्ध है।

**पदबन्ध के प्रकार**—पदबन्ध के मुख्य रूप से पाँच भेद माने गए हैं—

(1) संज्ञा पदबन्ध (2) सर्वनाम पदबन्ध (3) विशेषण पदबन्ध (4) क्रिया पदबन्ध (5) अव्यय पदबन्ध

**संज्ञा पदबन्ध**—वाक्य में जो पद-समूह संज्ञा का कार्य सम्पन्न करता है, उसे संज्ञा पदबन्ध कहा जाता है। संज्ञा की भाँति संज्ञा पदबन्ध भी वाक्य में विभिन्न कारक रूपों में प्रयुक्त होता है—

जैसे— 'रात में पहरा देने वाला आदमी' मुठभेड़ में घायल हो गया।
'महात्मा गाँधी की मृत्यु के समाचार' से देश शोक में डूब गया।
मैंने 'जरूरतमन्द विद्यार्थी को' पुस्तक दी।
निरंजन वहाँ ससुराल से मिली हुई मोटर साइकिल से' गया है।
सदैव 'जल से भरी रहने वाली नदी से' नहर निकालो।

उपर्युक्त वाक्यों में इकहरे अवतरण चिह्न के अन्दर के उदाहरण, संज्ञा पदबन्ध कारकों के उदाहरण हैं।

**सर्वनाम पदबन्ध**–वाक्य में सर्वनाम का कार्य सम्पादन करने वाले पद-समूह सर्वनाम पदबन्ध कहलाते हैं।

**उदाहरण**– 'भाग्य का मारा वह' समय पर नहीं पहुँचा।
'बड़ी-बड़ी मूँछों वाले तुम' भाग क्यों रहे हो।
'वर्तमान भारत के कर्णधार वे' जा रहे हैं।

ऊपर के वाक्यों में इकहरे अवतरण चिह्न के अन्दर के उदाहरण सर्वनाम पदबन्ध हैं।

**विशेषण पदबन्ध**–वाक्य में विशेषण का कार्य करने वाले पद समूह को विशेषण पदबन्ध कहते हैं।

जैसे– 'सिंह के समान बलवान' आप चूहों से भयभीत हैं।
'चाँद सा सुन्दर' मुखड़ा सभी को आकृष्ट करता है।
'गंगा-गोदावरी वाला' भारत देश यही है।

**क्रिया पदबन्ध**–जो पद-समूह क्रिया रूप का कार्य करता है, उसे क्रिया पदबन्ध कहते हैं।

जैसे– छोटे बच्चे कहानी 'सुनते सुनते सो जाते हैं'।
वह नित्य मन्दिर 'जाता रहता था'।
वह 'हँसकर कहने लगा'।
यह 'कहा जा सकता है'।

**अव्यय पदबन्ध**–जो पदबन्ध वाक्य में अव्यय का कार्य करते हैं, उन्हें अव्यय पदबन्ध कहा जाता है।

जैसे– (क) 'दक्षिण से उत्तर तक' भारत एक है।
(ख) विद्यालय 'मन्दिर की तरफ' है।
(ग) 'गाँव से बाहर' चिकित्सालय है।
(घ) 'बहुत अफसोस' वह नहीं रहा।

इकहरे अवतरण बोधक चिह्न के अन्तर्गत आगत पद-समूह अव्यय पदबन्ध हैं।

## अभ्यास

1. सरल, मिश्र तथा संयुक्त वाक्य के लक्षण सोदाहरण लिखिए।
2. निम्नलिखित सरल वाक्यों का वाक्य-विश्लेषण कीजिए–
   (क) वर्तमान युग विज्ञान का युग है।
   (ख) उनकी बातें सुनकर मुझे बड़ा दुःख हुआ।
   (ग) हमने गतवर्ष अपने विद्यालय को फूलों से सजाया था।
   (घ) वे अध्यवसायी लोग हमारे देश के गौरव हैं।
3. निम्नलिखित मिश्र वाक्यों का वाक्य-विश्लेषण कीजिए–
   (क) मैं नहीं जानता कि वह कल लौटेगा।

(ख) विद्या वह धन है जिसका कभी क्षय नहीं होता।

(ग) हमने कभी उनका अहित नहीं चाहा जो हमारे मित्र हैं।

(घ) वे सारे लोग जो कल यहाँ आए थे मेरे पड़ोसी हैं।

4. निम्नलिखित संयुक्त वाक्यों का वाक्य-विश्लेषण कीजिए–

(क) वह गरीब था इसलिए उच्च शिक्षा न पा सका।

(ख) तुम वीर हो अतः मैं तुम्हारा सम्मान करता हूँ।

(ग) निराला वीरता के अवतार थे किन्तु हृदय के बड़े कोमल थे।

5. पदबन्ध किसे कहते हैं? इसके कितने भेद किए जाते हैं? उदाहरण सहित स्पष्ट कीजिए।

6. वाक्य और पदबन्ध में क्या अन्तर है? उदाहरण देकर समझाइए।

7. निम्नलिखित वाक्यों से पदबन्ध छाँटिए और बताइए कि वे कैसे पदबन्ध हैं–

(क) हमेशा शोर करने वाले तुम आज क्यों शान्त हो?

(ख) राकेश पढ़कर सो गया।

(ग) महेश गाना सुनते-सुनते पढ़ता है।

(घ) पिछले दिनों की अपेक्षा आज सर्दी अधिक है।

(ङ.) उसके बनारस वाले मित्र ने उसे एक सुन्दर साड़ी भेजी।

**18**

# विराम चिह्न (Punctuation)

शब्दों, वाक्यों, उपवाक्यों, वाक्य-खण्डों आदि के बीच में कुछ देर के लिए ठहराव की जरूरत होती है। इस ठहरने या रुकने का नाम विराम है। इस हेतु लेखक जिन चिह्नों को प्रयुक्त करता है उन्हें ही विराम चिह्न कहते हैं। विराम चिह्न का महत्त्व भाषा में बहुत अधिक है। इसके अभाव में सही अर्थ स्पष्ट नहीं होता है। हिन्दी में साधारणतः निम्नलिखित विराम चिह्नों का प्रयोग किया जाता है–

| | | |
|---|---|---|
| 1. | पूर्ण विराम | (।) |
| 2. | अल्प विराम | (,) |
| 3. | अर्द्ध विराम | (;) |
| 4. | प्रश्न सूचक चिह्न | (?) |
| 5. | विस्मयादि बोधक | (!) |
| 6. | उद्धरण चिह्न | (" ") |
| 7. | कोष्ठक | ( ), { }, [ ] |
| 8. | संक्षेप में | (。) |
| 9. | योजक चिह्न | (-) |
| 10. | रेखिका | (—) |
| 11. | निर्देशक | (–) |
| 12. | अपूर्णता सूचक | (××××) |
| 13. | त्रुटि बोधक | (^) |
| 14. | समाप्ति सूचक | (=) |

**पूर्ण विराम**–पूर्ण विराम का प्रयोग साधारणतः वहाँ होता है जहाँ वाक्य अन्तिम रूप लेकर समाप्त हो जाता है।

जैसे–राजेश पढ़ने में तेज है। शीला खेलती है।

किसी व्यक्ति या वस्तु का जब सजीव वर्णन प्रस्तुत किया जाता है तो प्रत्येक वाक्यांश के अन्त मे पूर्ण विराम आता है।

जैसे–गोरा रंग। गालों पर तिल। पतले होठ। सिर के बाल न अधिक बड़े न अधिक छोटे।

**अल्प विराम**–अल्प विराम का प्रयोग वहाँ होता है, जहाँ थोड़ी देर के लिए ठहरा जाता है। हिन्दी में अन्य विराम चिह्नों की अपेक्षा इसका अधिक प्रयोग होता है। इसका प्रयोग अग्रलिखित अवस्थाओं में होता है–

1. जब एक ही कोटि के दो या दो से अधिक शब्द, शब्दांश या वाक्यों का प्रयोग हो तो प्रत्येक के बीच अल्प विराम आता है।
   जैसे—शील प्रकाश, आनन्द प्रकाश और ज्ञान प्रकाश खेलने जा रहे हैं।
2. जब शब्दों का प्रयोग जोड़े के साथ होता है तो प्रत्येक जोड़े के बाद अल्प विराम चिह्न आता है।
   जैसे—हानि-लाभ, जीवन-मरण, यश-अपयश विधि हाथ।
3. सम्बोधन कारक के बाद भी अल्प विराम आता है।
   जैसे—रामू, दो प्याला चाय बना लाओ।
4. यह, वह, तब, तो, वा, अब आदि के लुप्त होने पर अल्प विराम का प्रयोग होता है।
   जैसे—जो मैं कहता हूँ, सुनो (यहाँ 'वह' लुप्त है।)
5. किन्तु, परन्तु, इसी से, इसलिए, जिसके, तथापि, अतः, क्योंकि आदि के पहले भी अल्प विराम आता है।
   जैसे—वह परीक्षा में उत्तीर्ण हो गया, क्योंकि परिश्रम करता था।
6. भावातिरेक में किसी शब्द पर विशेष बल प्रदान करने के लिए—
   जैसे—वह मेहनत से, थोड़ी मेहनत से जी चुराता है।
7. उद्धरण के पूर्व अल्प विराम होता है।
   जैसे—राम ने कहा, 'मैं कोलकाता जाऊँगा'।
8. तारीख को सन् से अलग करने के लिए अल्प विराम आता है। जैसे— 13 जून, 1969 ई॰
9. छन्दों में यति सूचित करने के लिए भी अल्प विराम आता है।
   जैसे—साँच बराबर तप नहीं, झूठ बराबर पाप।
10. वस्तुतः, अच्छा, हाँ, बस, अतः, सचमुच, नहीं आदि शब्दों से जब किसी वाक्य को प्रारम्भ किया जाता है तो अल्प विराम चिह्न का प्रयोग होता है।
    जैसे—नहीं, मैं यह नहीं कर सकता।
11. जब कोई वाक्य लम्बा हो तो वाक्य में आगत उन शब्दों या पदबन्धों को अलग करने के लिए जिनका वाक्य की रचना में अप्रत्यक्ष सम्बन्ध है, अल्प विराम चिह्न आता है।
    जैसे—वह तो, अच्छी तरह समझने पर भी, नहीं मानता।
12. जब प्रधान वाक्य के बीच में मिश्र और संयुक्त वाक्यों में आश्रित वाक्य आता है तब भी अल्प विराम आता है।
    जैसे—यह लड़का, आपने भी देखा होगा, समझदार नहीं है।

**अर्द्ध विराम**—अर्द्ध विराम, अल्प विराम की तुलना में अधिक रुकने का भाव व्यक्त करता है। अर्द्ध विराम का प्रयोग साधारणतः निम्नलिखित अवस्थाओं में होता है—

1. वाक्य में जहाँ अल्प विराम की अपेक्षा कुछ अधिक देर रुकना पड़ता है, वहाँ अर्द्ध विराम चिह्न का प्रयोग किया जाता है
   जैसे—महापुरुष मरते नहीं; वे तो अमर हो जाते हैं।

2. वाक्य में जहाँ मिश्र वाक्यों के बीच अल्प विराम से भ्रमित होने की संभ्भावना हो वहाँ भी अर्द्ध विराम का प्रयोग होता है।

   जैसे–जब राकेश परीक्षा में उत्तीर्ण हुआ, तो बड़ी खुशियाँ मनाई गईं; मिठाई बाँटी गईं और लोगों ने उसे बधाई दी।

**प्रश्न सूचक चिह्न**–प्रश्न सूचक चिह्न का प्रयोग सीधे प्रश्न के अंदर किया जाता है।

जैसे–तुम्हारे विद्यालय का नाम क्या है?

प्रश्न वाचक वाक्य यदि किसी क्रिया का कर्म हो तो प्रश्न सूचक चिह्न नहीं प्रयोग में लाया जाता है। दूसरे शब्दों में यदि प्रश्न के उत्तर की अपेक्षा न रखी जाए तो प्रश्न चिह्न नहीं लगाया जाता है।

जैसे–मैं अच्छी तरह समझता हूँ, तुम कहाँ जा रहे हो।

**विस्मयादि बोधक**–हर्ष, शोक, विस्मय, भय, करुणा, घृणा आदि भावों को अभिव्यक्त करने वाले पदों के साथ विस्मयादि बोधक चिह्न का प्रयोग किया जाता है।

जैसे– अहा! कितना रमणीय उपवन है।

**उद्धरण चिह्न**–इस चिह्न का प्रयोग निम्नलिखित दशाओं में होता है।

1. जब किसी के कथित शब्दों को उसी रूप में प्रस्तुत किया जाता है।

   जैसे– गुरुजी ने आज बताया। "पृथ्वी गोल है"।

2. पुस्तकों, पदवियों उपमानों आदि के साथ साधारणतः इकहरे उद्धरण चिह्न का प्रयोग होता है।

   जैसे– 'राम चरित मानस,' 'हरिऔध' आदि।

3. वाक्य में किसी शब्द की विशिष्टता को सूचित करने के लिए भी इकहरे उद्धरण चिह्न का प्रयोग किया जाता है।

   जैसे– 'सदन' का शाब्दिक अर्थ है 'घर'।

4. कहावतों और वचनों को उद्धृत करने के लिए इस चिह्न का प्रयोग होता है।

   जैसे– "क्षुद्रनदी भरि चली उतराई।
   
   जिमि थोड़े धन खल बौराई।।"

## 'कोष्ठक' का प्रयोग

1. जब वाक्य में कोई ऐसा शब्द आए जिसका मूल वाक्य से सम्बन्ध नहीं हो।

   जैसे–उन दिनों श्री (अब डॉक्टर) कैलाशनाथ कॉलेज के प्राध्यापक थे।

2. नाटक में अभिनेता को निर्देश देने के लिए।

   जैसे–नौकर (हाथ जोड़कर)-मालिक क्षमा कीजिए।

3. विषय विभाग क्रमांकों एवं अक्षरों के साथ।

   जैसे–(1), ( आदि।

**संक्षेप में**– इस चिह्न का प्रयोग किसी शब्द के संक्षिप्त रूप के साथ होता है।

जैसे– प्रो॰ (प्रोफेसर के लिए)।

डॉ॰ ('डॉक्टर' के लिए)।

**योजक चिह्न**–योजक का प्रयोग निम्नलिखित दशाओं में होता है–

समस्त पदों के बीच योजक चिह्न खींचा जाता है–

जैसे– सन्धि-कोश, पाप-पुण्य।

**रेखिका**–

1. रेखिका का प्रयोग विवरण देते समय होता है।
   जैसे-'जैसे–' या 'उदाहरण–' के बाद इसका प्रयोग सर्वत्र देखा जाता है।
2. जब किसी कथन को उद्धृत करना हो तो पहले इसका प्रयोग किया जाता है।
   जैसे–उसने कहा–'सम पढ़ने में तेज है'।
3. वाक्य में यदि विचार भंग हो जाता है और तदनन्तर उसका सूत्र फिर से जोड़ दिया जाता है, तो रेखिका का प्रयोग किया जाता है।
   जैसे–अन्ततोगत्वा–इस कथन को संक्षेप में कहा जाए–इसने आमरण व्रत करने का संकल्प किया।

**निर्देशक**–इसका प्रयोग निम्नलिखित अवस्थाओं में होता है–

1. अगर वाक्य में भावगत अचानक परिवर्तन हुआ हो–अपने स्वास्थ्य पर ध्यान देना, अध्ययन सुचारु रूप से चले और-और क्या?
2. कविता या लेख आदि के नीचे लेखक या पुस्तक का नाम लिखने से पूर्व प्रयोग होता है।
   जैसे– साँच बराबर तप नहीं झूठ बराबर पाप।
   जाके हृदय साँच है ताके हृदय आप।।
   – कबीर
3. वाक्य में आगत ऐसे शब्द या उपवाक्य के पहले जिन पर बल देना हो–
   जैसे–"हम देख रहे थे–क्रीड़ास्थल कुरूक्षेत्र का लघु संस्करण बन चुका था। नेता का नाम था–चन्द्रशेखर।

**अपूर्णता सूचक**–जब उद्धरण प्रस्तुत किया जाता है और उसका कुछ अनावश्यक अंग छोड़ दिया जाता है।

जैसे– × × ×

"मुख-चन्द्र चाँदनी जल से

मैं उड़ता था मुँह धोके।।"

**त्रुटिबोधक**–इसे हंसपद भी कहते हैं। किसी शब्द या वाक्यांश या वाक्य के छूट जाने पर लिखते समय उसे जोड़ दिया जा सकता है।

जैसे–वह ^ घर जा रहा था।

यहाँ पर छुटे हुए वाक्यांश (^) हैं– "अपने पिता को बुलाने के लिए"

## अभ्यास

1. विराम चिह्न किसे कहते हैं?
2. अल्प विराम का प्रयोग कहाँ-कहाँ होता है?
3. टिप्पणी लिखिए–
   (क) अर्द्ध विराम (ख) उद्धरण चिह्न (ग) रेखिका (घ) त्रुटि बोधक चिह्न
4. अधोलिखित में उपयुक्त स्थानों पर विराम चिह्न का प्रयोग कीजिए–
   (क) वह रोज आता है काम करता है और चला जाता है।
   (ख) सचमुच तुम बड़े नादान हो यह भी नहीं जानते।
   (ग) बस हो गया रहने दीजिए मित्र हम तुम्हें जानते हैं ।
   (घ) भ्रष्टाचार इस युग का सबसे बड़ा शिष्टचार है न और इसीलिए शिष्टाचार का रूप देखते-देखते तेजी से बदल रहा है।
   (ड.) सत्यकाय की माता ने समझाते हुए कहा बेटा मैं तुम्हारे पिता के विषय में बताती भी तो क्या बताती जबकि मुझे स्वयं मालूम नहीं कि तुम्हारे पिता कौन हैं?
   (च) पिताजी गुरुदेव को दोष न दें गुरु को कलंकित न करें मैं धनुष बाण चला सकता हूँ मेरी विद्या में कोई कमी नहीं आई धन्य हो पुत्र तुम्हें पाकर मुझे गर्व है तुम महान् गुरुभक्त हो।

19

# अनेक शब्दों के लिए एक शब्द

अनेक शब्दों के लिए एक शब्द के ज्ञान से रचना सारगर्भित बनती है तथा उसमें प्रौढ़ता आती है। अनेक शब्दों के लिए एक शब्द का निर्माण समास बनाकर और उपसर्ग का प्रत्यय जोड़कर करते हैं। परन्तु कतिपय शब्द एक प्रकार के पारिभाषिक शब्द होते हैं जो एक पूर्ण वाक्य या वाक्यांश का अर्थ देते हैं। ऐसे कुछ महत्वपूर्ण शब्दों की तालिका यहाँ प्रस्तुत की जा रही है :

| | |
|---|---|
| 1. जो थोड़ा जानता है | अल्पज्ञ |
| 2. जिसकी गणना सबसे आगे हो | अग्रगण्य |
| 3. जिसका कुछ अर्थ न हो | निरर्थक |
| 4. जो सब जगह व्याप्त हो | सर्वव्यापी |
| 5. समान भाव की अनुभूति | समानुभूति |
| 6. सबको समान दृष्टि से देखने वाला | समदर्शी |
| 7. जिसके हृदय में ममता न हो | निर्मम |
| 8. जो कर्त्तव्य से गिर गया हो | कर्त्तव्यच्युत |
| 9. जो धर्म से गिर गया हो | धर्मच्युत |
| 10. जो स्त्री सूर्य न देख सकी हो | असूर्यम्पश्या |
| 11. जिसका वर्णन न किया जा सके | वर्णनातीत |
| 12. जो आशा से परे हो | आशातीत |
| 13. जो कल्पना से परे हो | कल्पनातीत |
| 14. जो देखने में प्रिय लगता हो | प्रियदर्शी |
| 15. जो नष्ट होने वाला हो | नश्वर |
| 16. युग का निर्माण करने वाला | युग निर्माता |
| 17. शत्रु की हत्या करने वाला | शत्रुघ्न |
| 18. पिता की हत्या करने वाला | पितृहन्ता |
| 19. माता की हत्या करने वाला | मातृहन्ता |
| 20. जिस पद के लिए वेतन न दिया जाए | अवैतनिक |
| 21. सब कुछ खो देने वाला | सर्वहारा |
| 22. अपने पैरों पर खड़ा होने वाला | स्वावलम्बी |
| 23. जब तक जीवन रहे | यावज्जीवन |

24. जीवन भर — आजीवन
25. मरण (मरने) तक — आमरण
26. जिसे गोद लिया गया हो — दत्तक
27. जिस स्त्री की तीन जटाएँ हो — त्रिजटा
28. जिसकी धारणा शक्ति तेज हो — मेधावी
29. इन्द्रियों द्वारा प्राप्त ज्ञान — गोचर
30. जो मृत्यु के समीप हो — मरणासन्न
31. मरने की इच्छा — मुमूर्षा
32. जानने की इच्छा — जिज्ञासा
33. जो कठिनाई से किया जाय — दुष्कर
34. जो कठिनाई से प्राप्त हो — दुर्लभ
35. जहाँ कठिनाई से जाया जाए — दुर्गम
36. जो आराम से हो सके — सुकर
37. प्राचीन घटना का विस्तृत वर्णन — इतिवृत्त
38. अन्तःकरण की बात जानने वाला — अन्तर्यामी
39. जिसके शिखर पर चन्द्रमा हो — चन्द्रशेखर
40. जिसके आने की तिथि ज्ञात न हो — अतिथि
41. जो मरे हुए के समान हो — मृतप्राय
42. जो युगों से होता चला आ रहा है — सनातन
43. जो कानून के विरुद्ध हो — अवैध
44. जो उर (कलेजे) के बल चलता हो — उरग (साँप)
45. किसी के पास रखी हुई दूसरे की वस्तु — धरोहर
46. जिसका दमन कठिन हो — दुर्दम्य
47. जिसका ज्ञान इन्द्रियों से परे हो — अतीन्द्रिय
48. जो दूसरे के काम पर अस्थायी रूप से काम करता हो — स्थानापन्न
49. जिसका प्रयोजन सिद्ध हो चुका है — कृतकार्य
50. जिसने किसी विषय में चित्त लगाया हो — दत्तचित्त
51. जिसकी प्रभा बिजली के समान हो — विद्युत्प्रभा
52. कुश की नोंक के समान तीक्ष्ण बुद्धि वाला — कुशाग्र बुद्धि
53. जो पहले कभी नहीं सुना गया — अश्रुतपूर्व
54. जो पहले कभी नहीं देखा गया — अदृष्टपूर्व
55. जो पहले कभी नहीं हुआ हो। — अभूतपूर्व
56. जो धरती फोड़कर उत्पन्न होता है — उद्भिज

57. जो विलम्ब से काम करे — दीर्घसूत्री
58. शिष्टजनों का आचार — शिष्टाचार
59. सब लोगों से सम्बन्ध रखने वाला — सार्वजनिक
60. पिता से सम्बन्धित — पैतृक
61. जहाँ प्रजा का शासन हो — प्रजातंत्र
62. जहाँ राजा का शासन हो — राजतंत्र
63. पीछे-पीछे चलने वाला — अनुगामी
64. तीव्रगति से चलने वाला — द्रुतगामी
65. नख से लेकर सिर तक — नखशिख
66. पैर से लेकर सिर तक — आपाद मस्तक
67. जो भय उत्पन्न करने वाला हो — भीम
68. धर्म के प्रति निष्ठा रखने वाला — धर्मनिष्ठ
69. कर्त्तव्य के प्रति निष्ठा रखने वाला — कर्त्तव्यनिष्ठ
70. जो किसी बात को तुरन्त सोच ले — प्रत्युत्पन्नमति
71. किसी स्थान पर निश्चित रूप से न रहने वाला — यायावर
72. गुण और दोष की विवेचना करने वाला — समालोचक
73. जहाँ तक हो सके — यथासम्भव
74. हंस के समान गति से चलने वाली — हंसगामिनी
75. हाथी के समान गति से चलने वाली — गजगामिनी
76. एक ही नेत्र से देखने वाला — एकाक्ष
77. सौ वर्ष का समय — शताब्दी
78. जिस ग्रन्थ में बहुत सी बातों का संग्रह किया गया हो — संकलन
79. रक्त से सना हुआ — रक्तरंजित
80. सौ का संग्रह — शतक
81. जिसकी भुजाएँ घुटनों तक हो — आजानबाहु
82. जो चूसा जाय — चोष्य
83. जो स्त्री के वशीभूत हो — स्त्रैण
84. करने की इच्छा — चिकीर्षा
85. खाने की इच्छा — बुभुक्षा
86. तैरने की इच्छा — तितीर्षा
87. पीने की इच्छा — पिपासा
88. जो बाएँ हाथ से तीर चलाता हो — सव्यसाची
89. सुन्दर हृदय वाला — सुहृद

| | |
|---|---|
| 90. युग में परिवर्तन उपस्थित करने वाला | युगान्तकारी |
| 91. अभी-अभी जन्मा हुआ | सद्यःप्रसूत/नवजात |
| 92. जिस स्त्री ने अभी-अभी स्नान किया है | सद्यःस्नाता |
| 93. आदि से अन्त तक | आद्योपांत |
| 94. रात और संध्या के बीच की वेला | गोधूलि |
| 95. जो भेदा नहीं जा सके | अभेद्य |
| 96. एक स्थान से दूसरे स्थान को हटाया हुआ | स्थानान्तरित |
| 97. जो इस लोक में सम्भव न हो | अलौकिक |
| 98. जो विकास की ओर अग्रसर हो | विकासशील |
| 99. जो जीवों के जीवन से सम्बन्धित हो | जैविक |
| 100. नयनों को सुन्दर लगने वाला | नयनाभिराम |
| 101. मानव द्वारा निर्मित | कृत्रिम |
| 102. वह जो पैर से पीता है | पापद |
| 103. पलक झपकने का समय | अक्षिनिमेष |
| 104. एकटक देखते रहना | निर्निमेष |
| 105. शरीर की सुन्दरता | अंग सौष्ठव |
| 106. सूर्य का एक राशि से निकलकर दूसरी राशि में जाना | संक्रमण |
| 107. छूत से फैलने वाला | संक्रामक |
| 108. जो दो शब्दों या वाक्यांशों को जोड़ता है | संयोजक |
| 109. फल की कामना न कर कार्य करना | निष्काम |
| 110. सर्वदा कल्याण करने वाला | सदाशिव |
| 111. उद्दीप्त करने की क्रिया | सन्दीपन |
| 112. जो सिद्ध या पूरा हुआ हो | सफलीभूत |
| 113. समाचार पत्र का सम्पादन करने वाला | सम्पादक |
| 114. अपने आप से उत्पन्न | स्वजन्मा |
| 115. पसीने से उत्पन्न होने वाला | स्वेदज |
| 116. इष्ट मित्रों को देने के लिए परदेश से लाई गई धातु | सौगात |
| 117. तुल्य या बराबर करने की क्रिया | समीकरण |
| 118. घर के प्रधान द्वार के पास की कोठरी | प्रकोष्ठ |
| 119. जो प्रमाण का विषय हो सके | प्रमेय |
| 120. किसी स्थान पर पैर रखने या जाने की क्रिया | पदार्पण |
| 121. ऊँचे से नीचे का क्रम | अनुलोम |
| 122. ऊपर की खींची हुई श्वाँस | उच्छ्वास |

| | |
|---|---|
| 123. उत्पत्ति का स्थान | उद्गम |
| 124. कुल परम्परा से आया हुआ | वंशागत |
| 125. भ्रम में पड़ा हुआ | विभ्रान्त |
| 126. जो डींग बहुत हाँके परन्तु कुछ भी न कर सके | डपोरशंख |
| 127. बढ़ाचढ़ा कर बोलने वाला | बड़बोला |
| 128. धूल से भरा हुआ | धूल धूसरित |
| 129. वसुदेव का पुत्र | वासुदेव |
| 130. कुन्ती का पुत्र | कौन्तेय |
| 131. पाण्डु के पुत्र | पाण्डव |
| 132. गंगा के पुत्र | गांगेय |
| 133. छः छः महीने में होने वाला | षष्टमासिक/छमाही |
| 134. नया आया हुआ | नवागत |
| 135. विदेश में रहने वाला | प्रवासी |
| 136. जो सदैव बना रहे | शाश्वत |
| 137. जो चक्र धारण करता हो | चक्रपाणि |
| 138. जो देखने में सुन्दर हो | सुदर्शन |
| 139. सिन्धु प्रदेश का | सैन्धव |
| 140. दोनों किनारों पर | उभयतट |
| 141. जिसकी उपमा दी जाय | उपमेय |
| 142. जिसके साथ उपमा दी जाय | उपमान |
| 143. विद्यार्थियों के रहने का स्थान | छात्रावास |
| 144. ऊपर कहा हुआ | उपर्युक्त |
| 145. बिना बुलाए आया हुआ | अनाहूत |
| 146. तर्क करने वाला | तार्किक |
| 147. निष्फल न होने वाला | अमोघ |
| 148. दोपहर के पहले का समय | पूर्वाह्न |
| 149. दोपहर के बाद का समय | अपराह्न |
| 150. जो कभी बूढ़ा न हो | अजर |
| 151. रात में विचरण करने वाला | निशाचर |
| 152. मन में/से जन्म लेने वाला | मनोज |
| 153. वह स्थान जहाँ से सूर्य निकलता है | उद्याचल |
| 154. वह स्थान जहाँ सूर्य अस्त होता है | अस्ताचल |
| 155. वह स्थान जहाँ से गंगा निकलती है | गंगोत्री |

| | |
|---|---|
| 156. वह स्थान जहाँ से यमुना निकलती है | यमुनोत्री |
| 157. पशुओं के चरने का स्थान | चारागाह |
| 158. पूर्व और उत्तर के बीच की दिशा | ईशान |
| 159. जिसके पास कुछ न हो | अकिंचन |
| 160. पूर्व और दक्षिण का कोण | अग्निकोण |
| 161. जो दया का पात्र हो | दयनीय |
| 162. जिसका होना जरूरी हो | अनिवार्य |
| 163. शक्ति की उपासना करने वाला | शाक्त |
| 164. शिव की उपासना करने वाला | शैव |
| 165. विष्णु की उपासना करने वाला | वैष्णव |
| 166. अनुचित बात के लिए आग्रह | दुराग्रह |
| 167. समान अवस्था (उम्र) वाला | समवयस्क |
| 168. जिस समय कठिनाई से भिक्षा मिलती है | दुर्भिक्ष |
| 169. जिसे कठिनाई से समझा जा सके | दुर्बोध |
| 170. क्षण भर में नष्ट होने वाला | क्षणभंगुर |
| 171. जो मूल से सम्बद्ध हो | मौलिक |
| 172. पर्वत के पास की भूमि | उपत्यका |
| 173. जो न्याय का विद्वान् हो | नैयायिक |
| 174. जो व्याकरण का विद्वान् हो | वैयाकरण |
| 175. जिसका शत्रु पैदा न हुआ हो | अजातशत्रु |
| 176. जो वाणी द्वारा कहा न जा सके | अनिर्वचनीय |
| 177. जो अनुकरण करने योग्य हो | अनुकरणीय |
| 178. जिसने अपना ऋण चुका दिया हो | उऋण |
| 179. जिससे अपमान की अनुभूति होती है | अपमानजनक |
| 180. दीक्षा के अन्त में होने वाला | दीक्षान्त |
| 181. एक ही समय में वर्तमान | समकालीन |
| 182. उसी समय का | तत्कालीन |
| 183. जो इतिहास जानता हो | इतिहासज्ञ |
| 184. जो दर्शनशास्त्र जानता हो | दार्शनिक |
| 185. पेट की आग | जठराग्नि/जठरानल |
| 186. जंगल की आग | दावाग्नि/दावानल |
| 187. समुद्र की आग | बड़वाग्नि/बड़वानल |
| 188. वह जो संसद का सदस्य हो | सांसद |

| | |
|---|---|
| 189. वह जो विधान सभा का सदस्य हो | विधायक |
| 190. छः कोणों वाली आकृति | षट्कोण |
| 191. रोंगटे खड़ा होने वाला दृश्य | रोमहर्षक |
| 192. जो स्त्री सन्तानोत्पत्ति के योग्य न हो | बाँझ |
| 193. युद्ध में स्थिर रहने वाला | युधिष्ठिर |
| 194. महल के अन्दर का निवास | अन्तःपुर |
| 195. मुफ्त मे बँटने वाला भोजन | सदाव्रत |
| 196. युवावस्था और बचपन के बीच का समय | वयःसंन्धि |
| 197. जो स्मरण करने योग्य हो | स्मरणीय |
| 198. जो आगे की बात सोचता हो | अग्रसोची |
| 199. जो दूर तक सोचता हो | दूरदर्शी |
| 200. कम बोलने वाला | मितभाषी |
| 201. जो कम खर्च करता हो | मितव्ययी |
| 202. नीति को जानने वाला | नीतिज्ञ |
| 203. इन्द्रियों को जीतने वाला | जितेन्द्रिय |
| 204. जिसके समान दूसरा न हो | अद्वितीय |
| 205. जिसका आदि न हो | अनादि |
| 206. जिसकी इच्छाएँ बहुत ऊँची हों | महत्त्वाकांक्षी |
| 207. जिसकी ग्रीवा (गर्दन) सुन्दर हो | सुग्रीव |
| 208. जो सर्वशक्ति सम्पन्न हो | सर्वशक्तिमान |
| 209. जिसे ईश्वर में विश्वास हो | आस्तिक |
| 210. जिसे ईश्वर में विश्वास न हो | नास्तिक |
| 211. जिसका पति जीवित हो | सधवा |
| 212. दो बार जन्म लेने वाला | द्विज |
| 213. जो कहा न जा सके | अकथनीय |
| 214. जिसका निवारण न किया जा सके | अनिवार्य |
| 215. जो सब कुछ जानता हो | सर्वज्ञ |

20

# विपरीतार्थक शब्द (Antonyms)

विपरीतार्थक शब्द वे हैं जो दिए गए किसी शब्द का विलोम या उल्टा अर्थ बताते हैं।

| शब्द | विपरीतार्थक शब्द | शब्द | विपरीतार्थक शब्द |
|---|---|---|---|
| उत्तम | अधम | आभ्यंतर | बाध्य |
| अन्तर्मुखी | बहिर्मुखी | आस्तिक | नास्तिक |
| सुगम | अगम | आर्द्र | शुष्क |
| सुलभ | दुर्लभ | आत्मा | परमात्मा |
| सुबोध | दुर्बोध | आयात | निर्यात |
| सरस | नीरस | आसक्त | अनासक्त |
| अन्तर्द्वन्द्व | बहिर्द्वन्द्व | अन्धकार | प्रकाश |
| अल्पायु | दीर्घायु | अथ | इति |
| अग्रज | अनुज | अवनि | अम्बर |
| आगमन | प्रस्थान | अधिक | न्यून |
| आदि | अन्त | अज्ञ | विज्ञ |
| अनुलोम | प्रतिलोम | अतिवृष्टि | अनावृष्टि |
| अति | अल्प | अँधेरा | उजाला |
| अमर | मर्त्य | अनुकूल | प्रतिकूल |
| अमावस्या | पूर्णिमा | अनिवार्य | वैकल्पिक |
| अनुरक्ति | विरक्ति | अल्पमत | बहुमत |
| आकाश | पाताल | अनुगामी | अग्रगामी |
| आगामी | गत/विगत | अपव्ययी | मितव्ययी |
| आदर | निरादर | अपमान | सम्मान |
| आय | व्यय | अपना | पराया |
| आशा | निराशा | अनुराग | विराग |
| आविर्भाव | तिरोभाव | अपेक्षा | उपेक्षा |
| अन्तर्धान | तिरोधान | अल्पसंख्यक | बहुसंख्यक |
| आकर्षण | विकर्षण | अमृत | विष |
| उत्कर्ष | अपकर्ष | अरुचि | सुरुचि |
| उत्थान | पतन | अभिशाप | वरदान |

| शब्द | विपरीतार्थक शब्द | शब्द | विपरीतार्थक शब्द |
|---|---|---|---|
| उन्नत | अवनत | आवृत्त | अनावृत्त |
| उन्नति | अवनति | इहलोक | परलोक |
| जय | पराजय | कटु | मधु |
| इच्छा | अनिच्छा | कठोर | कोमल |
| इष्ट | अनिष्ट | कपट | निष्कपट |
| उपकार | अपकार | कनिष्ठ | ज्येष्ठ |
| उत्साह | निरुत्साह | कर्मण्य | अकर्मण्य |
| उर्वर | उरुसर | कीर्ति | अपकीर्ति |
| उऋण | ऋणी | वक्र | सरल |
| उग्र | शान्त | सुन्दर | कुरूप |
| शान्त | अशान्त | क्रय | विक्रय |
| उतार | चढ़ाव | खरीद | फरोख्त |
| उच्च | निम्न | कृत्रिम | प्राकृतिक |
| उदय | अस्त | कृतज्ञ | कृतघ्न |
| ऊँच | नीच | कृष्ण | शुक्ल |
| उद्याचल | अस्ताचल | खण्डन | मण्डन |
| उदार | कृपण | गणतन्त्र | राजतन्त्र |
| उत्कृष्ट | निकृष्ट | गरल | सुधा |
| उत्तीर्ण | अनुत्तीर्ण | स्वर्ग | नरक |
| उपयुक्त | अनुपयुक्त | गुण | दोष |
| उपसर्ग | प्रत्यय | गुप्त | प्रकट |
| उपयोग | अनुपयोग | गुरु | लघु |
| सदुपयोग | दुरूपयोग | विपन्न | सम्पन्न |
| उधार | नकद | राजा | रंक |
| इर्ष | विषाद | अमीर | गरीब |
| एक | अनेक | धनी | निर्धन |
| एड़ी | चोटी | दुर्बल | सबल |
| एकत्र | विकीर्ण | घर | बाहर |
| ग्राह्य | त्याज्य | चर | अचर |
| गृहस्थ | संन्यासी | चिरन्तन | नश्वर |
| आद्य | अन्त्य | चोर/असाधु | साधु |
| आम | खास | छूत | अछूत |

| शब्द | विपरीतार्थक शब्द | शब्द | विपरीतार्थक शब्द |
|---|---|---|---|
| ऐश्वर्य | अनैश्वर्य | जागरण | निद्रा |
| ऐतिहासिक | अनैतिहासिक | जंगम | स्थावर |
| करुण | निष्ठुर | जीवित | मृत |
| झूठ | सच | जंगली | पालतू |
| मिथ्या | सत्य | प्राचीन | नवीन/अर्वाचीन |
| ताप | शीत | प्रत्यक्ष | परोक्ष |
| तीव्र | मन्द | प्रवृत्ति | निवृत्ति |
| तुच्छ | महान् | प्रशंसा | निन्दा |
| तुकान्त | अतुकान्त | प्रसिद्ध | अप्रसिद्ध |
| दक्षिण | उत्तर | प्रेम | घृणा |
| पूरब | पश्चिम | पूर्णता | अपूर्णता |
| प्रलय | सृष्टि | पूर्ण | अपूर्ण |
| दुर्जन | सज्जन | बन्धन | मोक्ष/मुक्ति |
| स्वच्छ | अस्वच्छ | पूर्ववर्ती | परवर्ती |
| संश्लिष्ट | विश्लेषित | सफल | असफल/निष्फल |
| स्वामी | सेवक | पुरातन | नूतन |
| देशज | विदेशज | पुराना | नया |
| देव | दानव | बर्बर/असभ्य | सभ्य |
| देवता | राक्षस | अन्तरंग | बहिरंग |
| धर्म | अधर्म | बलवान | बलहीन |
| धैर्य | अधैर्य | भद्र | अभद्र |
| नश्वर | शाश्वत | भेद | अभेद |
| नगर | ग्राम | लघुता | गुरुता |
| नागरिक | ग्रामीण | लिप्त | निर्लिप्त |
| नाम | अनाम | लोभी | निर्लोभी |
| नाथ | अनाथ | लौकिक | अलौकिक |
| निरर्थक | सार्थक | विमुख | सम्मुख |
| निरामिष | सामिष | विधवा | सधवा |
| निर्लज्ज | सलज्ज | विशिष्ट | साधारण |
| नैसर्गिक | कृत्रिम | विस्तृत | संक्षिप्त |
| परमार्थ | स्वार्थ | विधि | निषेध |
| पक्ष | विपक्ष | विवेक | अविवेक |

| शब्द | विपरीतार्थक शब्द | शब्द | विपरीतार्थक शब्द |
|---|---|---|---|
| पराजय | जय/विजय | वीर | कायर |
| पण्डित | मूर्ख | वृद्धि | ह्रास |
| परतन्त्र | स्वतन्त्र | व्यावहारिक | अव्यावहारिक |
| आजाद | गुलाम | आसक्ति | अनासक्ति |
| पाप | पुण्य | वैतनिक | अवैतनिक |
| पुरस्कार | तिरस्कार | सदाचारी | दुराचारी |
| प्रधान | गौण | समास | व्यास |
| सम | विषम | सदय | निर्दय |
| सक्रिय | निष्क्रिय | समष्टि | व्यष्टि |
| सगुण | निर्गुण | सम्मुख | विमुख |
| सहयोगी | प्रतियोगी | समूल | निर्मूल |
| सखा/मित्र | शत्रु | सार्थक | निरर्थक |
| सशंक | निस्संक | सात्विक | तामसिक |
| सापेक्ष | निरपेक्ष | साकार | निराकार |
| साक्षर | निरक्षर | सुपात्र | कुपात्र |
| सुगन्ध | दुर्गन्ध | सुपथ | कुपथ |
| सुशील | दुःशील | सुमति | कुमति |
| सुकर्म | कुकर्म | स्तुत्य | निंद्य |
| स्थूल | सूक्ष्म | क्षम्य | अक्षम्य |
| मूर्त | अमूर्त | श्री गणेश | इति श्री |
| सुर | असुर | श्लील | अश्लील |
| सुकाल | अकाल | शोषक | पोषक |
| सुदूर | सन्निकट | शासक | शासित |
| सुसंगति | कुसंगति | स्तुति | निन्दा |
| सौभाग्य | दुर्भाग्य | शिक्षित | अशिक्षित |
| सम्पन्न | विपन्न | श्वेत | श्याम |
| संकल्प | विकल्प | श्रव्य | दृश्य |
| सन्धि | विच्छेद | हास | रुदन |
| सन्तोष | असन्तोष | हित | अहित |
| संघटन | विघटन | हिंसा | अहिंसा |
| क्षर | अक्षर | | |

21

# श्रुतिसम भिन्नार्थक शब्द

युग्म शब्द को श्रुतिसम भिन्नार्थक या समोच्चरित शब्द भी कहा जाता है। इस प्रकार के दो शब्दों में मामूली-सा अन्तर होता है। वह अन्तर मात्रागत या वर्णगत होता है। फलतः ऐसे शब्द सुनने में एक समान तो लगते हैं लेकिन अर्थ भिन्न-भिन्न होते हैं। हिन्दी में ऐसे शब्दों की संख्या अत्यधिक है। नीचे वैसे प्रमुख शब्द युग्मों को अर्थ सहित प्रस्तुत किया जा रहा है :-

1. अंश = भाग/हिस्सा
   अंस = कन्धा
2. अपेक्षा = आवश्यकता/उम्मीद
   उपेक्षा = अवहेलना
3. अभिराम = सुन्दर
   अविराम = लगातार
4. अनल = आग
   अनिल = हवा
5. अवलम्ब = आश्रय/सहारा
   अविलम्ब= शीघ्र
6. अन्त = समाप्त/खतम
   अन्त्य = अन्तिम
7. अभिहित = कथित
   अविहित = अनुचित
8. अम्बुज = कमल
   अम्बुद = बादल
9. अलि = भ्रमर
   अली = सखी
10. उपकार = भलाई
    अपकार = बुराई
11. अजिक = ललाट
    अलीक = झूठ
12. अभिनय = स्वांग
    अविनय = उद्दण्डता
13. अतल = तलहीन
    अतुल = जिसकी तुलना न हो सके
14. अकथ = जो कहा नहीं जाय
    अथक = बिना थके हुए।
15. अन्न = अनाज
    अन्य = दूसरा
16. आदि = आरम्भ/शुरू
    आदी = अभ्यस्त, अदरक
17. अभय = निर्भय
    उभय = दोनों
18. अर्जन = संग्रह
    अर्चन = पूजा
19. अमित = अत्यधिक
    अमीत = शत्रु
20. अणु = सूक्ष्म कण
    अनु = पीछे
21. अशक्त = असमर्थ
    असक्त = विरक्त
22. अब्ज = कमल
    अब्द = बादल
23. अवधि = समय
    अवधी = अवध की भाषा

24. अभ्यास = अनुशीलन
अभ्याश = पड़ोस
25. आभरण = आभूषण
आमरण = मरण तक
26. आकर = खान
आकार = आकृति
27. आयत = चतुर्भुज
आयात = बाहर से लाना
28. आर्त = दुःखी
आर्द्र = गीला
29. आवास = वास स्थान
आभास = झलक
30. आवृत्त = घिरा हुआ
आवृत्ति = दुहराना
31. इत्र = सुगन्धित पदार्थ
इतर = दूसरा
32. स्त्री = महिला
इस्त्री = कपड़े पर कलप करना
33. अरि = दुश्मन
अरी = स्त्री के लिए सम्बोधन
34. उद्यत = तैयार, तत्पर
उद्धत = उद्दण्ड
35. ऋतु = मौसम
ऋत = सत्य
36. कश = चाबुक
कष = कसौटी
37. कुल = वंश
कूल = किनारा
38. कलि = कलियुग
कली = अधखिला फूल
39. कपिश = मटमैला
कपीश = बन्दरों का राजा
40. कर्म = कार्य
क्रम = सिलसिला
41. कंगाल = दरिद्र
कंकाल = ठठरी (मानव की)
42. कटिबद्ध = तैयार
कटिबन्ध = कमर बन्द
43. करोड़ = सौ लाख की संख्या
क्रोड़ = गोद
44. कृत = किया हुआ
क्रीत = खरीदा हुआ
45. कृपण = कंजूस
कृपाण = कटार
46. कृषाण = किसान
कृशानु = आम
47. क्रान्ति = उलटफेर, आन्दोलन
कांति = चमक
48. कुट = किला
कूट = पहाड़ की चोटी
49. कुजन = दुर्जन
कूजन = पक्षियों का कलरव
50. केशर = सिंह की गर्दन के बाल
केसर = कुमकुम
51. कोष = खजाना
कोश = शब्द-संग्रह
कोस = दो मील दूरी
52. खाद = उर्वरक
खाद्य = खाने की सामग्री
53. खोया = भूल गया
खोआ = दूध से निर्मित खाद्य पदार्थ
54. गिरि = पर्वत
गिरी = बीज/गूदा
55. चषक = प्याला
चसक = आदत
56. चरण = पैर
चारण = भाट

57. चिर = पुराना
चीर = वस्त्र
58. चिता = शव जलाने के लिए लकड़ियों की शय्या
चीता = एक हिंसक पशु
59. गृह = घर
ग्रह = नक्षत्र
60. करण = इन्द्रियाँ, करण कारक
कर्ण = कान
61. कुच = स्तर
कूच = प्रस्थान
62. कौर = ग्रास
कोर = किनारा
63. चतुष्पद = चौपाया
चतुष्पथ = चौराहा
64. चक्रवात = बवंडर
चक्रवाक = चकवा पक्षी
65. छत्र = छाता
छात्र = विद्यार्थी
66. क्षति = हानि
क्षिति = पृथ्वी
67. जलज = कमल
जलद = बादल
68. नीरज = कमल
नीरद = बादल
69. जघन्य = गर्हित
जघन = जाँच
70. जगत् = संसार
जगत = कुएँ का चबूतरा
71. जामन = दूध जमाने के लिए प्रयुक्त पदार्थ
जामुन = एक फल
72. जेठ = वर्ष का एक महीना
ज्येष्ठ = बड़ा (उम्र में)
73. टुक = थोड़ा
टूक = टुकड़ा
74. टोटा = घाटा
टोंटा = बन्दूक का कारतूस
75. तरणि = सूर्य
तरणी = नाव
76. दाई = धामी, नौकरानी
दायी = जवाबदेह
77. दारु = लकड़ी
दारू = शराब
78. दिवा = दिन
दीया = दीपक
79. दिन = दिवस
दीन = गरीब
80. द्विप = हाथी
द्वीप = टापू
81. दुर्ग = गढ़
दुर्गा = एक देवी
82. दमन = दबाना
दामन = आँचल
83. तक्र = मट्ठा
तर्क = बहस
84. द्रव्य = धन
द्रव = तरल पदार्थ
85. देव = देवता
दैव = भाग्य
86. नहर = कृत्रिम नदी
नाहर = सिंह
87. नग = पहाड़
नाग = सर्प
88. नगर = शहर
नागर = चतुर व्यक्ति
89. नाश = ध्वंश
नास = सुंघनी

90. नारी = स्त्री
नाड़ी = नब्ज
91. निसान = झण्डा
निशान = चिह्न, प्रतीक
92. निर्जर = देवता
निर्झर = झरना
93. निहित = छिपा हुआ
निहत = मरा हुआ
94. नियत = निश्चित
नीयत = इरादा
नियति = भाग्य
95. नमित = नत
निमित्त = कारण
96. नीर = जल
नीड़ = घोंसला
97. निर्माण = बनाना
निर्वाण = मोक्ष
98. नकल = अनुकरण
नकुल = नेवला, पाण्डवों में एक
99. निधन = मृत्यु
निर्धन = गरीब
100. नित = प्रतिदिन
नीत = लाया हुआ
101. नीम = एक पेड़
नींव = आधार
102. नेत्र = आँख
नेतृ = नेता
103. पुरुष = मर्द
परुष = कठोर
104. परिधान = वस्त्र
प्रधान = मुख्य
105. पवन = हवा
पावन = पवित्र
106. पाहन = पत्थर
पाहुन = अतिथि
107. परवाह = चिन्ता
प्रवाह = बहाव
108. प्रहर = समय
प्रहार = चोट
109. परिताप = दुःख
प्रताप = पराक्रम
110. पथ = मार्ग
पथ्य = रोगी का भोजन
111. पट्ट = तख्ता
पट = वस्त्र
112. प्रमाण = सबूत
प्रणाम = नमस्कार
113. परिणाम = फल
परिमाण = मात्रा
114. प्रणय = प्रेम
परिणय = विवाह
115. परदेश = दूसरा देश
प्रदेश = प्रान्त, राज्य
116. परीक्षा = इम्तहान
परिक्षा = कीचड़
117. प्रदीप = दीपक
प्रतीप = उल्टा
118. पानी = जल
पाणि = हाथ
119. पास = निकट
पाश = बन्धन
120. पिक = कोयल
पीक = पान का थूक
121. प्रेषित = भेजा हुआ
प्रोषित = प्रवासी
122. फन = कला
फण = साँप का फण

123. बलि = बलिदान
बली = वीर
124. बहन = भगिनी
वहन = ढोना
125. बहु = बहुत
बहू = पुत्रवधू
126. बार = दफा
वार = दिन
127. वाण = तीर
बान = आदत
128. बात = वचन
वात = हवा
129. भवन = घर
भुवन = संसार
130. भट = योद्धा
भट्ट = पण्डित
131. भाल = ललाट
भार = वजन
132. मल = गन्दगी
मल्ल = पहलवान
133. मणि = रत्न
मणी = सर्प
134. मद = अहंकार
मद्य = शराब
135. मनुज = मनुष्य
मनोज = कामदेव
136. मांस = गोश्त
मास = महीना
137. मात्र = केवल
मातृ = माता
138. मेध = यज्ञ
मेघ = बादल
139. मेदा = पेट
मैदा = बारीक आटा
140. रत = तल्लीन
रक्त = खून
141. रेचक = दस्तावर
रोचक = रूचिकर
142. लक्ष = लाख
लक्ष्य = उद्देश्य
143. लवण = नमक
लवन = खेत के फसल की कटाई
144. वस्तु = चीज
वास्तु = इमारत, भवन
145. अकुल = बिना कुल के
आकुल = व्याकुल
146. वरद = वर देने वाला
विरद = यश
147. वरण = चुनना
वरन् = बल्कि
148. वाद = विचार/सिद्धान्त
वाद्य = बाजा
149. वदन = मुख
बदन = शरीर
150. विस्मृत = भूला हुआ
विस्मित = आश्चर्य में पड़ा हुआ
151. विपिन = जंगल
विपन्न = दुःखी, निर्धन
152. वित्त = धन
वृत्त = गोलाकार
153. विष = जहर
विस = कमल का डण्ठल
बीस = उन्नीस से एक अधिक संख्या
154. सम = समान
शय = संचय
155. सहर = सबेरा
शहर = नगर

156. शव = लाश
शब = रात

157. सिता = चीनी
सीता = जानकी

158. शस्त्र = हथियार
शास्त्र = ग्रन्थ

159. सर = तालाब
शर = बाण

160. सुर = देवता
सूर = अंधा
शूर = वीर

161. सुत = बेटा
सूत = सारथी, धागा

162. सप्त = सात
शप्त = शाप ग्रस्त

163. शंकर = शिव
संकर = दोगला

164. सर्ग = काव्य का अध्याय
स्वर्ग = कल्पित लोक

165. स्वपच = स्वयंवाकी
श्वपच = चाण्डाल

166. सत्व = सार
स्वत्व = अधिकार

167. समिति = सभा
सम्मति = सलाह

168. शय्या = बिछावन
सज्जा = सजावट

169. संग = साथ
संघ = समिति, संगठन

170. शाला = घर
साला = पत्नी का भाई

171. सबल = ताकतवर
शवल = चितकबरा

172. सर्व = सभी
शर्व = शंकर

173. सुगन्ध = खुशबू
सौगन्ध = कसम

174. शुक्ति = सीप
सूक्ति = अच्छी उक्ति

175. शीशा = काँच
सीसा = एक धातु

176. सती = पतिव्रता नारी
शती = शताब्दी

177. श्वेत = सफेद
श्वेद = पसीना

178. शुक = सुग्गा
शूक = जौ

179. शिखर = चोटी (पर्वत की)
शेखर = सिर

180. शक्ल = चेहरा
सकल = सम्पूर्ण

181. हरि = विष्णु
हरी = हरे रंग की

182. सुमन = फूल
सुअन = पुत्र

183. संदेह = शक
सदेह = सशरीर

184. स्व = अपना
श्व = आने वाला दिन

185. शुचि = पवित्र
सूची = विषय क्रम

186. सुधि = स्मरण
सुधी = समझदार, विद्वान्

187. हल = जोतने का यंत्र
हल् = शुद्ध व्यंजन

188. भंगि = लहर
भंगी = मेहतर

189. दूत = संवाददाता
द्यूत = जुआ का खेल
190. देश = राज्य
द्वेष = शत्रुता
191. तरंग = लहर
तुरंग = घोड़ा
192. चालक = ड्राइवर
चालाक = चतुर
193. लोम = रोवाँ
लोभ = लालच
194. बिना = रहित, अभाव
वीणा = एक वाद्य यंत्र
195. प्रसाद = कृपा
प्रासाद = महल
196. भित्ति = दीवार
भीति = डर
197. मूल = जड़
मूल्य = दाम
198. अक्ष = धुरी
यक्ष = एक देव योनि
199. अश्व = घोड़ा
अश्म = पत्थर
200. आसन = बैठने की वस्तु
अशन = भोजन
201. अह = दिन
अहि = साँप
202. अणि = सूई की नोक
अनी = फौज
203. दारा = पत्नी
द्वार = दरवाजा
204. पृथा = कुन्ती
प्रथा = रीति
205. श्रवण = कान
स्रवन = बहना
206. श्याम = श्री कृष्ण
स्याम = एक देश
207. वृन्द = समूह
वृन्त = डण्ठल
208. मित = थोड़ा
मित्र = दोस्त
209. दुरति = पाप
दुरत = छिपा
210. चार = चार की संख्या
चारु = सुन्दर

# 22

# पर्यायवाची शब्द (Synonyms)

किसी शब्द के समान अर्थ के लिए जिन शब्दों को प्रयोग में लाया जाता है उन्हें पर्यायवाची शब्द कहा जाता है। आशय यह है कि पर्याय का अभिप्राय 'बदले में आने वाला' से लिया गया है। पर्यायवाची शब्द को 'प्रतिशब्द' भी कहते हैं। हिन्दी के कुछ पर्यायवाची शब्द निम्नांकित हैं—

अग्नि — पावक, आग, दहन, हुताशन, ज्वलन, कृशानु।
अमृत — सुधा, अमिय, पीयूष, मधु, जीवनोदक।
अधम — नीच, दुष्ट, पामर, खल, दुर्जन।
अन्न — अनाज, राशि, धान्य, दाना।
नदी — सरिता, नद, पयश्विनी, आपगा, तरंगिणी
नरक — यमपुर, यमलोक, यमालय, कृतान्तगेह।
पवित्र — निर्मल, विमल, पावन, शुद्ध, विशुद्ध।
पर्वत — नग, पहाड़, भूधर, गिरि, तुंग, अंद्रि।
पण्डित — सुधी, विद्वान, मनीषी, प्रबुद्ध, कोविद, विचक्षण।
पेड़ — पादप, वृक्ष, तरू, विटप, द्रुय, गाछ।
पुत्र — सुत, बेटा, तनय, आत्मज, लड़का, तनुज।
पुत्री — सुता, बेटी, तनया, आत्मजा, लड़की, तनुजा।
पृथ्वी — भू, धरा, वसुधा, वसुन्धरा, अवनि, मही।
भूपति — नृप, नरेश, राजा, नरपति, भूपाल।
हवा — वायु, समीर, पवन, अनिल, समीरण।
सरस्वती — वीणापाणि, शारदा, माहश्वेता, पद्मासना, वाणी, भारती।
साँप — सर्प, अहि, नाग, विषधर, भुजंग, व्याल, पन्नग।
समुद्र — सागर, उदधि, पयोधि, नदीस, सिन्धु, रत्नाकर, जलधि।
दुःख — पीड़ा, कष्ट, व्यथा, वेदना, यातना, खेद, सन्ताप।
विष्णु — वज्रपाणि, विश्वम्भर, माधव, दामोदर, लक्ष्मीपति, गोविन्द, नारायण।
तालाब — सरोवर, सर, जलाशय, पोखर, पुष्कर, पद्माकर, ताल, तड़ाग।
बाण — तीर, शर, नाराच, विशिख, शिलीमुख।
वाटिका — बाग, उपवन, बगीचा, उद्यान, आराम।
समूह — समुदाय, वृन्द, दज, झुण्ड, मण्डली, टोली, जत्था।

फूल — पुष्प, पुहुप, प्रसून, सुमन, कुसुम, सारंग।
ब्रह्मा — विधि, स्वयंभू, चतुरानन, प्रजापति, विधाता, पितामह।
भौंरा — मधुप, भ्रमर, भृंग, मधुकर, षट्पद, भँवरा।
शिव — महेश्वर, शंकर, चन्द्रशेखर, नीलकण्ठ, त्रिलोचन, शंभु, पशुपति, महादेव, त्रिनेत्र।
मुनि — सन्यासी, अवधूत, साधु, सन्त, योगी, वैरागी।
यमुना — कालिन्दी, तरणि-तनुजा, सूर्य-सुता, जमुना, रवि-तनया।
बादल — मेघ, घन, घटा, अम्बुद, नीरद, पयोधर, जलधर, वारिद, जलद।
बिजली — विद्युत, क्षणदा, चपला, चंचला, दामिनी, क्षणप्रभा, तड़ित, सौदामिनी।
इच्छा — वांछा, अभिलाषा, कामना, स्पृहा, मनोरथ
आम — रसाल, आम्र, अमृतफल, सहकार।
गाय — गौ, धेनु, सुरभि, गौरी, दोग्धी, सौरमेयी।
चन्द्रमा — चाँद, शशि, रजनीश, राकेश, राकापति, सुधाकर, मयंक, चन्द्र।
दूध — गोरस, दुग्ध, पय, क्षीर।
देवता — सुर, अमर, देव, निर्जर, विवुध,।
धन — अर्थ, द्रव्य, वित्त, सम्पदा, सम्पत्ति, दौलत, विभूति।
पक्षी — खग, विहग, विहंग, परिन्दा, पखेरू, चिड़िया, द्विज, अण्डज।
गणेश — गणपति, गजानन, विनायक, एकदंत, लम्बोदर, मोदकप्रिय।
गदहा — खर, गर्दभ, रासभ, वैशाखनन्दन, धूसर, वेशर।
गंगा — भागीरथी, जाहन्वी, त्रिपथगा, मंदाकिनी, देवापमा, देवनदी, सुरसरि।
कुवेर — यक्षराज, धनपति, किन्नरेश, धनराज, धनद, यक्षपति।
किरण — रश्मि, अंशु, कर, मरीचि, मयूख, गो, प्रभा, अर्चि।
किनारा — कूल, तट, कगार, तीर, छोर।
इन्द्र — सुरपति, देवेन्द्र, देंवराज, मधवा, पुरन्दर, वासव, शचीपति, बिड़ौजा।
ईश्वर — परमात्मा, प्रभु, ईश, ब्रह्मा, भगवान्, जगदीश, परमपिता।
आँख — लोचन, दृग, नेत्र, नयन, चक्षु, दृष्टि, अक्षि।
घोड़ा — अश्व, घोटक, वाजि, हय, तुरंग, सैन्धव, हरी, तुरग।
आकाश — गगन, अम्बर, व्योम, नभ, आसमान, ख, अनन्त।
राक्षस — दैत्य, दनुज, दानव, यातुधान, निशाचर, रजनीचर।
कपड़ा — वस्त्र, पट, अम्बर, वसन, चीर, परिधान।
कामदेव — मदन, मन्मथ, अनंग, पुष्पधन्वा, पंचशर।
चतुर — निपुण, दक्ष, कुशल, चालाक, होशियार, विज्ञ, नागर।
अनुपम — अनूठा, अद्वितीय, अद्भुत, अपूर्व, अनूप, विलक्षण
अहंकार — घमण्ड, दर्प, अभिमान, दंभ।

| | |
|---|---|
| मछली | – मीन, मत्स्य, झख, शफरी, नस-जीवन। |
| माता | – माँ, जननी, अम्बा, अम्मा। |
| पत्थर | – पाहन, पाथर, पाषाण, अश्म, उपस, प्रस्तर। |
| नाव | – नौका, पतंग, बेड़ा, जलयान, डोंगी, तरी, तरणी। |
| रात | – निशा, रजनी, विभावरी, रात्रि, यामिनी, रैन, शर्वरी, राका। |
| पत्नी | – वधू, भार्या, दारा, कलय, प्राणप्रिय, अर्द्धांगिनी। |
| सोना | – कंचन, कनक, हेम, सुवर्ण, कसधौत, हाटक, हिरण्य। |
| हाथी | – गज, इस्ती, द्विप, करी, कुंजर, द्विरद, नाग। |
| हाथ | – कर, हस्त, पाणि। |
| स्त्री | – महिला, नारी, कान्ता, कामिनी, वनिता, रमणी। |
| सूर्य | – दिनकर, दिवाकर, भास्कर, मार्तण्ड, दिनेश, दिनमान, अंशुमाली, भानु, रवि। |
| सिंह | – शेर, मृगराज, शार्दूल, मृगेन्द्र, केशरी, व्याघ्र, वनराज, पंचानन, पंचमुख |
| सुन्दर | – सलिल, रुचिर, चारु, मनोहर, रमणीय, कमनीय, अभिराम। |
| सेवक | – भृत्य, नौकर, अनुचर, चाकर, किंकर, दास, परिचारक। |

23

# एकार्थक शब्द

हिन्दी में कुछ ऐसे शब्द होते हैं जिनका एक ही अर्थ होता है। एक अर्थ वाले शब्द को एकार्थक शब्द कहा जाता है। कतिपय एकार्थक शब्द नीचे दिए जा रहे हैं :–

अगम – जहाँ पहुँचा न जा सके।
अधिक – आवश्यकता से ज्यादा।
अनुमति – किसी कार्य के लिए आदेश।
अभिमान – प्रतिष्ठा में अपने को बड़ा और दूसरे को छोटा समझना।
अनुग्रह – कृपा।
अनुकम्पा – बहुत कृपा।
अनुरोध – किसी काम के लिए बराबर वालों से आग्रह।
अपराध – सामाजिक कानून का उल्लंघन।
अस्त्र – वह हथियार जो फेंक कर चलाया जाता है जैसे तीर, भाला आदि।
अवस्था – बीते हुए समय को अवस्था कहते हैं।
अपयश – स्थायी रूप से दोषी होना।
अनुराग – किसी विषय या व्यक्ति पर शुद्ध भाव से मन केन्द्रित करना।
अन्तःकरण – विशुद्ध मन की विवेकपूर्ण शक्ति।
अध्यक्ष – किसी संस्था के स्थायी प्रधान को अध्यक्ष कहते हैं।
अर्चना – धूप, दीप, फूल इत्यादि से पूजा करना।
अभिनन्दन – किसी श्रेष्ठ का मान या स्वागत करना।
अभिलाषा – किसी विशेष वस्तु की हार्दिक इच्छा।
अलौकिक – जो इस लोक में न हो।
अज्ञ – जिसे पता न हो।
अस्वाभाविक – प्रकृति के प्रतिकूल।
अनुसन्धान – अज्ञात तथ्यों से ढूँढ निकालना।
अनिवार्य – जिसके बिना कार्य सम्भव न हो।
आज्ञा – बड़े व्यक्ति द्वारा कुछ करने के लिए कहा जाना।
आदेश – वैधानिक अधिकार से कुछ करने के लिए कहना।
आधि – मानसिक कष्ट, जैसे (चिन्ता)।
आवश्यक – जिसका किया जाना जरूरी हो।

| | | |
|---|---|---|
| आविष्कार | — | किसी नई वस्तु का निर्माण करना। |
| आदरणीय | — | अपने से बड़ों के प्रति सम्मानसूचक शब्द। |
| आदि | — | एक या दो दृष्टांत के बाद आदि का प्रयोग किया जाता है। |
| आत्मा | — | जीवों के अन्दर वह अनैतिक तत्त्व जिसका कभी नाश नहीं होता है। |
| आसक्ति | — | मोह से उत्पन्न प्रेम। |
| आयु | — | सम्पूर्ण जीवन की अवधि को आयु कहते हैं। |
| इत्यादि | — | दो से अधिक उदाहरणों के बाद इत्यादि का प्रयोग होता है। |
| इच्छा | — | किसी वस्तु की साधारण चाह। |
| ईर्ष्या | — | दूसरों की उन्नति देखकर जलना। |
| उत्साह | — | काम करने की बढ़ती हुई रुचि। |
| कलंक | — | चरित्र पर दोष लगाना। |
| कष्ट | — | अभाव, असमर्थता के कारण शारीरिक तथा मानसिक पीड़ा। |
| कर्मठ | — | काम पर उत्साह पूर्वक जमा रहने वाला। |
| कंगाल | — | उदर पूर्ति के निमित्त भीख माँगने वाला। |
| क्लेश | — | मन के अप्रिय भावों का द्योतक। |
| कृपा | — | किसी के कष्ट निवारण की साधारण चेष्टा। |
| कुशल | — | हर काम में मानसिक तथा शारीरिक शक्तियों का प्रयोग करने वाला। |
| खेद | — | पश्चाताप की भावना के साथ दुःख। |
| खोज | — | छिपी हुई वस्तु का पता लगाना। |
| ग्लानि | — | अपने किए पर पश्चाताप की अनुभूति। |
| गर्व | — | किसी वस्तु का गौरव |
| घमण्ड | — | हर स्थिति में अपने को श्रेष्ठ समझना। |
| चित्त | — | जिसमें बातों का स्मरण-विस्मरण होता है। |
| तृप्ति | — | इच्छा का समापन |
| तृष्णा | — | ऐसा अधिक लोभ जो कभी पूरा न हो। |
| दुर्गम | — | जहाँ कठिनाई से पहुँचा जा सके। |
| दया | — | दुःख में सहायता करने की भावना। |
| दक्ष | — | हाथ से किए जाने वाले कार्यों को अच्छी तरह और शीघ्र करने वाला। |
| दुःख | — | साधारण पीड़ा। |
| दर्प | — | नियम के प्रतिकूल काम करने पर भी घमण्ड करना। |
| धर्म | — | कर्तव्य भावना या किसी धातु का यथार्थ रूप। |
| निबन्ध | — | वह गद्य रचना जिसमें लेखक का व्यक्तित्व और उसकी शैली प्रधान हो तथा विषय गौण हो। |

| | | |
|---|---|---|
| निकट | – | समीपता का बोध। |
| निधन | – | जनप्रिय तथा महान् व्यक्ति का देहान्त। |
| नमस्कार | – | बराबर वालों को नमस्कार किया जाता है। |
| नमस्ते | – | छोटों को और बराबर वालों को अभिवादन किया जाता है। |
| पर्याप्त | – | आवश्यकता भर। |
| पाप | – | नैतिक तथा धार्मिक नियमों का प्रतिकूल आचरण। |
| पीड़ा | – | रोग चोट आदि से शारीरिक पीड़ा होती है। |
| पूजा | – | भक्ति-पूर्ण प्रार्थना। |
| पूजनीय | – | गुरुजनों के प्रति सम्मानसूचक शब्द। |
| पुत्र | – | अपना बेटा। |
| पुरस्कार | – | किसी के अच्छे काम से प्रसन्न होकर पुरस्कार दिया जाता है। |
| पारितोषिक | – | प्रतियोगिता में विजय प्राप्त करने पर जो पुरस्कार दिया जाता है। |
| ज्ञान | – | इन्द्रियों द्वारा प्राप्त अनुभव। |
| शोक | – | मृत्यु पर दुःखी होना। |
| शुश्रुषा | – | दीन-दुखियों और रोगियों की परिचर्या। |
| शस्त्र | – | हाथ में थामकर चलाया जाने वाला हथियार। |
| साहस | – | भय को जीत लेना। |
| सुहृद् | – | जिसका हृदय सुन्दर हो। |
| साधारण | – | विशिष्ट गुण या चमत्कार से रहित। |
| सामान्य | – | जो बात सब में समान रूप से प्राप्त हो। |
| स्वाधीनता | – | इसका प्रयोग देश या राष्ट्र के लिए किया जाता है। |
| स्वतन्त्रता | – | इसका प्रयोग व्यक्तियों के लिए किया जाता है। |
| सेवा | – | गुरुजनों की आज्ञा मानकर कार्य करना। |
| स्त्री | – | कोई भी औरत। |
| स्वागत | – | किसी को सम्मान देना। |
| स्पर्धा | – | दूसरों से आगे बढ़ने की इच्छा। |
| भक्ति | – | ईश्वर के प्रति पूज्य भाव। |
| महोदय | – | सामान्य जन के लिए प्रयुक्त होता है। |
| महाशय | – | अधिकारियों के लिए प्रयुक्त होता है। |
| मूर्ख | – | बुद्धिहीन (जड़)। |
| मत | – | कोई सिद्धान्त। |
| लज्जा | – | दूसरों से शर्माना। |
| लेख | – | वह गद्य रचना जिसमें विषय की प्रधानता हो। |

| | | |
|---|---|---|
| वात्सल्य | — | माता-पिता का सन्तान के प्रति प्रेम। |
| राजा | — | एक साधारण भूपति। |
| सम्राट | — | राजाओं का राजा। |
| बालक | — | कोई भी लड़का। |
| भ्रम | — | किसी वस्तु में दूसरी वस्तु का निश्चयात्मक ज्ञान। |
| लोभ | — | किसी वस्तु को ज्यादा से ज्यादा पाने की कामना। |
| लालसा | — | किसी वस्तु को प्राप्त करने की अभिलाषा। |
| विषाद | — | अत्यधिक दुःखी होने के कारण किंकर्तव्य-विमूढ़ हो जाना। |
| मृत्यु | — | साधारण व्यक्ति का शरीरांत। |
| यातना | — | शरीर में आघात से उत्पन्न कष्टों का अनुभव। |
| भार्या | — | किसी व्यक्ति की विवाहित स्त्री। |
| प्रणय | — | प्रेमपूर्वक की हुई प्रार्थना। |
| प्रेम | — | इसका अर्थ व्यापक है। ईश्वर, देश आदि के प्रति अनुराग में प्रेम का प्रयोग उचित है। |
| प्रणाम | — | अपने से बड़ों के लिए अभिवादन। |

24

# अनेकार्थक शब्द

कुछ शब्दों के अर्थ एक से अधिक होते हैं ऐसे शब्द ही अनेकार्थी कहलाते हैं। इन शब्दों का अर्थ प्रसंग के अनुसार लिया जाता है। कुछ अनेकार्थी शब्दों की सूची दी जा रही है—

अर्क — सूर्य, आक, पेड़, रस।
अर्थ — अभिप्राय, कारण, धन, लिए।
अंक — संख्या, भाग्य, प्रकरण, चिह्न, अध्याय, गिनती के अंक।
अमृत — स्वर्ण, जल, दूध, पारा, अन्य, एक रस जिसे पीकर देवता अमर हुए।
अरुण — सास, सूर्य, सूर्य का सारथी।
अक्षर — वर्ण, ईश्वर, न नष्ट होने वाला, धर्म, मोक्ष, सत्य, जल।
अज — दशरथ के पिता, बकरा, ब्रह्मा, जीवात्मा, जन्म न लेने वाला।
अक्ष — आँख, ज्ञान, मण्डल, धुरी, पहिया, आत्मा, कील।
अपेक्षा — जरूरत, आकांक्षा, आवश्यकता, आशा, इच्छा, बनिस्बत।
अम्बर — कपड़ा, आकाश, एक सुगन्धित द्रव्य।
अतिथि — मेहमान, साधु, अपरिचित व्यक्ति, यज्ञ में सोमलता लाने वाला।
आम — सर्वसाधारण, एक फल, सामान्य, मामूली।
उत्तर — जवाब, एक दिशा, इस, बाद का।
कल — चैन, मशीन, बीता हुआ दिन, आगामी दिन।
कला — हुनर, कौशल, अंश।
कर — हाथ, सूँड़, किरण, टैक्स
काम — कार्य, इच्छा, कामदेव
कोटि — करोड़, प्रकार, श्रेणी, धनुष का सिरा
खर — एक राक्षस, दुष्ट, गदहा, तिनका, अधिक भुन जाना।
खग — पक्षी, तारा, गंधर्व, बाण।
गज — तीन फीट की नाप, नींव, हाथी।
गति — मोक्ष, चाल, हालत
गण — समुदाय, नर, प्रेतादि, छन्द के गण, भगवान् शिव के गण।
गुण — शील, रस्सी, कौशल, स्वभाव
गुरु — शिक्षक, एक ग्रह, एक दिन, श्रेष्ठ, भार,

ो — इन्द्रियाँ, स्वर्ग, सूर्य, पृथ्वी, गाय, सरस्वती

र — चलने वाला, जासूस, कौड़ी, नदी के किनारे की गीली भूमि, खंजन पक्षी।

लज — कमल, मोती, शंख, चन्द्रमा, सेवार।

ाल — षड्यंत्र, बुनावट, मछली आदि पकड़ने का जाल।

ीवन — जल, जीविका, वायु, जिन्दगी, परम प्रिय।

क — हठ, सहारा, गीत का प्रथम पद।

ारा — बालि की पत्नी, नक्षत्र, आँख की पुतली, वृहस्पति की पत्नी।

ल — झुण्ड, समूह, पक्ष, पत्ता, समिति, पार्टी।

व्य — वस्तु, धन।

द्विज — ब्राह्मण, पक्षी, दाँत।

र्म — स्वभाव, कर्त्तव्य, सम्प्रदाय, प्रकृति, श्रेष्ठ आचरण।

न — जोड़, सम्पदा, योग।

स्ती — हाथी, अस्तित्त्व, सामर्थ्य।

स — प्राण, आत्मा, एक पक्षी।

र — प्रत्येक, महादेव, अंकगणित में हर, हरा रंग।

रकत — चेष्टा, चंचलता, नटखटपन, गति।

रि — विष्णु, मेंढ़क, सूर्य, इन्द्र, सर्प, घोड़ा, तालाब, हवा, वानर, पहाड़, हाथी, कामदेव।

ग — क्रोध, प्रेम, गाने की ध्वनि, लाल रंग, द्वेष।

क्ष्य — निशाना, उद्देश्य।

ाल — पुत्र, सम्बोधन, एक रंग, एक छोटी चिड़िया, माणिक्य।

र — श्रेष्ठ, पति, दूल्हा, उत्तम, वरदान।

र्ण — जाति, रंग, अक्षर।

द — पैर, शब्द, ओहदा, भजन, तरुणी।

क्ष — पखवारा, पंख, तरफ, सहाय, दस।

तंग — सूर्य, पक्षी, नाव, गुड्डी फतिंगा, टिड्डी, गेंद।

त्र — पंख, पत्ता, चिट्ठी।

य — दूध, पानी।

ष्ठ — पीछे का हिस्सा, पन्ना, पीठ।

नी — जल, प्रतिष्ठा, सम्मान, इज्जत, चमक, हिम्मत, आबोहवा।

ल — परिणाम, पेड़ का फल, हल की नोंक।

ल — शक्ति, सेना।

| | | |
|---|---|---|
| भेद | – | अन्तर, रहस्य, समाचार, प्रकार, भेजने की क्रिया। |
| मधु | – | शहद, शराब, मकरन्द, बसन्त ॠतु। |
| मंगल | – | एक दिन, कल्याण, शुभ, एक ग्रह। |
| महावीर | – | हनुमान, अति बलवान, जैन तीर्थंकर। |
| रस | – | स्वाद, प्रेम, पानी, काव्य के रस, सुखानुभूति। |
| रंग | – | वर्ण, प्रभाव, शोभा, चाल, नाच-गान, रंगने की वस्तु। |
| मान | – | प्रतिष्ठा, अभिमान, रूढ़ना, नाप-तौल। |
| पात्र | – | पत्ता, बरतन, सम्यक, अधिकारी, नाटक के पात्र। |

25

# संक्षेपण

गद्य या पद्य के अवतरण के मूल कथ्य को अपनी शब्दावली में सरल और सुबोध बनाकर संक्षेप रूप में अभिव्यक्त करने की प्रक्रिया को सार-लेखन या सारांशीकरण की संज्ञा दी जाती है। जिस प्रकार एक किसान खलिहान में अन्न-राशि को भूसे से अलग कर लेता है, उसी तरह सारांश लेखक के मूल तथ्य को शब्दाडम्बरों के बीच से निकाल कर अलग कर देता है। सारांश प्रस्तुत करते समय निम्नलिखित बातों पर ध्यान देना आवश्यक होता है–

1. **पूर्णता**–भावार्थ प्रत्येक दशा में पूर्ण होना चाहिए। भावार्थ पढ़कर ऐसा न जान पड़े कि इसमें से कुछ बातें निकाल दी गई हैं और कुछ कहना शेष रह गया है। अस्तु, यह आवश्यक है कि पूरे प्रकरण को तीन-चार बार पढ़कर उसके मूल भाव को समझकर सीधे-सादे शब्दों द्वारा संक्षेप लिखा जाय। अभ्यास हो जाने पर यह कार्य सरल हो जाता है।
2. **तथ्य निरूपण**–सारांश प्रस्तुत करते समय संक्षिप्त करने की धुन में आवश्यक बातों को कदापि नहीं छोड़ना चाहिए, चाहे ऐसा करने में संक्षेपण भले कुछ लम्बा हो जाय।
3. **निष्कर्ष निरूपण**–सारांश के विस्तार को छोटा करने के लिए चुस्त भाषा का प्रयोग करना चाहिए। समासों और प्रचलित किन्तु संक्षिप्त शब्दों को व्यवहार में लाना चाहिए। आलंकारिक भाषा को छोड़कर सरल शब्दावली का प्रयोग करना चाहिए। विशेषणों, क्रिया–विशेषणों, उद्धरणों तथा कहावतों, दृष्टान्तों, उदाहरणों तथा अन्तर्गत कथाओं को छोड़ देना चाहिए। अपनी ओर से कुछ नहीं कहना चाहिए।
4. **आकार**–सारांश का आकार मूल पाठ का 1/3 होना चाहिये, परन्तु आवश्यकतानुसार इसमें थोड़ा परिवर्तन भी हो सकता है।
5. **स्पष्टता**–पाठक के सामने केवल मूल पाठ का संक्षिप्त रूप ही रहता है। अतः सारांश का स्पष्ट होना आवश्यक है। जिससे पाठ का भाव सरलता से समझ में आ जाय। सारांश प्रत्येक दशा में अन्य-पुरुष में लिखा जाना चाहिए। संवाद को संवाद रूप में लिखकर अपनी शब्दावली में अभिव्यक्त करना चाहिए।
6. **सूत्रात्मकता**–सूत्रात्मकता सारांशीकरण का प्राण है। जिस प्रकार एक सूत्र में किसी माला के पुष्प गुँथे होते हैं उसी तरह सूत्रात्मक शैली में भाव ग्रंथित होने चाहिए।
7. **क्रमबद्धता**–जिस प्रकार एक शिल्पी भवन-निर्माण करते समय भित्तियों को क्रमबद्ध रूप से निर्मित करता है : ठीक उसी तरह सारांश लेखक के अपने भावों की क्रमबद्धता न होने पर सारांश नीरस और अस्पष्ट हो जाएगा।
8. **मौलिकता**–सारांशीकरण में भावों का उसी क्रम में आना आवश्यक नहीं है जिस क्रम में वे

कथ्य में आए हैं, परन्तु लेखक को इस बात का ध्यान रखना पड़ता है कि मूल कथ्य की मौलिकता सारांश लिखते समय कदापि नष्ट न हो, वह यथावत् नहीं रहे।

9. **अनुच्छेद**–जहाँ तक हो सके आवश्यकता अनुसार विचारों को विभिन्न अनुच्छेद में (यदि अवतरण नए अनुच्छेदों का हो) प्रकट करना चाहिए, इस बात पर विशेष ध्यान देना चाहिए कि एक अनुच्छेद में ही मूल भाव लिखा जाय।
10. **भाषा**–सारांश की भाषा सरल, सुबोध, स्पष्ट एवं चुस्त होनी चाहिए। इसमें अलंकारों एवं मुहावरों का प्रयोग नहीं करना चाहिए।
11. **शैली**–सारांश समास में लिखा जाना चाहिए। वाक्याशों के लिए या पूरे वाक्य के लिए एक शब्द का प्रयोग किया जाता है। जैसे–माता-पिता हीन के लिए, 'अनाथ' शब्द लिखा जाएगा।

    कई वाक्यों के स्थान पर एक साधारण वाक्य से भी काम चलाया जा सकता है और इस प्रकार अपने कथन को संक्षेप में प्रकट किया जा सकता है।

## उदाहरण

1. मनुष्य एक सामाजिक प्राणी है, वह समूह बनाकर रहने का आदी है। यही कारण है कि आज विश्व में अनेकों प्रकार की जातियाँ हैं। यद्यपि इससे सामूहिक शक्ति का विकास हुआ तथा मानवीय सभ्यता उत्तरोत्तर प्रगति करती गई, किन्तु इस प्रवृत्ति ने मानव-मानव के बीच शत्रुता, ईर्ष्या, प्रतिद्वन्द्विता जैसी विग्रहमूलक शक्तियों को भी विकसित किया। ये विग्रह तो कुछ मनुष्यों तथा परिवारों तक सीमित रहे। मनुष्य की शक्ति के साथ-साथ संघर्षों के क्षेत्र भी विकसित होते गए। जाति-जाति में युद्ध होने लगे। धर्म-धर्म से टकरा गए तथा राष्ट्र-राष्ट्रों से लिप्साएँ बढ़ने लगीं तथा साम्राज्यवादी विचारधाराएँ पनपने लगीं। फलतः विश्वयुद्धों की नौबत आ गई और सारी मानवता पीड़ित हो उठी। मनुष्य-मनुष्य के लिए खतरा बन गया है। विश्व-शान्ति के प्रयास चल रहे हैं किन्तु मनुष्य चिन्तित एवं भयभीत है।

   **सारांश**

   **शीर्षक**–"सामाजिक-अभिशाप एवं वरदान"

   समूह बनाकर रहने के आदी मनुष्यों ने जातियों तथा राष्ट्रों का गठन कर अपने-आपको सुखी एवं शक्तिशाली बनाया। मानवीय सभ्यता विकास करती गई। परन्तुः उसकी वैभव लिप्सा ने उसमें ईर्ष्या तथा शत्रुता का बीजारोपण कर दिया। फलतः विश्वयुद्ध होने लगे। आज शक्ति की तलाश करते हुए भी सभ्य एवं सम्पन्न मानव भयभीत है।
2. जगत में व्यवस्था की स्थापना के लिए राजा को ईश्वर का प्रतिनिधि मानकर स्वीकार कर लिया गया। यदि वह निःस्वार्थ भाव से निर्विकार होकर अपने शासकीय दायित्व एवं कर्तव्य की प्रेरणा से अत्याचारियों का दमन करते हुए हिंसा का मार्ग अपनाता है तो शास्त्र उसे अहिंसक लोक-पालक ही कहेंगे। मार्ग का अवरोध करने वाले कटीले पौधों को समूल नष्ट

करना हिंसा न होकर लोक धर्म कहलाएगा। मर्यादा पुरुषोत्तम राम ने इसी लोक कल्याण की भावना से प्रेरित होकर आततायी अधर्मी रावण का वध किया था अथवा कृष्ण ने दुराचारी कंस के प्राण लिए थे।

**सारांश**

**शीर्षक**–"हिंसा का अहिंसक रूप"

लोक कल्याण की भावना से हिंसक अत्याचारियों का दमन करने के लिए की गई हिंसा को भी शास्त्रों ने अहिंसा कहा है। राम द्वारा रावण अथवा कृष्ण द्वारा कंस के वध को 'अहिंसा' ही कहा जाएगा। राजकीय दण्ड हिंसा के रूप में भी अहिंसा है।

3. उदारता का अभिप्राय निःसंकोच भाव से किसी को धन देना नहीं वरन् दूसरों के प्रति सेवा भाव रखना ही है। उदार पुरुष सदा दूसरों के विचारों का आदर करता है और समाज में सेवा भाव से रहता है। यह नहीं समझना चाहिए कि उदारता केवल धन से हो सकती है। सच्ची उदारता इस बात में है कि मनुष्य को मनुष्य समझा जाय। धन की उदारता के साथ सबसे बड़ी एक और उदारता की आवश्यकता यह है कि उस व्यक्ति के प्रति किसी प्रकार का एहसान न जताया जाए। एहसान जताना उपकृत को नीचा दिखाना है। वह परोपकार न होकर अनुपकार है।

**सारांश**

**शीर्षक**–"सच्ची उदारता"

उदारता धन देने में ही नहीं बल्कि सेवा भाव में भी बसती है। दूसरों के विचारों का सम्मान करना, मनुष्य को मनुष्य समझना तथा निःस्वार्थ भाव से परोपकार करना ही सच्ची उदारता है। उपकृत को एहसानमन्द समझना उदारता नहीं है।

4. संस्कृत नाटकों में मृच्छकटित अपने देश का अनूठा नाटक है। उसमें नाटककार ने बड़ी कुशलता से प्रेम के कथानक को राजनीतिक घटनाओं से सम्बद्ध किया है। संस्कृत में यही एक मात्र चरित्र-चित्रण प्रधान नाटक कहा जा सकता है। शूद्रक ने अपनी कृति में सभी प्रकार के पात्रों की सृष्टि करके तत्कालीन समाज का बड़ा ही सजीव एवं यथार्थ चित्र उपस्थित किया है। संस्कृत में अन्य नाटकों के समान उसमें हमारे समाज के केवल उच्च सम्भ्रान्त वर्ग का ही चित्रण नहीं हुआ है, अपितु समाज की सभी श्रेणियों का यथार्थ निरूपण हुआ है। चोर, जुआरी, धूर्त, क्रान्तिकारी, कुट्टनी, वेश्या, पुलिस-अधिकारी, राजा, ब्राह्मण आदि सभी प्रकार के पात्र अपने समस्त व्यापारों से सारे नाटक को रोचक कर देते हैं।

**सारांश**

**शीर्षक**–'मृच्छकटित' का अनूठापन

संस्कृत नाट्यकार शूद्रक का 'मृच्छकटित' अन्य संस्कृत नाटकों से इस अर्थ में अनूठा है कि उसके पात्र समाज के सभी वर्गों का प्रतिनिधित्त्व करते हैं। ऊँच-नीच, धनी-निर्धन सभी कथा के प्राण हैं। इसी तरह उसमें प्रणय राजनीति का समन्वय भी कम अनूठा नहीं है।

## अभ्यास के लिए उदाहरण

1. शरीर को भोजन देने से यह क्रियाशील रहता है, उसी प्रकार मस्तिष्क को अच्छी पुस्तकों से सम्बन्धित रखने पर वह गतिशील व क्रियाशील रहता है। हमें शुद्ध ज्ञान व नवीन विचारों का भण्डार मिलता है जो हमें अज्ञानांधकार से निकाल कर ज्ञान रूपी प्रकाश में ले जाता है। इससे मानव में मानवीय गुणों का आविर्भाव होता है और ज्ञान-चक्षु खुल जाते हैं। क्योंकि बिना ज्ञान व शिक्षा के मनुष्य अन्धकार के गर्त में पड़ा रहता है। ज्ञानार्जन के अभाव में उसकी उन्नति रुक जाती है। अध्ययन उन्नति की कुंजी है, उत्थान का रहस्य है, ज्ञान-चक्षु खुलते हैं, मस्तिष्क का विकास होता है, साहित्य में गति होती है, कला-कौशल से परिचय होता है, विज्ञान से परिचय होता है, ज्ञान का भण्डार बढ़ता है और तब सभ्यता का सूर्य चमकने लगता है।
2. राष्ट्रीय एकता के लिए हम धर्म को नहीं, बल्कि इसकी संकीर्ण भावना को बुरा और त्याज्य समझते हैं। हमारी परिभाषा में कर्त्तव्य की भावना ही धर्म है। गाँधी जी राष्ट्रीयता में धार्मिक पक्ष को अत्यधिक महत्त्व देते थे। उन्होंने राजनीति के साथ धर्म को मिला दिया था। उन्होंने कहा है–'मैं अपने राजनीतिक और अन्य सभी कार्य-कलापों को धर्म से ही ग्रहण करता हूँ। मैं धार्मिक जीवन तब तक व्यतीत नहीं कर सकता जब तक कि समाज में अपने लिए एक विशेष स्थान नहीं बना लेता हूँ और समाज में अपना एक उच्च स्थान उस स्थिति में बना सकता हूँ जबकि मैं राजनीति में सक्रिय भाग लूँ। 'गाँधी जी के समान योगी अरविन्द, महामना मालवीय जी, लाला लाजपत राय, लोकमान्य तिलक और गुरुदेव रवीन्द्र भी ईमानदारी सहित कर्त्तव्यपरायणता को राष्ट्रोन्नति और राष्ट्रीय एकता के लिए आवश्यक मानते थे।
3. हमें स्वराज्य तो मिल गया परन्तु सुराज हमारे लिए एक सुखद स्वप्न ही है। इसका प्रधान कारण यह है कि देश को समृद्ध बनाने के उद्देश्य से कठोर परिश्रम करना हमने अब तक नहीं सीखा। श्रम का महत्त्व और मूल्य हम जानते ही नहीं। हम अब भी आरामतलब हैं, हमें हाथों से यथेष्ठ काम करना रुचता ही नहीं। हाथों से काम करने को हम हीन समझते हैं। हम कम से कम काम द्वारा जीविका चाहते हैं। हम यही सोचते रहते हैं कि किस तरह काम से बचा जाय। यह दूषित मनोवृत्ति राष्ट्र की आत्मा में जा बैठी है और वहाँ से हटती नहीं। यदि हम इससे मुक्त नहीं होते और आज समाज से हम जितना पा रहे हैं या लेना चाहते हैं उससे कई गुना अधिक उसे अपने कठोर श्रम से नहीं देते, तो देश आगे नहीं बढ़ सकता और स्वराज्य 'सुराज में परिणत नहीं हो सकता।
4. साहित्य की भूमि पर कालिदास और तुलसीदास जितने हमारे हैं, उतने सारे विश्व के हैं और शैक्सपियर, गोर्की, टालस्टाय आदि जितने अपने देशों के हैं उतने ही हमारे हैं। हम धरती पर दीवारें खड़ी करके उसे बाँट सकते हैं, पर उन दीवारों की ऊँचाई से आकाश खण्ड-खण्ड

नहीं हो सकता है। हम तौलकर बादलों का बँटवारा नहीं कर सकते हैं। नाप कर किरणों को विभाजित नहीं कर सकते और गिनकर तारों को नहीं ले सकते, वे सबके होने के साथ ही प्रत्येक के हैं। इसी प्रकार की एकता साहित्य में मिलती है। यदि जीवन में हम नई पीढ़ी की एकता बनाए रखना चाहते हैं, तो हमें शिक्षा में साहित्य और संस्कृति को ऐसा महत्त्वपूर्ण स्थान देना होगा, जिससे विद्यार्थी को मानव एकता और विश्व-बन्धुत्व का संकेत प्राप्त हो सके और वह अधिक महत्त्वपूर्ण मनुष्य बन सके। इसके साथ-साथ हमें अपनी नवीन पीढ़ी के विधाता साहित्यकारों तथा शिक्षकों को भी उपेक्षनीय स्थिति से मुक्त करना होगा।

5. मन लगाकर विद्याध्ययन करना विद्यार्थी का सबसे बड़ा कर्त्तव्य है। संयम एवं नम्रता के साथ विद्या एवं अनेक गुणों की प्राप्ति उसके जीवन का प्रमुख उद्देश्य होना चाहिए। साहस, त्याग, सहनशीलता, सत्यवादिता, धैर्य और कर्त्तव्यपालन आदि गुणों को ग्रहण कर बुरी आदतों को दूर करना चाहिए। राष्ट्र के भविष्य का दायित्व आज विद्यार्थी के कन्धों पर है। अतः विद्यार्थी के प्रति भी उसके कुछ दायित्व हैं, जिनके निर्वाह के लिए विद्यार्थी को समुचित रूप से तैयार होना चाहिए। इस जीवन की उपेक्षा सम्पूर्ण जीवन की उपेक्षा है और इसका सुन्दर निर्वाह जीवन के सुन्दर निर्वाह का सूचक है।

6. किसी समय हिन्दुओं का जीवन आनन्दमय था। इनके बारहों महीने आनन्द से गुजरते थे आठ-पहर चौबीस घड़ी आनन्द से कटती थी। चैत से फाल्गुन तक बराबर उत्सव हुआ करते थे। चौबीस अवतारों की जन्मतिथियों पर ऐसा उत्सव होता है कि देखने वाले वर्षों तक याद किया करते हैं। ऐसा एक महीना भी न था जिसमें किसी न किसी प्रकार का उत्सव या त्योहार न होता हो। तात्पर्य यह है कि पूर्वजों ने शोक-दुःख को कभी कुछ समझा ही नहीं, क्योंकि वे जानते थे कि सुख और दुःख में फँसना अज्ञानियों का काम है। आत्मा आनन्द स्वरूप और अजर अमर है।

7. रामचन्द्र जी सैनिक ही नहीं, वरन् शासक भी थे। परशुराम तक ने इस बात का अनुभव करके ही उन्हें अपना कार्य सौंपा और स्वतः राजनीति से संन्यास ले लिया। शासक राम की प्रबन्ध चातुरी का अन्दाजा इसी से लग सकता है कि चौदह वर्ष तक उनके वनवासी रहने पर भी न तो किसी दूसरे नरेश ने अयोध्या पर धावा करने की हिम्मत की, न स्वतः उनके सम्बन्धियों ने ही राज शासन के लिए कोई संतृष्णा प्रकट की। वनवासी होकर उन्होंने जो सबसे बड़ा कार्य किया, वह था आर्य ऋषियों और अनाथ हरिजनों के बीच सम्बन्ध स्थापन। नीचातिनीच मनुष्य ने भी उनमें आत्मीयता का अनुभव करके उनका साहचर्य प्राप्त किया। कोल, किरात, निषाद, वानर, भालू आदि अनेकानेक अनार्य जातियाँ उनके मौन प्रभाव से प्रभावित होकर उनकी ओर खिंच आयीं। उनके इस मौन का प्रभाव इतना महान था कि आदि, अगस्त्य, वाल्मीकि, सुतीक्ष्ण, सरमंग प्रभृति जैसे बड़े-बड़े महात्मा उनके आगे नतमस्तक हो गए।

8. हीरोजी ने दुनिया देखी है। यहाँ यह जान लेना ठीक होगा कि, हीरोजी की दुनिया मौज और मस्ती की बनी है। शराबियों के साथ बैठकर उन्होंने शराब पीने की बाज़ी लगाई है और हरदम पीते हैं। अफीम के आदी नहीं हैं, पर मिल जाय तो इतनी खा लेते हैं कि जितने से एक खानदान स्वर्ग या नरक की यात्रा कर सके। भंग पीते हैं तब तक जब तक उनका पेट भर न जाय। चरस और गाँजे के लोभ में तो साधु बनते-बनते बच गए। एक बार एक आदमी ने उन्हें संखिया खिला दी थी। इस आशा से कि संसार एक पापी के भार से मुक्त हो जाय। पर दूसरे ही दिन हीरोजी, उसके यहाँ पहुँचे, हँसते हुए उन्होंने कहा—"यार, कल का नशा, नशा था। राम दुहाई, अगर आज भी वह नशा करवा देते तो तुम्हें आशीर्वाद देता।" लेकिन उस आदमी के पास संखिया मौजूद न थी।
9. लोभ बहुत बुरा है। यह मनुष्य का जीवन दुःखमय कर देता है, क्योंकि धनी होने से मनुष्य सुखी नहीं होता है। धन से सुख मोल नहीं मिलता। इसलिए जो मनुष्य सोने और चाँदी के ढेर को ही सब कुछ समझता है, वह मूर्ख है। मूर्ख नहीं तो वह वृथा अहंकारी अवश्य है। जो बहुत धनवान है, यदि बहुत बुद्धिमान और बहुत योग्य भी होता तो हम धन को सब कुछ मान लेते। परन्तु ऐसा नहीं है, धनी मनुष्य सबसे अधिक बुद्धिमान नहीं होता, इसलिए धन को विशेष आदर की दृष्टि से देखना भूल है, क्योंकि उससे सच्चा सुख नहीं मिलता। सच्चा सुख तो सन्तोष से मिलता है। लोभ से असन्तोष की वृद्धि होती है और सन्तोष का सुख खाक में मिल जाता है।
10. जीवन एक संग्राम है। इसमें पग-पग पर संघर्षों का सामना करना पड़ता है। कभी हमें जय, सफलता, सुख आदि की प्राप्ति होती है तो कभी पराजय, असफलता, दुःख आदि का सामना करना पड़ता है। सफल जीवन के लिए मनुष्य को केवल दो साधन प्राप्त हैं—स्वावलम्बन और समाज द्वारा संचित धन। स्वावलम्बन उनकी निजी सम्पत्ति है और उनके व्यक्तित्व से सम्बन्ध रखती है। समाज द्वारा संचित धन में पूर्वजों द्वारा अर्जित शान तथा सभी पैतृक चल-अचल सम्पत्ति आ जाती है। इस सम्पत्ति से स्वावलम्बन का महत्त्व अधिक है। जीवन-निर्माण, उन्नति, उत्थान, प्रगति, सफलता विजय-सिद्धि का एकमात्र साधन स्वावलम्बन ही है। यह मनुष्य का भूषण है। दूसरे शब्दों में, हमारे जीवन का निर्माता तथा हमारा भाग्य-विधाता स्वावलम्बन है।

26

# मुहावरा (Idioms)

मुहावरा का शाब्दिक अर्थ है 'अभ्यास'। किन्तु उस वाक्यांश अथवा शब्द समूह को मुहावरा कहते हैं जो अपने साधारण अर्थ को त्याग कर एक विशेष अर्थ प्रकट करने लगता है। मुहावरों के प्रयोग से भाषा का सौन्दर्य एवं उसकी शीलता बढ़ जाती है।

'राम लड़ने के लिए तैयार बैठा है' के स्थान पर 'राम ने लड़ने के लिए कमर कस ली है।' कहने पर बात अधिक भावपूर्ण हो जाती है। अतः मुहावरों का प्रयोग अवश्य किया जाना चाहिए। मुहावरा अरबी भाषा का शब्द है। इसी नाम को हिन्दी ने भी अपना लिया है। मुहावरा वाक्य का वह अंश होता है, जिसका व्यवहार स्वतंत्र रूप से नहीं किया जा सकता।

1. अंक लगाना (गले लगाना)—विदा होते समय उसने मुझे अंक से लगा लिया।
2. अंक भरना (स्नेह से लिपट लेना)—माँ ने पुत्र को देखते ही अंक में भर लिया।
3. अंकुश मानना (दबाव मानना)—छात्रों को गुरु का अंकुश मानना चाहिए।
4. अंग-अंग ढीला होना (थक जाना)—कठिन परिश्रम के कारण आज मेरे अंग-अंग ढीले हो रहे हैं।
5. अंग करना (स्वीकार करना)—जाको मनमोहन अंग करे (सूर)।
6. अँगूठा चूमना (चापलूसी करना)—भूखों मरना मंजूर है, पर तुम्हारी तरह अफसरों का अँगूठा नहीं चूमूँगा।
7. अचरा पसारना (याचना करना)—हे माँ अम्बा! मेरे बच्चे को ठीक कर दे, मैं तुम्हारे सामने अचरा पसार रही हूँ।
8. अन्त पाना (रहस्य जान लेना)—पाकिस्तान सरकार कहती कुछ है, करती कुछ और है। उसकी कूटनीति का अन्त पाना बहुत कठिन है।
9. अंतड़ियाँ जलना (भूख लगना)—चार बजे विद्यालय से लौटते समय मेरी अंतड़ियाँ जलने लगती हैं।
10. अपने पैरों पर खड़ा होना (स्वावलम्बी होना)—अब तुम्हें अपने पैरों पर खड़ा होना चाहिए।
11. अपने मुँह मिया मिट्ठू बनना (अपनी प्रसंसा आप करना)—क्यों अपने मुँह मिया मिट्ठू बन रहे हो, मैं जानता हूँ तुम्हारी वीरता को।
12. अलख जगाना (जागरण लाना)—पराधीन भारत में अलख जगाने वालों में महात्मा गाँधी अग्रणी हैं।
13. आँख लगना (नींद आना, प्रेम होना)—बहुत देर के बाद बच्चों की आँख लगी है या युवा दिलों में प्रथम मिलन में ही आँख लग जाती है।

14. आँख चुराना (सामने न होना)—पता नहीं आजकल तुम दोस्तों से क्यों आँखें चुराते हो।
15. आँख में धूल झोंकना (देखते-देखते धोखा देना)—तुम बड़े चालक हो, बड़ों-बड़ों की आँख में धूल झोंकते हो।
16. आँख चढ़ाना (क्रोध करना)—आँख क्यों चढ़ाते हो? हम तुमसे डरने वाले नहीं है।
17. आँखों में रात काटना (रात भर जागते रहना)—बेटे की राह देखते-देखते उसने आँखों में रात काट दी।
18. आँख बिछाना (प्रेम से स्वागत करना)—वह स्टेशन पर अपने भाई के लिए घण्टों से आँखें बिछाए खड़ा है।
19. आँच न आने देना (जरा भी कष्ट न आने देना)—चिन्ता की कोई बात नहीं, तुम पर आँच न आने दूँगी।
20. आकाश से बातें करना (बहुत ऊँचा होना)—हिमालय पर्वत आकाश से बातें करता है।
21. आटे-दाल का भाव-मालूम होना (जीवन के कठिन यथार्थ का पता लगना)—अभी मौज लो, मेरे मरने के बाद आटे-दाल का भाव मालूम हो जाएगा।
22. आड़े हाथों लेना (व्यंगोक्ति से लज्जित करना, खरी-खोटी सुनाना)—मौका देखते ही राम ने श्याम को आड़े हाथों लिया।
23. आसमान पर थूकना (किसी बड़े आदमी पर लांछन लगाने पर स्वयं निन्दित होना)—पण्डित नेहरू के विषय में ऐसी बेसिर पैर की बातें करना आसमान पर थूकना है।
24. अन्धे को चिराग दिखाना (मूर्ख को उपदेश देना)—पाकिस्तान को शान्ति का उपदेश देना अन्धे को चिराग दिखाना है।
25. अच्छे घर बैना देना (अधिक बलवान को छेड़ना)—रूस शासित मंगोलिया में छेड़-छाड़ प्रारम्भ कर चीन ने अच्छे घर पर बैना दिया है।
26. अक्ल के घोड़े दौड़ाना (अनेक प्रकार की कल्पना करना)—केवल अक्ल के घोड़े दौड़ाने से काम नहीं होता, परिश्रम भी करना चाहिए।
27. अक्ल के पीछे लट्टू लेकर फिरना (मूर्खतापूर्ण कार्य करना)—कुछ सोच समझकर कार्य करो, क्यों अक्ल के पीछे लट्टू लिए फिरते हो।
28. आँखों का पानी गिर जाना (निर्लज्ज हो जाना)—जिसकी आँखों का पानी गिर जाता है, वह बड़ों का आदर नहीं करता।
29. आँखों पर बैठाना (आदर करना)—अच्छा कार्य करोगे तो दुनिया आँखों पर बैठाएगी।
30. आँसू पीकर रह जाना (धैर्य पूर्वक दुःख सहन करना)—भारत के किसान प्रतिरोध करना नहीं जानते, आँसू पीकर रह जाना तो उसका स्वभाव बन गया है।
31. आसमान टूट पड़ना (अत्यधिक संकट पड़ना)—अत्यधिक बाढ़ और वर्षा से ग्रामीणों पर आसमान टूट पड़ता है।
32. आस्तीन का साँप (कपटी मित्र, घर में रहकर वैर करने वाला)—जिसे मित्र समझा वही आस्तीन का साँप निकला।

33. इज्जत गवाँना (मर्यादा नष्ट करना)–अपने स्वार्थ के लिए तुमने इज्जत गवाँ दिया।
34. ईंट से ईंट बजाना (विनष्ट कर देना)–बंगला देश की लड़ाई में भारत ने पाकिस्तान की ईंट से ईंट बजा दिया।
35. ईंट का जवाब पत्थर से देना (दुष्टता का करारा प्रत्युत्तर देना)–दुश्मन को हमेशा ईंट का जवाब पत्थर से देना चाहिए।
36. उल्टी गंगा बहाना (विपरीत कार्य करना)–राजा जी ने सारा जीवन काँग्रेस की सेवा में लगाया, लेकिन आज उसी की आलोचना करके उल्टी गंगा बहा रहे हैं।
37. एक आँख से देखना (बराबर मानना)–भगवान सबको एक आँख से देखते हैं।
38. एक लाठी से हाँकना (उचित अनुचित का विचार किए बिना व्यवहार करना)–समानता का अर्थ सबको एक लाठी से हाँकना नहीं है।
39. काठ का उल्लू (निरा मूर्ख)–सोहन यह काम नहीं कर सकेगा वह तो काठ का उल्लू है।
40. कफन सिर पर बाँधना (मरने को तैयार होना)–कफन सिर पर बाँध कर राजपूत हल्दी घाटी की लड़ाई में आ डटे।
41. कलम तोड़ना (खूब सुन्दर लिखना, अनूठा लिखना)–वाह! खूब लिखा, बिल्कुल कलम तोड़ ही डाला।
42. करवटें बदलना (बेचैन होना)–वह रात-दिन कष्ट से करवटें बदलता रहा।
43. कान काटना (मात कर देना)–इसे छोटा मत समझो, यह तो, बड़े-बड़े का कान काटता है।
44. कान पकड़ना (भूल स्वीकार कर कभी न करने का निश्चय करना)–उसने कान पकड़ा कि कभी झूठ नहीं बोलेगा।
45. कान पर जू न रेंगना (कुछ परवाह न करना)–मैंने अपने मित्र को बहुत कुछ कहा, पर उसके कान पर जूँ न रेंगी।
46. किनारा कसना (साथ छोड़ना)–दुःख में सभी किनारा कस लेते हैं।
47. कोल्हू का बैल (सदैव काम करने वाला)–इस काम में फुरसत नहीं, कोल्हू का बैल बना रहना पड़ता है।
48. कोसों दूर रहना (बहुत दूर रहना)–अच्छे लड़के दुर्गुणों से कोसों दूर रहते हैं।
49. कोदो देकर पढ़ना (बेढंगी शिक्षा पाना)–यही सवाल नहीं आता, कोदो देकर पढ़े हो क्या?
50. किस खेत की मूली है (तुच्छ है)–मैं बड़ों-बड़ों की परवाह नहीं करता, तुम किस खेत की मूली हो।
51. कौड़ी-कौड़ी को मुहताज होना (दरिद्र होना)–कल वह करोड़पति था, आज कौड़ी-कौड़ी का मुहताज हो रहा है।
52. कतरनी चलाना (मन में द्वेष होना)–बाहर से मीठा बोलते हो, किन्तु भीतर ही भीतर कतरनी चलाते हो।
53. कान खोलना (सावधान रहना)–कान खोलकर सुन लो, कल यह काम हो जाना चाहिए।

54. कान खड़े होना (सजग होना)—आहट सुनकर सन्तरी के कान खड़े हो गए।
55. कान लगाना (ध्यान देना)—उनकी बातें सुनने के लिए मैंने द्वार से कान लगा दिए।
56. कुँआ खोदना (दूसरे को हानि पहुँचाने का यत्न करना)—सैनिकों ने नायक से कहा 'दुश्मन हमारे लिए रोज कुएं खोद रहे हैं और हम लोग हाथ पर हाथ धरे बैठें हैं'।
57. किताब का कीड़ा होना (बराबर पढ़ते रहना)—परीक्षा के दिनों में वह किताब का कीड़ा हो जाता है।
58. किस्सा खत्म होना (झगड़ा मिटना)—चलो अच्छा हुआ किस्सा खत्म हो गया।
59. किरकिरा होना (हर्ष में विघ्न पड़ना)—वर्षा से खेल का मजा किरकिरा हो गया।
60. किला फतह करना (बड़ी विजय पाना)—मालूम होता है, जैसे कोई किला फतह कर लिया है।
61. काँटा निकालना (बाधा दूर करना)—राम की सहायता से सोहन का काँटा निकल गया।
62. कुएँ में गिरना (मुसीबत में फँसना)—बुरे काम करने वाले ही कुएँ में गिरते हैं।
63. कुर्सी देना (सम्मान करना)—समाज उसे ही कुर्सी देता है, जो उसके योग्य होता है।
64. कौड़ी को न पूछना (निकम्मा समझना)—तुम्हें तो कोई कौड़ी को भी नहीं पूछेगा।
65. कान पकना (ऊब जाना)—एक ही बात सुनते-सुनते मेरे कान पक गए।
66. कान खाना (तंग करना)—चुप रहो, क्यों कान खा रहे हो?
67. कान में पड़ना (सुनने में आना)—उड़ते-उड़ते यह खबर मेरे कान में पड़ी थी।
68. कान देना (ध्यान देना)—पढ़ते समय कान दिया करो, नहीं तो पास नहीं होगे।
69. कमर खोलना (लड़ाई का काम बन्द कर देना)—सैनिक शत्रु को पराजित किए बिना कमर नहीं खोलता।
70. खाल मोटी होना (बेपरवाह होना)—जिसकी खाल मोटी होती है, उसे मान अपमान का कोई ध्यान नहीं होता।
71. खाल उधेड़ना (खूब पिटाई करना)—फिर ऐसा किया तो खाल उधेड़ लूँगा।
72. खाक में मिलना (नष्ट-भ्रष्ट होना)—इस अग्निकांड में मेरी सारी सम्पत्ति खाक में मिल गई।
73. खरी-खोटी सुनाना (कटु वचन कहना)—आज मैंने उसे खरी-खोटी सुनाई है।
74. गला छूटना (मुक्त होना)—फिजूल खर्ची से आप का गला नहीं छूट सकता।
75. गड़ जाना (शरमाना)—अपनी गलती महसूस कर वह जमीन में गड़ गया।
76. गज भर छाती होना (उत्साहित होना)—टोकियो में, भारत की हॉकी प्रतियोगिता में जीत होने से सबकी छाती गज भर की हो गई।
77. खटाई में पड़ना (झमेले में पड़ना)—रुपया खटाई में पड़ा है, देखें कब तक मिलता है।
78. खेत रहना (लड़ाई में मरना)—नेफा में बहुत से भारतीय योद्धा खेत रहे।
79. खेल खेलना (चाल चलना)—शकुनी जो खेल खेल रहा था, उसे भली-भाँति जानता था।
80. खिचड़ी पकाना (गुप्त रूप में सलाह करना)—आजकल लोग छोटी-छोटी बातों पर खिचड़ी पकाना शुरू कर देते हैं।

81. खून-पसीना एक करना (अत्यधिक श्रम करना)—उसने परीक्षा में पास होने के लिए खून-पसीना एक कर दिया।
82. ख्याली पुलाव पकाना (व्यर्थ ही कल्पना करना)—आज-कल केवल खाली पुलाव पकाने से काम नहीं चलता, कुछ ठोस काम करो।
83. खोलकर रख देना (स्पष्ट कर देना)—मैंने सारी बातें खोलकर रख दी हैं।
84. गड़े मुर्दे उखाड़ना (पुरानी बात उभारना)—यदि सुलह करनी है तो गड़े मुर्दे नहीं उखाड़ो।
85. गले पड़ना (अनिच्छा से प्राप्त होना)—मैंने कभी इच्छा नहीं व्यक्त की लेकिन मेरे गले पड़ ही गई।
86. गले मढ़ना (इच्छा के विरुद्ध थोपना)— पाकिस्तान अपनी गलती को भारत के गले मढ़ना चाहता है।
87. गला काटना (हानि पहुँचाना)—उसके एक वाक्य बोल देने से मेरे पड़ोसी का गला कट गया।
88. गर्दन पर सवार होना (पीछे पड़ना)—कोई काम सहूलियत से किया जाता है, गर्दन पर सवार होने से काम और बिगड़ने का डर रहता है।
89. गर्दन पर छुरी फेरना (अन्याय करना)—मिलावट कर व्यापारी उपभोक्ता की गर्दन पर छुरी फेरता है।
90. गर्दन उठाना (प्रतिवाद करना)—अत्याचार और अन्याय के विरोध में हम सभी को गर्दन उठानी चाहिए।
91. गाल बजाना (डींग हाँकना)—तुम्हारे गाल बजाने से मैं प्रभावित नहीं हो सकता।
92. गाल फुलाना (रूठ जाना)—जरा-जरा सी बात पर गाल फुलाना अच्छी बात नहीं है।
93. गला छुड़ाना (पीछा छुड़ाना)—भला चाहते हो तो उस पापी से गला छुड़ा लो।
94. गाँठ का पूरा (धनी)—वह गाँठ का पूरा है इसलिए कुछ भी कर ले सकता है, सबसे थोड़े ही सम्भव है।
95. गुल खिलाना (अनोखी बात होना)—तुम क्या-क्या गुल खिलाओगे ईश्वर ही जाने।
96. गिरगिट की तरह रंग बदलना (सिद्धान्तविहीन होना)—उस पर निर्भर करना मूर्खता है, इसलिए कि वह गिरगिट की तरह रंग बदलता है।
97. गोबर गणेश (मूर्ख)—उससे क्या पूछें वह तो गोबर गणेश है।
98. गिन-गिन कर पैर रखना (फूँक-फूँक कर पैर रखना/सावधानी से चलना)—जीवन के हर क्षेत्र में गिन-गिन कर पैर रखने की कोशिश करो।
99. गठरी मारना (अन्यायपूर्वक दूसरे का धन लेना)—जीवन भर गठरी मारकर भी वह आज सुखी नहीं है, क्योंकि उसकी सारी कमाई अन्याय से की गयी थी।
100. गुदड़ी का लाल (गरीब के घर गुणवान् पैदा होना)—शास्त्री जी गुदड़ी के लाल थे।
101. गर्दन काटना (हानि पहुँचाना)—ऐसा मत करो, गरीब की गर्दन कट जाएगी।

102. घर फूँककर तमाशा देखना (अपनी बर्बादी की भी परवाह न होना)—असंयमी लोग घर फूँक कर तमाशा देखते हैं।
103. घड़ों पानी पड़ना (अत्यन्त लज्जित होना)—चोरी का भेद खुलते ही उसके ऊपर घड़ों पानी पड़ गया।
104. घर बसाना (विवाह करना)—बिना घर बसाए जीवन रूपी गाड़ी नहीं चल सकती।
105. घात लगाना (मौका देखना)—बिल्ली चूहे पर घात लगाए बैठी रही।
106. घास खोदना (व्यर्थ काम करना)—जीवन की घटनाओं से मैंने बहुत कुछ सीखा, घास नहीं खोदी है।
107. घाव पर नमक छिड़कना (दुःखी को और दुःख पहुँचाना)—उस भूल पर वह स्वयं दुःखी है। अब उसकी चर्चा करना घाव पर नमक छिड़कना है।
108. घाट-घाट का पानी पीना (काफी अनुभव होना)—मैंने घाट-घाट का पानी पिया है इसलिए मुझे मत समझाओ।
109. घात में रहना (हानि पहुँचाने का मौका देखना)—हमेशा घात में लगे रहते हो, तो जान लो, मैं भी हमेशा तुम्हारे लिए सावधान रहता हूँ।
110. घोड़ा बेचकर सोना (निश्चिंत सोना)—शादी सम्पन्न करने के बाद वह घोड़ा बेचकर सोने लगा है।
111. चादर से बाहर पैर पसारना (आमदनी से अधिक खर्च करना)—चादर से बाहर पैर पसारने से आगे कष्ट होना तय है।
112. चाँद पर थूकना (सज्जन की निन्दा करना)—अरे तुम जो कह लो लेकिन व्यर्थ ही चाँद पर थूकते हो।
113. चूँ न करना (जबाव न देना)—लड़का बहुत शिष्ट और शालीन है, चूँ नहीं करता है।
114. चण्डू खाने की गप्प (सारहीन बातें)—उस दरवाजे पर हमेशा चण्डू खाने की गप्प होती रहती है।
115. चाँदी का जूता (घूस)—चाँदी का जूता मारकर बहुत लोग अपना काम निकालते हैं।
116. चाँदी काटना (आनन्द मनाना)—इन दिनों तो आपकी चाँदी कटती है।
117. चिकनी चुपड़ी बातें करना (खुशामदी बातें करना)—मेरी आदत चिकनी-चुपड़ी बातें करने की नहीं है।
118. चिकना घड़ा होना (निर्लज्ज होना)—आपसे कुछ भी कहना व्यर्थ है। आप तो चिकने घड़े हैं।
119. चिराग तले अँधेरा (अपने में ही दोष होना)—उसके पिता और चाचा दोनों शिक्षक हैं फिर भी वह पढ़ने में कमजोर है। बस, चिराग तले अँधेरा वाली बात है।
120. चिराग गुल होना (वंश-नाश होना)—उसके मरते ही परिवार का चिराग गुल हो गया।
121. चींटी के पर लगना (जान बूझकर मौत बुलाना)—तुम्हारा दोष नहीं है, बस यही समझो कि चींटी के पर लग गए हैं।

122. चेहरे का रंग उड़ना (घबराना)–कमरे में प्रवेश करते ही मुखियाजी को बैठे देखा और उसके चेहरे का रंग उड़ गया।
123. चुल्लू भर पानी में डूब मरना (अत्यन्त लज्जित होना)–क्या कहें, कल गजब हुआ, रत्नेश को तो चुल्लू भर पानी में डूब मरना चाहिए।
124. चुटकी लेना (चुभने वाली बातें करना)–उसने मुझसे चुटकी ली, इसका कारण तुम थे। वरना उसकी हिम्मत न होती।
125. चेहरे पर हवाइयाँ उड़ना (डर जाना)– साँप को देखते ही उसके चेहरे पर हवाइयाँ उड़ने लगी।
126. चेहरा उतरना (उदास होना)–किस कारण से आज तुम्हारा चेहरा उतरा हुआ है?
127. चोली-दामन का सम्बन्ध (घनिष्ठ सम्बन्ध)–आजकल उन दोनों में चोली दामन का सम्बन्ध है।
128. चैन की वंशी बजाना (मौज करना)–रोम जल रहा था और नीरो चैन की वंशी बजा रहा था।
129. चौपट करना (नष्ट करना)–गत वर्ष गेहूँ की फसल चौपट हो गई थी।
130. चूड़ियाँ पहनना (पुरुषत्व की रक्षा नहीं कर पाना)–अगर काफी सोच विचार करना पड़ रहा है तो चूड़ियाँ पहन लीजिए।
131. छाती पर पत्थर रखना (हृदय कठोर करना/धैर्य धारण करना)–अब तो उस नवयुवक को छाती पर पत्थर रखना ही पड़ेगा।
132. छाती पर मूँग दलना (कष्ट पहुँचाना)–मुझसे दुश्मनी करोगे तो मैं छाती पर मूँग दलूँगा।
133. छाती पर साँप लोटना (किसी की उन्नति देखकर जलना)–मेरा घर बनना शुरू हुआ और उसकी छाती पर साँप लोटने लगा।
134. छीछालेदर करना (दुर्गति करना)–उसने भरी सभा में नेताजी का छीछालेदर कर दिया।
135. जमीन पर पैर न रखना (घमण्ड करना)–इतनी सी दौलत में ही जमीन पर पैर नहीं रख रहे हो।
136. आग में घी डालना (झगड़ा बढ़ाना)–झगड़ा शांत करने की कोशिश करनी चाहिए। भला आदमी कभी आग में घी नहीं डालता।
137. जल भुन कर खाक होना (ईर्ष्या से जल उठना)–मेरी तरक्की देखकर वह जलभुनकर खाक हो रहा है।
138. खून का घूँट पीकर रह जाना (क्रोध पर जबरन नियंत्रण रखना)–कभी-कभी खून का घूँट पीकर भी रह जाना पड़ता है।
139. जान पर खेलना (जोखिम भरा काम करना)–उसने जान पर खेलकर बच्चे को बचा लिया।
140. जान में जान आना (उलझन से पिण्ड छूटना)–जब बड़े बाबू आ गए तो हम लोगों की जान में जान आई।

141. जान के लाले पड़ना (प्राण रक्षा कठिन हो जाना)–दंगे में फँसने के बाद तो मुझे जान के लाले पड़ गए।
142. जान लड़ाना (कड़ी मेहनत करना)–चुनाव जीतने के लिए इसने जान लड़ा दिया।
143. जमीन आसमान एक करना (बहुत अधिक प्रयास करना)–अपनी सफलता के लिए उसने जमीन आसमान एक कर दिया।
144. जबानी जमा खर्च करना (बातें अधिक काम कम करना)–तुम्हारे जबानी जमाखर्च से यह काम कभी नहीं हो पाएगा।
145. जुबान पर ताला लगाना (संभलकर बातें करना)–उस दिन की चुगली से मैंने जुबान पर ताला लगा लिया।
146. जी चुराना (काम से भागना)–वह हर समय काम से जी चुराता है।
147. जुबान में लगाम न होना (अविवेकपूर्ण बातें करना)–जिसकी जुबान में लगाम ही नहीं है वह अगर पिट गया तो क्या बुरा हुआ।
148. जीती मक्खी निगलना (जानबूझ कर बेईमानी करना)–मेरे लिए जीती मक्खी निगलना सम्भव नहीं है।
149. जी खोलकर (निःसंकोच)–जो कुछ कहना हो जी खोल कर कहिए।
150. जूता चाटना (चापलूसी करना)–जूता चाटने वालों से सावधान रहना चाहिए।
151. जूतियाँ चटकाते फिरना (व्यर्थ भटकते रहना)–आपको तो कोई काम है नहीं, जूतियाँ चटकाते रहते हैं।
152. जोर पकड़ना (बढ़ना/वृद्धि होना)–इन दिनों रोज-ब-रोज भ्रष्टाचार जोर पकड़ रहा है।
153. जोड़-तोड़ करना (उपाय करना)–अधिक मत पाने के लिए वह जोड़-तोड़ तो करता ही रहता है।
154. झख मारना (निठल्ला रहना)–बहुत कर्मठ हो इसीलिए दिन रात झख मारते रहते हो?
155. झेंप मिटाना (संकोच दूर करना)–उसने बात बदल कर अपनी झेंप मिटाई।
156. टका सा मुँह लेकर रहना (शर्मिन्दा होना)–अंगद का उत्तर सुनकर रावण टका सा मुँह लेकर रह गया।
157. टट्टी की ओट मे शिकार खेलना (छिपे तौर पर किसी के विरूद्ध काम करना)–मैं आमने-सामने कर दिखता हूँ, टट्टी ओट में शिकार नहीं खेलता।
158. टुकड़ों पर पलना (मेहरबानी पर जीना)–एक बात तो जरूर है कि वह किसी के टुकड़ों पर पलना पसन्द नहीं करता है।
159. दाँत गड़ाना (किसी वस्तु को पाने के लिए गहरी चाह करना)–वह मेरे दुशाले पर दाँत गड़ाए है।
160. दाँतों तले उँगली दबाना (चकित होना)–उस बच्चे की कला देखकर किसी को भी दाँतों तले उँगली दबाना पड़ेगा।

161. दाँत से दाँत बजाना (बहुत ठंड महसूस करना)–अरे, बच्चे को गर्म कपड़ा पहना दो, दाँत-से-दाँत बजा रहा है।
162. दाहिना हाथ होना (बड़ा सहायक होना)–वह गोपी बाबू का दाहिना हाथ है।
163. दाँत खट्टे करना (पराजित करना)–शिवाजी ने औरंगजेब के दाँत खट्टे कर दिए।
164. धज्जियाँ उड़ांना (किसी के दोष को चुन-चुनकर गिनाना)–इस बार की बैठक में उसने पार्टी अध्यक्ष की धज्जियाँ उड़ा दीं।
165. दिन दूना रात चौगुना (खूब उन्नति करना)–वह मेहनत के बल पर दिन दूना रात चौगुना उन्नति कर रहा है।
166. दो नाव पर पैर रखना (दो बेमेल काम एक साथ करना)–दो नावों पर पैर रखने वाला असफल होता है।
167. तूती बोलना (प्रभाव जमाना)–आजकल तो तुम्हारी ही तूती बोलती है।
168. तीन तेरह होना (तितर-वितर होना)–औरतों के कारण संयुक्त परिवार तीन तेरह हो गया।
169. नुक्ता चीनी करना (आलोचना करना)–अपना दोष नहीं देखते, दूसरों की नुक्ता चीनी करते थे।
170. नाक पर गुस्सा (तुरन्त क्रोध आना)–बुढ़ापे में नाक पर गुस्सा रहता है।
171. पेट में चूहा कूदना (जोर की भूख लगना)–पेट में चूहा कूद रहे हैं, सबसे पहले कुछ खिलाइए तब और बातें होंगी।
172. पत्थर की लकीर (अमिट कथन)–वह जो कुछ कहता है पत्थर की लकीर बन जाता है।
173. पहाड़ टूट पड़ना (भारी विपत्ति आना)–पति की मृत्यु होते ही उसके ऊपर विपत्ति का पहाड़ टूट पड़ा।
174. पौ बारह होना (खूब लाभ होना)–आज-कल आपके पौ-बारह हैं।
175. पेट में घुसना (मित्र बनकर भेद लेना)–सावधान रहो, पेट में घुसकर संहार करने की उसकी आदत है।
176. पैर तले से जमीन खिसकना (होश-हवास गुम हो जाना)–परीक्षा में असफल होने का समाचार सुनते ही मेरे पैर के नीचे से जमीन खिसक गई।
177. फूल झड़ना (मुँह से मीठे बातें निकलना)–वह अन्दर से जैसा भी हो बोली में तो फूल झड़ता ही है।
178. फूलना-फलना (उन्नति करना)–इन दिनों वह काफी फूल-फल रहा है।
179. बरस पड़ना (क्रोध में काफी डाँटना)–घर आते ही वह पत्नी पर बरस पड़ा।
180. वाजी मारना (जीत जाना)–इस बार उसने बाजी मार ली।
181. बछिया का ताऊ (मूर्ख)–वह इस काम को क्या करेगा, वह तो बछिया का ताऊ है।
182. बाजार गर्म होना (काम तेजी से चलना)–आजकल घूसखोरी का बाजार गर्म है।
183. बात का धनी (वादे का पक्का)–राजा हरिश्चन्द्र बात के धनी थे।

184. बाँछें खिलना (अत्यन्त प्रसन्न होना)–परीक्षा फल प्राप्त करने पर उसकी बाँछे खिल गईं।
185. बालू की भीत (शीघ्र नष्ट होने वाला/क्षणभंगुर)–नीच व्यक्ति से मिंत्रता बालू की भीत होती है।
186. भाड़े का टट्टू (पैसे लेकर काम करने वाला)–चुनाव में प्रचार करने वाले भाड़े के टट्टू होते हैं।
187. भीगी बिल्ली बनना (डर से दब जाना)–चाचाजी के सामने संतोष भीगी बिल्ली बन जाता है।
188. मिट्टी के मोल (बहुत सस्ता)–टमाटर मिट्टी के मोल बिक रहा है।
189. मिट्टी पलीद होना (दुर्गति होना)–इस बुढ़ापे में बेटों ने उसकी मिट्टी पलीद कर दी।
190. मुँह की खाना (बुरी तरह हारना)–इस बार उसने मुँह की खाई है।
191. मुँह में खून लगना (चसका लगना)–वह चंदा का पैसा खाएगी ही, पिछले साल से ही उसके मुँह में खून लग गया है।
192. मुट्ठी गरम करना (घूस देना)–मैंने साहब की मुट्ठी गरम कर दी है इसलिए मेरा काम होगा ही।
193. लकीर का फकीर होना (पुरानी प्रथा के अनुसार चलना)–किसी भी प्रगतिशील आदमी को लकीर का फकीर नहीं होना चाहिए।
194. सफेद झूठ (सरासर झूठ)–वह लड़का सफेद झूठ बोलता है।
195. साँप छछून्दर की दशा (दुविधा की दशा)–मुझे पता ही नहीं चलता है कि क्या करूँ, मैं साँप और छछून्दर की दशा में हूँ।
196. हाथ मलना (पछताना)–गठरी गायब होने पर वह हाथ मलता रह गया।
197. हाथ के तोते उड़ जाना (स्तब्ध रह जाना)–मुक्तिवाहिनी के आक्रमण से पाकिस्तान के हाथ के तोते उड़ गए।
198. हवाई किला बनाना (झूठे मनसूबे बाँधना)–हवाई किला बनाने से बेहतर है कि कुछ काम करो।
199. हाथ धो बैठना (निराश हो जाना)–अब रोगी अपनी जान से हाथ धो बैठेगा।
200. सिर पर सवार होना (पीछे पड़ना)–वह बीडीओ साहब के सिर पर सवार हो गया है इसलिए इस बार यह सड़क बनेगी ही।
201. हथियार डालना (हार मान लेना/आत्म समर्पण करना)–पाकिस्तानी सैनिकों ने हथियार डाल दिए।
202. कलेजा मुँह को आना (डर जाना)–रात में एकाएक परछाई देखकर मेरा कलेजा मुँह को आ गया।
203. तिल का ताड़ करना (बढ़ा-चढ़ाकर कहना)–तिल का ताड़ करने से कोई फायदा नहीं, अपनी बात स्पष्ट कहो।

204. कलेजा ठण्डा होना (शान्ति मिलना)—दुश्मन की यह दशा देखकर मेरा कलेजा ठण्डा हो गया।
205. उँगली उठाना (आरोप लगाना)—निर्दोष पर उँगली उठाना पाप है।
206. चार चाँद लगना (शोभा बढ़ना)—बच्चन जी के कवि सम्मेलन में पहुँचते ही चार चाँद लग गया।
207. पीठ दिखाना (जंग से भागना)—पीठ दिखाना कायरों का काम है।
208. गागर में सागर (थोड़े शब्दों में ज्ञान की गम्भीर बातें)—बिहारी लाल के दोहों में गागर में सागर है।
209. कागज काला करना (व्यर्थ लिखना)—तुमने कोई सार्थक काम नहीं किया है, सिर्फ कागज काला किया है।
210. उधेड़बुन में पड़ना (संशय में पड़ना)—कठिनाई आने पर उधेड़बुन में पड़ने से वह काम नहीं होगा।
211. नमक मिर्च लगाना (बढ़ा-चढ़ाकर कहना)—उसकी बात से आग लग सकती है क्योंकि बिना नमक मिर्च लगाए वह बोलता ही नहीं है।
212. रंग में भंग होना (आनन्द के क्षणों में विपत्ति आना)—उस घटना से कल बारात आने पर रंग मे भंग हो गया।
213. राम कहानी कहना (आप बीती कहना)—उसने अपनी पूरी राम कहानी कही।
214. आठ-आठ आँसू बहाना (बहुत दुःखी होना)—राम के वन गमन के समय अयोध्या के लोग आठ-आठ आँसू बहाने लगे।
215. हवा से बातें करना (बहुत तेज चलना)—राजधानी एक्सप्रेस हवा से बातें करती है।
216. बाल की खाल निकालना (कुतर्क करना)—क्यों हमेशा बाल की खाल निकालते हो।
217. गूँगें का गुड़ होना (अकथनीय अनुभव)—ईश्वर की अनुभूति गूँगें के गुड़ के समान है।
218. जहर उगलना (अपमानजनक बातें करना)—जहर मत उगलो अन्यथा संकट में पड़ जाओगे।
219. अपनी खिचड़ी अलग पकाना (किसी से मतलब न रखना)—तुमको समाज से क्या मतलब, तुम तो अपनी खिचड़ी अलग ही पकाओगे।
220. निन्यानवे का फेर होना (धन जमा करने में चिंतित रहना)—निन्यानवे के फेर में रहने वाला कभी सुखी नहीं रहता।
221. हवन करते हाथ जलना (अच्छा काम करते विघ्न पड़ना)—उसका भला किया और उसी ने बदनाम किया, हवन करते हाथ जलना इसी को कहते हैं।
222. कान भरना (शिकायत करना)—उससे सावधान रहो, वह तुम्हारा भी कान भर देगा।
223. लोहे के चने चबाना (कठिन कार्य करना)—सत्य की राह पर चलने वालों को लोहे के चने चबाने पड़ते हैं।
224. ईद का चाँद होना (अधिक दिनों पर दिखाई पड़ना)—आप ईद का चाँद हो गए।
225. राग अलापना (एक ही बात को बार-बार कहना)—उसके आते ही मन दुःखी हो जाता है क्योंकि एक ही राग अलापता रहता है।

226. बिजली गिरना (विपत्ति आना)–तुम्हारे ऊपर कौन सी बिजली गिरी जो इतने दुःखी हो
227. नाम बेचना (प्रतिष्ठा बेचना)–नामी बनिया का नाम बिकता है।
228. पेट में दाढ़ी होना (धूर्त होना)–उसकी बातों पर विश्वास मत करो, उसके पेट में दाढ़ी है
229. आँखों में रात काटना (बेचैनी में रात बिताना)–वह बेचारा इन दिनों आँखों में रात काट रहा है, उससे सहयोग की आशा न करो।
230. अपनी कब्र आप खोदना (अपनी क्षति स्वयं करना)–उससे विरोध कर तुम अपनी कब्र आप खोद रहे हो।
231. आँखों पर बिठाना (स्वागत करना)–अपने प्रिय नेता के पहुँचते ही जनता ने उन्हें आँखो पर बिठा लिया।
232. आँखों का तारा (बहुत प्यारा)–पुत्र माँ की आँखों का तारा होता है।
233. आँखों की पुतली (प्रिय)–संतान माँ की आँखों की पुतली होती है।
234. आँखों पर चर्बी छाना (घमण्ड से उपेक्षा करना)–धन अधिक हो जाने से उसकी आँखो पर चर्बी छा गई है।
235. आँख में धूल झोंकना (धोखा देना)–मैं उसकी पहचान कर पाता तो वह आँख में धूल झोंककर रुपए न ले पाता।
236. कौड़ी का तीन होना (प्रभावहीन हो जाना)–आज-कल पढ़े लिखे लोग भी विवेक के अभाव में कौड़ी के तीन हो रहे हैं।
237. खून सूखना (अत्यधिक भयभीत होना)–उसको देखकर इस बच्चे का खून सूख जाता है
238. खराद पर चढ़ना (शक्ति परीक्षण का अवसर पैदा होना)–बहुत डींग हाँकते थे, अब खराद पर चढ़े हैं साहब!
239. पेट का पानी न पचना (बात छिपाने की शक्ति नहीं होना)–उससे कहोगे तो नाश होगा, उसके पेट में पानी नहीं पचता है।
240. सिर मुड़ाते ओले पड़ना (काम के आरम्भ में ही विघ्न पड़ना)– सिर मुड़ाते ही ओले पड़े, अभी तो तुमने दुकान खोली ही है।
241. पत्थर पर दूब जमाना (असम्भव को सम्भव कर दिखाना)–उसने इस काम को पूरा कर पत्थर पर दूब जमा दिया।
242. सुबह का चिराग होना (मरणासन्न होना)–उसके लिए औषधि-उपचार व्यर्थ है, वह तो अब सुबह का चिराग है।
243. हाथ पर सरसों जमाना (शीघ्र फल चाहना)–आज तुमने चर्चा की है, समय तो लगेगा ही, हाथ पर सरसों जमाना चाहते हो क्या?

# अर्थ सहित महत्त्वपूर्ण मुहावरे

| मुहावरा | | अर्थ |
|---|---|---|
| 244. गंगा नहाना | — | काम पूरा (सम्पन्न) कर लेना। |
| 245. कान का कच्चा होना | — | हर किसी की बात पर विश्वास करने वाला। |
| 246. कुत्ते की मौत मरना | — | बुरी तरह मरना/दुर्गति से मरना |
| 247. गुड़ गोबर होना | — | किया कराया नष्ट हो जाना |
| 248. डकार जाना | — | दूसरे का धन पचा जाना। |
| 249. बाल-बाल बचना | — | ईश्वर कृपा से बच जाना। |
| 250. दबे पाँव निकल जाना | — | चुपचाप चला जाना। |
| 251. मैदान मारना | — | विजय प्राप्त कर लेना। |
| 252. आकाश-पाताल का अन्तर होना | — | बहुत अधिक अन्तर होना। |
| 253. उल्टे उस्तरे से मूँड़ना | — | बेवकूफ बनाकर काम निकालना। |
| 254. कमर सीधी करना | — | विश्राम करना |
| 255. कलई खुलना | — | भेद खुलना |
| 256. काठ का उल्लू | — | निरामूर्ख |
| 257. खार खाना | — | ईर्ष्या करना |
| 258. चाण्डाल चौकड़ी | — | उपद्रवियों की मण्डली |
| 259. दूध की मक्खी की तरह निकाल देना | — | किसी मनुष्य को तुच्छ समझकर हटा देना। |
| 260. पनाह माँगना | — | किसी से बचने की इच्छा करना |
| 261. पानी का बुलबुला | — | क्षणभंगुर वस्तु |
| 262. बहती गंगा में हाथ धोना | — | उससे खुद भी लाभ उठाना जिससे सभी लाभ उठा रहे हों। |
| 263. मुँह खराब करना | — | जबान से गंदी बातें निकालना |
| 264. हरफनमौला | — | हर काम में होशियार |
| 265. बखिया उधेड़ना | — | भेद खोलना |
| 266. सिर फिरना | — | बुद्धि भ्रष्ट होना |
| 267. बोतल चढ़ाना | — | शराब पीना |
| 268. मुँह मीठा करना | — | प्रसन्नता की बात होने पर मिठाइयाँ खिलाना |
| 269. रकाब पर पैर रखना | — | कहीं जाने के लिए बिल्कुल तैयार रहना |
| 270. मुँह पर नाक न होना | — | कुछ भी लज्जा न होना। |
| 271. भीष्म प्रतिज्ञा | — | दृढ़ प्रतिज्ञा |
| 272. भागीरथ प्रयत्न | — | कठिन प्रयत्न |
| 273. नारद बनना | — | चुगली करना |

27

# कहावतें अथवा लोकोक्तियाँ (Proverbs)

कहावत पूर्ण वाक्य हुआ करती है। यह किसी घटना विशेष का निष्कर्ष होती है। यह एक ओर वास्तविकता का संकेत कर देती है तो दूसरी ओर तीखी आलोचना या व्यंग्य प्रस्तुत करती है। कथन को प्रभावशाली बनाने में लोकोक्ति बहुत महत्त्व रखती है। कुछ लोकोक्तियाँ जीवन के लिए आदर्श सूक्तियाँ बन गई हैं। नीचे वाक्य प्रयोग सहित उदाहरण दिए जाते हैं–

**आग लगने पर कुआँ खोदना** (संकट आने पर शीघ्र बचने का प्रयत्न करना)–रमेश ने पढ़ाई पर ध्यान नहीं दिया। वर्ष भर वह इधर-उधर के कार्य करता रहा। अब कल से परीक्षा है तो आज माथापच्ची कर रहा है। आग लगने पर कुआँ खोदना इसे ही कहते हैं।

**अन्धा क्या चाहे दो आँखें**–(मनचाही वस्तु की प्राप्ति चाहना)–अरे भाई! उसे तो नौकरी की तलाश है, यदि हो तो दे दो। अन्धा क्या चाहे? दो आँखें।

## कुछ महत्त्वपूर्ण लोकोक्तियाँ और अर्थ

| लोकोक्तियाँ | अर्थ |
|---|---|
| 1. अन्धे के हाथ बटेर लगना | – अयोग्य व्यक्ति को अच्छी वस्तु प्राप्त हो जाना। |
| 2. अन्धों में काना राजा | – मूर्खों के बीच साधारण जानकार ही विद्वान कहलाता है। |
| 3. अधजल गगरी छलकत जाय | – अधूरे को पूर्णता का घमण्ड होना। |
| 4. अब पछताए होत क्या जब चिड़िया चुग गई खेत | – काम बिगड़ने पर पछताने से क्या लाभ। |
| 5. अशर्फी की लूट कोयले पर पहरा | – बहुमूल्य वस्तु की चिंता नहीं, साधारण को बचाने का प्रयत्न। |
| 6. आम के आम गुठलियों के दाम | – दोहरा लाभ। |
| 7. आए थे हरिभजन को ओटन लगे कपास | – किसी महत्त्वपूर्ण काम को छोड़कर साधारण काम में सहसा लग जाना। |
| 8. उल्टा चोर कोतवाल को डाँटे | – अपराधी ही बढ़ चढ़कर बोले। |
| 9. ऊँट के मुँह में जीरा | – आवश्यकता से बहुत कम। |
| 10. ऊँची दुकान फीका पकवान | – वास्तविकता से अधिक प्रदर्शन। |
| 11. ऊँट किस करवट बैठता है | – किसकी विजय होती है। |

| | |
|---|---|
| 12. न ऊधो का लेना न माधो का देना | — किसी के झमेले में न पड़ना। |
| 13. एक अनार सौ बीमार | — एक ही वस्तु के कई चाहने वाले। |
| 14. एक करेला तीता दूजे नीम चढ़ा | — बुरे में और अधिक बुराई पैदा हो जाना। |
| 15. एक म्यान में दो तलवार नहीं रहती | — एक साथ दो समान व्यक्तियों को एक जैसा महत्त्व नहीं मिलता। |
| 16. ओछे की प्रीति बालू की भीत | — नीच से मित्रता निष्फल होती है। |
| 17. काला अक्षर भैंस बराबर | — घोर अशिक्षित। |
| 18. कहीं की ईंट कहीं का रोड़ा, भानुमती ने कुनबा जोड़ा | — बेमेल वस्तुएँ इकट्ठा कर तालमेल बैठाने की कोशिश करना। |
| 19. खाने के दाँत और दिखाने के और | — कथनी और करनी में अन्तर। |
| 20. कोयले की दलाली में हाथ काला | — बुरे के साथ बुरा फल मिलता है। |
| 21. खिसियानी बिल्ली खम्भा नोचे | — लज्जित होकर शीघ्र ही क्रोधित होना। |
| 22. खोदा पहाड़ निकली चुहिया | — कठोर परिश्रम का बहुत साधारण फल। |
| 23. गए थे रोजा छुड़ाने नमाज गले पड़ी | — साधारण संकट से बचने की कोशिश में बड़ा संकट आ जाना। |
| 24. गोद में लड़का नगर में ढिढोरा | — चीज निकट में रखी रही तलाश दूर-दूर में की जाए। |
| 25. घर का भेदी लंका ढाहे | — आपस की फूट नाश की जड़ होती है। |
| 26. चार दिन की चाँदनी फिर अँधेरी रात | — सुख के दिन थोड़े ही होते हैं। |
| 27. चोर की दाढ़ी में तिनका | — दोषी सदा भयभीत रहता है। |
| 28. चौबे गए छब्बे बनने दूबे बनकर आए | — अधिक लाभ के लालच में हानि उठाना। |
| 29. छोटा मुँह बड़ी बात | — जानकारी से अधिक की बातें करना। |
| 30. जल में रहकर मगर से बैर | — जिसके अधीन रहे उसी को शत्रु बनाया। |
| 31. तेते पाँव पसारिए जेते लम्बी सौर | — आमदनी के अनुसार ही खर्चा करना चाहिए। |
| 32. जिस थाली में खाना उसी में छेद करना | — जिसका सहारा लिया उसी की निन्दा किया। |
| 33. गरजे सो बरसे नहीं | — काम करने वाला डींग नहीं हाँकता है। |
| 34. जिसकी लाठी उसकी भैंस | — जिसमें शक्ति है उसी का प्रभाव है। |
| 35. झूठ के पाँव नहीं होते | — अफवाह जल्द फैलती है। |
| 36. टेढ़ी उँगली से घी निकलता है | — बुरे के साथ बुरा व्यवहार करना पड़ता है। |
| 37. तेली का तेल जले मशालची का सिर दुखे | — नुकसान किसी का हो और कष्ट किसी और को हो। |
| 38. दोनों हाथ लड्डू | — हर ओर से लाभ। |

| | |
|---|---|
| 39. नक्कारखाने में तूती की आवाज | – कमजोर की बात कोई नहीं सुनता। |
| 40. धोबी का कुत्ता न घर का न घाट का | – दोनों के बीच बने रहने की कोशिश में किसी का भी विश्वासपात्र न बन पाना। |
| 41. नाच न जाने आँगन टेढ़ा | – अपना दोष दूसरों पर मढ़ने की कोशिश करना। |
| 42. न नौ मन तेल होगा न राधा नाचेगी | – असम्भव शर्त। |
| 43. नीम हकीम खतरे जान | – अल्पज्ञानी खतरनाक होता है। |
| 44. बकरे की माँ कब तक खैर मनाएगी | – सुनिश्चित को रोकने की व्यर्थ चिन्ता। |
| 45. मन चंगा तो कठौती में गंगा | – जिसका मन पवित्र है ईश्वर उसके पास ही है। |
| 46. मियाँ की जूती मियाँ का सिर | – अपनी ही वस्तु से नुकसान भुगतना। |
| 47. रस्सी जल गई ऐंठन न गई | – नष्ट होने पर भी घमण्ड नहीं टूटना। |
| 48. साँप मरे और लाठी न टूटे | – काम भी हो जाए और नुकसान भी न हो पाए। |
| 49. होनहार बिरवान के होत चीकने पात | – होनहार बालक बचपन में ही अपनी पहचान दे देता है। |
| 50. दाता से सूम भला जो खरे दिए जबाव | – टालमटोल करने वाले दानी से कंजूस ही भला। |
| 51. अंधी पीसे कुत्ता खाय | – हराम का खाना/लाचारी का लाभ उठाना। |
| 52. जाके पैर न फटी बिवाई सो क्या जाने पीर पराई | – जिस पर कभी विपत्ति नहीं आई वह दूसरों की विपत्ति का अनुमान नहीं कर सकता। |
| 53. जिसके पास लोई उसका सब कोई | – धनी व्यक्ति का सभी साथ देते हैं। |
| 54. अंधे के आगे रोना अपना दीदा खोना | – अयोग्य व्यक्ति के सामने अपनी बात रखना व्यर्थ है। |
| 55. गुरु की जै जान पानी पीजै छान | – अच्छी तरह जाँच-पड़ताल कर कोई काम करना चाहिए। |
| 56. जस दूल्हा तस सजे बराती | – नेता के अनुसार ही अनुयायी होते हैं। |
| 57. बिन माँगे मोती मिले माँगे मिले न भीख | – प्रतिष्ठा गँवाने से अधिक नहीं मिलता है। |
| 58. अपनी करनी पार उतरनी | – अपनी करनी से ही भला हो सकता है। |
| 59. दूर के ढोल सुहावन | – दूर की सभी चीजें अच्छी लगती हैं। |
| 60. मुँह में राम बगल में छुरी | – ऊपर से सच्चा दिखे और अन्दर कपट भरा हो। |
| 61. आप भला तो जग भला | – भले आदमी के लिए सभी भले हैं। |

| | |
|---|---|
| 62. घर का जोगी जोगरा आन गाँव का सिद्ध | — घर के बुद्धिमान व्यक्ति का सम्मान न करके दूसरों को सम्मान देना। |
| 63. घर की मुर्गी दाल बराबर | — घर की चीजों को महत्त्व नहीं दिया जाता है। |
| 64. जल में रहकर मगर से बैर | — जिसके अधीन रहे, उससे बैर रखना ठीक नहीं। |
| 65. बद अच्छा बदनाम बुरा | — झूठे कलंक से आदमी उतना बुरा हो जाता है जितना बुरा कर्म करने से नहीं होता है। |
| 66. एक तवे की रोटी, क्या मोटी क्या छोटी | — सब एक समान। |
| 67. कर्महीन खेती करे, बैल मरे या सूखा पड़े | — अभागा आदमी कुछ भी करता है भाग्य साथ नहीं देता है। |
| 68. काठ की हाँड़ी बार-बार नहीं चढ़ती है | — धोखा देकर एक ही बार काम लिया जा सकता है। |
| 69. का वर्षा जब कृषि सुखाने | — समय बीत जाने पर कोई काम व्यर्थ है। |
| 70. खरबूजे को देखकर खरबूजा रंग बदलता है | — बहुत सारा काम दूसरे को देखकर किया जाता है। |
| 71. खिसयानी बिल्ली खम्भा नोचे | — शर्मिन्दा होने के बाद कुछ लोग गुस्सा झाड़ते हैं। |
| 72. खुदा गंजे को नाखून नहीं देता | — दुर्बल की रक्षा का ईश्वर कोई-न-कोई उपाय कर देते हैं। |
| 73. जंगल में मोर नाचा किसने देखा | — निर्जन में गुण की पहचान कौन करेगा। |
| 74. अब पछताए होत क्या जब चिड़िया चुग गई खेत | — अवसर निकल जाने के बाद पछताने से कोई लाभ नहीं होता। |
| 75. आगे नाथ न पाछे पगहा | — कोई देखने वाला नहीं। |
| 76. कहाँ राजा भोज कहाँ गंगू तेली | — दो असमान व्यक्ति जिसकी कोई तुलना न हो सके। |
| 77. चोर-चोर मौसेरे भाई | — एक जैसी मनोवृत्ति वाले लोग। |
| 78. कभी नाव पर गाड़ी कभी गाड़ी पर नाव | — सबको एक दूसरे से काम पड़ता है। |
| 79. थोथा चना बाजे घना | — कम ज्ञान वाला व्यक्ति अधिक ज्ञानी होने का स्वांग रचता है। |
| 80. बिल्ली के भाग्य से छींका टूटता है | — अकस्मात किसी वस्तु का प्राप्त हो जाना। |
| 81. मियाँ की दौड़ मस्जिद तक | — सीमित क्षेत्र में रहना। |

82. लड़े सिपाही नाम हवलदार का — वास्तविक कार्यकर्त्ता को श्रेय नहीं मिलना।

83. सदा दिवाली संत की बारह बार वसंत — सदा प्रसन्नता का अनुभव करना।

84. सावन के अन्धे को हरा ही हरा सूझता है — सम्पन्न व्यक्ति को कोई दुःखी नहीं दिखाई देता।

85. भैंस के आगे बीन बजाई भैंस रही पगुराई — अयोग्य व्यक्ति को उपदेश देना व्यर्थ है।

86. दमड़ी की हाँडी गई कुत्ते की जात पहचानी गई — कम से कम नुकसान में यदि बड़ी सबक मिल जाय तो अच्छा ही है।

87. हाथ सुमरनी बगल कतरनी — कपटपूर्ण व्यवहार

88. नौ नगद न तेरह उधार — नकद थोड़ा ही अच्छा है, उधार अधिक बिल्कुल अच्छा नहीं है।

89. न सावन सूखा न भादों हरा — सदैव एक-सा रहना।

90. भागते भूत की लंगोटी भली — कुछ न मिलने की आशा हो और कुछ मिल जाय तो अच्छा ही है।

91. नेकी और पूछ-पूछ — अच्छाई का काम बिना पूछे कर डालना चाहिए।

92. नाम बड़े और दर्शन छोटे — झूठा यश

93. दूध का जला हुआ छाँछ फूक-फूक कर पीता है — एक बार धोखा खाने पर आदमी सचेत होकर काम करता है।

94. नौ दिन चले अढ़ाई कोस — बहुत धीमी गति से कोई काम करना

95. राम नाम जपना पराया माल अपना — बाहर से सज्जनता अन्दर से कपटपूण्र आचरण

96. मान न मान मैं तेरा मेहमान — जबर्दस्ती रिश्ता जोड़ना।

97. प्यादा से फरजी भयो टेढ़े टेढ़ो जाय — बड़ा पद पाकर लोग इतराने लगते हैं।

98. दुविधा में दोनों गए माया मिली न राम — अनिश्चितपन वाला आदमी असफल होता है।

99. हाथ कंगन को आरसी क्या — प्रत्यक्ष के लिए प्रमाण की कोई आवश्यकता नहीं है।

100. जाको राखे साइयाँ मार सके न कोय — ईश्वर जिसका रक्षक है, उसका कोई कुछ नहीं बिगाड़ सकता।

101. स्वारथ लागि करहिं सब प्रीति — अधिकतर प्रीति स्वार्थ पर ही आधारित होती है।

28

# वर्तनी सम्बन्धी अशुद्धियाँ

| अशुद्ध | शुद्ध | अशुद्ध | शुद्ध |
|---|---|---|---|
| आर्दश | आदर्श | अत्योक्ति | अत्युक्ति |
| आसीस | आशीष | अद्यपि | यद्यपि |
| आवश्यक्ता | आवश्यकता | तथापी | तथापि |
| आल्हाद | आह्लाद | असाढ़ | आषाढ़ |
| आशिर्वाद | आशीर्वाद | अध्यात्मिक | आध्यात्मिक |
| आमिश | आमिष | ऐतिहासज्ञ | इतिहासज्ञ |
| आधीन | अधीन | इतिहासिक | ऐतिहासिक |
| अधीनस्त | अधीनस्थ | संसारिक | सांसारिक |
| गृहस्त | गृहस्थ | समाजिक | सामाजिक |
| आरोग्यता | आरोग्य | अभीष्ठ | अभीष्ट |
| निरोग | नीरोग | इक्षा | इच्छा |
| अंधेर | अँधेरा | अस्थान | स्थान |
| आंख | आँख | अतिथी | अतिथि |
| अर्थात | अर्थात् | समीती | समिति |
| भगवान | भगवान् | इकठ्ठा | इकट्ठा |
| श्रीमान | श्रीमान् | इक्षुक | इच्छुक |
| श्रीमति | श्रीमती | स्वक्ष | स्वच्छ |
| अवकास | अवकाश | महत्व | महत्त्व |
| अर्ध | अर्द्ध | उद्येश | उद्देश्य |
| अहिल्या | अहल्या | उज्वल | उज्ज्वल |
| द्रोपती | द्रौपदी | उंगली | उँगली |
| द्वारिका | द्वारका | उलटा | उल्टा |
| इसाई | ईसाई | चिन्ह | चिह्न |
| ईर्षा | ईर्ष्या | एश्वर्य | ऐश्वर्य |
| अनाथिनी | अनाथा | उपलक्ष | उपलक्ष्य |
| असहनीय | असह्य | उलंघन | उल्लंघन |
| अपरान्ह | अपराह्न | ऊषा | उषा |

| अशुद्ध | शुद्ध | अशुद्ध | शुद्ध |
|---|---|---|---|
| पूर्वान्ह | पूर्वाह्न | एकत्रित | एकत्र |
| मध्यान्ह | मध्याह्न | कवियित्रि | कवयित्री |
| स्वास्थ | स्वास्थ्य | कौशिल्या | कौशल्या |
| कार्यकर्म | कार्यक्रम | धूआं | धुआँ |
| कार्रवाही | कार्यवाही | नारायन | नारायण |
| कार्यबाई | कार्रवाई | रामायन | रामायण |
| केन्द्रीयकरण | केन्द्रीकरण | अर्चणा | अर्चना |
| औद्योगीकरण | उद्योगीकरण | नबाब | नवाब |
| गूंगा | गूँगा | जबाब | जवाब |
| कैलाश | कैलास | नुपुर | नूपुर |
| कनिष्ट | कनिष्ठ | नैपुण्यता | नैपुण्य, निपुणता |
| कौतुहल | कौतूहल | निर्गुणी | निर्गुण |
| कोमलांगिनी | कोमलांगी | निछावर | न्यौछावर |
| गरदन | गर्दन | निरिह | निरीह |
| गरिष्ट | गरिष्ठ | परिशिष्ठ | परिशिष्ट |
| गर्द्धव | गर्दभ | प्राप्ती | प्राप्ति |
| चर्मोत्कर्ष | चरमोत्कर्ष | पूज्यनीय | पूज्य, पूजनीय |
| चांद | चाँद | प्रमाणिक | प्रामाणिक |
| चक्षूरोग | चक्षुरोग | प्रदर्शिनी | प्रदर्शनी |
| चारदीवारी | चहारदीवारी | प्रज्ज्वलित | प्रज्वलित |
| ज्योत्सना | ज्योत्स्ना | प्रसंशा | प्रशंसा |
| जगत | जगत् | परिस्थिती | परिस्थिति |
| ज्येष्ट | ज्येष्ठ | पौरुषत्व | पौरुष, पुरुषत्व |
| जगबन्धु | जगद्बन्धु | पाठार | पठार |
| तिलांजली | तिलांजलि | पक्षीगण | पक्षिगण |
| तत्कालिक | तात्कालिक | बाल्मिकी | वाल्मीकि |
| तत्व | तत्त्व | ब्रम्ह | ब्रह्म |
| तलाब | तालाब | बृज | ब्रज |
| त्रिवार्षिक | त्रैवार्षिक | बृजभाषा | ब्रजभाषा |
| तरुछाया | तरुच्छाया | बांस | बाँस |
| त्रितीय | तृतीय | बारात | बरात |
| तदोपरान्त | तदुपरान्त | बंगला | बँगला |

| अशुद्ध | शुद्ध | अशुद्ध | शुद्ध |
|---|---|---|---|
| द्वन्द | द्वन्द्व | बुद्धिवान | बुद्धिमान |
| दूकान | दुकान | भष्म | भस्म |
| दाइत्व | दायित्व | भीस्म | भीष्म |
| दिवारात्रि | दिवारात्र | भाग्यमान | भाग्यवान |
| धोका | धोखा | पाठान | पठान |
| पुरष्कार | पुरस्कार | विकाश | विकास |
| श्रृंगार | शृंगार | व्यवहारिक | व्यावहारिक |
| श्रृष्टि | सृष्टि | बीणा | वीणा |
| श्रृजन | सृजन | वनिक | वणिक् |
| द्वैवार्षिक | द्विवार्षिक | विधिवत | विधिवत् |
| द्रविभूत | द्रवीभूत | विरहणी | विरहिणी |
| पृष्ट | पृष्ठ | वैमनस्यता | वैमनस्य |
| पत्नि | पत्नी | विद्यार्थि | विद्यार्थी |
| निछावर | न्यौछावर | वापिस | वापस |
| निरपराधी | निरपराध | वक्तागण | वक्तृगण |
| भागिरथी | भागीरथी | श्राप | शाप |
| मिश्रदेश | मिस्रदेश | शुद्धीकरण | शुद्धिकरण |
| महाराजा | महाराज | शक्ती | शक्ति |
| मृन्मय | मृण्मय | शाहस | साहस |
| मूर्छा | मूर्च्छा | विभूती | विभूति |
| मूहुर्त | मुहूर्त्त | श्रीयुत् | श्रीयुत |
| यथेष्ठ | यथेष्ट | श्री युक्त | श्री युत |
| मुंह | मुँह | संग्रहीत | संगृहीत |
| महानतम | महत्तम | श्रेष्ट | श्रेष्ठ |
| मंत्रीवर | मंत्रिवर | सदृश्य | सदृश |
| मंत्रीमण्डल | मंत्रिमण्डल | सप्ताहिक | साप्ताहिक |
| यशलाभ | यशोलाभ | विहंगिनी | विहंगी |
| राजागण | राजगण | स्थायीत्व | स्थायित्व |
| लब्ध प्रतिष्ठित | लब्धप्रतिष्ठ | समुद्रिक | सामुद्रिक |
| रूग्न | रुग्ण | स्थामी भक्ति | स्वामिभक्ति |
| ललायित | लालायित | हितैशी | हितैषी |
| रूपया | रुपया | सैना | सेना |

| अशुद्ध | शुद्ध | अशुद्ध | शुद्ध |
|---|---|---|---|
| मनोकामना | मनःकामना | सेनिक | सैनिक |
| महान | महान् | पृथवी | पृथ्वी |
| याज्ञवल्क | याज्ञवल्य | दयालू | दयालु |
| रुक्मणी | रुक्मिणी | इन्दू | इन्दु |
| धूली | धूलि | हिन्दु | हिन्दू |
| अंजली | अंजलि | गुरू | गुरु |
| शशी भूषण | शशिभूषण | रितु | ऋतु |
| जागरन | जागरण | व्यंग | व्यंग्य |
| अन्तरराष्ट्रीय | अन्तर्राष्ट्रीय | बधू | वधू |
| सन्यासी | संन्यासी | बृहस्पति | वृहस्पति |
| बन्दना | वन्दना | बुद्धवार | बुधवार |
| परिनाम | परिणाम | तृया | त्रिया |
| लक्षमण | लक्ष्मण | स्त्रीयाँ | स्त्रियाँ |
| नदीयाँ | नदियाँ | महीलाएँ | महिलाएँ |
| भूगोलिक | भौगोलिक | ऐतिहासिक | ऐतिहासिक |
| ऐनक | ऐनक | जै | जय |
| पाठान | पठान | पाठार | पठार |

29

# वाक्य सम्बन्धी अशुद्धियाँ

| | अशुद्ध वाक्य | | शुद्ध वाक्य |
|---|---|---|---|
| 1. | कई रेलवे कर्मचारियों की गिरफ्तारी हुई। | – | रेलवे के कई कर्मचारियों की गिरफ्तारी हुई। |
| 2. | वह दण्ड देने योग्य है। | – | वह दण्डित होने योग्य है/वह दण्ड पाने योग्य है। |
| 3. | सौ रुपए सधन्यवाद प्राप्त हुए | – | सौ रुपए प्राप्त हुए। धन्यवाद! |
| 4. | महाविद्यालय की ओर से प्रधानमंत्री को अभिनन्दन पत्र प्रदान किया गया। | – | महाविद्यालय की ओर से प्रधान। मंत्री को अभिनन्दन पत्र अर्पित किया गया। |
| 5. | कुत्ता दरवान की तरह दुम हिलाता हुआ दरवाजे पर खड़ा रहता था। | – | कुत्ता दुम हिलाता हुआ दरवान की तरह दरवाजे पर खड़ा रहता था। |
| 6. | इन बातों के बावजूद भी वह नहीं समझ सका। | – | इन बातों के बावजूद वह नहीं समझ सका। |
| 7. | ये बातें केवल दिखावा भर थीं। | – | ये बातें केवल दिखावा थीं/ये बातें दिखावा भर थीं। |
| 8. | दक्षिण का अधिकांश भाग पठार है। | – | दक्षिण का अधिक भाग पठार है। |
| 9. | मेरी निगाह मेरे मित्र की ओर थी। | – | मेरी निगाह मित्र की ओर थी। |
| 10. | प्रधानाध्यापक लड़के चुनेंगे। | – | प्रधानाध्यापक लड़कों को चुनेंगे। |
| 11. | मैंने लिख चुका था। | – | मैं लिख चुका था। |
| 12. | मैंने इस गाड़ी से जाना है। | – | मुझे इस गाड़ी से जाना है। |
| 13. | कर्ण बहुत बड़े दायक थे। | – | कर्ण बहुत बड़ा दाता थे। |
| 14. | इसका कोई अर्थ नहीं होता। | – | इसका कुछ अर्थ नहीं होता। |
| 15. | आओ, तुम भी कोई काम कर लो। | – | आओ, तुम भी कुछ काम कर लो। |
| 16. | श्री कृष्ण के अनेकों नाम हैं। | – | श्री कृष्ण के अनेक नाम हैं। |
| 17. | उसकी गर्दन शर्म से नीचे थी। | – | उसकी गर्दन शर्म से नीची थी। |
| 18. | मैं आपकी श्रद्धा करता हूँ। | – | मैं आप पर श्रद्धा रखता हूँ। |
| 19. | सरकार शान्ति-व्यवस्था के लिए पुलिस पर निर्भर करती है। | – | सरकार शान्ति-व्यवस्था के लिए पुलिस पर निर्भर रहती है। |
| 20. | मैं अपने गुरु के ऊपर बहुत श्रद्धा रखता हूँ। | – | मैं अपने गुरु पर बहुत श्रद्धा रखता हूँ। |

| | अशुद्ध वाक्य | | शुद्ध वाक्य |
|---|---|---|---|
| 21. | कृष्ण और सुभद्रा भाई-बहन थीं। | — | कृष्ण और सुभद्रा भाई-बहन थे। |
| 22. | राम और श्याम विद्यालय जा रहा है। | — | राम और श्याम विद्यालय जा रहे हैं। |
| 23. | राम और सीता वन को जा रही थीं। | — | राम और सीता वन को जा रहे थे। |
| 24. | शायद वे जरूर जाएँगे। | — | शायद वे जाएँगे/वे जरूर जाएँगे। |
| 25. | मेरी स्त्री बीमार है। | — | मेरी पत्नी बीमार है। |
| 26. | शरीफ, पुरुष किसी को तंग नहीं करते। | — | शरीफ लोग किसी को तंग नहीं करते/सज्जन पुरुष किसी को तंग नहीं करते। |
| 27. | इस समस्या का कोई उपाय नहीं है। | — | इस समस्या का कोई समाधान नहीं है। |
| 28. | हो सकता है वह अवश्य पास हो जाए। | — | हो सकता है वह पास हो जाए। |
| 29. | किसी और दूसरे आदमी को भेज दीजिए। | — | किसी और को भेज दीजिए/किसी दूसरे को भेज दीजिए। |
| 30. | यह दवा बहुत तत्काल असर दिखाती है। | — | यह दवा तत्काल असर दिखाती है। |
| 31. | यहाँ तरुण नवयुवकों की शिक्षा का प्रबन्ध है। | — | यहाँ नवयुवकों की शिक्षा का प्रबन्ध है। |
| 32. | प्रत्येक दिन स्नान करना चाहिए। | — | प्रतिदिन स्नान करना चाहिए। |
| 33. | सैनिकों ने खूँखार अस्त्र-शस्त्रों से हमला किया। | — | सैनिकों ने विनाशकारी अस्त्र-शस्त्रों से हमला किया। |
| 34. | हैजे आदि से हजारों लोग मर गए। | — | हैजा आदि से हजारों लोग मर गए। |
| 35. | पूज्यनीय पिताजी को प्रणाम। | — | पूज्य पिताजी/पूजनीय पिताजी को प्रणाम। |
| 36. | उसकी सौन्दर्यता पर सब मुग्ध थे। | — | उसके सौन्दर्य पर सब मुग्ध थे। या, उसकी सुन्दरता पर सब मुग्ध थे। |
| 37. | अत्याधिक कार्य स्वास्थ को बिगाड़ देता है। | — | अत्यधिक कार्य स्वास्थ्य को बिगाड़ देता है। |
| 38. | भिखारी ने राजा को आशीर्वाद प्रदान किया। | — | भिखारी ने राजा को आशीर्वाद दिया। |
| 39. | प्राणीमात्र पर दया करो। | — | प्राणिमात्र पर दया करो। |
| 40. | झगड़े का श्री गणेश तब हुआ जब जुलूस पर किसी ने पत्थर फेंक दिया। | — | झगड़े का आरम्भ तब हुआ जब जुलूस पर किसी ने पत्थर फेंक दिया। |
| 41. | मेरा पतलून मैला है। | — | मेरी पतलून मैली है। |
| 42. | उसकी दादी अभी जिन्दी है। | — | उसकी दादी अभी जिन्दा है। |
| 43. | राम ने बाजार जाना है। | — | राम को बाजार जाना है। |

| | अशुद्ध वाक्य | | शुद्ध वाक्य |
|---|---|---|---|
| 44. | आज की ताजी खबर पढ़िए। | – | आज की ताजा खबर पढ़िए। |
| 45. | हमने उनकी योजनाओं को दुम दबाकर स्वीकार कर लिया। | – | हमने उनकी योजनाओं को विवश होकर स्वीकार कर लिया। |
| 46. | वह विद्वान महिला थीं। | – | वह विदुषी थीं। |
| 47. | इसका उत्तरदाइत्व आपके ऊपर है। | – | इसका उत्तरदायित्व आप पर है। |
| 48. | उनकी मृत्यु से नगर की अपूर्व क्षति हुई। | – | उनकी मृत्यु से अपूरणीय क्षति हुई। |
| 49. | साहित्य और जीवन का घोर सम्बन्ध है। | – | साहित्य और जीवन का घनिष्ठ सम्बन्ध है। |
| 50. | ईश्वर उसकी मृत आत्मा को शान्ति दें। | – | ईश्वर उसकी आत्मा को शान्ति दें। |
| 51. | आप खाना खाने आ जाओ। | – | आप खाना खाने आ जाएँ। |
| 52. | आप कहोगे। | – | आप कहेंगे। |
| 53. | अगर मैं गलती करूँ तो आप मुझे दुरुस्त कर दें। | – | अगर मैं गलती करूँ तो आप मुझे सुधार दें। |
| 54. | काँग्रेस ने भारत की अच्छाई के अनेक कार्य किए। | – | काँग्रेस ने भारत की भलाई के लिए अनेक कार्य किए। |
| 55. | उसका पैर गरम आग पर पड़ गया। | – | उसका पैर आग पर पड़ गया। |
| 56. | शब्द केवल संकेत मात्र होते हैं। | – | शब्द केवल संकेत होते हैं। या, शब्द संकेत मात्र होते हैं। |
| 57. | उसकी दृष्टि चित्र में गड़ी थी। | – | उसकी दृष्टि चित्र पर गड़ी थी। |
| 58. | वे लगन के साथ देश की सेवा कर रहे हैं। | – | वे लगनपूर्वक देश की सेवा कर रहे हैं। |
| 59. | फिर, कुछ देर से उसने कहा। | – | फिर, कुछ देर बाद उसने कहा। |
| 60. | केवल कहने मात्र से कुछ नहीं होता। | – | केवल कहने से कुछ नहीं होता। |
| 61. | चाहे जैसे भी हो, तुम वहाँ जाओ। | – | चाहे जैसे हो, तुम वहाँ जाओ। |
| 62. | सभी प्रकार की चीज मौजूद थी। | – | सभी प्रकार की चीजें मौजूद थीं। |
| 63. | आपके एक-एक शब्द तुले हुए होते हैं। | – | आपके एक-एक शब्द नपे-तुले होते हैं। |
| 64. | आपकी राय से यह काम जरूरी है। | – | आपकी राय में यह काम जरूरी है। |
| 65. | आपकी पुस्तक धन्यवाद सहित लौटाता हूँ। | – | आपकी पुस्तक धन्यवादपूर्वक लौटाता हूँ। |
| 66. | हमारे बाप-दादाओं ने कभी ऐसा नहीं किया। | – | हमारे बाप-दादा ने कभी ऐसा नहीं किया। |
| 67. | सबों ने यही राय दी। | – | सबने यही राय दी। |
| 68. | संज्ञा की प्रशंसा करने वाले शब्द विशेषण होते हैं। | – | संज्ञा की विशेषता बताने वाले शब्द विशेषण होते हैं। |

| | अशुद्ध वाक्य | | शुद्ध वाक्य |
|---|---|---|---|
| 69. | मुझे प्रायः समस्त काम अपने हाथों करना पड़ता है। | – | मुझे प्रायः सम्पूर्ण काम अपने हाथों करना पड़ता है। |
| 70. | सूरदास के ऊपर डॉ॰ हजारी प्रसाद द्विवेदी ने एक उत्तम ग्रंथ लिखा है। | – | सूरदास के सम्बन्ध में डॉ॰ हजारी प्रसाद द्विवेदी ने एक उत्तम ग्रंथ लिखा है। |
| 71. | अधिकांश धन व्यर्थ गया। | – | धन का अधिकांश व्यर्थ गया। |
| 72. | राम का भविष्य शंकर के ऊपर निर्भर है। | – | राम का भविष्य शंकर पर निर्भर है। |
| 73. | इन दोनों में केवल यही अन्तर है। | – | इन दोनों में यही अन्तर है। |
| 74. | उसे एक चिट्ठी लिखना होगा। | – | उसे एक चिट्ठी लिखनी होगी। |
| 75. | यह बात हृदय से सम्भव है वे न मानें। | – | सम्भव है यह बात वे हृदय से नहीं मानें। |
| 76. | आज उपशिक्षा मंत्री जी नगर में पधार रहे हैं। | – | आज शिक्षा उपमंत्री जी नगर में पधार रहे हैं। |
| 77. | अधिकांश उर्दू के कवि श्रृंगारी कविता लिखते हैं। | – | उर्दू के अधिकतर कवि श्रृंगारी कविता लिखते हैं। |
| 78. | उसकी आवाज कान में सुनाई पड़ी। | – | उसकी आवाज सुनाई पड़ी/उसकी आवाज कान में पड़ी। |
| 79. | वह कहते हैं। | – | वे कहते हैं। |
| 80. | थोड़ी देर बाद वे वापस लौट आए। | – | थोड़ी देर बाद वे लौट आये। या, थोड़ी देर बाद वे वापस आए। |
| 81. | उन्हें मृत्युदण्ड की सजा मिली। | – | उन्हें मृत्युदण्ड मिला। |
| 82. | उसी आदमी को, जो आपके पास जायेगा, यह पुस्तक दे दिजिए। | – | उसी आदमी को, जो आपके पास जाएगा, यह पुस्तक दे दीजिए। |
| 83. | मेरा विश्वास मेरी आँखों पर भी नहीं है। | – | मेरा विश्वास अपनी आँखों पर भी नहीं है। |
| 84. | वह अनेक प्रकार के बहाने बनाने लगा। | – | वह अनेक बहाने बनाने लगा। |
| 85. | आप अपनी ताकत के बल पर यह काम करना चाहते हैं। | – | आप अपने बल पर यह काम करना चाहते हैं। या, आप अपनी ताकत पर यह काम करना चाहते हैं। |
| 86. | मैं आज प्रातःकाल के समय वहाँ गया था। | – | मैं आज प्रातःकाल वहाँ गया था। |
| 87. | कृपया यह बताने का अनुग्रह करें। | – | कृपया यह बतलावें। या, यह बतलाने की कृपा करें। या, यह बतलाने का अनुग्रह करें। |

| | अशुद्ध वाक्य | | शुद्ध वाक्य |
|---|---|---|---|
| 88. | सारे देश भर में यह बात फैल गई। | — | सारे देश में यह बात फैल गई/या, देश भर में यह बात फैल गई। |
| 89. | वह इस बात की व्यवस्था का कोई प्रबन्ध नहीं कर सकता। | — | वह इस बात की व्यवस्था नहीं कर सकता/या, वह इस बात का प्रबन्ध नहीं कर सकता। |
| 90. | देश की रक्षा का भार तुम्हारे ऊपर है। | — | देश की रक्षा का भार तुम पर है। |
| 91. | दंगे में दस मनुष्य मरे और पन्द्रह आदमी घायल हुए। | — | दंगे में दस आदमी मरे और पन्द्रह घायल हुए। |
| 92. | कुछ पशु खेती के काम में आने के सिवा वे धर्म की दृष्टि से भी पूज्य हैं। | — | कुछ पशु खेती के काम में आने के अतिरिक्त धर्म की दृष्टि से भी पूज्य हैं। |
| 93. | वह खाने-पीने के व्यंजन बना रही थी। | — | वह व्यंजन बना रही थी। |
| 94. | प्रायः ऐसे अवसर आते हैं जिसमें लोगों को कभी-कभी अपना मत बदलना पड़ता है। | — | प्रायः ऐसे अवसर आते हैं जिनमें लोगों को अपना मत बदलना पड़ता है। |
| 95. | आगरा के निकट दो रेलगाड़ियाँ लड़ गईं। | — | आगरा के निकट दो रेलगाड़ियों की टक्कर हो गई। |
| 96. | वृक्ष में फल लगे हैं। | — | वृक्ष पर फल लगे हैं। |
| 97. | उसने उधर देखा और बोला। | — | उसने उधर देखा और कहा। |
| 98. | वहाँ पूड़ियाँ और झरने का पानी पीकर हमलोग आगे बढ़े। | — | वहाँ पूड़ियाँ खाकर और झरने का पानी पीकर हमलोग आगे बढ़े। |
| 99. | मैं यह काम किया चाहता हूँ। | — | मैं यह काम करना चाहता हूँ। |
| 100. | मेरे को ऐसा मत कहो। | — | मुझको ऐसा मत कहो। |
| 101. | वे कोई स्कूल नहीं खोले थे। | — | उन्होंने कोई स्कूल नहीं खोला था। |
| 102. | पंजाब के मुसलमान वहाँ प्रवेश किए थे। | — | पंजाब के मुसलमानों ने वहाँ प्रवेश किया था। |
| 103. | लड़ाई के द्वारा लोगों ने खूब धन कमाया। | — | लड़ाई के समय लोगों ने खूब धन कमाया। |
| 104. | यह बीमारी देश में लड़ाई के द्वारा फैली थी। | — | देशों में यह बीमारी लड़ाई के कारण फैली थी। |
| 105. | उन्होंने सरलता के साथ उत्तर दिया। | — | उन्होंने सरलतापूर्वक उत्तर दिया। |
| 106. | उनके विरुद्ध मुकदमा चलाया गया। | — | उन पर मुकदमा चलाया गया। |
| 107. | पूर्व इसके कि कोई हँसे, हम हँस पड़े। | — | किसी के हँसने के पहले हम स्वंय हँस पड़े। |
| 108. | परीक्षा की प्रणाली बदलना चाहिए। | — | परीक्षा की प्रणाली बदलनी चाहिए। |
| 109. | मैं तुम्हारे साथ नहाकर चलूँगा। | — | मैं नहाकर तुम्हारे साथ चलूँगा। |
| 110. | शुद्ध गाय का दूध सेवन करो। | — | गाय का शुद्ध दूध सेवन करो। |
| 111. | इतने वेतन से केवल दाल-रोटी हो जाती है। | — | इतने वेतन से केवल दाल-रोटी ही मिल पाती है। |

| | अशुद्ध वाक्य | | शुद्ध वाक्य |
|---|---|---|---|
| 112. | प्रेमचन्द जी ने पर्याप्त मात्रा में कहानी और उपन्यास लिखे। | – | प्रेमचन्द जी ने पर्याप्त संख्या में कहानी और उपन्यास लिखे। |
| 113. | अनेकों बार समझाने पर भी वह नहीं समझा। | – | अनेक बार समझाने पर भी वह नहीं समझा। |
| 114. | वह आगामी वर्ष हरिद्वार गया था। | – | वह गत् वर्ष हरिद्वार गया था। |
| 115. | वह धर्मशालें में गया है। | – | वह धर्मशाला में गया है। |
| 116. | मित्रों! उसकी भाग्य फूट गई। | – | मित्रों! उसका भाग्य फूट गया। |
| 117. | हमें अपने माता-पिता का आदर करना चाहिए। | – | हमें माता-पिता का आदर करना चाहिए। |
| 118. | उन्हें व्यर्थ रुपए देने से कोई लाभ नहीं है। | – | उन्हें रुपए देने से कोई लाभ नहीं/ अथवा, उन्हें रुपए देना व्यर्थ है। |
| 119. | शास्त्रीजी की मृत्यु से हमें बड़ा खेद हुआ। | – | शास्त्री जी के निधन से हमें बहुत दुःख हुआ। |
| 120. | शोक है कि आपने मेरे पत्रों का उत्तर नहीं दिया। | – | दुःख है कि आपने मेरे पत्रों के उत्तर नहीं दिए। |
| 121. | एक-एक करके सभी चले गए। | – | एक-एक कर सभी चले गए। |
| 122. | यह ग्रंथ दोहा और चौपाइयों में लिखा गया है। | – | यह ग्रंथ दोहे और चौपाइयों में लिखा गया है। |
| 123. | मैं माता का दर्शन करने गया था। | – | मैं माता के दर्शन करने गया था। |
| 124. | यही वे कारण हैं जिनके कारण देश में अशान्ति बढ़ रही है। | – | यही वे कारण हैं जिनसे देश में अशान्ति बढ़ रही है। |
| 125. | ऐसी एकाध बातें और देखने में आती हैं। | – | ऐसी एकाध बात और देखने में आती है। |
| 126. | प्रत्येक छोटी-मोटी विशेषताओं को देखना चाहिए। | – | प्रत्येक छोटी-मोटी विशेषता को देखनी चाहिए। |
| 127. | उन्होंने हाथ जोड़ा। | – | उन्होंने हाथ जोड़े। |
| 128. | हम तो शादी में अवश्य ही जाएँगे। | – | हम शादी में अवश्य जाएँगे। |
| 129. | तुम्हारा सब काम गलत होता है। | – | तुम्हारे सब काम गलत होते हैं। |
| 130. | वह तो केवल आप ही पर निर्भर है। | – | वह तो केवल आप पर निर्भर है। |
| 131. | उनकी आँखों की दृष्टि शून्य आकाश की ओर थी। | – | उनकी दृष्टि शून्य आकाश की ओर थी। या, उनकी आँखें शून्य आकाश की ओर थीं। |
| 132. | वे सब काल-चक्र के पहिए के नीचे दब गए। | – | वे सब काल-चक्र में डूब गए। |

| | अशुद्ध वाक्य | | शुद्ध वाक्य |
|---|---|---|---|
| 133. | लड़का मिठाई लेकर भागता घर आया। | – | लड़का मिठाई लेकर दौड़ता हुआ घर आया। |
| 134. | उसके अंग-अंग में सौन्दर्यता भरी थी। | – | उसके अंग-अंग में सौन्दर्य था। |
| 135. | दो दिन की बदली के पीछे आज सूर्य निकला है। | – | दो दिन की बदली के बाद आज सूर्य निकला है। |
| 135. | कोयला जलकर राख हो गई। | – | कोयला जलकर राख हो गया। |
| 136. | सारा राज्य उसके लिए एक थाती थी। | – | सारा राज्य उसके लिए एक थाती था। |
| 137. | मैं अपनी बात का स्पष्टीकरण करने के लिए तैयार हूँ। | – | मैं अपनी बात के स्पष्टीकरण के लिए तैयार हूँ। |
| 138. | यह चित्र, गाँधी जी जब यहाँ पधारे थे। उस समय लिया गया था। | – | यह चित्र उस समय लिया गया था, जब गाँधी जी यहाँ पधारे थे। |
| 139. | शत्रु उस पर टूट गए। | – | शत्रु उस पर टूट पड़े। |
| 140. | लोग रविवार के दिन छुट्टी मनाते हैं। | – | लोग रविवार को छुट्टी मनाते हैं। |
| 141. | उनकी एक आँख कानी थी। | – | वे काने थे। |
| 142. | भीष्म पितामह आजन्म ब्रह्मचारी रहे। | – | भीष्म पितामह आजीवन ब्रह्मचारी रहे। |
| 143. | वह अपनी विद्या समाप्त करके ही कुछ काम करेगा। | – | वह अपनी शिक्षा समाप्त करके ही कुछ काम करेगा। |
| 144. | चावल का चिन्तनीय अभाव है। | – | चावल का अभाव चिंतनीय है। |
| 145. | वह व्यक्ति ही क्या, जो कभी दुःख नहीं उठाया। | – | वह व्यक्ति ही क्या, जिसने कभी दुःख नहीं उठाया। |
| 146. | यहाँ सर्वोत्कृष्ट ज्वर की चिकित्सा होती है। | – | यहाँ ज्वर की सर्वोत्कृष्ट चिकित्सा होती है। |
| 147. | घड़ा और लोटा में पानी है। | – | घड़े और लोटे में पानी है। |
| 148. | नौकर से कहो कि मेरा सामान तैयार रखो। | – | नौकर से कहो कि मेरा सामान तैयार रखे। |
| 149. | गाँधी का देश सदैव आभारी रहेगा। | – | देश गाँधी का सदैव आभारी रहेगा। |
| 150. | मैंने यह बात उनके द्वारा सुनी थी। | – | मैंने यह बात उनसे सुनी थी। |

30

# पत्राचार (Correspondence)

मनुष्य के जीवन में पत्र-लेखन/पत्र-व्यवहार की बहुत बड़ी उपयोगिता है। दूर रहने वाले व्यक्ति के लिए अपने मन के विचारों को व्यक्त करने का पत्र उत्तम साधन है। पत्र से हम आन्तरिक विचारों की अभिव्यक्ति सरलता से करते हैं। पत्र लिखना भी एक कला है। अच्छे पत्र लिखने के लिए निम्नलिखित बातों पर ध्यान रखना बहुत आवश्यक है–

1. पत्र लिखने वाले को चाहिए कि वह पत्र सरल भाषा एवं स्वाभाविक शैली में लिखे जिससे भाव स्पष्ट हो सके। पत्र पढ़ने वाले को ऐसा महसूस हो कि पत्र लिखने वाला उसके पास बैठा है। मानों वह स्वयं वार्तालाप कर रहा है।
2. पत्र में अनावश्यक विस्तार नहीं होना चाहिए। जो कुछ भी लिखा जाये वह संक्षेप में हो लेकिन लिखते समय यह बात भी ध्यान में रखनी चाहिए कि कोई आवश्यक बात छूट न जाए और पत्र अधूरा न रह जाए।
3. पत्र का आरम्भ सही अभिवादन और सम्बोधन से होना चाहिए।
4. घरेलू पत्रों में आरम्भ की कुछ पंक्तियाँ कुशल-समाचार आदि की होती हैं परन्तु सरकारी और व्यापारिक पत्रों के आरम्भ में इन पंक्तियों को लिखने की आवश्यकता नहीं होती और पत्र का आरम्भ मुख्य विषय से किया जाता है।
5. जिस प्रकार पत्र का आरम्भ अच्छे ढंग से होना चाहिए उसी प्रकार पत्र की समाप्ति भी प्रभावशाली ढंग से होनी चाहिए।
6. पत्र का पता लिखते समय बड़ी सावधानी बरतनी चाहिए। पत्र पाने वाले का नाम, मकान का नम्बर, सड़क, गली-मुहल्ले का नाम, शहर का नाम आदि साफ-साफ लिखे जाने चाहिए जिससे कि पत्र निश्चित स्थान पर पहुँच सके। गाँवों को पत्र भेजते समय गली या सड़क का नाम न लिखकर डाकघर का पूरा पता लिखना चाहिए। यदि पत्र पाने वाले के स्थान की पिन कोड ज्ञात हो तो उसे अवश्य लिखना चाहिए। भेजने वाले को पत्र में अपने स्थान की पिन कोड संख्या लिखनी चाहिए जिससे कि पत्र पाने वाला उत्तर देते समय यह पिन कोड संख्या लिख सके।
7. पत्र में कड़वी, अशोभनीय बातें या गाली-गलौज नहीं लिखनी चाहिए। हो सकता है कि इसके लिए आपको बाद में पछताना पड़े।

घरेलू पत्र के मुख्यतः चार अंग होते हैं–

(क) स्थान का पूरा पता, जहाँ से पत्र लिखा गया है। उसी के नीचे तिथि, महीना, सन् आदि लिखा जाना चाहिए।

(ख) उचित सम्बोधन तथा आदरसूचक शब्दों के साथ अभिवादन।

(ग) तीसरे अंग में पत्र का मुख्य विषय लिखा जाना चाहिए।
(घ) अन्त में यथोचित समाचार के साथ पत्र के लेखक का नाम रहना चाहिए।

## निजी पत्र के नमूने

__________
__________
__________

पूज्यवर पिताजी
सादर प्रणाम!

________________________________________

आपका सुपुत्र
__________

### पिता को पत्र (घर की कुशलता के बारे में)

__________
__________
__________

पूज्यवर पिताजी
सादर प्रणाम!
आपका पत्र मिला/घर का कुशल-समाचार मालूम हुआ। ........................................
..........................................................................................
यहाँ का समाचार भी अच्छा ही है।

शेष सब कुशल है। रवि आपको बहुत याद करता है। सब लोग आपके आने की प्रतीक्षा में हैं।

आपका आज्ञाकारी पुत्र
क ख ग

## छुट्टी के लिए प्रधानाध्यापक को आवेदन-पत्र

श्रीमान् प्रधानाध्यापक/प्रधानाचार्य महोदय
.......................................... विद्यालय
..................................................

द्वारा : श्रीमान् वर्ग शिक्षक महोदय
महाशय!

सविनय निवेदन है कि ..........................................................................................................................................................................................................................................................................................................................................................................................

अतः .................. से ..................... तक मेरा अवकाश मंजूर कर अनुगृहीत करें। मैं आपका सदा आभारी रहूँगा।

आपका आज्ञाकारी छात्र
क ख ग

## निमंत्रण-पत्र

काव्य-संध्या

केन्द्रीय विद्यालय
भोपाल
दिनांक ..............

महोदय,

अन्तर्राष्ट्रीय विकलांग वर्ष के उपलक्ष्य में सुप्रसिद्ध कवि श्री ..................... जी के सभापतित्व में ......................... को एक काव्य-संध्या का आयोजन होगा। सभी स्थानीय कवि एवं कवयित्रियों ने इस कार्यक्रम में पधारने का आश्वासन दिया है।

आशा है कि आप भी मित्र वर्ग सहित उपस्थित होकर अपनी कविताओं द्वारा श्रोताओं का मनोरंजन करेंगे।

| ________ | ________ | ________ |
|---|---|---|
| अध्यक्ष | परामर्शदाता | मंत्री |

## व्यावसायिक-पत्र
### (पुस्तक-विक्रेता को)

सेवा में,
व्यवस्थापक महोदय

________________
________________

महोदय,

मैंने आपकी सूची से निम्नलिखित पुस्तकों का चयन किया है। कृपया आप ये पुस्तकें उचित कमीशन काट कर मुझे वी॰ पी॰ पार्सल से भेज दें। पुस्तक भेजते समय यह ध्यान रखें कि वह कहीं से कटी-फटी न हो।

धन्यवाद!

पुस्तकें :

(1) ________________________________
(2) ________________________________
(3) ________________________________
(4) ________________________________
(5) ________________________________

भवदीय
क ख ग

पता :

________________
________________

### बैंक के प्रबन्धक के नाम पत्र

सेवा में
महाप्रबन्धक
............. बैंक

प्रिय महोदय,

निवेदन है कि पिताजी के स्थानान्तरण के कारण मुझे भी उनके साथ ग्वालियर, मध्य प्रदेश जाना पड़ रहा है। अतः मेरा बचत खाता नं..... ग्वालियर मध्य प्रदेश स्थित बैंक की अपनी शाखा में स्थानान्तरित कर दिया जाये। इससे मुझे बहुत सुविधा होगी।

धन्यवाद!

भवदीय
क ख ग

दिनांक....
पता......

## सम्पादक के नाम पत्र
## (बिजली-संकट के विषय में)

सेवा में,

श्रीमान् सम्पादक महोदय,

दैनिक नवभारत टाइम्स,

बहादुरशाह जफर मार्ग, नई दिल्ली-110002

मान्यवर!

गत एक सप्ताह में दिल्ली के ..................... क्षेत्र में बिजली का भीषण संकट उत्पन्न हो गया है। जनता बिजली के अभाव से बहुत परेशान है। विद्युत के अभाव में विद्यार्थियों की पढ़ाई-लिखाई चौपट हो गई है। परीक्षा के समय में उन्हें बिजली के न होने से बड़ी कठिनाई का सामना करना पड़ रहा है। बिजली फेल हो जाने से नगर की सड़कों और गलियों में शाम से ही अंधेरा रहता है। ऐसी परिस्थिति में बदमाशों की चाँदी कटती है। आपराधिक घटनाओं में रोज वृद्धि हो रही है। लोगों का जीवन पूरी तरह असुरक्षित हो गया है।

विद्युत की कमी से रेल, यातायात और डाक आदि के साधनों में भी गड़बड़ी पैदा हो गई है। अस्पतालों में रोगियों के इलाज में बाधा उत्पन्न हो रही है। घरेलू एवं लघु उद्योग ठप पड़ गए हैं।

आशा है अधिकारी वर्ग जनता की इन कठिनाइयों का ध्यान रखते हुए शीघ्र बिजली की समुचित और नियमित आपूर्ति बहाल करने की कोशिश करेंगे।

भवदीय

एक नागरिक

### सरकारी-पत्र (Official –Letter)

केन्द्र सरकार या राज्य सरकार को लिखा गया पत्र या केन्द्र सरकार या राज्य सरकार की ओर से लिखा गया पत्र सरकारी पत्र कहलाता है। भारत सरकार की ओर से समस्त विदेशी सरकारों, राज्य सरकारों, सम्बद्ध और अधीन कार्यालयों, संघ लोक सेवा आयोग, राज्य सरकार के विभिन्न आयोगों, अर्द्ध सरकारी कार्यालयों आदि के साथ होने वाले या किए जाने वाले पत्र-व्यवहार को सरकारी पत्र के अन्तर्गत रखा जा सकता है।

### ज्ञापन (Memorandum)

ज्ञापन पत्राचार का वह प्रकार है जिसका प्रयोग निजी तौर पर या निजी संस्थाओं द्वारा नहीं किया जाता है। भारत सरकार या राज्य सरकार के मंत्रालयों के आपसी पत्राचार में इस तरह के पत्र का प्रयोग किया जाता है जिसे 'ज्ञापन' कहा जाता है। इसका प्रयोग मुख्य रूप से निम्नलिखित स्थितियों में किया जाता है।

- प्रार्थना पत्रों, नियुक्ति के लिए दिए गए आवेदन पत्रों के उत्तर देने में।
- अन्य कार्यालयों से प्राप्त पत्रों की सूचना के लिए।
- अधीनस्थ कार्यालयों को कोई सूचना देने के लिए।

इस प्रकार के पत्र में कोई सम्बोधन नहीं रहता है। केवल पत्र भेजने वाले कार्यालय का नाम रहता है और जिस पदाधिकारी को पत्र दिया जाता है, उसका पदनाम रहता है। यदि किसी प्रार्थी से सम्बन्धित उत्तर होता है तो उस प्रार्थी का नाम भी बायीं ओर लिखा जाता है।

## अर्द्ध-सरकारी पत्र (Demi-Official Letter—D.O. Letter)

अर्द्धसरकारी पत्र का व्यवहार मुख्य रूप से शासकीय अधिकारियों के बीच होता है। यह पत्र किसी भी अधिकारी के पास उसके व्यक्तिगत नाम से भेजा जाता है। इस पत्र का उद्देश्य अधिकारियों की व्यक्तिगत सहमति जानना या किसी विषय की जानकारी या सूचना पाना अथवा किसी विचार-विमर्श का आदान-प्रदान होता है। जब किसी अधिकारी का ध्यान व्यक्तिगत रूप से निजी मामले की ओर आकृष्ट करना होता है तो ऐसे पत्रों का व्यवहार किया जाता है। अथवा, अगर किसी विषय में कार्रवाई होने में अधिक विलम्ब होता है और सरकारी तौर से अनुस्मारक (Reminder) भेजने पर भी कोई सन्तोषप्रद उत्तर नहीं मिल पाता है तो वैसी-स्थिति में इस प्रकार का (शासकीय) पत्र लिखा जाता है। अर्द्धसरकारी पत्र एकवचन, उत्तम पुरुष में मित्रतापूर्ण भाषा में लिखा जाता है। इसका प्रारम्भ प्रिय/प्रियवर के सम्बोधन के साथ नाम जोड़कर किया जाता है। इसका अन्त भवदीय या आपका से होता है। इस प्रकार से जिस अधिकारी को पत्र दिया जाता है उसे देने वाला अधिकारी स्वयं नाम लिखकर देता है। यानि प्रेषिति का नाम स्वयं प्रेषक लिखता है न कि टंकित कराकर देता है। अगर समूचा पत्र टंकित भी है तो नाम हाथ से लिखा जाता है।

## कार्यालय आदेश (Office Order)

अधिकारियों, कर्मचारियों आदि के लिए समय-समय पर निकाले गए आदेशों की सूचना को कार्यालय-आदेश कहा जाता है। कार्यालय आदेश मुख्यरूप से अधिकारियों एवं कर्मचारियों के लिए सूचना ही है। इसके अन्तर्गत ऐसी सूचनाएँ रहती हैं जिनका सम्बन्ध उस कार्यालय के एक या अधिक अधिकारियों या कर्मचारियों से होता है। नियुक्ति, अर्जित अवकाश की स्वीकृति, पदोन्नति, पदावनति, सेवा समाप्ति, निलम्बन, कार्यालय द्वारा बनाए गए नियमों आदि की सूचना को कार्यालय आदेश कहा जाता है।

कार्यालय आदेश के सबसे ऊपर कार्यालय का नाम, उसके नीचे बायीं ओर क्रमांक तथा दाईं ओर दिनांक दिया रहता है। आदेश के अन्त में सक्षम पदाधिकारी का नाम उसके पदनाम के साथ अंकित रहता है। यदि कार्यालय आदेश संख्या एक या एक से अधिक कर्मचारी एवं पदाधिकारी के लिए होता है तो उनका या उन सभी का नाम नीचे बायीं ओर अंकित रहता है।

## परिपत्र (Circular)

परिपत्र सरकारी पत्र, कार्यालय ज्ञापन या ज्ञापन तीनों रूपों में हो सकता है। भारत सरकार की ओर से यदि कोई पत्र या ज्ञापन समस्त राज्य सरकारों को भेजा जाता है तो वह परिपत्र कहलाता है। उसी प्रकार, राज्य सरकार जब अपने समस्त विभागों में कोई ज्ञापन, पत्र आदि भेजती है तो वह परिपत्र कहलाता है। यदि किसी विभाग प्रमुख के कार्यालय से अपने अधीनस्थ अधिकारियों को कोई ज्ञापन या पत्र भेजा जाता है तो वह भी परिपत्र कहलाता है। परिपत्र सरकारी पत्र या ज्ञापन-दोनों ही रूपों में लिखा जा सकता है।

## अनुस्मारक (Reminder)

अनुस्मारक वास्तव में स्मरण-पत्र है। जब किसी मामले में कोई कार्रवाई अपेक्षित समय में नहीं हो पाती है तो पुनः पत्र देकर उस मामले की याद दिलायी जाती है। अनुस्मारक उसी रूप में भेजा जाता है जिस रूप में पहले पत्र भेजे गए हों। सरकारी पत्र का अनुस्मारक सरकारी पत्र के रूप में, अर्द्धसरकारी पत्र का अनुस्मारक अर्द्ध सरकारी पत्र के रूप में भेजा जाता है। अनुस्मारक में विषय वस्तु अत्यन्त संक्षिप्त रहती है।

## पृष्ठांकन (Endorsement)

इसका प्रयोग तब किया जाता है जब कोई कागज मूल रूप से भेजने वाले को ही लौटाना हो या किसी और मंत्रालय या सम्बद्ध या अधीनस्थ कार्यालय को सूचना, टीका-टिप्पणी या निपटने के लिए मूल या उसकी नकल के रूप में भेजना हो।

इसका प्रयोग तब होता है जब पत्रादि पाने वाले के अलावा उसकी नकल और किसी को भेजनी हो। इस स्थिति में पृष्ठांकन का रूप भिन्न-भिन्न हो सकता है।

## अधिसूचना (Notification)

नियमों और आदेशों की घोषणा, अधिकारों का सौंपा जाना, राजपत्रित अधिकारियों की नियुक्ति, छुट्टी, तरक्की आदि को भारत के राजपत्र (गजट ऑफ इण्डिया) में प्रकाशित करके अधिसूचित करने के लिए इसका प्रयोग किया जाता है।

## संकल्प (Resolation)

नीति के महत्त्वपूर्ण मामलों पर सरकार के निर्णयों, समिति या जाँच आयोगों की नियुक्ति और उनकी महत्त्वपूर्ण रिपोर्टों की समीक्षा के परिणामों की सार्वजनिक घोषणा करने के लिए संकल्पों का प्रयोग होता है। संकल्प भी आमतौर पर भारत के राजपत्र में छापे जाते हैं।

## प्रेस विज्ञप्ति/प्रेस नोट (Press Communique Press Note)

प्रेस विज्ञप्ति या प्रेस नोट सरकार के किसी निर्णय का बहुत अधिक प्रचार करने के लिए जारी किया जाता है। प्रेस-नोट से प्रेस विज्ञप्ति ज्यादा औपचारिक होती है, इसलिए प्रेस को उसे ज्यों का त्यों छापना होता है। प्रेस नोट को पत्रकार जैसे चाहें सम्पादित या छोटा-बड़ा कर सकते हैं।

## तार (Telegram)

तार सिर्फ बहुत जरूरी मौकों पर भेजे जाते हैं। पुष्टि-प्रतियाँ (Confirmation Copies) डाक से भेजी जाती है।

## तुरत पत्र (Express Letter)

तुरत पत्र की भाषा तार की सी होनी चाहिए और पाने वाले को भी उसे उतनी ही प्राथमिकता देनी चाहिए। अत्यधिक शीघ्रता के मामलों को छोड़कर और सभी हालातों में जहाँ तक हो सके, तार के बदले तुरत पत्र से ही काम लेना चाहिए।

**सेविंग्राम (Savingram)**

जब किसी पत्रादि में ऐसे ढंग की गुप्त बात कही गई हो जिसे बीजांक (Cypher) या कूट भाषा (Code) में लिखना जरूरी हो तो तुरन्त पत्र के बदले सेविंग्राम भेजना चाहिए।

## पत्रों के नमूने

**सरकारी पत्र (Office Letter)**

संख्या ..........
भारत सरकार
वित्त मंत्रालय

सेवा में (To)

-----------------

-----------------

नई दिल्ली, दिनांक ..............

विषय (Subject) ..........................................................................................

..........................................................................................

महोदय (Sir)

प्रिय महोदय (Dear Sir)

प्रिय महानुभाव (Dear Sirs)

आपके दिनांक ........................... के पत्र संख्या ............................. के प्रसंग में निवेदन है कि पत्र संख्या ..... की ओर आकर्षित करने तथा यह कहने का निर्देश हुआ है कि ..............

..........................................................................................

भवदीय

(Yours Faithfully)

क ख ग

अवर सचिव, भारत सरकार

संलग्नक

(Enclosures)

1.

2.

3.

4.

## कार्यालय ज्ञापन (Office Memorandum)

संख्या .......
भारत सरकार, गृह मंत्रालय
नई दिल्ली, दिनांक.... पौष, ...... (शक)
जनवरी, ......

### कार्यालय ज्ञापन

विषयः अन्तिम शनिवार के बजाय दूसरे शनिवार को छुट्टी।

कुछ समय से भारत सरकार के पास यह प्रश्न विचाराधीन था कि वेतन आयोग की सिफारिशों पर प्रत्येक मास एक शनिवार की जो छुट्टी की जाती है वह अन्तिम शनिवार को की जाय या पहले किसी शनिवार को/सरकारी कर्मचारियों की सुविधा को ध्यान में रखते हुए यह निश्चय किया गया है कि ........................................................................................................

क ख ग
उपसचिव, भारत सरकार

सेवा में,

भारत सरकार के सभी मंत्रालय तथा विभाग
प्रधानमंत्री सचिवालय
मंत्रिमण्डल सचिवालय
राज्य सभा सचिवालय

प्रतिलिपि नियंत्रक तथा महालेखा परीक्षक, चुनाव आयोग, योजना आयोग, संघ लोक सेवा आयोग, ............................................................ को सूचनार्थ प्रेषित

## ज्ञापन (Memorandum)

संख्या.......
भारत सरकार, विधिमंत्रालय
नई दिल्ली, दिनांक.......

### ज्ञापन

श्री...................... ने ....................... पद पर नियुक्ति के लिए दिनांक ............. को जो प्रार्थना-पत्र भेजा था उसके प्रसंग में उनको सूचित किया जाता है कि इस समय ऐसा कोई पद खाली नहीं है। भविष्य में जब कोई पद खाली होगा, तब उसकी सूचना रोजगार दफ्तर को भेज दी जाएगी।

ह॰ क ख ग
अवर सचिव, भारत सरकार

सेवा में
श्री...................
2, हनुमान रोड, नई दिल्ली

## अर्द्धसरकारी पत्र (Demi-Official Letter)

क ख ग
अवर सचिव

अ. स. पत्र सं. (D.O.No.)....
भारत सरकार
वाणिज्य मंत्रालय
नई दिल्ली
सितम्बर ......

प्रिय श्री (Dear Shri................................)

गत सप्ताह मंत्री महोदय ने नई आयात नीति (Import Policy) निर्धारित करने के विषय में आपके कार्यालय से कुछ सूचना मँगाई थी। वह अभी तक प्राप्त नहीं हुई है। कृपया आप स्वयं निजी रूप से इस ओर ध्यान दें और कल तक वांछित (Desired) सूचना भिजवाने का प्रबन्ध करें।

आपका
(Yours Sincerely)
क ख ग

श्री.......
आयात नियंत्रक
नई दिल्ली

## पृष्ठांकन (Endorsement)

संख्या......
भारत सरकार
रक्षा मंत्रालय
नई दिल्ली, दिनांक....

निम्नलिखित पत्रों की एक-एक प्रति सूचना तथा आवश्यक कार्रवाई के लिए अधोलिखित कार्यालयों को भेजी (प्रेषित) की जा रही है–

(1) मुख्य प्रशासनिक अधिकारी......
(2) .....
(3) ......

भेजे (प्रेषित किए) गए पत्रों की सूची

(1) गृह मंत्रालय का ज्ञापन सं. .....
(2) वित्त मंत्रालय का कार्यालय ज्ञापन संख्या.....

कृते
अवर सचिव
भारत सरकार

## कार्यालय आदेश (Office Order)

भारत सरकार
खाद्य तथा कृषि मंत्रालय
(कृषि विभाग)

श्री................., अनुभाग अधिकारी, को छुट्टी से वापस लौटने पर .................. अनुभाग में तैनात किया जाता है।

अवर सचिव

प्रतिलिपि निम्नलिखित को प्रेषित :

(1) सभी अनुभाग
(2) श्री....., अनुभाग अधिकारी

## तुरत-पत्र (Express Letter)

प्रेषक : भारतीय राजदूतावास, वाशिंगटन
सेवा में : विदेश मंत्रालय, नई दिल्ली

संख्या..................

वाशिंगटन, दिनांक.....

भारत और अमेरिका के बीच सांस्कृतिक रूप के विषयक योजनाओं के सम्बन्ध में आपकी मंजूरी अभी तक अपेक्षित है। मामला अत्यन्त आवश्यक है। उत्तर अविलम्ब दिया जाए।

क ख ग
प्रथम सचिव
भारतीय राजदूतावास, वाशिंगटन

## तार (Telegram)

विकास
मुम्बई

क्रमांक.... बीस नवम्बर का आपका पत्र / आपकी सभी योजनाएँ स्वीकृत विस्तृत हिदायतें अलग से प्रेषित।

योजना आयोग

---

**(तार में सम्मिलित करने के लिए नहीं)**

क. ख. शर्मा
अवर सचिव, योजना आयोग

भारत सरकार
योजना आयोग

नई दिल्ली, दिनांक.....

क्रमांक.................

पुष्टि के लिए प्रतिलिपि सचिव, महाराष्ट्र सरकार, विकास विभाग मुम्बई को डाक से प्रेषित।

क. ख. शर्मा
अवर सचिव, योजना आयोग

**अधिसूचना (Notification)**

(भारतीय राजपत्र के भाग / खण्ड 2 में प्रकाशन के लिए)

भारत सरकार
सूचना तथा प्रसारण मंत्रालय

नई दिल्ली, दिनांक....

**अधिसूचना**

संख्या.... प्रशासन (1) केन्द्रीय सचिवालय सेवा के प्रथम ग्रेड के अधिकारी श्री... शर्मा ने अर्जित छुट्टी से लौटने पर सूचना तथा प्रसारण मंत्रालय में तारीख.... पूर्वाह्न से अवर सचिव का कार्य-भार सम्भाल लिया है।

क ख ग
अवर सचिव, भारत सरकार

सेवा में,
प्रबन्धक,
भारत सरकार प्रेस
फरीदाबाद।

**संकल्प (Resolution)**

(भारतीय राजपत्र के नाम / खण्ड 2 में प्रकाशन के लिए)

भारत सरकार
विधि मंत्रालय,

नई दिल्ली, दिनांक.....

**संकल्प**

कम आय वाले नागरिकों को थोड़े व्यय पर कानूनी सहायता उपलब्ध कराने के प्रश्न पर भारत सरकार कुछ समय से विचार करती रही है। सरकार ने इस विषय में सिफारिश करने के लिए एक समिति बनाने का निश्चय किया है जिसका गठन निम्न प्रकार होगा—

अध्यक्ष : श्री .........................
सदस्य : 1. श्री ........................
2. श्री ........................
3. श्री ........................

4. श्री .......................

सदस्य सचिव : श्री .......................

समिति के विचारणीय विषय (Terms of Reference)

निम्नलिखित होंगें :–

(क) ............................

(ख) ............................

(ग) ............................

आदेश : – आदेश है कि संकल्प की एक-एक प्रति समिति के समस्त सदस्यों को भेजी जाए। यह भी आदेश है कि यह संकल्प भारतीय राजपत्र में जन-साधारण की सूचना के लिए प्रकाशित किया जाए।

ह. क ख ग

संयुक्त सचिव, भारत सरकार

सेवा में,

प्रबन्धक

भारत सरकार प्रेस

फरीदाबाद।

संख्या..... दिनांक....

प्रतिलिपि सूचना के लिए निम्नलिखित को प्रेषित –

(1) सभी राज्य सरकारों के मुख्य सचिव

(2) ..................................................

(3) ..................................................

(4) ..................................................

क ख ग

अवर सचिव, भारत सरकार

**प्रेस विज्ञप्ति (Press Communique)**

(दिनांक... को.... बजे से पूर्व प्रकाशित या प्रसारित न किया जाय)

**भारत और सूडान के बीच राजनयिक सम्बन्ध**

भारत सरकार और सूडान सरकार द्वारा राजदूतावास के स्तंर पर राजनयिक सम्बन्ध स्थापित करने का निश्चय किया गया है। उसके परिणामस्वरूप ..............................

विज्ञप्ति प्रधान सूचना अधिकारी, पत्र सूचना कार्यालय, नई दिल्ली, को जारी करने और व्यापक प्रचार करने के लिए भेजी जाती है।

क ख ग

उप सचिव, विदेश मंत्रालय

विदेश मंत्रालय

**आकस्मिक अवकाश के लिए आवेदन पत्र (Application for Casual Leave)**

सेवा में,

अवर सचिव (प्रशासन)
लोक सभा सचिवालय
नई दिल्ली

महोदय,

निवेदन है कि अस्वस्थ होने (या आवश्यक कार्य) के कारण मैं कार्यालय में उपस्थित होने में असमर्थ हूँ। कृपया आज का आकस्मिक अवकाश देकर अनुगृहीत करें।

भवदीय
क ख ग
सहायक

दिनांक......

31

# अलंकार

काव्य की शोभा बढ़ाने वाले शब्दों को अलंकार कहते हैं। जिस प्रकार नारी के सौन्दर्यवर्द्धन के लिए अनेक आभूषण होते हैं, उसी प्रकार भाषा के सौन्दर्य के उपकरणों को अलंकार कहते हैं।

शब्द और अर्थ के विशेष प्रयोग के कारण काव्य की भाषा में जो लालित्य या सौन्दर्य आ जाता है, उसे अलंकार कहते हैं।

अलंकार के भेद–इनके तीन भेद होते हैं।

1. शब्दालंकार 2. अर्थालंकार 3. उभयालंकार

## 1. शब्दालंकार

जहाँ वर्णों की पुनरावृत्ति अथवा समान शब्दों के एक से अधिक बार प्रयोग से भाषा में लालित्य उत्पन्न हो , वहाँ शब्दालंकार होता है।

शब्दालंकार के भेद–

शब्दालंकार के तीन भेद होते हैं– 1. अनुप्रास 2. यमक 3. श्लेष

**1. अनुप्रास अलंकार :** अनुप्रास शब्द अनु (बार-बार) और प्रास (चमत्कारित ढंग से रचना) दो शब्दों के मेल से बना है, अर्थात् जहाँ समान वर्णों की चमत्कारित ढंग से पुनरावृत्ति एक या अनेक बार हो भले ही स्वरों में वैषम्य हो, वहाँ अनुप्रास अलंकार होता है।

उदाहरण–'सम ससुर गुरु सुजन सुहाई। सुठि सुन्दर सुशील सुखदाई।।।

**अनुप्रास अलंकार के भेद–**

अनुप्रास अलंकार के तीन भेद होते हैं।

(अ) छेकानुप्रास

(ब) वृत्यानुप्रास

(स) लाटानुप्रास

(अ) **छेकानुप्रास**– जहाँ एक या अनेक वर्णों की आवृत्ति केवल दो बार होती है उसे छेकानुप्रास कहते हैं, जैसे–

''राधा के घर बैन सुनि, चीनी चकित सुभाय।
दास दुखी मिशरी मुरी, सुधा रही सकुचाय।''

इसमें च, द, म और स की आवृत्ति भाव दो बार हुई है। अतः यहाँ छेकानुप्रास है।

(ब) **वृत्यानुप्रास**–जहाँ एक या अनेक वर्णों की आवृत्ति बार-बार हो वहाँ वृत्यानुप्रास होता है, जैसे–

"तरनि-तनूजा तट तमाल तरुवर बहु छाये।"

यहाँ 'त' शब्द की आवृत्ति बार-बार होने से वृत्यानुप्रास हुआ।

(स) **लाटानुप्रास**–जहाँ शब्दों या वर्णों की आवृत्ति बार-बार हो तथा प्रत्येक स्थान पर अर्थ भी वही रहे पर अन्वय करने पर भिन्नता आ जाय वहाँ लाटानुप्रास होता है, जैसे–

"लाली मेरे लाल की जित देखो तित लाल"।

"लाली देखन मैं चली मैं भी हो गयी लाल"।

यहाँ पर दोनों स्थानों में 'लाल' और 'लाली' शब्द देखने से एक ही प्रतीत होते हैं पर दोनों में अन्वय करने पर भिन्नता आ जाती है।

**2. यमक अलंकार :** जहाँ एक ही शब्द अधिक बार प्रयुक्त हो लेकिन अर्थ हर बार भिन्न हो, वहाँ यमक अलंकार होता है।

**उदाहरण–** कनक-कनक तें सौगुनी, मादकता अधिकाय।
वा खाये बौराय नर , वा पाये बौराय।।

यहाँ कनक शब्द की दो बार आवृत्ति हुई है जिसमें एक कनक का अर्थ धतूरा, और दूसरे का स्वर्ण है।

**3. श्लेष :** जहाँ पर एक शब्द के दो अर्थ होते हैं, श्लेष अलंकार होता है।

**उदाहरण–** चिर जीवो जोरी जुरै, क्यों न सनेह गम्भीर
को घटि ये वृषभानुजा, 'व हलधर के वीर।।

यहाँ 'वृषभानुजा' और हलधर के दो-दो अर्थ हैं 'वृषभानुजा' शब्द का एक अर्थ है-वृषभानु की पुत्री राधिका और दूसरा अर्थ है–वृषभ की अनुजा अर्थात् बैल की बहन (गाय)। इसी प्रकार 'हलधर' के दो अर्थ हैं–एक हलधर अर्थात् श्री कृष्ण के भाई बलराम और दूसरा हलधर-हल को धारण करने वाला अर्थात् बैल। इन दोनों शब्दों के अर्थों से दोहे के अलग-अलग दो अर्थ निकलते हैं। अतः यह श्लेष अलंकार है।

**2. अर्थालंकार**

जहाँ शब्द के आन्तरिक अर्थ से भाषा या वाणी का सौन्दर्य बढ़े, वहाँ अर्थालंकार होता है।

अर्थालंकार के भेद–अर्थालंकार के 9 भेद होते हैं।

**1. उपमालंकारः** जहाँ दो वस्तुओं में अन्तर रहते हुए भी आकृति एवं गुण की समता दिखाई जाय वहाँ उपमालंकार होता है।

उपमालंकार के अंग–

उपमा के चार अंग हैं– 1. उपमेय 2. उपमान, 3. साधारण धर्म, और 4. वाचक।

**1. उपमेय**–जिस वस्तु का वर्णन किया जाता है उसे उपमेय कहते हैं।

**2. उपमान**–जिस वस्तु से समता की जाती है उसे उपमान कहते हैं।

**3. साधारण धर्म**–जिस विशेषता के कारण उपमेय और उपमान की समानता दिखाई जाती है उसे साधारण धर्म कहते हैं।

**4. वाचक**—जिस शब्द से उपमेय और उपमान की समता सूचित की जाती है, उसे वाचक कहते हैं।

वाचक शब्द ये हैं—

सो, से, सी, इव, तूल, लौ, सम, सदृश, समान।
ज्यों, जैसे, इयि, सरिस, जिमि, उपमा वाचक जान।।

उपमा का उदाहरण— "दादुर धुनि चहुँदिशा सुहाई।
वेद पढ़त जनु वटु समुदाई"।।

इसमें 'दादुर' उपमेय, 'बटु' उपमान, 'धुनि' साधारण धर्म और 'जनु' वाचक है।

उपमालंकार के भेद— उपमा के दो भेद होते हैं— 1. पूर्णोपमा और 2. लुप्तोपमा।

**1. पूर्णोपमा**—इसमें उपमा के सभी अंग जैसे— उपमेय, उपमान, साधारण धर्म एवं वाचक उपस्थित होते हैं, अतः यह पूर्णोपमा कहलाती है, यथा—

"सागर-सा गम्भीर हृदय हो,
गिरि-सा ऊँचा हो जिसका मन"।

इसमें सागर तथा गिरि उपमान, मन और हृदय उपमेय, सा वाचक, गम्भीर एवं ऊँचा साधारण धर्म हैं।

**2. लुप्तोपमा**—जहाँ उपमा के चारों अंगों में से किसी एक, दो या तीनों का लोप हो वहाँ लुप्तोपमा होती है।

"कल्पना-सी अतिशय कोमल।"

इसमें उपमेय लुप्त है। इसमें कल्पलता उपमान है, 'अतिशय कोमल' साधारण धर्म।

**2. रूपक अलंकार**—जहाँ उपमेय पर उपमान का आरोप किया जाय वहाँ रूपक अलंकार होता है अर्थात् उपमेय और उपमान में कोई अन्तर न दिखाई पड़े।

**उदाहरण**— उदित उदय गिरि मंच पर रघुबर बाल पतंग।
बिकसे सन्त सरोज सब हरषे लोचन भृंग।।

यहाँ 'मंच' में उदय गिरि पर्वत का, 'रघुबर' में मोर के शिशु-सूर्य का, 'सन्त' में सरोज का तथा 'लोचन' में भृंग का अर्थात् भ्रमर का आरोप किया गया है।

रूपक अलंकार के भेद

रूपक अलंकार के तीन भेद होते हैं—

1. सम  2. अधिक  3. न्यून

(अ) सांग (ब) निरंग (ख) परंपरित

1. सम रूपक— इसमें उपमेय एवं उपमान में समानता दिखाई जाती है। कोई भी एक दूसरे की अपेक्षा कम या अधिक नहीं होता है— तब सम, अभेद या तद्रूप रूपक होता है। जैसे— मुख चंद्र है।

2. अधिक रूपक–जहाँ उपमेय में उपमान की तुलना में कुछ अधिकता दिखाई जाती है, तब वहाँ अधिक रूपक होता है। जैसे– मुख निष्कलंक चंद्रमा है।
3. न्यून रूपक–जब उपमान की तुलना में उपमेय को न्यून दिखाया जाता है, तब उसे न्यून रूपक कहते हैं। जैसे–मुख घर को प्रकाशित करने वाला चंद्रमा है।

(अ) सांग रूपक–इसमें रूपक के सभी अंग उपस्थित रहकर उपमान का उपमेय पर आरोप प्रकंट करते हैं।

(ब) निरंग रूपक–इसमें उपमेय पर उपमान के प्रधान गुण का आरोप होता है।

(स) परंपरित रूपक–इसमें दो रूपक होते हैं अर्थात् रूपक अपने स्पष्टीकरण के लिए अप्रधान रूपक पर आश्रित होता है।

**उदाहरण–**

"टूक-टूक हवै है मन मुकुट हमारे, हाथ।
चूकिहू कठोर बैन-पाहन चलाओ ना।
एक मनमोहन तो हिय बसि के उजारयौं हमें
हिय में अनेक मनमोहन बसाओ ना।।"

इनमें मन पर मुकुट का एवं बैन पर पाहन का आरोप किया गया है।

**3. उत्प्रेक्षा अलंकार :** जब उपमेय में उपमान से भिन्नता जानते हुए भी उसमें उपमान की संभावना की जाती है, तब उत्प्रेक्षा अलंकार होता है। इस अलंकार के वाचक शब्द मनु, मानो, इव, जनु, जानो, आदि होते हैं।

**उदाहरण–**

"लता-भवन ते प्रगट में तेहि अवसर दोऊ भाई।
निकसे जनु जुग विमल विधु जलद पटल बिलगाई।"

इसमें लता भवन से निकलते हुए दोनों भाई अर्थात् राम एवं लक्ष्मण को बादलों से निकलते हुए दो चन्द्रमा बताया गया है। यहाँ भिन्नता से अभिन्नता दिखाई गई है अतः उत्प्रेक्षा है।

**उत्प्रेक्षा अलंकार के भेद :**

उत्प्रेक्षा अलंकार के तीन भेद होते हैं–

(अ) वस्तुप्रेक्षा (ब) हेतुत्प्रेक्षा (स) फलोत्प्रेक्षा

(अ) वस्तुप्रेक्षा–जहाँ प्रस्तुत में अप्रस्तुत की सम्भावना प्रकट की जाय उसे वस्तुप्रेक्षा कहते हैं।

**उदाहरण–**

"सखि सोहत गोपाल के, उर गुज्जन की माल।
बाहर लसत मनो पिये, दावानल की ज्वाल।"

(ब) हेतु प्रेक्षा–जहाँ अहेतु में हेतु की सम्भावना की जाती है। अर्थात् जहाँ वास्तविक कारण को छोड़कर अन्य हेतु को मान लिया जाता है।

(स) फलोत्प्रेक्षा—इनमें वास्तविक फल के न होने पर भी उसी को फल मान लिया जाता है।

**उदाहरण–**

"खंजरी नहिं लखि परत कुछ रिन साँची बात।
बाल दृगन सम हीन को करन मनो तप जात।।"

**4. अपहनुति अलंकार :** अपहनुति का अर्थ ही होता है 'छिपना', अतः इस अलंकार में उपमेय को छिपाकर उपमान को स्थापित किया जाता है। अर्थात् इसमें सत्य को छिपाकर असत्य को सत्य बना दिया जाता है।

**उदाहरण–**

"उड़न पराग न चित्त उड़ावत।
भ्रमर भ्रमत नहीं जीव भ्रमावत।।"

अपहनुति अलंकार के भेद—इस अलंकार के छः भेद होते हैं :

अपहनुति अलंकार

शुद्ध | हेतु | पर्यस्त | भ्रान्त | धेय | केतव

**5. सन्देह अलंकार :** जहाँ दो वस्तुओं में समता होने के कारण दोनों के एक ही होने का सन्देह हो जाता है, पर निश्चय नहीं हो पाता, सन्देह अलंकार कहते हैं, अर्थात् उपमेय का उपमान के रूप में वर्णन किया जाता है।

**उदाहरण–**

"सारी बीच नारी है कि नारी बीच सारी है,
कि सारी ही की नारी है कि नारी ही कि सारी है।"

इसमें चीर हरण के समय बढ़ती हुई द्रोपदी की साड़ी को देखकर नारी में सारी एवं सारी में नारी का सन्देह होता है। सन्देह और भ्रान्तिमान, अलंकार में यही अन्तर होता है कि सन्देह अलंकार में निश्चय नहीं होता, मात्र संशय ही रहता है परन्तु भ्रान्तिमान अलंकार में निश्चय रहता है।

**6. भ्रान्तिमान अलंकार :** जहाँ उपमान एवं उपमेय दोनों को एक साथ देखने पर उपमान का निश्चयात्मक भ्रम हो जाए अर्थात् जहाँ एक वस्तु को देखने पर दूसरी वस्तु का भ्रम हो जाए, वहाँ भ्रान्तिमान अलंकार होता है।

**उदाहरण–**

"पाँव महावर दैन को नाइनि बैठी आय।
फिरि-फिरि जानि महावरी एँड़ी मोड़ती जाय।

इसमें नायिका की लाल एँड़ियों को देखकर नाइन महावर समझ कर रगड़ती जाती है।

एक अन्य उदाहरण–

"नाक का मोती अधर की कांति से
बीज दाड़िम का समझ कर भ्रान्ति से।
देखकर सहसा हुआ शुक मौन है
सोचता है, अन्य शुक यह कौन है?

इसमें नायिका की नुकीली नाक को देखकर तोता नाक में पहने मोती को अनार का दाना समझता है।

**7. दृष्टांत अलंकार :** जहाँ दो वाक्यों में बिम्ब-प्रतिबिम्ब का भाव हो अर्थात् जहाँ दो वाक्यों के गुण तो अलग-अलग हों परन्तु प्रथम वाक्य को स्पष्ट करने के लिए दूसरे वाक्य का प्रयोग होता है। उसे दृष्टांत अलंकार कहते हैं।

**उदाहरण–**

"बड़े न छूजै गुननु, विरद बड़ाई पाइ।
कहत धतूरे सौ कनक, गहनों गदयों न जाई"

यहाँ पर गुणों से बना होना एक बात और 'गहने गढ़ना 'दूसरी बात है। फिर भी 'बिना गुणों के बड़ा होना 'तथा धतूरे से गहना गढ़ना दोनों धर्म समान ज्ञात होते हैं और पुनः प्रथम कथन का स्पष्टीकरण द्वितीय से किया गया है। अतः यहाँ दृष्टांत अलंकार है।

**8. व्याजस्तुति अलंकार :** इसमें किसी की व्यंग रूप में स्तुति की जाती है, अर्थात् जो इस स्तुति के योग्य नहीं है उसकी भी स्तुति की जाती है मात्र दिखाने के लिए पर वास्तव में यह स्तुति नहीं होती– यह एक प्रकार का व्यंग्य होता है।

**उदाहरण–**

"ऊधौ भलो कियो तुम आयो,
पर निर्गुण भक्ति की यह गठरी क्यों लायो!"

इसमें ब्रज-गोपियाँ ऊधो को आया देखकर चिढ़ जाती हैं कि ये क्यों चले आये और श्याम को क्यों नहीं लाये। घर पर आये मेहमान का स्पष्ट शब्दों में अनादर नहीं करके व्याज स्तुति द्वारा प्रशंसा करती हैं (वे कहती हैं कि ऊधो अच्छा हुआ कि तुम आ गये लेकिन निर्गुण भक्ति की गठरी क्यों उपहार स्वरूप हमारे लिए लाये हो? हमें यह गठरी नहीं चाहिए।

**9. अर्थान्तरन्यास अलंकार :** जहाँ सामान्य कथन का किसी भी विशेष कथन द्वारा समर्थन किया जाता है, वहाँ अर्थान्तरन्यास अलंकार होता है।

**उदाहरण–**

लोकन के अपवाद को डर करिए दिन-रैन।
रघुपति सीता परिहरी सुनत रजक कर बैन।।

इस उदाहरण में सामान्य कथन तो यह है कि लोक अपवाद से डरना चाहिए और विशेष कथन द्वारा समर्थन किया है कि राम ने भी धोबी की निंदा सुनकर सीता का परित्याग कर दिया था।

**3. उभयालंकार**

जहाँ शब्द में भी अलंकार हो और अर्थ में भी अलंकार हो वहाँ उभयालंकार की स्थिति होती है। उभयालंकार कोई अलंकार नहीं है। यह एक स्थिति है जिसमें शब्द और अर्थ दोनों में चमत्कार दिखते हैं। उभयालंकार का मतलब ही है– दोनों अलंकार यानि शब्द में भी अलंकार (शब्दालंकार) और अर्थ में भी अलंकार (अर्थालंकार)। वस्तुतः विद्यार्थी शब्दालंकार और अर्थालंकार ही पढ़ते हैं। काव्य शास्त्रवेत्ताओं ने उभयालंकार को अलंकार के भेदों में जोड़ कर तीन भेद कर डाले हैं। वस्तुतः अलंकार के दो ही भेद हैं– शब्दालंकार और अर्थालंकार। उभय (दोनों) + अलंकार = उभयालंकार। श्रेष्ठ कवियों की रचनाओं में उभयालंकार प्राप्त होते हैं।

---

32

# पल्लवन या भाव-विस्तार

किसी लेखक के मूल लेख या वक्ता के कथन को विस्तार के साथ लिखने या अभिव्यक्त करने की क्रिया को भाव-विस्तार कहा जाता है। भाषा के क्षेत्र में कठिन वस्तु शब्दमयी होती है। जब अध्येता या श्रोता के लिए शब्द, अर्थ और उनका सम्बन्ध पूर्ण तथा स्पष्ट हो जाय तो समझना चाहिए कि भाव-विस्तार की क्रिया परिपूर्ण हो गई। इस प्रकार किसी लेखक या वक्ता के कथन को सरल बनाने की क्रियाएँ भाव-विस्तार के अन्तगर्त आती हैं।

भाव-विस्तार एक कला है, इसके लिए भाषा ज्ञान की अपेक्षा होती है। विश्लेषण, संश्लेषण, तर्क, वितर्क और उचित निर्णय के बिना अर्थ पल्लवन या भाव-विस्तार नहीं आ सकता। आख्याता को प्रारम्भ से ही अपनी बात खोल कर कहनी पड़ती है। उसे प्रत्येक अंश को समझा-समझाकर कहना पड़ता है। उसे नोट और विवेक का प्रदर्शन करना पड़ता है और मुश्किल वाक्यों को तोड़ कर सरल शब्दावली प्रस्तुत करनी पड़ती है। ऐसी स्थिति में आख्याता के लिए उपर्युक्त बातों पर ध्यान देना आवश्यक है।

## "आवश्यकता आविष्कार की जननी है।"

मनुष्य का यह स्वभावतः गुण है कि वह किसी भी कार्य को निष्प्रयोजन नहीं करता है। कार्य का पूरा होना उसकी क्षमता तथा संकल्प दृढ़ता पर निर्भर करता है। यदि कार्य सम्पादक के बिना कोई बहुत बड़ी क्षति हो रही हो तो वह पूरा करने के लिए जाने अन्जाने सभी साधनों का प्रयोग करता है। किसी विधि से कार्य की पूर्ति उसके लिए बड़ी महत्त्वपूर्ण खोज बन जाती है। इस प्रकार आवश्यकता के वशीभूत होकर मनुष्य आविष्कार कर डालता है। उसने अग्नि की खोज की तथा अन्य वस्त्र एवं सुरक्षित आवास का आविष्कार किया। आधुनिक युग में आवश्यकताओं की पूर्ति के लिए ही हमारे वैज्ञानिक अनकों प्रकार के आविष्कार कर रहे हैं। अचानक विपत्ति में पड़े हुए विवेकहीन पशु भी प्राण रक्षा के लिए कभी-कभी आश्चर्यजनक उपायों का आविष्कार कर डालते हैं। जो उनकी बुद्धि का तो नहीं आवश्यकता की देन अवश्य होता है।

## "होनहार बिरवान के होत चीकने पात"

'होनहार वृक्ष के पत्ते चिकने होते हैं, तात्पर्य यह है कि प्रतिभा सम्पन्न व्यक्ति बाल्य-काल में ही अपने कार्यों तथा विचारों द्वारा अपने भावी जीवन की महानता का परिचय देने लगते हैं। भारतेन्दु ने सात वर्ष की आयु में ही एक दोहा रच डाला। रवीन्द नाथ पाँच छः वर्ष की आयु में काव्यरचना

करने लगे और तेरह वर्ष की आयु में दर्शन के क्षेत्र में दिग्विजय के लिए निकल पड़े। सुभाष की निर्भीकता का परिचय उनके छात्र जीवन से प्राप्त होने लगा जब उन्होंने अपने देश की निन्दा करने पर अंग्रेज अध्यापक को थप्पड़ मारा था। इसी प्रकार गौतम बुद्ध, दयानन्द, विवेकानन्द, अरविन्द ने बाल्यकाल में ही अपनी प्रतिभा का प्रथम परिचय दिया था। असाधारण प्रतिभा वाले बच्चों को देखकर प्रायः लोग कह उठते थे "होनहार बिरबान के होत चीकने पात"।

## "नर हों न निराश करो मन को"

गीता में भगवान कृष्ण ने कहा है– "कर्मण्येवाधिकारस्ते" अर्थात् कर्म करना ही तेरा अधिकार है। 'मां फलेषु कदाचन्' फल की चिन्ता न कर। मनुष्य को किसी भी कर्त्तव्य की पूर्णता में सफलता अथवा असफलता प्राप्त होती है। असफल व्यक्ति निराश हो जाता है किन्तु मनीषियों ने असफलता को भी सफलता की कुंजी कहा है। असफल व्यक्ति अनुभव की सम्पत्ति अर्जित करता है। जो उसके भावी जीवन का निर्माण करती है। जीवन में अनेक बार ऐसा होता है कि हम जिस उद्देश्य की प्राप्ति के लिए परिश्रम करते हैं, वह पूरा नहीं होता है। ऐसे अवसर पर सारा परिश्रम व्यर्थ हो गया जान पड़ता है और हम निराश होकर चुपचाप बैठ जाते हैं अथवा उद्देश्य की पूर्ति के लिए दुबारा प्रयत्न नहीं करते। ऐसे व्यक्ति का जीवन धीरे-धीरे बोझ बन जाता है। निराशा का अन्धकार न केवल उसकी कर्म- शक्ति वरन् उसके समस्त जीवन को ही ढँक लेता है। निराशा की गहनता के कारण लोग कभी-कभी आत्महत्या तक कर बैठते हैं। कवि ने ऐसे ही लोगों को प्रोत्साहित करते हुए कहा है कि तुम मनुष्य हो और मनुष्य को कभी निराश नहीं होना चाहिए। मनुष्य-जीवन धारण करके कर्म-पक्ष से कभी विचलित नहीं होना चाहिए। कर्मठ शक्ति ही मनचाही सिद्धियाँ अर्जित करता है।

## "मनुष्य मात्र बन्धु है। यही बड़ा विवेक है"

समस्त ज्ञान की आवाज इसी पंक्ति में निहित है कि मनुष्य मात्र बन्धु है। दान, धर्म, भाषा, संस्कृति, जाति, राष्ट्र आदि किसी भी बात पर ध्यान दिए बिना मनुष्य को अपना बन्धु मानना चाहिए। भारत में यदा-कदा क्षेत्रीयता, सम्प्रदायिकता, भाषा जाति के नाम पर एक सम्प्रदाय दूसरे के प्राण लेने को तत्पर हो उठता है। ऐसा करके हम मनुष्यता के गौरवशाली पद से पतित होते हैं तथा अपने साथ-साथ समस्त राष्ट्र ही नहीं विश्व का सुख चैन छीन लेते हैं। हमें सतत् यह ध्यान रखना चाहिए कि सारे मनुष्य चाहे जिस धर्म, जाति, अथवा राष्ट्र के हों हमारे बन्धु हैं। उनके दुःख-सुख में हमें समान रूप से भाग लेना चाहिए। 'वही मनुष्य है कि जो मनुष्य के लिए मरे' तभी हम और हमारा देश या फिर हमारा विश्व सुखी परिवार का रूप ले सकेगा तथा यह धरती स्वर्ग बन सकेगी।

## "निज भाषा उन्नति अहै सब उन्नति को मूल"

मनुष्य ही नही, संसार के सभी प्राणियों की अपनी-अपनी भाषा होती है। उसी भाषा में वह हँसता-गाता, रोता-गिड़गिड़ाता तथा अपना विचार प्रकट करता है। वही भाषा जीवन की संजीवनी है।

उसके सामाजिक सम्बन्ध, उसका प्यार, उसकी घृणा तथा उसकी शत्रुता उसकी मातृभाषा के सहारे पलती है। अतः मनुष्य के जीवन में मातृभाषा का महत्त्व सर्वोपरि है। यही कारण है कि व्यक्ति की मातृभाषा जननी जन्मभूमि की भाँति प्रिय एवं पूज्य है। जिसे अपनी मातृभूमि से प्यार नहीं तथा उस पर गर्व नहीं वह जीवित ही मृत समान है। दूसरी भाषा का श्रेष्ठ ज्ञान रखने वाला व्यक्ति यदि अपनी मातृभाषा का समुचित ज्ञान नहीं रखता है तो वह कदापि समृद्ध एवं स्वाभिमानी नहीं बन सकता। ऐसा व्यक्ति देश एवं जाति द्रोह का अपराधी समझा जाता है। मन की सच्ची शान्ति उसे नहीं मिल सकती। उसकी आत्मा दासत्व की पीड़ा से छटपटाती रहती है। प्रत्येक व्यक्ति को अपनी भाषा का अधिकाधिक ज्ञान होना चाहिए। बिना अपनी भाषा सीखे वह उन्नति नहीं कर सकता। जीवन में भाषा का वही महत्त्व है जो शरीर में आत्मा का है।

**33**

# हिन्दी-अनुवाद

## सरकारी कार्यालयों के हिन्दी नाम
## (Hindi Names of Govt. Offices)

| अंग्रेजी नाम | | हिन्दी नाम |
|---|---|---|
| 1. Administration Section | — | प्रशासन अनुभाग |
| 2. Directorate of Agricultural Marketing | — | कृषि विपणन निदेशालय |
| 3. Archaeological Survey of India | — | भारतीय पुरातत्त्व सर्वेक्षण |
| 4. Border Security Force | — | सीमा सुरक्षा बल |
| 5. Central Bureau of Investigation | — | केन्द्रीय जाँच ब्यूरो |
| 6. Central Hindi Directorate | — | केन्द्रीय हिन्दी निदेशालय |
| 7. Central Ordnance Depot | — | केन्द्रीय आयुध डिपो |
| 8. Central Industrial Security Force | — | केन्द्रीय औद्योगिक सुरक्षा बल |
| 9. Central Vigilance Commission | — | केन्द्रीय सतर्कता आयोग |
| 10. Public Service Commission | — | लोक सेवा आयोग |
| 11. Documentation Centre | — | प्रलेख केन्द्र |
| 12. Drainage Department | — | जल निकासी विभाग |
| 13. Election Commission | — | निर्वाचन आयोग |
| 14. Embassy of India | — | भारतीय राजदूतावास |
| 15. Employment Exchange | — | रोजगार कार्यालय |
| 16. Excise Department | — | अवकारी विभाग |
| 17. Ministry of Energy | — | ऊर्जा मंत्रालय |
| 18. Directorate of Estates | — | सम्पदा निदेशालय |
| 19. Flying Squad | — | उड़नदस्ता |
| 20. Ministry of External Affairs | — | विदेश मंत्रालय |
| 21. Geological Survey of India | — | भारतीय भूगर्भ सर्वेक्षण |
| 22. Indian Administrative Service | — | भारतीय प्रशासनिक सेवा |
| 23. Indigenous Medicine Department | — | देशी औषध विभाग |
| 24. Infantry Battallion | — | पैदल बटालियन |

25. Legislative Assembly — विधान सभा
26. Out-door Patients Department — बहिरंग रोगी विभाग
27. Planning Commission — योजना आयोग
28. Ports Department — पत्तन विभाग
29. Registrar General of India — भारत का महापंजीकार
30. Municipal Corporation — नगर निगम
31. Department of Parliamentary Affairs — संसदीय कार्य विभाग
32. Ministry of Shipping and Transport — जहाजरानी तथा परिवहन मंत्रालय
33. Song and Drama Division — संगीत तथा नाटक प्रभाग
34. Department of Social Welfare — समाज कल्याण विभाग
35. Ministry of Space — अन्तरिक्ष मंत्रालय
36. Statistics Department — सांख्यिकी विभाग
37. University Grants Commission — विश्वविद्यालय अनुदान आयोग
38. Union Public Service Commission — संघ लोक सेवा आयोग
39. Zoological Park — चिड़ियाघर
40. Aboriginal Welfare Officer — आदिवासी कल्याण अधिकारी
41. Additional Director General — अपर महानिदेशक
42. Additional Secretary — अपर सचिव
43. Sales Tax Department — बिक्रीकर विभाग
44. Department of Revenue — राजस्व विभाग
45. Settlement Wing — बन्दोबस्त खण्ड
46. Government of India Press — भारत सरकार मुद्रणालय
47. Finance Commission — वित्त आयोग
48. Ministry of Defence — रक्षा मंत्रालय
49. Army Head Quarters — थल सेना मुख्यालय
50. Air Force Head Quarters — वायुसेना मुख्यालय
51. Central Information Commission (CIC) — केन्द्रीय सूचना आयोग

## पदनाम (Designations)

1. Accountant — लेखाकार
2. Additional Director General — अपर महानिदेशक
3. Accountant General — महालेखाकार
4. Advocate General — महाधिवक्ता
5. Afforestation Officer — वन रोपण अधिकारी
6. Aircraft Inspector — विमान निरीक्षक

7. Anti Corruption Officer — भ्रष्टाचार-निरोध अधिकारी
8. Audit Officer — लेखा परीक्षा अधिकारी
9. Auditor General — महालेखा परीक्षक
10. Care taker — रखवाला
11. Chancellor — कुलाधिपति
12. Calculator — गणक
13. Booking Clerk — टिकट बाबू
14. Binder — जिल्दसाज
15. Attorney General — महान्यायवादी
16. Cashier — रोकड़िया
17. Chief Whip — मुख्य सचेतक
18. Disposal Officer — निपटान अधिकारी
19. Lecturer — प्राध्यापक
20. Interpreter — दुभाषिया
21. Dak Runner — हरकारा
22. Probationer — परिवीक्षाधीन
23. Routine Clerk — नेमी कार्य-क्लर्क
24. Sanitary Inspector — सफाई निरीक्षक
25. Worker — कामगार
26. Vigilance Officer — सतर्कता अधिकारी
27. Verification Officer — सत्यापन अधिकारी
28. Vice-Chancellor — कुलपति
29. Store Keeper — भण्डारी
30. Stenographer — आशुलिपिक
31. Stenotypist — आशुटंकक
32. Trustee — न्यासी
33. Personnel Officer — कार्मिक अधिकारी
34. Peon — चपरासी
35. Minister of State — राज्य-मंत्री
36. Orderly — अर्दली
37. Section Officer — अनुभाग अधिकारी
38. Journalist — पत्रकार
39. Issue Clerk — निकासी क्लर्क

40. Body Guard — अंग रक्षक
41. Custodian — अभिरक्षक
42. Gate Keeper — द्वारपाल/दरबान
43. Electrician — बिजली मिस्त्री
44. Hostess — सत्कारिणी
45. Horticulturist — उद्यान कृषि विशेषज्ञ
46. Clerk — लिपिक
47. Census Officer — जनगणना अधिकारी
48. Customs Officer — सीमा शुल्क अधिकारी
49. Ledger Clerk — खाता-क्लर्क
50. Librarian — पुस्तकाध्यक्ष
51. Receptionist — स्वागती
52. Superintendent — अधीक्षक
53. Typist — टंकक
54. Village Level Worker — ग्राम सेवक
55. Upper Division Clerk — उच्च श्रेणी लिपिक
56. Special Officer — विशेषाधिकारी
57. Shift Supervisor — पारी-पर्यवेक्षक
58. Wagon Controller — माल डिब्बा नियंत्रक
59. Welfare Officer — कल्याण अधिकारी
60. Public Relation Officer — जन-सम्पर्क अधिकारी

**अन्य**

1. Title Page — मुख पृष्ठ
2. Time-Table — समय-सारणी
3. Tool-Room — औजार कक्ष
4. Tour Diary — दौरा डायरी
5. Tour Report — दौरा रिपोर्ट
6. Thumb Impression — अंगूठा निशानी
7. Day book — रोजनामचा, दैनिक पंजी
8. Co-ordination-Commitee — समन्वय समिति
9. Contingency Fund — आकस्मिकता निधि
10. Bearer Cheque — धारक चैक
11. Cash Memo — नकद पर्ची

12. Casting Vote — निर्णायक मत
13. Break Down — खराबी
14. Benefit of Doubt — संदेह लाभ
15. Biased Opinion — पक्षपातपूर्ण मत
16. Authority Letter — प्राधिकार पत्र
17. Ancestral Property — पैतृक सम्पत्ति
18. Adult Franchise — वयस्क मताधिकार
19. Adopted Son — दत्तक पुत्र
20. Act of Misconduct — कदाचार
21. Acqittance Roll — पगार-चिट्ठा, वेतन का चिट्ठा
22. Above -said — उपर्युक्त
23. Academic Qualification — शैक्षणिक योग्यता
24. Appointing Authority — नियुक्ति प्राधिकारी
25. As far as possible — यथा सम्भव
26. As follows — निम्नलिखित
27. As defined — यथा परिभाषित
28. As a whole — समस्त, समग्र
29. Auction Notice — नीलाम की सूचना
30. Bulk Purchage — थोक खरीद
31. Bullion Market — सर्राफा बाजार
32. Cash Book — रोकड़ बही
33. Civil War — गृह-युद्ध
34. Common good — सार्वजनिक हित
35. Community Centre — सामुदायिक केन्द्र
36. Control room — नियंत्रण कक्ष
37. Cost price — लागत मूल्य
38. Error of fact — तथ्य की भूल
39. Excise duty — उत्पाद शुल्क
40. Ex-parte — एकपक्षीय
41. Hand-bill — परचा
42. Silver Jubillee — रजत जयन्ती
43. Golden Jubillee — स्वर्ण जयन्ती
44. Diamond Jubillee — हीरक जयन्ती

45. Earned leave — अर्जित छुट्टी
46. Link Language — सम्पर्क भाषा
47. Living Expense — निर्वाह खर्च
48. Most urgent — अति तुरन्त
49. Most immediate — अति तात्कालिक
50. Even Number — समसंख्या
51. Parent Office — मूल कार्यालय
52. Proceeding book — कार्यवाही पुस्तिका
53. Qualifying marks — अर्हक अंक
54. Reception room — स्वागत कक्ष
55. Refreshment room — जलपान गृह
56. Running repairs — छोटी मरम्मत
57. Round the clock — चौबीस घंटे
58. Scale of pay — वेतनमान
59. Scheduled time — नियत समय
60. Self Sufficient — आत्म-निर्भर, स्वावलम्बी
61. Sealed tender — मुहरबन्द निविदा
62. Sealing wax — चपड़ा
63. Day-shift — दिन-पारी
64. Night-shift — रात-पारी
65. Sine die — अनिश्चित काल के लिए
66. Standard of living — जीवन स्तर
67. Strong room — वज्र गृह
68. Statutary Power — कानूनी शक्ति
69. Succession Tax — उत्तराधिकार कर
70. Poetic Symposium — कवि सम्मेलन
71. That is to say — अर्थात्
72. Typographical Error — छपाई की भूल
73. At most Care — अत्यन्त सावधानी
74. Vountary Statement — स्वैच्छिक बयान
75. Via Media — बीच का रास्ता
76. Vote of Confidence — विश्वास प्रस्ताव
77. Vote of Censure — निंदा प्रस्ताव

78. As a whole — कुल मिलाकर
79. Waiting List — प्रतीक्षा सूची
80. Withdrawal of motion — प्रस्ताव वापस लेना
81. Work-day — कार्य-दिवस
82. Zonal office — आंचलिक कार्यालय
83. Yours faithfully — भवदीय
84. Yours sincerely — आपका
85. Financial year — वित्तीय वर्ष
86. Year book — शब्द कोश वार्षिकी
87. Work load — कार्यभार
88. Work-order — कायदिश
89. Well known person — विख्यात व्यक्ति
90. Welfare state — कल्याणकारी राज्य
91. Welfare officer — कल्याण-अधिकारी
92. Undignified behaviour — अभद्र व्यवहार
93. Unanimous decision — सर्वसम्मत निर्णय
94. Tution fee — शिक्षा-शुल्क
95. Tube well — नलकूप
96. Textbook — पाठ्यपुस्तक
97. Serial number — क्रम संख्या
98. Electoral roll — मतदाता सूची
99. Rest house — विश्राम गृह
100. Reference book — सन्दर्भ पुस्तक

34

# छन्द

पिंगल या छन्द शब्द नियम विशेष के आधार पर गति-लय-युक्त रचना होती है। इसमें वर्ण तथा मात्राओं का विशेष प्रतिबन्ध रहता है।

इस प्रकार 'पद्य' या 'छन्द' ऐसी शब्द-योजना है, जिसमें मात्राओं तथा वर्णों का नियमित क्रम होता है और उसमें विराम, गति या प्रवाह आदि की व्यवस्था होती है।

## छन्द रचना

छन्द रचना के शब्दों की मात्राएँ तथा उनके वर्ण होते हैं। मात्रा के आधार पर रचित छन्द या पद्य 'मात्रिक' या 'जाति' और वर्ण के आधार पर निर्मित पद्य 'वृत' या 'वर्णिक' कहे जाते हैं। अक्षर या वर्ण दो प्रकार के होते हैं– ह्रस्व या लघु तथा दीर्घ या गुरु। लघु का चिह्न एक खड़ी पाई (।) और गुरु का चिह्न टेढ़ी रेखा (ऽ) है। लघु-गुरु का संक्षिप्त रूप ल और गु भी है।

## मात्रा विचार

मात्रिक छन्दों में मात्राओं की गणना होती है। 'लघु' में 'एक' तथा 'गुरु' में 'दो' मात्राएँ मानी जाती हैं। यथा–राज शब्द में रा 'दो' मात्रा वाला तथा ज 'एक' मात्रा वाला है। इस प्रकार 'राज' में कुल तीन मात्राएँ हुईं।

**लघु मात्राएँ**

1. जिन वर्णों के उच्चारण में कम समय लगे अर्थात् अ, इ, उ, ऋ तथा उनसे युक्त वर्ण।
2. जिन वर्णों के ऊपर चन्द्रबिन्दु लगा हो किन्तु वर्ण ह्रस्व हो जैसे हँसना का 'हँ'।
3. पद का अन्तिम वर्ण गति एवं लय के आधार पर दीर्घ होते हुए भी ह्रस्व मान लिया जाता है।
4. कभी-कभी संयुक्ताक्षर के पूर्व का अक्षर लघु मान लिया जाता है जैसे तुम्हारा, कुम्हड़ा।

**गुरु मात्राएँ**

1. जिन वर्णों के उच्चारण में अधिक समय एवं बल लगे अर्थात् आ, ई, ऊ, ए, ऐ, ओ, औ और उनसे युक्त वर्ण।
2. जिन वर्णों में अनुस्वार अथवा विसर्ग के चिह्न लगे हों जैसे मंजन का 'मं', या दुःख का 'दुः'।
3. पद का अन्तिम वर्ण गति एवं लय के आधार पर लघु होते हुए भी दीर्घ हो सकता है।
4. संयुक्ताक्षर के पूर्व का अक्षर ह्रस्व होते हुए भी दीर्घ माना जाता है यथा–धर्म का 'ध'।

## गण-विचार

वर्णिक छन्दों में वर्णों अथवा गणों का ध्यान रखना होता है। गण तीन वर्णों में होता है। गणों की संख्या आठ है। नीचे के सूत्र से गणों का बोध सरल है—

।ऽऽऽ।ऽ।।।ऽ

## यमाताराज भानसलगा

इस सूत्र का प्रत्येक अक्षर गण का सूचक है। तीन-तीन अक्षरों का समूह बनाकर पहले अक्षर से उनका नाम और उन अक्षरों के लघु-गुरु से उनके स्वरूपों का बोध करना चाहिए। जैसे-यमाता (।ऽऽ।) यगण, मतारा (ऽऽऽ) मगण, ताराज (ऽऽ।) तगण, राजभा) (ऽ।ऽ) रगण, जमान (।ऽ।) जगण, मानस, (ऽ।।) भगण, नसत (।।।) नगण, सलगा (।।ऽ) सगण, ल (।) लघु और गा (ऽ) गुरु।

गणों की पहचान के लिए निम्न बातों पर ध्यान देना चाहिए।

| गण | वर्ण क्रम | चिह्न मात्राएँ | उदाहरण |
|---|---|---|---|
| यगण | लघु गुरु गुरु | ।ऽऽ | कहानी, अनूठी |
| मगण | गुरु गुरु गुरु | ऽऽऽ | आजादी, यूनानी |
| तगण | गुरु गुरु लघु | ऽऽ। | मारीचि, आमोद |
| रगण | गुरु लघु गुरु | ऽ।ऽ | सभ्यता, वीरता |
| जगण | लघु गुरु लघु | ।ऽ। | विज्ञान, समाज |
| भगण | गुरु लघु लघु | ऽ।। | धार्मिक, लोहित |
| नगण | लघु लघु लघु | ।।। | कमल, दिवस |
| सगण | लघु लघु गुरु | ।।ऽ | कमला, जिसकी |

प्रत्येक छन्द के चार चरण, होते हैं जो 'पद' या 'पाद' भी कहलाते हैं। बहुत से छन्दों के चारों चरण दो ही पंक्तियों में लिखे जाते हैं। जैसे—दोहा, सोरठा, बरवै आदि ऐसे छन्दों की प्रत्येक पंक्ति 'दल' नाम से प्रसिद्ध है। वर्णिक तथा मात्रिक छन्दों की मुख्य पहचान यह है कि वर्णिक छन्दों में वर्ण लघु-गुरु-क्रम से समान संख्या में होते हैं। इसी कारण इनकी मात्राएँ भी समान होती हैं। इनमें वर्णों की संख्या, समानता को प्रमुखता दी जाती है।

मात्रिक छन्दों में वर्णों की संख्या तथा लघु-गुरु के क्रम का नियम नहीं होता। उनमें मात्राओं में समानता होती है। जैसे—

ऽऽ। ऽ।। ऽ। ।।ऽ ।। ।ऽ ऽऽऽ।ऽ = 28 मात्रा।

निश्चेष्ट होकर बैठे रहना यह महा दुष्कर्म है। = 20 अक्षर।

ऽऽ। ।।ऽ ऽ। ऽऽ ऽ। ऽऽ ऽ।ऽ = 28 मात्रा।

न्यायार्थ अपने बन्धु को भी दण्ड देना धर्म है। = 17 अक्षर।

स्पष्ट है कि दोनों चरणों में मात्राएँ 28-28 हैं किन्तु अक्षर 20,17 हैं। लघु-गुरु का कोई भी क्रम नहीं है। अतः यह मात्रिक छन्द हुआ।

नीचे के चरणों को देखिए—

।।। ऽ।। ऽ। ।ऽ। ऽ = 4 गण।

दिवस का अवसान समीप था। = 12 वर्ण।

।।। ऽ।। ऽ। ।ऽ। = 4 गण।

गगन था कुछ लोहित हो चला।

ऊपर के चरणों में वर्णों का लघु गुरु क्रम भी समान है। अतः यह वर्णिक वृत हुआ।

झिल्ली झनकारे पिक, चातक पुकारे वन। = 8, 8 वर्ण।

इसमें केवल वर्णों की संख्या समान है।

## कुछ मात्रिक छन्द

चौपाई— यह मात्रिक सम छन्द है। इसके प्रत्येक चरण में 16 मात्राएँ होती हैं; चरण के अन्त में जगण (।ऽ।) या तगण (ऽऽ।) नहीं होते हैं। प्रथम और द्वितीय चरणों में तुक समान होते हैं।

**16 मात्रा।**

बरनि न जाई मनोहर जोरी। = 16 मात्रा।

शोभा बहुत मोरी मति थोरी।। = 16 मात्रा।

राम लखन सिय सुन्दरताई। = 16 मात्रा।

सब चितवहिं चित मन मति लाई।।

**रोला**— यह मात्रिक सम छन्द है। इसके प्रत्येक चरण में 11, 13 मात्राओं के विराम से कुल 24 मात्राएँ होती हैं। अन्त में दो लघु या गुरु आना उत्तम है। जैसे—

= 11+13 = 24 मात्रा।

पर सहमा यह, रूप देख होता है विस्मय।

= 11+13 = 24 मात्रा।

आर्य लोग क्या एक समय थे ऐसे निर्भय 11

= 11+13 = 24 मात्रा।

क्या हम सब जो आज, बने हैं निर्बल कामी।

= 11+13 = 24 मात्रा।

रहते थे स्वाधीन समर में होकर नामी।।

**हरिगीतिका**—यह मात्रिक सम छन्द है। इसके प्रत्येक चरण में 16 और 12 विराम से कुल 28 मात्राएँ होती हैं। अन्त में रगण (ऽ।ऽ) होने से सुनने में मधुर होता है। इसमें 5वीं, 12वीं, 18वीं मात्राएँ लघु होनी चाहिए। जैसे—

= 28 मात्रा।

अधिकार खोकर बैठ रहना यह महा दुष्कर्म है।

=28 मात्रा।

न्यायार्थ अपने बन्धु को भी दण्ड देना धर्म है।।।

=28 मात्रा।

इस ध्येय पर ही कौरवों और पाण्डवों का रण हुआ।।

=28 मात्रा।

जो भव्य भारतवर्ष के कल्पांत का कारण हुआ।।

**दोहा**–यह मात्रिक अर्द्धसम छन्द है। इसके पहले और तीसरे चरण में 13, 13 और दूसरे तथा चौथे चरण में 11, 11 मात्राएँ होती हैं। दूसरे-चरण के अन्त में गुरु, लघु होते हैं। जैसे–

222 11 212 1112 11 21

= 13+11 = 24 मात्रा।

थोरेई गुन रीझते बिसराई वह बानि।

= 13+11 = 24 मात्रा।

तुमहू कान्ह मनौ भये, आजु-काल्हि के दानि।।

**सोरठा**–यह दोहे के ठीक विपरीत होता है , अर्थात् इसके पहले और तीसरे चरण में 11,11 और दूसरे तथा चौथे चरण में 13, 13 मात्राएँ होती हैं। जैसे–

= 11+13 = 24 मात्रा।

रहिमन मोहिं न सुहाय, अमिय पियावत मान बिनु।

= 11+13 = 24 मात्रा।

जो विष देय बुलाय, मान सहित मरिबो भलो।।

**छप्पय**–यह मात्रिक विषय तथा संयुक्त छन्द होता है। इसमें छः चरण होते हैं। इसके प्रथम चार चरणों में चौबीस-चौबीस मात्राएँ तथा अन्त के दोनों चरणों में अट्ठाइस-अट्ठाइस मात्राएँ होती हैं। प्रथम चार चरणों तक 12-13 पर यति होती है तथा पाँचवें और छठे चरणों में 15-13 पर यति होती है। छः पद होने के कारण इसे षट्पदी भी कहते हैं।

उदाहरण– निर्मल तेरा नीर, अमृत के सम उत्तम है,
शीतल मन्द-सुगन्ध, पवन हर लेता श्रम है।
षड्ऋतुओं का विविध, दृश्ययुक्त अद्भुत क्रम है,
हरियाली का फर्श, नहीं मखमल से कम है,
शुचि सुधा सींचता रात में, तुझ पर इन्द्र प्रकाश है।
हे मातृभूमि! दिन में तरणि, करता तम का नाश है।

**बरवै**–यह मात्रिक अर्द्धसम छन्द है जिसके प्रथम और तृतीय चरणों में 12 तथा द्वितीय और चतुर्थ चरणों में 7 मात्राएँ होती हैं। सम अर्थात् द्वितीय और चतुर्थ चरणों में जगण या तगण के प्रयोग से कविता में सरसता पैदा होती है। यथा–

=12+7 = 19 मात्रा।

संकट सोच विमोचन, मंगल-गेहु

=12+7 = 19 मात्रा।

तुलसी राम नाम पर, करिय सनेहु

**कुण्डलियां**–यह मात्रिक विषय छन्द है जो दोहा और रोला छन्दों के मेल से बनता है। इसमें 6 चरण होते हैं। आरम्भ में दोहा तथा तत्पश्चात् दो छन्द रोला के होते हैं। इस तरह प्रत्येक चरण में 24 मात्राएँ होती है। दोहे के अन्त के शब्द रोला के आरम्भ में आते हैं। यथा–

जुगनू बोले सूर्य सों, हम बिन जग अँधियाला।
दिन के ठाकुर तुम भये, रात के हम कोतवाला।।
रात के हम कोतवाल, जुगनू अस नाम हमारो।
तुम आकाश में रहौ, हमरो पृथ्वी हारौ।।
कह गिरधर कविराय, सुनों हो मन के मगन्।
ऐंडि ऐंडि बतराय, सूर्य के सम्मुख जुगनू।।

## कुछ वर्णिक शब्द

**द्रुतविलम्बित**–यह वर्णिक समवृत छन्द है। इसके प्रत्येक चरण में अक्षरों की संख्या 12 होती है, तथा गणों की दृष्टि से क्रमशः नगण (।।।) भगण (ऽ।।) भगण (ऽ।।) और रगण (ऽ।ऽ) होता है। जैसे–

।।। ऽ । ।ऽ। ।ऽ। ऽ।ऽ
दिवस का अवसान समीप था।
।।। ऽ।। ऽ।। ऽ।ऽ
गगन था कुछ लोहित हो चला।
।। ।ऽ।।ऽ ।। ऽ।ऽ
तरु शिखा पर थी अब राजती।
।।। ऽ ।।ऽ।। ऽ।ऽ
कमलिनी-कुल-बल्लभ की प्रभा।।

**मनहरण**–यह वर्णिक समृत छन्द है। इसके प्रत्येक चरण में 16, 15 अक्षरों के विराम से कुल 31 अक्षर होते हैं। अन्त में एक 'गुरु' वर्ण होता है। चारों चरणों में तुक होता है। यथा–

साजि चतुरंग सैन अंग मैं उमंग धारि = 16 अक्षर।
सरजा शिवाजी जंग जीतन चलत हैं। = 15 अक्षर।
'भूषन' भनत नाद बिहद नगारन के, = 16 अक्षर।
नदी-नद मद गैबरन के रलत हैं। = 15 अक्षर।
ऐल-फैल खैल भैल खलफ में गैस-गैल = 16 अक्षर।
गजन की ठैल-पैल सैल उसलत है। = 15 अक्षर।
तारा सो तरनि धूरि धारा मैं लगत जिनि = 16 अक्षर।
थारा पर पारा पारावार यों हलत हैं। = 15 अक्षर।

**शिखरिणी**–इस छन्द में चार चरण होते हैं। प्रत्येक चरण में यगण (। ऽ ऽ), मगण (ऽ ऽ ऽ) नगण (। । ।) , सगण (। । ऽ) भगण (ऽ । ।) तथा अन्त में लघु-गुरु होता है और प्रत्येक चरण में 17 वर्ण होते हैं। 6 और 11 वर्णों या अक्षरों पर यति होती है।

।ऽऽ ऽऽ ।।। ।।ऽ ।।ऽ

**उदाहरण**– अनूठी आभा से सरस सुषमा से सुरस से।
बना जो देती थी, वह गुणमयी भू विपिन को।
निराले फूलों की, विविध दलवाली अनुपमा।
जड़ी-बूटी हो, हो, बहु फलवती थी विलसती।

**मालिनी**–यह समवृत वर्णिक छन्द है। इसके चार चरणों में प्रत्येक चरण 15 वर्ण या अक्षर का होता है तथा गणों की दृष्टि से हर चरण में एक नगण (। । ।) एक मगण (ऽ ऽ ऽ) और अन्त में दो यगण (। ऽ ऽ) होते हैं। क्रमशः सात और आठ वर्णों या अक्षरों पर यति होती है।

।। ।। ।। ऽऽऽ ।ऽऽ ।ऽऽ

**उदाहरण**– प्रियपति! वह मेरा प्राण-प्यारा कहाँ है?
दुःख-जलनिधि डूबी का सहारा कहाँ है?
मुख लख जिसका मैं आज लौं जी सकी हूँ–
वह हृदय हमारा नयन-तारा कहाँ है?

**वंशस्थ**–यह समवृत वर्णिक छन्द है। इसके चार चरणों में से प्रत्येक चरण में 12 वर्ण होते हैं, पहला, दूसरा, छठा, सातवाँ, नवाँ तथा ग्यारहवाँ वर्ण या अक्षर लघु तथा शेष अक्षर गुरु होते हैं। इस प्रकार प्रत्येक चरण में क्रमशः जगण (। ऽ । ), तगण (ऽ ऽ ।), जगण (। ऽ ।) तथा रगण (ऽ । ऽ) होते हैं।

।ऽ। ऽऽ ।।ऽ ।ऽ।ऽ

**उदाहरण**– दिनांत था थे दिननाथ डूबते।
सधेनु आते गृह ग्वाल बाल थे।
दिगंत में गो राज थी समुत्थिता।
विषाण नाना बजते सवेणु थे।।

## अभ्यास

1. किन्हीं दो के सोदाहरण लक्षण लिखिए–
   रोला, छप्पय, मालिनी
2. किन्हीं दो के सोदाहरण लक्षण लिखिए–
   सोरठा, हरिगीतिका, चौपाई
3. निम्न छन्दों के लक्षण उदाहरण सहित लिखें–
   दोहा, बरवै, कुंडलियां, द्रुतविलम्बित, मनहरण, शिखरिणी, वंशस्थ।

4. 'गण' से क्या तात्पर्य है? 'गण' कितने हैं? प्रत्येक के नाम तथा स्वरूप लिखें।
5. गुरु तथा लघु मात्राओं की पहचान स्पष्ट करें।
6. वर्णिक तथा मात्रिक छन्दों का अन्तर स्पष्ट करें।
7. निम्न काव्यांश मात्रिक हैं या वर्णिक? प्रत्येक की मात्राओं या वर्णों की संख्या स्पष्ट करें तथा गण—परिचय दें—

   (क) दिवस का अवसान समीप था।
   गगन था कुछ लोहित हो चला।

   (ख) किसको पुकारें यहाँ रोकर अरण्य बीच।
   चाहे जो करो शरण्य शरण तिहारे हैं।।

   (ग) कहती हुई यों उत्तरा के नेत्र जल से भर गये।
   हिम के कणों से पूर्ण मानों हो गए पंकज नये।

   (घ) मूक होई वाचाल पंगु चढ़ै गिरिवर गहन।
   जासु कृपा सो दयाल द्रवौ सकल कलिमल दहन।।

   (ङ.) कह गिरधर कविराय अरे यह सब घट तौलत।।

   (च) सहज विलास हास पिय की हुलास तजि,
   दुःख के निवास प्रेम पास पारियत है।

   (छ) पल-पल जिसके मैं पंथ को देखती थी,
   निशिदिन जिसके ही ध्यान में थी बिताती।

   'उपर्युक्त काव्यांशों के छन्द का परिचय दें।

35

# आधुनिक भाषाएँ

## पश्चिमी हिन्दी

पश्चिमी हिन्दी की पाँच प्रमुख बोलियाँ हैं—ब्रजभाषा, खड़ीबोली, बाँगरू, कन्नौजी और बुन्देली। ब्रजभाषा मथुरा, अलीगढ़, आगरा में बोली जाती है। पश्चिमोत्तर क्षेत्र में (ग्वालियर, भरतपुर की ओर) ब्रजभाषा पर राजस्थानी और बुन्देली का प्रभाव देखा जाता है।

## खड़ीबोली

खड़ी बोली मुख्यतः मेरठ, बिजनौर, मुरादाबाद, मुजफ्फरनगर, देहरादून की भाषा है। अम्बाला और पटियाला के पूर्वी भाग भी खड़ीबोली की सीमा में पड़ते हैं। साहित्यिक दृष्टि से खड़ी बोली के दो रूप हो गए हैं—हिन्दी और उर्दू। हिन्दी में संस्कृत शब्दों की प्रधानता है और उर्दू में अरबी-फारसी शब्दों की।

## बाँगरू

बाँगरू दिल्ली, रोहतक, करनाल, हिसार, पटियाला, नाभा में बोली जाती है। राजस्थान और पंजाब की सीमा समीप होने के कारण राजस्थानी और पंजाबी का बाँगरू पर प्रभाव पाया जाता है। बाँगरू का दूसरा नाम हरियाली भी है। वस्तुतः यह खड़ी बोली की एक विभाषा है।

## कन्नौजी

कन्नौजी का क्षेत्र अवधी और ब्रजभाषा के मध्य में पड़ता है। यह मुख्यतः फर्रूखाबाद में बोली जाती है, किन्तु उत्तर में पीलीभीत, शाहजहाँपुर और दक्षिण में इटावा और कानपुर के पश्चिमी भाग तक इसका प्रसार पाया जाता है।

## बुन्देली

बुन्देली का क्षेत्र झाँसी, हमीरपुर, जालौन, ग्वालियर, भोपाल, सागर, ओरछा और नरसिंहपुर है। मिश्रित रूप में इसका प्रयोग पन्ना, चटरवारी, दतिया, दमोह, छिन्दवाड़ा आदि के कुछ भागों में भी पाया जाता है।

## राजस्थानी

राजस्थानी के अन्तर्गत चार बोलियाँ हैं—मेवाती, मारवाड़ी मालवी, और जयपुरी। इसकी लिपि नागरी तथा महाजनी है।

## मेवाती

मेवाती का क्षेत्र उत्तरी राजस्थान के अलवर तथा हरियाणा के गुड़गाँव जिले का निकटवर्ती भाग है।

## मारवाड़ी

मारवाड़ी का प्रयोग पश्चिमी राजस्थान–जोधपुर, उदयपुर, जैसलमेर, बीकानेर में होता है। पुरानी साहित्यिक मारवाड़ी को ही डिंगल कहते हैं।

## मालवी

मालवी का क्षेत्र राजस्थान के दक्षिणी भाग में पड़ता है। मालवी का केन्द्र इन्दौर है।

## जयपुरी

राजस्थान के पूर्वी भाग में जयपुरी और हड़ौती बोली जाती है। इसका क्षेत्र जयपुर, कोटा तथा बूँदी है। इस प्रकार राजस्थान के उत्तर में मेवाती, पश्चिम में मारवाड़ी, दक्षिण में मालवी और पूर्व में जयपुरी का क्षेत्र है।

## गुजराती

गुजराती गुजरात की भाषा है। गुजराती का राजस्थानी और पश्चिमी हिन्दी में साम्य है। गुजराती भाषा की अलग लिपि है, जो देवनागरी का ही रूपान्तर है। यह गुजरात के काठियावाड़ और कच्छ में बोली जाती है।

## पूर्वी हिन्दी

पूर्वी हिन्दी की तीन बोलियाँ हैं–अवधी, बघेली और छत्तीसगढ़ी। अवधी लखनऊ, फैजाबाद, सीतापुर, उन्नाव, रायबरेली, खीरी, गोंडा, बहराइच, सुलतानपुर, बाराबंकी, प्रतापगढ़ में बोली जाती है। कानपुर, इलाहाबाद, फतेहपुर, मिर्जापुर, तथा जौनपुर के कुछ हिस्से भी अवधी की सीमा में पड़ते हैं। 'रामचरितमानस' तथा प्रेम-काव्यों की भाषा के रूप में अवधी स्थायी साहित्यिक महत्व की वस्तु बन गई है।

## बघेली

यह बघेल खंड के आस-पास (रीवाँ, मंडला, मिर्जापुर, जबलपुर, बाँदा) में बोली जाती है।

## छत्तीसगढ़ी

यह छत्तीसगढ़ के रायपुर, बिलासपुर, नन्द गाँव, रायगढ़ खैरगढ़, सरगुजा, कोरिया आदि स्थानों में बोली जाती है।

### भोजपुरी

भोजपुरी देश की एक महत्वपूर्ण बोली है। राजा भोज द्वारा बसाए गए भोजपुर नगर के नाम पर भोजपुरी बोली का नामकरण हुआ। भोजपुरी का क्षेत्र बहुत बड़ा है। यह उत्तर प्रदेश के पुराने बनारस, मिर्जापुर, जौनपुर, बलिया, गोरखपुर, देवरिया, बस्ती और आजमगढ़ में, मध्य प्रदेश के उत्तर पूर्वी जिले में, बिहार के पुराने शाहाबाद, छपरा, चम्पारण, मुजफ्फरपुर का पश्चिमी भाग, पलामू, राँची जिलों में और नेपाल देश के दक्षिण पश्चिम भाग में बोली जाती है।

### वज्जिका

यह प्राचीन वृज्जि जनपद, जिसकी राजधानी वैशाली थी (आजकल का वसाढ़) की भाषा है, जो प्रायः पूरे मुजफ्फरपुर, वैशाली और सीतामढ़ी में बोली जाती है।

### मगही

मगही गंगा के दक्षिण में पुराने पटना और गया जिलों तथा हजारी बाग के कुछ भागों में और मुंगेर के दक्षिण पश्चिमी क्षेत्र में बोली जाती है।

### मैथिली

मैथिली का क्षेत्र गंगा के उत्तर में दरभंगा, सहरसा, पूर्णिया तथा मुजफ्फरपुर जिले का पूर्वी उत्तरी भाग है। यह बिहार की सभी भाषाओं में लिखित साहित्य की दृष्टि से सर्वाधिक धनी है।

### अंगिका

यह प्राचीन अंग जनपद अर्थात् वर्तमान बिहार के भागलपुर, मुंगेर, पूर्णिया, संथाल परगना, देवघर, दुमका, बेगूसराय, कटिहार, सहरसा तथा पं. बंगाल के मालदाह जिले के कुछ भागों में बोली जाती है।

### बँगला

बँगला, बंगाल की भाषा है। बंगाल के दो स्पष्ट रूप हैं। पूर्वी और पश्चिमी। पूर्वी का केन्द्र, ढाका है, जो बांग्लादेश में पड़ता है और पश्चिमी का कोलकाता। बँगला प्राचीन देवनागरी से ही विकसित बँगला लिपि में लिखी जाती है।

### असमी

असमी, असम की भाषा है, जिसकी बंगाल से बहुत अधिक समानता है। असमी की लिपि कुछ संशोधित बँगला लिपि ही है।

## ओडिया

ओडिया का क्षेत्र ओडिशा है। ओडिया का भी बँगला से अत्यधिक साम्य है। बहुत दिनों तक लोग उसे बांग्ला की ही एक बोली समझते थे।

## पहाड़ी

भौगोलिक दृष्टि से पहाड़ी भाषा के तीन मुख्य रूप हैं। पश्चिमी पहाड़ी, मध्य पहाड़ी, तथा पूर्व पहाड़ी। पश्चिमी पहाड़ी शिमला के निकटवर्ती भाग में बोली जाती है। मध्य पहाड़ी की दो शाखाएँ हैं—एक कुमायूँनी, जो नैनीताल और अलमोड़ा की भाषा है और दूसरी गढ़वाली, जो गढ़वाल और मसूरी के आस-पास बोली जाती है। पूर्वी पहाड़ी का क्षेत्र नेपाल की काठमाँडू घाटी है।

## पंजाबी

पंजाबी का क्षेत्र पंजाब है, जिसका कुछ अंश अब पाकिस्तान में चला गया है। पूर्वी पंजाब के पूर्व हरियाणा में हिन्दी बोली जाती है और पश्चिम में पंजाबी। पंजाबी की भी उत्पत्ति लहँदा की भाँति पैशाची के कय या टक्कू अपभ्रंश से हुई है, किन्तु इस पर दख और शौरसेनी भाषाओं का अधिक प्रभाव पाया जाता है। पंजाबी की ही एक बोली डोगरी है, जो जम्मू राज्य में बोली जाती है। पंजाबी गुरुमुखी लिपि में लिखी जाती है और डोंगरी ताकरी लिपि में। लहँदा पश्चिमी पंजाब (पाकिस्तान) में बोली जाती है तथा लंदा लिपि में लिखी जाती है।

## सिंधी

यह सिंध प्रदेश की भाषा है, जो अब पाकिस्तान में है। इसकी 5 बोलियों में से केवल सिंधोली में से साहित्य निर्माण हुआ है। सिंधी की उत्पत्ति ब्राचड़ अपभ्रंश से मानी जाती है। फारसी का ही एक रूप लंवा सिंधी की लिपि है।

भारत में इसके बोलने वाले कच्छ, अजमेर, मुंबई, दिल्ली आदि में रहते हैं। कच्छी पर गुजराती का प्रभाव अधिक है।

## मराठी

मराठी महाराष्ट्र की भाषा है। मराठी की कई बोलियाँ हैं। पूना के पास बोली जाने वाली मराठी ही परिनिष्ठित भाषा मानी जाती है। मराठी की लिपि देवनागरी है।

## जिप्सी

भाषा के कुछ यायावर लोग (कंजड़) जहाँ से अपना खेल-कूद दिखाने आदि के विचार से पूरे विश्व में प्रवासित हो गए हैं। ये एशिया, यूरोप, अफ्रीका, अमेरिका में सर्वत्र पाए जाते हैं। इनकी भाषा जिप्सी कहलाती है, जो भारत की आर्यभाषा से ही विकसित है।

36

# हिन्दी साहित्य की प्रमुख प्रवृत्तियाँ एवं विशेषताएँ

## आदिकाल (वीरगाथा काल)
## (प्रमुख प्रवृत्तियाँ एवं विशेषताएँ)

हिन्दी साहित्य का प्रथम काल जो वीरगाथा काल, आदिकाल, चारणकाल, संधिकाल आदि नामों से जाना जाता है, हिन्दी साहित्य का महत्त्वपूर्ण काल है। यह हिन्दी भाषा और हिन्दी काव्य का सूर्योदय काल है। इस काल की प्रमुख प्रवृत्तियाँ एवं विशेषताएँ निम्नलिखित हैं :–

**आश्रयदाताओं की प्रशंसा :** इस काल के कवियों ने अपने-अपने आश्रयदाताओं की बढ़-चढ़कर प्रशंसा की है। अपने आश्रयदाताओं को ऊँचा दिखाने के लिए इन्होंने अपनी पूरी ताकत खर्च कर दी है। स्वर्णमुद्रा के लोभ में इन कवियों ने राजाओं का झूठा यशोगान किया है। परिणामस्वरूप इस काल का साहित्य स्तुतिपरक होकर सिमट गया है।

**ऐतिहासिकता का प्रभाव :** इन रचनाओं में इतिहास प्रसिद्ध चरित्र नायकों को लिया गया है किन्तु उनका वर्णन ऐतिहासिक नहीं है। इनके कार्यकलापों की तिथियाँ इतिहास से मेल नहीं खातीं। इनमें इतिहास की अपेक्षा कल्पना की प्रधानता है। इनमें कवियों ने कल्पना और अतिरंजना का समिश्रण किया है।

**संदिग्ध रचनाएँ :** इस काल की रचनाओं की प्रामाणिकता संदिग्ध है। भाषा शैली और विषय वस्तु की दृष्टि से कई रचनाओं में व्यापक परिवर्तन मिलता है। लगता है, इन पुस्तकों में शताब्दियों तक परिवर्तन होने के कारण इनका वर्तमान स्वरूप संदिग्ध हो गया है।

**युद्धों का सजीव वर्णन :** इन ग्रंथों का मुख्य विषय युद्धों का वर्णन है। ये युद्ध वर्णन अत्यन्त सजीव हैं क्योंकि ये कवि राजाओं के साथ युद्ध भूमि में एक सैनिक की तरह भाग लेने वाले होते थे।

**संकुचित राष्ट्रीयता :** इस काल की रचनाओं में राष्ट्रीयता का पूर्ण अभाव है। इस काल के कवियों के आश्रयदाता ही उनके लिए राष्ट्र थे। राजाओं ने भी अपने सौ-पचास गाँवों को राष्ट्र समझ रखा था। यह देश का दुर्भाग्य था। राजाओं का आपसी संघर्ष ही राष्ट्रीयता के अभाव का प्रतीक है।

**वीर और शृंगार रस :** इन वीर गाथाओं में वीर तथा शृंगार रस का अच्छा समन्वय दिखाई पड़ता है। उस समय बालक से वृद्ध तक में युद्ध का उत्साह था। उस समय प्रचलित था–

बारह बरस तक कुकुर जीये, और तेरह तक जियै सियार।
बरस अठारह क्षत्रिय जीयै आगे जीवन को धिक्कार।।

युद्धों का कारण प्रायः सुन्दरियां होती थीं। अतः उनका नख-शिख-वर्णन करके राजाओं के मन में प्रेम जगाया जाता था। इस समय का श्रृंगार वासना से ऊपर नहीं उठ पाया था।

**जन-जीवन के चित्रण का अभाव :** इस काल के कवियों ने अपने आश्रयदाताओं की झूठी प्रशंसा में जन-जीवन को भुला दिया है।

**काव्य के दो रूप :** इस काल में मुक्तक तथा प्रबन्ध दोनों प्रकार की रचनाएँ मिलती हैं। जैन-साहित्य में चरित्र साहित्य, पुराण साहित्य, रामकाव्य, कृष्ण काव्य, रोमांटिक काव्य अधिक मिलते हैं। लोक-साहित्य गीति शैली में लिखे गए हैं।

**विविध छन्दों का प्रयोग :** छन्दों की विशेषता के लिए यह काल सर्वोपरि है। दोहा, रोला, तोटक, तोमर, आर्या आदि इस काल के प्रसिद्ध छन्द हैं। ये छन्द प्रयोग चमत्कार प्रदर्शन से युक्त हैं।

**भाषा :** इस काल की मुख्य भाषा 'डिंगल' भाषा है। यह भाषा उस समय राजस्थान की साहित्यिक भाषा थी। कुछ लोग इस भाषा को अपभ्रंश भाषा कहते हैं। जैन साहित्य पश्चिमी अपभ्रंश और सिद्ध साहित्य पूर्वी अपभ्रंश में लिखा गया है। वीर काव्य डिंगल-पिंगल में लिखे गए हैं। लौकिक काव्य पिंगल और खड़ी बोली की ओर उन्मुख है।

**अन्तर्विरोध :** आदिकाल अन्तर्विरोध, मतभेद और विभिन्नताओं का काल है। इसमें पूर्व और पश्चिम का भी भेद है। पश्चिम का साहित्य रूढ़िगत है। इसमें राजाओं की झूठी प्रशंसा है, श्रृंगारिकता रचनाओं में घोली गई है और मिथ्या नैतिकता का प्रचार किया गया है। पूर्व का साहित्य इसके विपरीत है। इसमें रूढ़ियों का विरोध, ब्राह्मणवाद और जातिभेद पर प्रहार है। इस काल के कवि के एक काव्य में अन्तर्विरोध खोजा जा सकता है। विद्यापति इसी काल के कवि हैं जो शैव भी हैं और वैष्णव भी। वे भक्त भी हैं और श्रृंगारी भी।

**रासक शैली की प्रधानता :** आदिकाल में जितने भी काव्य मिलते हैं उनमें अधिकांश की शैली 'रासक' शैली है। रासक गेय रूपक को कहते हैं। इन्हें ताल और लय के अनुसार नाच-नाच कर गाया जाता है। इस काल के रचना ग्रंथों में 'रासो' शब्द जुड़ा हुआ मिलता है। चन्दवरदाई, दलपति विजय, नरपतिनाल्ह, जगनिक आदि इस काल के प्रमुख कवि हैं उनकी श्रेणी में विद्यापति सर्वश्रेष्ठ हैं।

## भक्तिकाल
## (भक्तिकाल की परिस्थितियाँ)

हिन्दी साहित्य के भक्तिकाल को कुछ लोग पूर्व मध्यकाल और कुछ लीग उत्तर मध्यकाल या धार्मिक काल कहते हैं। भक्ति काल में विभिन्न परिस्थितियों पर नजर डालने की आवश्यकता है—

**राजनीतिक परिस्थिति :** मुहम्मद गोरी के आक्रमण के बाद से ही उत्तरी भारत का शासन मुसलमानों के हाथ में जा चुका था। मुसलमान शासकों की शासन पद्धति इस्लाम के सिद्धान्त पर आधारित थी। उसका शासन सामन्ती था। हिन्दू शासक कमजोर हो गए थे। हिन्दू शासकों में मुसलमान शासकों के विरुद्ध सिर उठाने की शक्ति नहीं रह गई थी। हिन्दुओं की आँखों के समक्ष उनके मंदिर गिराए जा रहे थे। उनके धार्मिक ग्रंथों की होली जलाई जा रही थी। फलतः इस्लामी राजनीति से पीड़ित और लांक्षित हिन्दुत्व किसी अजेय शक्ति का आश्रय ढूँढ रहा था।

**सामाजिक परिस्थिति :** मुसलमानों के प्रवेश और उनके द्वारा राजसत्ता हस्तगत कर लेने के परिणामस्वरूप इस्लाम की पताका फहराने लगी। हिन्दू अपने ही घर में विदेशी बन बैठे और मुसलमान विदेशी होकर हिन्दुस्तानी का गौरव प्राप्त कर लिए। हिन्दू-समाज के रक्त से इनकी आमोद-प्रमोद और वैभव-विलास की वाटिका सिंचित की गई। इस्लाम ने अपना द्वार खोल दिया था। जातियों, उपजातियों एवं नाना प्रकार के वर्गों में विभाजित हिन्दू जाति अपने ही पैरों में कुल्हाड़ी मारकर अपना गला घोंट रही थी।

**धार्मिक परिस्थिति :** धर्म के क्षेत्र में उन लोगों का प्रभुत्व था जो इस देश के जन-जीवन को राहु बनकर ग्रास बना लेना चाहते थे। धर्म की वास्तविक आत्मा समाप्त हो गई थी। व्यभिचार, जादू टोना, मंत्र का जाल फैलाकर हिन्दू धर्म को पतन की कीचड़ में डाल दिया गया था। रूढ़िवादियों एवं परम्परा के अंधभक्तों ने समाज की धर्म रूपी नौका को मझधार में छोड़ दिया गया था। धर्म ने जिनके ऊपर अपनी रक्षा का भार छोड़ दिया था वे ही धर्म को भ्रष्ट करने लगे थे।

**साहित्यिक परिस्थितियाँ :** जिन धार्मिक सम्प्रदायों ने संत काव्य की दार्शनिक पृष्ठभूमि तैयार की उन सम्प्रदायों की साहित्यिक प्रवृत्तियों का सन्त काव्य में स्वतः समावेश हो गया। भक्तिकाल की काव्यगत विशेषताओं को नीचे की सूची से समझा जा सकता है –

**भक्ति काल की काव्यगत विशेषताएँ**

| काव्य-धारा | प्रमुख-कवि | विशेषताएँ |
|---|---|---|
| ज्ञानाश्रयी या ज्ञान मार्गी शाखा (सन्त सम्प्रदाय) | कबीर | निर्गुण ब्रह्म की उपासना |
| | धर्मदास | ईश्वर-प्राप्ति हेतु सद्गुरु आवश्यक |
| | रैदास | प्रायःकवि निम्न जाति के थे और जाति-पाँति का बन्धन नहीं मानते थे। |
| | गुरु नानक | रूढ़िवादिता, आडम्बर आदि का विरोध |
| | दादू दयाल | इस्लाम और वैदिक धर्म के समन्वय पर जोर |
| | सुन्दरदास | भक्ति और साधना की सफल अभिव्यक्ति परन्तु, काव्य शास्त्र के नियमों का निर्वाह नहीं। |
| | मलूक दास | वैयक्तिक साधनों पर जोर। |
| प्रेमाश्रयी या प्रेममार्गी शाखा (सूफी सम्प्रदाय) | जायसी | लौकिकता के माध्यम से अलौकिकता का वर्णन |
| | कुतुबन | भौतिक प्रेम कथाओं द्वारा ईश्वरीय प्रेम का चित्रण |
| | मंझन | गुरु का सर्वाधिक महत्त्व, फारसी की मसनवी शैली का प्रयोग, सम्पूर्ण जगत् एक ही ब्रह्म की अभिव्यक्ति है, जीव पति है और परमात्मा पत्नी। |

| | | |
|---|---|---|
| राम-भक्ति शाखा | तुलसी<br>नामदास | लोकहित पर सर्वाधिक जोर<br>समन्वय की भावना,<br>हिन्दू जाति को एक सूत्र में बाँधने का प्रयास,<br>कल्याण की भावना, कला पक्ष और भावपक्ष का<br>उत्कृष्ट रूप |
| कृष्ण-भक्ति शाखा | सूरदास<br>नन्ददास<br>परमानन्द दास<br>कृष्णदास<br>कुम्भनदास | ब्रज भाषा का उत्कृष्ट रूप, मधुरता, सरसता<br>एवं रसात्मकता की सफल व्यंजना, श्रृंगार और<br>वात्सल्य रस का वर्णन, कहीं-कहीं श्रृंगार का<br>घोर वर्णन, राम-काव्य के समान यह हमारे सामने<br>उच्च आदर्श नहीं रखता, लोक और शास्त्र-मर्यादा<br>का बन्धन अस्वीकार। |

## भक्तिकाल (हिन्दी साहित्य का स्वर्णयुग)

हिन्दी साहित्य के चार कालों में केवल भक्तिकाल को ही अपने सामाजिक, नैतिक, साहित्यिक मान्यताओं के कारण स्वर्णकाल कहा जा सकता है। आदिकाल में आश्रयदाताओं का प्रशस्ति गान हुआ है। युद्धों के भयानक नाद, तलवारों की झनझनाहट तथा तीरों की सनसनाहट के स्वर इस युग में तीव्र रहे हैं। इस युग का साहित्य केवल वीर तथा श्रृंगार रस तक सीमित है। हिंन्दी का रीतिकाल वासना तथा विलासिता का कुंज है। आधुनिक काल साहित्यिक उपलब्धियों के होते हुए भी अपनी प्रवृत्तियों में नित्य परिवर्तनशील है। जबकि भक्तिकाल के साहित्य का उद्देश्य सर्व उत्थान है। तुलसी ने लिखा है–

"कीरति भनिति भूति भलि सोई,
सुरसरि सम सब कर हित होई।"

आचार्य द्विवेदी के शब्दों में समूचे भारतीय इतिहास में भक्ति काल का साहित्य अपने ढंग का अकेला साहित्य है। इसी का नाम भक्ति-साहित्य है। यहाँ जीवन के सभी विषाद, निराशाएँ तथा कुंठाएँ मिट जाती हैं। इसमें निमज्जन करने से भारतीय जनता को अलौकिक सुख और शांति मिलती है। यह सुख, शांति अन्य किसी कारण में सम्भव नहीं।

भक्तिकाल की ईश्वरोपासना, सगुणात्मक तथा निर्गुणात्मक दोनों प्रकार की है। यह भिन्नता केवल साधन की दृष्टि से है। मध्यकालीन भक्ति धारा हठयोग के रूप में कबीर आदि सन्तों की वाणी में प्रकट हुई है। दूसरी धारा जयदेव तथा विद्यापति के माध्यम से मधुर पदों में व्यक्त हुई है। तीसरी धारा राम तथा श्रीकृष्ण की सगुण भक्ति के रूप में प्रकट हुई है। इसमें ज्ञान, कर्म और भक्ति की त्रिवेणी बहती है। भक्ति साहित्य में हृदय, मस्तिष्क भाव और विवेक का ऐसा मणिकांचन संयोग हुआ है कि पाठक को बार-बार कहना पड़ता है–'गिरा अनयन नयन बिनु वानी।'

इस समय के काव्य का सौंदर्य तथा धार्मिक भावुकता हृदय को आनंदित करते हैं। यह गौरव अन्य किसी काल को प्राप्त नहीं है। निर्विवाद है कि भक्ति काल का साहित्य जहाँ एक ओर उच्चतम

धर्म की व्याख्या करता है वहीं उच्चतम काव्यों के भी दर्शन कराता है। इसमें आत्माभिव्यक्ति है, इस काव्य का जीवन स्रोत रसपूर्ण और कलेवर मानवीय है।

भक्तिकाल की महत्ता अन्य कालों में इसलिए भी बढ़ जाती है क्योंकि इसमें समन्वय की विराट् चेष्टा मिलती है। भाव, काव्य, सगुण-निर्गुण, काव्यरूप, भाषा रूप आदि सभी दृष्टियों से समन्वय की भावना दिखाई पड़ती है। भारतीय संस्कृति केवल भक्ति काल से ही सुरक्षित है। भारतीय संस्कृति की चर्चा करके इन कवियों ने लोक आदर्श का सुन्दर चित्र प्रस्तुत किया है।

इस प्रकार काव्य रूप, लोकप्रियता, संगीतात्मकता, रचना, शैली, आध्यात्मिकता आदि तत्त्वों के आधार पर हम इस निष्कर्ष पर पहुँचते हैं कि भक्ति काल ही हिन्दी साहित्य का स्वर्णकाल या स्वर्ण युग कहलाने का वास्तविक अधिकारी है।

## 'राम-काव्य' की विशेषताएँ

**राम का स्वरूप :** राम-भक्ति-काव्य-धारा के कवियों ने राम को विष्णु का अवतार और ब्रह्म का स्वरूप माना है। इनके राम दशरथ के पुत्र और शक्ति-शील तथा सौंदर्य के पुंज हैं। मानव का रूप धारण कर उन्होंने धर्म तथा सन्तों की रक्षा की है तथा दुष्टों एवं राक्षसों का संहार किया है। वे राम को अवतारी पुरुष मानते हैं–

"विप्र, धेनु, सुर, सन्त हित लीन्ह मनुज अवतार।"

**आदर्श चरित्र :** राम-काव्य में राम मर्यादापुरुषोत्तम तथा आदर्श चरित्र प्रधान हैं। भाई, पुत्र, पति आदि सभी रूपों में राम आदर्श चरित्र का प्रतिनिधित्व करते हैं। इस काव्य में राम के साथ-साथ अन्य पात्रों को भी आदर्श के रूप में चित्रित किया गया है। दशरथ आदर्श पिता, कौशल्या आदर्श माता, सीता आदर्श पत्नी, भरत आदर्श भाई तथा हनुमान आदर्श भक्त हैं।

**भक्ति की प्रधानता :** राम भक्ति-काव्य में भक्ति की ही प्रधानता है। ये कवि ज्ञान और कर्म से भक्ति को श्रेष्ठ मानते हैं। भक्ति द्वारा जीव का लोक-परलोक दोनों सुधरता है। तुलसीदास तो यहाँ तक कह देते हैं–

"तुलसीदास सब भाँति सकल सुख, जो चाहसि मन मेरो।
तो भजु राम काम सब पूरन, करहिं कृपा निधि तेरो।।"

**समन्वय की भावना :** राम-काव्य-धारा में विविध प्रकार की समन्वयात्मक प्रवृत्ति दिखलाई पड़ती है। तुलसी का काव्य तो समन्वय की विराट् चेष्टा है। इनमें ज्ञान, भक्ति तथा कर्म के साथ-साथ विविध देवी-देवताओं की स्तुति में भी समन्वय की चेष्टा की गई है। काव्य के कला पक्ष अर्थात् भाषा, छन्द में भी समन्वय देखा जा सकता है। उपासना में समन्वय दिखलाते हुए तुलसीदास लिखते हैं :–

"शिव द्रोही मम दास कहावा,
सो नर सपनेहुँ मोहि न भावा।"

**उत्कृष्ट काव्य :** विषय वस्तु ही नहीं रचना शैली की दृष्टि से भी राम भक्ति काव्य उच्चकोटि के हैं। भक्तिकाल में प्रबन्ध और मुक्तक दोनों प्रकार के काव्य लिखे गए हैं।

**जन-जीवन के कवि :** राम-काव्य की परम्परा के कवि सही अर्थ में जनकवि हैं। किसी राजा के आश्रय में रहकर उसकी खुशामद में ये काव्य नहीं लिखे गए हैं। यही कारण है कि इनके काव्य, जीवन का प्रतिनिधित्व करते हैं। ये सभी कवि विनीत और विनम्र हैं। इनकी रचना लोकहितार्थ हुई है।

**काव्य-भाषा :** राम काव्य-परम्परा की अधिकांश रचनाएँ अवधी भाषा में लिखी गई हैं। ब्रजभाषा में लिखी जाने वाली रचनाएँ कम संख्या में हैं।

**निर्गुण तथा सगुण रूपों की स्वीकृति :** इस धारा में कवियों ने अपने उपास्य राम के निर्गुण तथा सगुण दोनों रूपों को स्वीकार किया है। राम-काव्य-प्रणेताओं ने स्वीकार किया है—"सगुनहिं अगुनहिं नहिं कहु भेदा"।

**सेवक-सेव्य भाव :** इस शाखा के कवियों ने राम की भक्ति सेवक-सेव्य भाव से की है। इस भावना से वे मोक्ष में विश्वास करते हैं। तुलसीदास लिखते हैं—

"सेवक सेव्य भाव बिनु, भव न तरिय उरगारि।"

**लौकिक पुरुष के वर्णन का अभाव :** इन कवियों ने अपने काव्य में किसी लौकिक पुरुष, राजा-महाराजा आदि का वर्णन नहीं किया है। राम के अतिरिक्त किसी को काव्य में चित्रित करना ये काव्य और कवित्व का अपमान समझते थे।

**छन्द :** इन कवियों ने उस समय की प्रचलित सभी शैलियों—दोहा, सोरठा, चौपाई, छप्पय, कवित्त, सवैया, बरवै आदि को अपनाया है।

हिन्दी साहित्य में रामभक्ति विषयक काव्य देने का सर्वाधिक गौरव तुलसीदास को प्राप्त है। ये ही राम भक्ति काव्य के सम्राट् हैं। तुलसीदास कवि के रूप में क्रान्तिदर्शी थे। धर्म और समाज के साथ इन्होंने राजनीति का मार्ग प्रशस्त किया। अपने समय की प्रचलित सभी काव्य शैलियों को इन्होंने स्वीकार किया।

## कृष्ण-काव्य की विशेषताएँ

कृष्ण काव्य धारा के प्रमुख कवि सूरदास हैं। इस शाखा में पुष्टिमार्ग और अष्टछाप का विशेष योगदान रहा है। वल्लभाचार्य और उनके अनुयायियों ने कृष्ण की लीलाओं का कीर्तन-गान किया। इस शाखा के कवि कृष्ण के अनन्य उपासक हैं। सूरदास ने सखा के रूप में कृष्ण-चरित्र का वर्णन किया है। इस काव्य की विशेषताओं में निम्नलिखित प्रमुख हैं:—

**कृष्ण की लीलाओं का वर्णन :** इन कवियों का प्रमुख विषय कृष्ण की लीलाओं का गान है। वात्सल्य भाव के अन्तर्गत कृष्ण की बाल-लीलाओं, चेष्टाओं तथा माँ यशोदा के हृदय की झाँकी मिलती है। सख्य भाव के अन्तर्गत कृष्ण और ग्वालों के जीवन की मनोरंजक घटनाएँ मिलती हैं। माधुर्य भाव के अन्तर्गत गोपी लीला प्रमुख है।

**विषय वस्तु की मौलिक उद्भावना :** कृष्ण काव्य का आधार भागवत पुराण है किन्तु इन कवियों ने पर्याप्त मौलिक उद्भावनाओं से काम लिया है। इन कवियों ने जयदेव तथा विद्यापति का आधार लेते हुए भी यथेष्ट कल्पना शक्ति से काम लिया है। इन्होंने कृष्ण-चरित्र में नवीन रूप-रंग भरकर उसे उभारा तथा निखारा है।

**भक्ति-भावना**—कृष्ण-काव्य के सभी सम्प्रदायों ने कान्ता भाव को, भक्ति को अधिक महत्त्व दिया है।

**रस-चित्रण :** कृष्ण काव्य में एक ही रस है और वह रस है भक्ति रस। शास्त्रीय दृष्टि से वात्सल्य, शान्त एवं शृंगार रस कह सकते हैं। इस काव्य में रस का पूर्ण परिपाक हुआ है। रस की दृष्टि से यह साहित्य अत्यन्त भव्य बन पड़ा है। वात्सल्य एवं शृंगार चित्रण में कृष्ण काव्य के कवि अद्वितीय हैं। शृंगार के संयोग एवं वियोग दोनों पक्षों का वर्णन अत्यन्त मनोरम बन पड़ा है।

**प्रकृति-चित्रण :** प्रकृति-चित्रण भाव की पृष्ठभूमि में हुआ है। यह उद्यीपन भाव के लिए या अलंकारों के अप्रस्तुत विधान के रूप में हुआ है। प्रकृति का स्वतंत्र चित्रण नहीं के बराबर है।

**पात्र एवं चरित्र-चित्रण :** कृष्ण-काव्य पात्रों के चरित्र-चित्रण की एक विशेषता है— प्रतीकात्मकता।

राधा—माधुर्य भाव की भक्ति की उच्चतम प्रतीक हैं। श्रीकृष्ण परमात्मा हैं और गोपियाँ जीवात्माएँ हैं।

**सामाजिक पक्ष :** कृष्ण-काव्य लीलावादी काव्य है। लीला, लीला के लिए होती है। उसका लोक मंगल भावना से विशेष सम्बन्ध नहीं होता है किन्तु इस काव्य में उस समय की सामाजिक, धार्मिक और सांस्कृतिक अवस्था का थोड़ा बहुत यथार्थ वर्णन मिल जाता है। सूर के पदों में परोक्ष रूप से समाज की झलक मिलती है।

**काव्य-रूप :** कृष्ण-काव्य मुख्य रूप से गेय मुक्तक रूप में लिखा गया है। इन कवियों ने कृष्ण के जीवन के जिस अंश को अपने काव्य के लिए चुना वह मुक्तक के लिए ठीक था। इसमें गीति-काव्य का सुन्दर विकास हुआ है।

**शैली :** इस काव्य में प्रमुख रूप से गीति शैली का व्यवहार किया गया है, जिसमें गीति शैली के तत्त्व—भावात्मकता, संगीतात्मकता, वैयक्तिकता, संक्षिप्तता, एवं भाषा की कोमलता विद्यमान है।

**छन्द :** इस साहित्य में अधिकतर गीति पदों का प्रयोग है। इसमें कवित्त, सवैया, छप्पय, कुण्डलियां, गीतिका एवं कुछ अन्य छन्दों का भी प्रयोग मिलता है।

**भाषा :** कृष्ण-काव्य में लोक-प्रचलित ब्रजभाषा का प्रयोग हुआ है।

## रीतिकाल
## (प्रवृत्तियाँ एवं विशेषताएँ)

रीतिकाल को शृंगार काल भी कहा जाता है। रीतिकाल का उदय उस समय हुआ जब महलों में तलवारों की झनझनाहट के स्थान पर चूड़ियों की खन-खनाहट सुनाई पड़ रही थी। समाज में सुरा, स्वर्ण और सुन्दरियों का आदर बढ़ता जा रहा था। इस काल के कवियों ने—'आगे के सुकवि रीझिहैं तो कविताई न तो राधा गोविन्द सुमिरन को बहानो है'—कहकर संतोष कर लिया था। इस काल के कवियों में स्वान्तः सुखाय और परहिताय का अभाव है। इस काल की प्रमुख साहित्यिक प्रवृत्तियों एवं विशेषताओं को निम्नलिखित बिन्दुओं द्वारा स्पष्ट किया जा सकता है :—

**लौकिक शृंगारिकता :** इस काल के कवियों ने नायिका भेद, नखशिख आदि का जो कुछ भी वर्णन किया है सर्वत्र शृंगार की ही प्रधानता है। डॉ. नगेन्द्र ने ठीक ही कहा है—"साँचा चाहे जैसा

भी रहा हो इसमें ढीली श्रृंगारिकता ही है। इसकी अभिव्यक्ति में किसी प्रकार का संकोच नहीं किया गया है। इस काल की कविता से विवेकहीन एवं विलासमयी वासना की दृष्टि होने लगी। श्रृंगार रस के संयोग एवं वियोग दोनों पक्षों को अच्छी तरह सजाया गया।" इस काल के कवियों ने संयोग में स्पर्श सुख का भी खुलकर वर्णन किया है। देव की रचना का एक उदाहरण है—

'श्वेद बढ़्यो तन कम्प उरोजनि,
आँखिन आँसू कपोलन हाँसी।'

**लक्षण ग्रंथों का निर्माण :** इस काल में कवि और आचार्य दोनों का काम एक ही व्यक्ति को करना पड़ा है। दोनों में से किसी को भी इस काल के कवि भली-भाँति निभा नहीं सके। उनमें संतुलित विवेचन शक्ति का अभाव था। संस्कृत आचार्यों का अनुकरण वे ठीक तरह से नहीं कर सके। स्वतंत्र और मौलिक रूप से काव्य शास्त्र का विवेचन नहीं हो सका। इस युग में दो प्रकार के कवि हुए। प्रथम श्रेणी के कवियों ने लक्षण लिखकर स्वरचित उदाहरण प्रस्तुत किए। जैसे—भूषण, देव आदि। द्वितीय श्रेणी के कवियों ने केवल उदाहरण दिए। जैसे—बिहारी लाल।

**अलंकारिता :** इस काल के कवि अलंकार प्रिय थे। उन्हें अपनी कविता-कामिनी को भली-भाँति सजाकर आश्रयदाताओं के समक्ष प्रस्तुत करना पड़ता था। सरस और सीधी सादी कविता उत्तेजना रहित होने के कारण पसन्द नहीं की जाती थी। राज दरबार में सम्मान प्राप्त करने के लिए कवि को अलंकार शास्त्र का ज्ञान रखना अनिवार्य था।

**ब्रजभाषा की प्रधानता :** इस काल की प्रमुख साहित्यिक भाषा ब्रजभाषा थी। कोमलता और मधुरता की दृष्टि से भारतीय भाषाओं में इसका बहुत सम्मान है। अपने माधुर्य गुण के कारण यह अनेक मुसलमान कवियों द्वारा भी अपनाई गई।

**मुक्तक काव्य शैली की प्रधानता :** रीतिकाल प्रबन्ध रचना के लिए उपयुक्त नहीं था। उस समय कवियों में प्रतिक्षण बाजी जीतने की होड़ थी। वासना तृप्ति के लिए मुक्तक काव्य शैली ही उपयुक्त थी। कवि में प्रबन्ध काव्य लिखने के लिए धैर्य नहीं था। कवियों का मन कवित्त, सवैया और दोहा लिखने में विशेष रूप से रम गया।

**भक्ति और नीति :** रीतिकाल के कवियों का उद्देश्य अपने आश्रयदाता को रिझाना था। भक्ति की ओट में उन्होंने यह काम किया।

**प्रकृति का उद्यीपन रूप :** इस काल के कवियों ने प्रकृति के उद्यीपन रूप का ही चित्रण किया है। उन्हें प्रकृति के उन्मुक्त प्रांगण में विचरने और उसके स्वतंत्र रूप से चित्रण का अवकाश कहाँ था? संयोग और वियोग के उदाहरणों के लिए प्रकृति को माध्यम बनाया गया। वियोगिनी नायिका चन्द्रमा को कोसती हुई कहती है—

ए रे मतिमन्द चन्द, आवत न तोहि लाज,
होके द्विजराज, काज करत कसाई के।

**नारी-चित्रण :** नारी सौंदर्य ही वह धुरी है जिसके चारों ओर रीतिकाल की कविता चक्कर लगाती रही। रीतिकाल की नारी अपने आँगन में लाल के द्वारा उड़ाए हुए पतंग की छाया को चूमती फिरती है। ऐसा लगता है जैसे वासना ही उसके जीवन का सब कुछ हो—

उड़ी गुड़ी लखि लाल की अँगना अँगना माह।
बौरी लै दौरी फिरै छुवत छबीली छाँह।।

यहाँ नारी कोई व्यक्ति या समाज के संगठन की इकाई नहीं बल्कि सब प्रकार की विशेषताओं से यथासम्भव मुक्त विलास का एक उपकरण मात्र है। देव ने कहा है—

कौन गने पुखन नगर कामिनी एकै रीति,
देखत हटे विवेक को, चित्त हटै करि प्रीति।

इस प्रकार हम कह सकते हैं कि रीतिकाल, काव्य-शास्त्र की दृष्टि से चाहे इतना महत्त्वपूर्ण न हो, कवित्त की दृष्टि से बड़ा मनोरम है और इसका साहित्यिक मूल्य अक्षुण्ण है।

## आधुनिक काल
## (प्रवृत्तियाँ एवं विशेषताएँ)

सामान्यतः आधुनिक काल का प्रारम्भ सन् 1843 ई. से माना गया परन्तु किसी भी नवीन युग की प्रवृत्तियों का जन्म अकस्मात् एक दिन में नहीं हो जाता। युग परिवर्तन की एक निश्चित तिथि का उल्लेख करना या उसकी स्थिर स्पष्ट विभाजन रेखा खींच देना बहुत कठिन है। आचार्य रामचन्द्र शुक्ल ने भी आधुनिक काल का प्रारम्भ सं. 1900 से माना परन्तु हिन्दी में नवीन विचारधाराओं का आगमन या आधुनिक कालीन प्रवृत्तियों का बीजारोपण इसके चालीस पचास वर्ष पूर्व ही हो चुका था। शिक्षा प्रसार और भाषा सम्बन्धी समस्याओं को सुलझाने के लिए सन् 1800 ई. में ही कोलकाता में फोर्ट विलियम कॉलेज की स्थापना हो चुकी थी। खड़ी बोली के विकास की नींव इस कॉलेज की स्थापना के साथ पड़ी। इस प्रकार आधुनिक काल का पूर्ववर्ती काल तभी से प्रारम्भ हुआ माना जाता है।

यह हिन्दी का एक महत्त्वपूर्ण काल है । इस काल में राष्ट्रीयता, स्वाधीनता और स्वदेश प्रेम की लहर फैली। इसमें साहित्यकारों ने राष्ट्र की अधोगति पर आठ-आठ आँसू बहाये, गद्य और पद्य दोनों का विकास हुआ। प्रिय प्रवास, साकेत, कामायनी, गोदान, चित्रलेखा, चन्द्रगुप्त आदि उच्चकोटि के ग्रंथों की रचना हुई। छायावाद, रहस्यवाद, प्रगतिवाद, प्रयोगवाद आदि के माध्यम से कवियों ने माँ सरस्वती का अनुपम शृंगार किया। इसकी प्रमुख प्रवृत्तियों का वर्णन निम्न बिन्दुओं के आधार पर किया जा सकता है—

**गद्य का विकास :** इस युग की सबसे बड़ी विशेषता गद्य का बहुमुखी विकास है। इस युग के पूर्व विशेषतः मुद्रण यंत्र के अभाव में केवल कविता का ही विकास हो पाया था। पद्य ही साहित्य का पर्यायवाची बना रहा। गद्य के विकास और उन्नति के कारण अनेक आलोचक इस युग को गद्यकाल के नाम से पुकारते हैं। वस्तुतः गद्य अपने विविध रूपों—नाटक, निबन्ध, कहानी, उपन्यास, समालोचना, जीवन चरित्र आदि के साथ इस युग को गौरवान्वित कर रहा है।

**खड़ी बोली की प्रधानता :** खड़ी बोली की प्रधानता हिन्दी पद्य और गद्य दोनों के लिए स्वीकार की गई। नव-युग की चेतना की अभिव्यक्ति के लिए खड़ी बोली ही उपयुक्त भाषा

मानी गई। यही खड़ी बोली बढ़ते-बढ़ते राष्ट्र भाषा के उच्च पद पर आसीन होने योग्य हुई। इसका सम्बन्ध देश की प्रादेशिक भाषाओं से निरन्तर बढ़ता जा रहा है, जो राष्ट्रीय एकता के लिए सर्वथा वांछनीय है।

**राष्ट्रीय भावना की वृद्धि :** आधुनिक हिन्दी साहित्य में राष्ट्रीय भावना की वृद्धि इसकी तीसरी महान् विशेषता है। इस देश में राजनीतिक चेतना धीरे-धीरे बढ़ी। इसके रूप विभिन्न उत्थानों में परिवर्तित होते रहे। प्रथम उत्थान (भारतेन्दु काल) में साहित्यकारों का ध्यान राजभक्ति और देशभक्ति दोनों की ओर था। भारत के अतीत गौरव का गान किया गया और उसके वर्तमान पर क्षोभ और असंतोष की भावनाएँ व्यक्त की गईं।

द्वितीय उत्थान (द्विवेदी युग) में राजनीतिक चेतना का विस्तार हुआ। काँग्रेस के कार्यक्रम बढ़े। कितने और मजदूर सामने आए। राष्ट्र-प्रेम का सन्देश देशभर में भली-भाँति गूँज उठा। चतुर्थ उत्थान में राष्ट्र प्रेम की भावना और अधिक प्रबल हो उठी। किसान, श्रमिक और हरिजन, सभी राष्ट्र प्रेम के महत्त्व को समझकर देश के लिए अपना सब कुछ बलिदान करने को प्रस्तुत हो गए और देश स्वतंत्र हुआ।

**साधारण जन-जीवन का साहित्य :** वीरगाथा काल नें राजाओं और सामन्तों से सम्बन्धित काव्य रचना हुई। भक्तिकाल में राम और कृष्ण का गुणगान हुआ। रीतिकाल में आश्रयदाता राजाओं को रिझाने के उद्देश्य से काव्य-सुन्दरी को सँवारा गया। आधुनिक काल में हमारे साहित्यकारों का ध्यान सर्वसाधारण की ओर गया। जो गिरे हुए थे उन्हें उठाने की आवश्यकता महसूस की गई। कृषक, मजदूर, विधवा आदि सहानुभूति के पात्र बने।

**कवि के व्यक्तित्व की प्रधानता :** आधुनिक युग के पहले हमारे कवियों ने एक प्रकार से दूसरों को प्रसन्न करने के लिए काव्य-रचना की। उन्होंने वीर गाथा काल और रीतिकाल में यही किया। रीतिकाल की कविता खानापूरी मात्र थी। आधुनिक काल की कविता में कवि के व्यक्तित्व की प्रधानता है। इसी कारण इसका झुकाव मुक्तक की ओर अधिक और प्रबन्ध काव्य की ओर कम है।

**प्रकृति का सुन्दर वर्णन :** प्रकृति चित्रण की दृष्टि से हिन्दी का प्राचीन काव्य संस्कृत की ह्रासोन्मुख प्रवृत्ति और परम्परा का पोषण करता रहा। प्रकृति को नए प्राण देने की क्षमता आधुनिक युग के कवियों में ही पाई जाती है। इन्होंने प्रकृति का वर्णन उद्दीपन रूप में न करके आत्मालम्बन रूप में ही अधिक किया है। श्रीधर पाठक द्वारा रचित 'कश्मीर-सुषमा' में देश के शोभामय गौरव की मनोहर झलक है। पंत ने प्रकृति की कल्पना प्रेमी के रूप में की है। इनके अतिरिक्त महादेवी, प्रसाद, निराला आदि हिन्दी काव्य के प्रकृति-उद्यान में ऐसे कवि माली हैं जिन्होंने कविता-क्यारियों को सुन्दर काव्य पुष्पों से भली-भाँति सजा दिया है।

**शृंगार की भावना का विकास :** रीतिकालीन शृंगार की भावना का आधुनिक काल में विरोध किया गया। उसे अश्लील माना गया और त्याज्य समझा गया। छायावाद युग में उच्चकोटि के प्रेम काव्य की रचना हुई। शृंगार का शुद्ध, स्वच्छ और निखरा हुआ रूप सामने आया है। जैसे—

शशिमुख पर घूँघट डाले, आँचल में दीप छिपाए,
जीवन की गोधूली में कौतूहल से तुम आए।

**वादों की प्रधानता :** आधुनिक काल में वादों की प्रधानता रही। इस काल में वादों की बाढ़-सी आ गई। इनसे युग-साहित्य में वृद्धि हुई। इस काल के प्रमुख वाद हैं—छायावाद, रहस्यवाद, प्रगतिवाद, प्रयोगवाद आदि। इन विविध वादों के कारण इस युग का बौद्धिक विकास हुआ और इन्हें अपनाने वाले साहित्यकारों की वृद्धि के कारण साहित्य-निर्माण का क्षेत्र विस्तृत हुआ।

**साहित्य पर अंग्रेजी का प्रभाव :** आधुनिक युग पर अंग्रेजी साहित्य का प्रभाव भी कम महत्त्व नहीं रखता है। इस युग के पूर्व हमारे साहित्य पर पश्चिम का प्रभाव नहीं था। हिन्दी काव्य, नाटक, उपन्यास, कहानी, निबन्ध, आलोचना आदि विधाओं पर अंग्रेजी का प्रभाव प्रत्यक्ष और अप्रत्यक्ष रूप से पड़ा है। इससे भाषा और भाव दोनों दृष्टियों से हमारे पद्य और गद्य के विविध रूपों का विकास और परिष्कार हुआ है।

**मनोविज्ञान का समावेश :** आधुनिक काल के साहित्य में मनोविज्ञान का समावेश महत्त्वपूर्ण विशेषता है। मानव मन का अध्ययन मनोविज्ञान कहा जाता है। नाटक, कहानी, उपन्यास आदि के पात्रों का मनोवैज्ञानिक अध्ययन प्रस्तुत करना अच्छी आलोचना का प्रधान कर्त्तव्य है। मनोविज्ञान के आधार पर प्रस्तुत की गई कहानियाँ विशेष आकर्षण रखती हैं।

**मार्क्सवाद का प्रभाव :** आर्थिक विषमता का विरोध आधुनिक युग के साहित्य की एक बड़ी विशेषता है। वर्तमान युग मानव-मानव में आर्थिक दृष्टि से बहुत अधिक अन्तर नहीं देखना चाहता। यह प्रभाव मार्क्सवाद का है। दिनकर, रामवृक्ष बेनीपुरी, डॉ. देवराज, राम विलास शर्मा, शलभ श्रीराम सिंह आदि का साहित्य मार्क्सवाद से स्पष्टतः प्रभावित है।

37

# हिन्दी साहित्य की नई विधाएँ

हिन्दी गद्य-साहित्य के प्रारम्भ में जिन विधाओं का विकास हुआ उनमें—कहानी, उपन्यास, निबन्ध, आलोचना आदि का नामोल्लेख आवश्यक है। किन्तु आगे चलकर अन्य विधाएँ प्रचलित हुईं उन्हें भी जानना उतना ही आवश्यक है। ये नवीन विधाएँ हैं—जीवनी, आत्मकथा, यात्रावृत्त, संस्करण, रेखाचित्र, रिपोर्ताज, इन्टरव्यू, पत्र-लेखन, अभिनन्दन-ग्रंथ, स्मृति-ग्रंथ, डायरी आदि।

**जीवनी-साहित्य :** छायावादोत्तर काल में जीवनी-साहित्य का बहुमुखी विकास हुआ है। लोकप्रिय नेताओं, सन्तों, महात्माओं, साहित्यकारों, विदेशी महापुरुषों, वैज्ञानिकों, खिलाड़ियों आदि से सम्बन्धित जीवनियाँ प्रचुर परिमाण में लिखी गई हैं। महात्मा गाँधी इस युग के सर्वाधिक लोकप्रिय नेता थे, फलस्वरूप उनसे सम्बन्धित जीवनियाँ सर्वाधिक संख्या में प्राप्त होती हैं। घनश्याम दास बिड़ला, काका कालेलकर, सुमंगल प्रकाश, सुशीला नायर, डॉ. राजेन्द्र प्रसाद तथा जैनेन्द्र कुमार द्वारा लिखित महात्मा गाँधी की जीवनियाँ उल्लेखनीय हैं। हरिकृष्ण त्रिवेदी, छविनाथ पाण्डेय, गिरीशचन्द्र जोशी आदि ने नेताजी सुभाष चन्द्र बोस की जीवनियाँ लिखी हैं। जवाहर लाल नेहरू की जीवनी लिखने वालों में माता सेवक पाठक, लक्ष्मण सुमन, जगदीश झा विकल, रामवृक्ष बेनीपुरी, वाल्मीकि चौधरी, इन्द्र विद्या वाचस्पति आदि प्रमुख हैं। कई अन्य लेखकों ने भी राष्ट्र नेताओं से सम्बद्ध प्रेरणास्पद जीवनी-ग्रंथों का प्रणयन किया है। सन्तों-महात्माओं के जीवन-चरित लेखन की दिशा में मदन्त आनन्द कौशल्यायन, सुन्दरलाल, दीनदयाल उपाध्याय और बलदेव उपाध्याय उल्लेखनीय हैं। भारतीय इतिहास से सम्बद्ध महापुरुषों की जीवनी लिखने वालों में सीताराम कोहली, लाजपत राय, द्वारका प्रसाद शर्मा, भीमसेन विद्यालंकार, श्री निवास बालाजी हार्डीकर आदि नाम उल्लेख्य हैं। विदेशी महापुरुषों की जीवनी-भाषा को आधार बनाकर लिखने वालों में बनारसी दास चतुर्वेदी, राम इकबाल सिंह, त्रिलोकीनाथ, अनन्त प्रसाद विद्यार्थी, श्रवण लाल अग्रवाल, राहुल सांकृत्यायन आदि के नाम लिये जा सकते हैं। साहित्यकारों के जीवन-चरित्र को प्रस्तुत करने वालों में गंगा प्रसाद पाण्डेय, शिवरानी देवी, उमेशचन्द्र मिश्र, मदन गोपाल, अमृतराय, डॉ. राम विलास शर्मा, शांति जोशी तथा विष्णु प्रभाकर के नाम उल्लेखनीय हैं। जीवनी साहित्य के संदर्भ में यही कहा जा सकता है कि वर्तमानकालीन जीवनी-साहित्य विषय और परिमाण की दृष्टि से तो पर्याप्त सम्पन्न है लेकिन शैली की दृष्टि से आंशिक समृद्ध हैं। विशेष रूप से ध्यातव्य है कि किसी की जीवनी कोई भी लिख सकता है।

**आत्मकथा :** जीवनी साहित्य की भाँति आत्मकथा-लेखन की प्रवृत्ति छायावादोत्तर काल में बलवती रही है। सामाजिक राजनीतिक, साहित्यिक आदि विभिन्न क्षेत्रों के महत्त्वपूर्ण व्यक्तियों ने अपनी आत्मकथाएँ लिखकर इस विद्या को पल्लवित-पुष्पित किया है। सामाजिक क्षेत्र में कार्य करने वाले जिन व्यक्तियों ने आत्मकथाएँ लिखी हैं, उनमें भवानी दयाल संन्यासी तथा सत्यदेव परिव्राजक

उल्लेखनीय हैं। डॉ. राजेन्द्र प्रसाद, जवाहर लाल नेहरू, डॉ. राधा कृष्णन तथा मौलाना अबुल कलाम आजाद इस युग के ऐसे राजनीतिक महापुरुष रहे हैं जिन्होंने सक्रिय राजनीति में भाग लेने के साथ-साथ अत्यन्त महत्त्वपूर्ण आत्मकथाएँ भी लिखी हैं। हिन्दी के जिन साहित्यकारों की आत्मकथाएँ प्रकाशित हुई हैं उनमें डॉ. श्याम सुन्दर दास, राहुल सांकृत्यायन, वियोगी हरि, यशपाल, शांतिप्रिय द्विवेदी, पदुमलाल पन्नालाल बख्शी, सेठ गोविन्द दास, पाण्डेय बेचन शर्मा उग्र, आचार्य चतुरसेन शास्त्री, डॉ. हरिवंशराय बच्चन आदि उल्लेखनीय हैं। ध्यातव्य है कि अपने जीवन के विषय में खुद लिखा जाता है तो उसे आत्मकथा कहते हैं।

**यात्रावृत्त :** यात्राओं के वर्णन को साहित्य के रंग से रंजित कर रोचक बनाने वाली रचना को 'यात्रावृत्त' नाम दिया गया। यह इतना रोचक हो गया कि साहित्य की एक विद्या के रूप में इसे स्वीकृत कर लिया गया। पाठक को यात्रावृत्त से कहानी और उपन्यास का आनन्द मिलने लगा।

छायावादोत्तर काल में स्वामी सत्यदेव परिव्राजक की कृति 'मेरी पाँचवी जर्मनी यात्रा' से यात्रावृत्त का क्रम प्रारम्भ होता है। कन्हैया लाल मिश्र की भी एक रचना 'मेरी इराक यात्रा' इसी समय प्रकाशित हुई, जिसमें यात्रा मार्ग में पड़ने वाले स्थानों का भी सविस्तार वर्णन किया गया।

यात्रावृत्त को समृद्ध बनाने में राहुल सांकृत्यायन का योगदान अविस्मरणीय है। 'मेरी लद्दाख यात्रा,' 'किन्नर देश में' 'राहुल यात्रावली' 'यात्रा के पन्ने' 'रूस में पच्चीस मास', 'एशिया के दुर्गम भूखण्डों में' आदि उनकी कतिपय उल्लेखनीय रचनाएँ हैं। रामवृक्ष बेनीपुरी ने 'पैरों में पंख बाँधकर' तथा 'उड़ते चलो उड़ते चलो' के माध्यम से यूरोपीय रंगमंच, देहात आदि का हृदयग्राही विवरण अंकित किया है।

यात्रावृत्त का महत्त्व दो कारणों से हैं। एक तो यात्रा के बीच में जहाँ-जहाँ हम रुकते हैं, नए-नए दृश्य देखते हैं और नया-नया अनुभव प्राप्त करते हैं। दूसरे, साहित्यिक भाषा और शैली में वर्णन अत्यन्त रोचक हो जाता है। यात्रावृत्त किसी कहानी या उपन्यास से कम रोचक नहीं होता है। यही कारण है कि साहित्य में इसे विधा के रूप में स्वीकार कर लिया गया है। इतना ही नहीं आजकल यह साहित्य की एक लोकप्रिय विधा है।

**रेखाचित्र :** रेखाचित्र अंग्रेजी के 'स्केच' शब्द का पर्याय है जिसे हिन्दी में शब्दचित्र भी कहते हैं। जो चित्र रेखा द्वारा खीचे जाते हैं उन्हें हम रेखाचित्र कहते हैं। साहित्य में रेखा का काम शब्दों से लिया जाता है। शिवदान सिंह चौहान ने रेखाचित्र के विषय में कहा है—रेखाचित्र पढ़कर किसी वस्तु का चित्र ही हमारे सामने नहीं खिंच जाता, बल्कि अभिव्यक्ति और चित्रण के पीछे अनासक्तिभाव का उपक्रम किये लेखक की छिपी सहानुभूति से भी अप्रत्यक्ष रूप से पाठक प्रभावित होता है, वास्तविकता के उस टुकड़े को उस विराट् संदर्भ से हटाकर जैसे खुर्दबीन से देखकर वह उसे पूरी तौर पर जान लेता है और उसके सम्पूर्ण स्वरूप से उसके आंतरिक सम्बन्धों को पहचान लेता है।

छायावादोत्तर साहित्य में रेखाचित्र-साहित्य के विकास की दिशा में 'हँस' पत्रिका का रेखाचित्र विशेषांक सर्वप्रथम उल्लेखनीय है। इसमें हिन्दी के अतिरिक्त अन्य भारतीय भाषाओं के लेखकों के भी रेखाचित्र प्रकाशित किए गए थे। इन विधाओं के हिन्दी लेखकों में बनारसी दास चतुर्वेदी का स्थान

सर्वोच्च है। रेखाचित्र लेखकों में प्रकाश चन्द्र गुप्त, विनय मोहन शर्मा, कन्हैया लाल मिश्र प्रभाकर, शिवपूजन सहाय, सत्यवती मल्लिक, शांतिप्रिय द्विवेदी, सेठ गोविन्ददास, जगदीश चन्द्र माथुर आदि नाम उल्लेख्य हैं।

रेखा चित्र संस्मरणात्मक भी होते हैं। हिन्दी में संस्मरणात्मक रेखाचित्र को उन्नत करने वालों में सत्यजीवन वर्मा, ओंकार शरद, प्रेमनारायण टण्डन, विनोद शंकर व्यास, हरिभाऊ उपाध्याय, राम कृष्ण दास, महेन्द्र भटनागर, कुन्ताव गोयल, डॉ. हरगुलाल, पदमिनी मेनन, लक्ष्मी नारायण सुधांशु , इन्द्र विद्यावाचस्पति आदि प्रमुख हैं।

**संस्मरण :** स्मृति के आधार पर किसी विषय या व्यक्ति के सम्बन्ध में लिखित लेख या ग्रंथ को संस्मरण कह सकते हैं। व्यापकरूप से संस्मरण आत्मचरित के अन्तर्गत आ जाता है। परन्तु इन दोनों के दृष्टिकोणों में मौलिक अन्तर है। आत्मचरित के लेखक का मुख्य उद्देश्य अपनी जीवन-कथा का वर्णन करना रहता है। इसमें कथा का प्रमुख पात्र स्वयं लेखक होता है और अन्य इतिहास की घटनाओं तथा परिस्थितियों का केवल वही रूप उसमें आता है, जो उसके जीवनक्रम को प्रभावित, संचालित या नियंत्रित करता है अथवा जो उससे प्रभावित होता है।

इसके विपरीत संस्मरण का दृष्टिकोण अलग है। इसमें लेखक अपने समय के इतिहास को लिखना चाहता है। वह जो स्वयं देखता है, जिसका वह स्वयं अनुभव करता है, उसी का वर्णन करता है। उसके वर्णन में उसकी अनुभूतियाँ, संवेदनाएँ भी रहती हैं। इस दृष्टि से शैली में वह निबंधकार के समीप है पर वास्तव में वह अपने चतुर्दिक जीवन का सर्जन सम्पूर्ण भावना और जीवन के साथ करता है। रेखाचित्र और संस्मरण में बहुत दूर तक समानता है। जब हम अपने बारे में संस्मरण न लिखकर दूसरों के बारे में लिखते हैं और वह भी संक्षिप्त रूप में तो वह बहुधा रेखाचित्र के समीप होता है। वस्तुतः संस्मरण, रेखाचित्र और आत्मचरित का एक-दूसरे से इतना घनिष्ठ सम्बन्ध है कि एक की सीमा दूसरे से कहाँ मिलती है और कहाँ अलग हो जाती है, इसका निर्णय करना कठिन है।

हिन्दी के प्रारम्भिक संस्मरण-लेखकों में पद्मसिंह शर्मा प्रमुख हैं। इनके अतिरिक्त बनारसी दास चतुर्वेदी, रामवृक्ष बेनीपुरी, शांतिप्रिय द्विवेदी, कन्हैयालाल मिश्र प्रभाकर, राहुल सांकृत्यायन, जगदीश चन्द्र माथुर, सेठ गोविन्द दास, माखनलाल चतुर्वेदी, रामधारी सिंह दिनकर आदि को प्रमुख संस्करण लेखकों में गिना जाता है। इस कड़ी में हरिवंशराय बच्चन का नामोल्लेख अनिवार्य हो जाता है।

वर्तमान युग में कतिपय अन्य लेखकों ने भी अपनी अमूल्य रचनाओं द्वारा हिन्दी संस्करण-साहित्य को समृद्ध किया है। इनमें कतिपय उल्लेखनीय हस्ताक्षर हैं—सत्यजीवन शर्मा भारतीय, हरिभाऊ उपाध्याय, रामकृष्णदास, महेन्द्र भटनागर, कुंतल गोयन, डॉ. हर गुलाल, पदमिनी मेनन और लक्ष्मी नारायण सुधांशु आदि।

**रिपोर्ताज :** रिपोर्ताज फ्रांसीसी भाषा का शब्द है। इसकी गणना आधुनिकतम साहित्य-विधाओं के अन्तर्गत की जाती है। जिस रचना में वर्ण्य विषय का आँखों देखा तथा कानों सुना ऐसा विवरण प्रस्तुत किया जाय जिससे पाठक के हृदय के तार झंकृत हो उठें और वह उसे भूल न सके, उसे रिपोर्ताज कहते हैं। इसमें तथ्यों को कलात्मक एवं प्रभावोत्पादक ढंग से व्यक्त किया जाता है।

रिपोर्ताज आधुनिक साहित्य का वह रूप है जो मूलतः महायुद्धकालीन परिस्थितियों का खाद-पानी पाकर फूला-फला है। इसके उद्भव और विकास का श्रेय सोवियत संघ को है जहाँ की परिस्थितियाँ इसके पल्लवन के लिए अधिक अनुकूल रही हैं। शिवदान सिंह चौहान का यह कहना प्रायः ठीक है कि रिपोर्ताज क्रांतिकारी साहित्य के माध्यम के रूप में स्वीकृत और विकसित हो सकता है। रिपोर्ताज लेखक सामान्य लेखकों से इस बात को लेकर भिन्न है कि वह शत-प्रतिशत कलाकार नहीं होता, वह आधा पत्रकार होता है और आधा कलाकार। रिपोर्ताज लेखक का काम केवल कल्पना से नहीं चलता। वह जो कुछ लिखता है उसका उसे प्रत्यक्ष अनुभव होता है। यथार्थ और सत्य का उत्कृष्ट आग्रह रिपोर्ताज की पहली अनिवार्य आवश्यकता है जिसके लिए जरूरी है कि रिपोर्ताज लेखक जिन परिस्थितियों का चित्रण करे उससे उसका साक्षात् परिचय हो। रिपोर्ताज की दूसरी आवश्यकता उसकी साहित्यिकता, चित्रात्मकता अथवा कलात्मकता है। रचना में इसका समावेश तब होता है जब उसमें सजीवता और लेखक का हार्दिक योग रहता है। रिपोर्ताज लेखक का कार्य रेखाचित्रकार से मिलता-जुलता है। रेखाचित्रकार की तरह रिपोर्ताज-लेखक भी छोटी-छोटी घटनाओं और विवरणों का सहारा लेकर एक सम्पूर्ण चित्र उभारने का प्रयास करता है। घटनाओं के सफल नियोजन और प्रभावित संपुंजन में ही रिपोर्ताज की कला सन्निहित है। रिपोर्ताज आधुनिक युग की देन है, इसलिए आवश्यक है कि अत्याधुनिक जीवन की समस्त जटिलताओं और जीवन संघर्षों से रिपोर्ताज लेखक का रू-ब-रू परिचय हो। वर्तमान-जीवन के सभी पहलुओं—सामाजिक, आर्थिक, राजनीतिक, सांस्कृतिक एवं धार्मिक का उसे स्पष्ट ज्ञान होना चाहिए।

रिपोर्ताज का विकास महायुद्ध के बाद प्रारम्भ हुआ और नवीन रिपोर्ताज की परम्परा शिवदान सिंह चौहान की रचना 'लक्ष्मीपुरी' से प्रारम्भ होती है। 'हंस' के 'समाचार और विचार' तथा 'अपना देश' स्तम्भों के अन्तर्गत भी उनकी इस शैली की अनेक रचनाएँ प्रकाशित हुईं। बंगाल के दुर्भिक्ष तथा महारानी के संदर्भ में रांगेय राघव द्वारा लिखित 'तूफानों के बीच' एक मर्मस्पर्शी रिपोर्ताज-संकलन है।

आधुनिक रिपोर्ताज साहित्य के सबसे महत्त्वपूर्ण प्रणेता 'इलिया इहरेन बुर्ग' हैं। हिन्दी में रिपोर्ताज-लेखन के क्षेत्र में डॉ. भगवतशरण उपाध्याय, फणीश्वर नाथ रेणु, राम कुमार, विवेकी राय, कैलाश नारद, जगदीश प्रसाद चतुर्वेदी, निमर्ल वर्मा, सतीश कुमार, श्रीकान्त वर्मा, कमलेश्वर आदि विशेष रूप से उल्लेखनीय हैं।

**इंटरव्यू-साहित्य :** हिन्दी गद्य के आधुनिकतम रूपों में 'इन्टरव्यू' का उल्लेख भी आवश्यक है। इसके लिए साक्षात्कार, भेंट-वार्ता और 'विशेष परिचर्चा' शब्द पर्याय रूप में प्रयुक्त होते हैं। इन्टरव्यू से अभिप्राय उस रचना से है जिसमें लेखक व्यक्ति विशेष के साथ साक्षात्कार करने के पश्चात प्रायः किसी निश्चित प्रश्नमाला के आधार पर उसके व्यक्तित्व एवं कृतित्व के सम्बन्ध में प्रामाणिक जानकारी प्राप्त करता है और फिर अपने मन पर पड़े प्रभाव को शब्दबद्ध कर डालता है। हिन्दी में इस विधा के प्रवर्तन का श्रेय बनारसी दास चतुर्वेदी को है। 'रत्नाकर जी से बातचीत' तथा 'प्रेमचन्द जी के साथ दो दिन' उनकी उल्लेखनीय रचनाएँ हैं। इसी प्रकार जगदीश प्रसाद चतुर्वेदी और चिरंजीलाल एकांकी द्वारा क्रमशः भदन्त आनन्द कौशल्यायन और महादेवी वर्मा से लिए गए इन्टरव्यू भी उल्लेखनीय हैं। बेनीमाधव शर्मा कृत 'कवि-दर्शन' इस विधा की प्रथम स्वतंत्र रचना है।

इन्टरव्यू के संदर्भ में सर्वाधिक लोकप्रिय कृति 'मैं इनसे मिला' है। जिसके लेखक डॉ. पदमसिंह र्मा 'कमलेश' हैं। इस विधा की दूसरी महत्त्वपूर्ण रचना देवेन्द्र सत्यार्थी कृत 'कला के हस्ताक्षर' है। ॉ. रघुवीर राणा द्वारा लिखित 'सृजन की मनोभूमि' भी इस विधा की उत्कृष्ट कृति है। इन्टरव्यू लेखन ो समृद्धि में योगदान करने वाले अन्य उल्लेखनीय हस्ताक्षर हैं—प्रभाकर माचवे, शिवदान सिंह चौहान, ामचरण महेन्द्र, कैलाश कल्पित, वीरेन्द्र कुमार गुप्त, रामावतार, डॉ. सुरेश सिन्हा आदि।

**अभिनन्दन एवं स्मृति ग्रंथ :** अभिनन्दन तथा स्मृति-ग्रंथ किसी विशिष्ट व्यक्ति का गुणगान रने के साथ-साथ जनमानस में सद्गुणों के संस्कार डालने तथा अपने युग के सामाजिक-राजनीतिक ीवन का सच्चा इतिहास प्रस्तुत करने में महत्त्वपूर्ण सहायता प्रदान करते हैं। छायावादोत्तर काल में काशित अभिनन्दन एवं स्मृति ग्रंथों को तीन वर्गों में विभाजित किया जा सकता है— (क) साहित्यकारों सम्बन्धित अभिनन्दन एवं स्मृति ग्रंथ (ख) स्वाधीनता के कर्मठ सेनानियों तथा राष्ट्र के कर्णधारों सम्बद्ध ग्रंथ (ग) धर्म, दर्शन और संस्कृति की समृद्धि में योग देने वाले महापुरुषों से सम्बन्धित थ।

प्रथम वर्ग के अन्तर्गत अभिनन्दन एवं स्मृति ग्रंथ-बाल-मुकुन्द गुप्त स्मृति ग्रंथ, महाकवि निराला भिनन्दन ग्रंथ, कन्हैया लाल पोद्दार अभिनन्दन ग्रंथ, राष्ट्र कवि मैथिलीशरण गुप्त अभिनन्दन ग्रंथ, कशोरीदास वाजपेयी अभिनन्दन ग्रंथ, महादेवी वर्मा अभिनन्दन ग्रंथ, गोपाल प्रसाद व्यास अभिनन्दन ंथ, क्षेमचन्द्र सुमन अभिनन्दन ग्रंथ, सोहन लाल द्विवेदी अभिनन्दन ग्रंथ, बाबू गुलाबराय स्मृति ग्रंथ, ाचार्य हजारी प्रसाद द्विवेदी की षष्टपूर्ति के अवसर पर समर्पित अभिनन्दन ग्रंथ 'शांतिनिकेतन से शवालिक तक' और बनारसी दास चतुर्वेदी अभिनन्दन ग्रंथ आदि। इन अभिनन्दन तथा स्मृति ग्रंथों सम्बद्ध साहित्यकारों के व्यक्तित्व एवं कृतित्व के निरूपण तथा मूल्यांकन के साथ-साथ हिन्दी भाषा था साहित्य की उपलब्धियों, सीमाओं तथा समस्याओं पर भी विचार किया गया है।

द्वितीय वर्ग के अन्तर्गत प्रकाशित अभिनन्दन एवं स्मृति ग्रंथ हैं— दीनबन्धु को श्रद्धांजलियाँ, हरू अभिनन्दन ग्रंथ, गाँधी श्रद्धांजलि ग्रंथ, प्यारे लाल स्मृति ग्रंथ , डॉ. आदित्यनाथ झा अभिनन्दन ंथ आदि। ये अभिनन्दन ग्रंथ तथा स्मृति ग्रंथ देश-प्रेम के मूल स्वरों से ओत-प्रोत हैं ।

तृतीय वर्ग के अन्तर्गत प्रकाशित अभिनन्दन ग्रंथ एवं स्मृति ग्रंथ—स्वामी हरिदास अभिनन्दन ंथ, राजगोपाल मेहता अभिनन्दन ग्रंथ, गोपीनाथ कविराज अभिनन्दन ग्रंथ, सीताराम सेक्सरिया भिनन्दन ग्रंथ, हरीकृष्ण झाझड़िया अभिनन्दन ग्रंथ आदि हैं। इन ग्रंथों में समयानुसार, देश सुधार था मानव-प्रेम के प्रचार-प्रसार में प्रयत्नशील रहने वाले व्यक्तियों की 'कीर्ति कथा' वर्णित है।

38

# प्रसिद्ध रचनाएँ एवं रचनाकार

| रचनाएँ | रचनाकार | रचनाएँ | रचनाकार |
|---|---|---|---|
| राग गोविन्द | मीरा बाई | दीपशिखा | महादेवी |
| आखिरी कलाम | जायसी | इन्द्र धनुष रौंदे हुए | अज्ञेय |
| साहित्य लहरी | सूरदास | द्वापर | मैथिली शरण गुप्त |
| रामचरित मानस | तुलसीदास | कर्ण | केदारनाथ मिश्र 'प्रभात' |
| बिहारी सतसई | बिहारी लाल | प्रेम पत्रिका | घनानन्द |
| पद्मावत | जायसी | रंगभूमि | प्रेमचन्द |
| विनय पत्रिका | तुलसीदास | सन् बयालिस के संस्मरण | श्रीराम शर्मा |
| यामा | महादेवी वर्मा | शृंखला की कड़ियाँ | महादेवी |
| उर्वशी | दिनकर | बाबरा अहेरी | अज्ञेय |
| बलचनमा | नागार्जुन | साधना के पथ पर | हरिभाऊ उपाध्याय |
| भारत भारती | मैथिलीशरण गुप्त | पैरों में पंख बाँधकर | बेनीपुरी |
| पृथ्वी राज रासो | चन्दवरदाई | लाल चीन | भगवत शरण उपाध्याय |
| प्रेम वाटिका | रसखान | नवरस | बाबू गुलाबराय |
| प्रेम माधुरी | भारतेन्दु हरिश्चन्द्र | माटी हो गई सोना | कन्हैया लाल मिश्र प्रभाकर |
| साकेत | मैथिलीशरण गुप्त | गीता-प्रवचन | विनोबा भावे |
| चन्द्रकान्ता | देवकीनन्दन खत्री | अंधा युग | धर्मवीर भारती |
| कुकुरमुत्ता | निराला | शेष स्मृतियाँ | डॉ. रघुवीर सिंह |
| अतीत के चलचित्र | महादेवी | तितली | प्रसाद |
| जानकी मंगल | तुलसीदास | रास पंचाध्यायी | नन्ददास |
| लोकायतन | पंत | हिततरंगिणी | कृपाराम |
| वरवै नायिका भेद | रहीम | रसिकप्रिया | केशव दास |
| शृंगार शिला | वृन्द | कर्णाभरण | करनेस बन्दीजन |
| प्रिय प्रवास | हरिऔध | रामचन्द्रिका | केशवदास |
| कला और बूढ़ा चाँद | पंत | चिंतामणि | आचार्य शुक्ल |
| शृंगार सतसई | रहीम | ललित ललाम | मतिराम |
| वैदेही वनवास | हरिऔध | छत्रसाल शतक | भूषण |

| रचनाएँ | रचनाकार | रचनाएँ | रचनाकार |
|---|---|---|---|
| कंकाल | प्रसाद | भाव विलास | देव |
| अणिमा | निराला | काव्य निर्णय | भिखारीदास |
| रमैनी | कबीरदास | गंगा लहरी | पद्माकर |
| भरतेश्वर बाहुवली रास | शालिभद्र सूरि | रसकेलिवल्ली | घनानन्द |
| पउम चरिउ | स्वयं भू | मदनाष्टक | रहीम |
| ्राकृत व्याकरण | जैनाचार्य हेमचन्द्र | जगद्विनोद | पद्माकर |
| ्रीसलदेव रास | नरपति नाल्ह | प्रेम फुलवारी | भारतेन्दु हरिश्चन्द्र |
| ंदेश रासक | अद्द हयाण | रस कलश | हरिऔध |
| ुकवि कीर्तन | महावीर प्रसाद द्विवेदी | उद्धव शतक | रत्नाकर |
| ्श्मीर सुषमा | श्रीधर पाठक | कबीर का रहस्यवाद | डॉ. राम कुमार वर्मा |
| ्थिक | रामनरेश त्रिपाठी | मधुशाला | बच्चन |
| ामायनी | प्रसाद | टेढ़े-मेढ़े रास्ते | भगवती चरण वर्मा |
| ुलसीदास | निराला | प्रभात फेरी | नरेन्द्र शर्मा |
| ांध्यगीत | महादेवी | हिम किरीटिनी | माखन लाल चतुर्वेदी |
| ुगाधार | सोहन लाल द्विवेदी | हम विषपायी जनम के | बालकृष्ण शर्मा नवीन |
| ौर्य विजय | सियाराम शरण गुप्त | हुँकार | दिनकर |
| त्यलम् | अज्ञेय | भस्मांकुर | नागार्जुन |
| ला आँचल | फणीश्वर नाथ रेणु | सिन्दूर की होली | लक्ष्मी नारायण मिश्र |
| ्ठा बेटा | उपेन्द्रनाथ अश्क | नूतन ब्रह्मचारी | बाल कृष्ण भट्ट |
| ादा कैक्टस | लक्ष्मी नारायण लाल | कुसुम कुमारी | किशोरी लाल गोस्वामी |
| ठ हिन्दी का ठाठ | हरिऔध | आदर्श हिन्दू | लज्जाराम मेहता |
| ्रत्रलेखा | भगवती चरण वर्मा | दादा कामरेड | यशपाल |
| हाज का पंछी | इलाचन्द्र जोशी | गिरती दीवारें | उपेन्द्रनाथ अश्क |
| ानस का हंस | अमृत लाल नागर | ब्रह्मपुत्र | देवेन्द्र सत्यार्थी |
| शाली की नगर वधू | आचार्य चतुरसेन शास्त्री | नदी यशस्वी है | नरेश मेहता |
| ढ़कुण्डार | वृन्दावन लाल वर्मा | राग दरबारी | श्रीलाल शुक्ल |
| ्खर : एक जीवनी | अज्ञेय | एक पति के नोट्स | महेन्द्र भल्ला |
| ्ठा सच | यशपाल | दिल्ली का दलाल | पाण्डेय बेचन शर्मा उग्र |
| दी के द्वीप | अज्ञेय | सेवासदन | प्रेमचन्द |
| टकी भर चाँदनी | केशनी प्रसाद चौरसिया | उत्तराधिकारी | यशपाल |
| हाँ लक्ष्मी कैद है | राजेन्द्र यादव | माँस का दरिया | कमलेश्वर |
| ाव शम्भु का चिट्ठा | बाल मुकुन्द गुप्त | अशोक के फूल | आचार्य हजारी प्रसाद द्विवेदी |

| रचनाएँ | रचनाकार | रचनाएँ | रचनाकार |
|---|---|---|---|
| लिफाफा देखकर | शैलेन्द्र नाथ श्रीवास्तव | नई पौध | नागार्जुन |
| नई कविता के प्रतिमान | लक्ष्मीकान्त वर्मा | डूबते मस्तूल | प्रियंवदा |
| साये में धूप | दुष्यन्त कुमार | कलम का सिपाही | अमृत राय |
| बाबा बटेसर नाथ | नागार्जुन | रश्मिरथी | दिनकर |
| आवारा भीड़ के खतरे | हरिशंकर परसाई | डाक बंगला | कमलेश्वर |
| एक चिथड़ा सुख | निर्मल वर्मा | नेताजी कहिन | मनोहर श्याम जोशी |
| युगवाणी | पंत | नहुष | मैथिली शरण गुप्त |
| ठण्डा लोहा | धर्मवीर भारती | संस्कृति के चार अध्याय | दिनकर |
| लहरों का राजहंस | मोहन राकेश | सुखदा | जैनेन्द्र कुमार |
| परशुराम की प्रतीक्षा | दिनकर | शिवा बावनी | भूषण |
| भारत की खोज | पं. जवाहर लाल नेहरू | मृगनयनी | वृन्दावन लाल वर्मा |
| जहाँगीर जस चन्द्रिका | केशवदास | तमस | भीष्म साहनी |
| त्याग पत्र | जैनेन्द्र कुमार | रेणुका | दिनकर |
| बोल्गा से गंगा | राहुल सांकृत्यायन | ग्राम्या | पंत |
| आधे-अधूरे | मोहन राकेश | दलित साहित्य का सौंदर्य शास्त्र | ओम प्रकाश वाल्मीकि |
| कर्मभूमि | प्रेमचन्द | | |

39

# प्रसिद्ध भारतीय कवि, लेखक एवं भाषाएं

## असमी

हेमचन्द बरुआ
माधवी कुँडली
हेमचन्द गोस्वामी
वीरेन्द्र कुमार भट्टाचार्य (ज्ञानपीठ पुरस्कार विजेता 1979)
प्रसन्न लाल चौधरी
नीलमणि फुकन (भारतीय भाषा परिषद् पुरस्कार विजेता 2000)
अपूर्वा शर्मा (साहित्य अकादमी पुरस्कार 2000)
इन्दिरा गोस्वामी (ज्ञानपीठ पुरस्कार 2000)
महिम बोरा ( साहित्य अकादमी पुरस्कार 2001)

## बंगला

वी॰ पी॰ बंधोपाध्याय
रवीन्द्र नाथ ठाकुर (नोबेल पुरस्कार विजेता)
बंकिमचन्द्र चटर्जी
तारा शंकर बंधोपाध्याय (ज्ञानपीठ पुरस्कार 1996)
शरत चन्द्र चट्टोपाध्याय
आर॰सी॰ दत्त
काजी नजरूल इस्लाम
माइकिल मधुसूदन दत्त
प्रेमचन्द्र मिश्र
विष्णु डे (ज्ञानपीठ पुरस्कार 1971)
आशा पूर्णा देवी (ज्ञानपीठ पुरस्कार 1976)
महाश्वेता देवी (ज्ञानपीठ पुरस्कार 1996)
जय गोस्वामी (साहित्य अकादमी पुरस्कार 2000)
शंख घोष (ज्ञानपीठ पुरस्कार 2016)

## गुजराती

मीराबाई
नरसिंह मेहता
के॰ एम॰ मुंशी
उमाशंकर जोशी (ज्ञानपीठ पुरस्कार 1967)
गोवर्धन राम
नर्वदा हागर
पन्नालाल पटेल (ज्ञानपीठ पुरस्कार 1985)
मनुभाई पांचोली 'दर्शक'
विनेश अंतानी (साहित्य अकादमी पुरस्कार 2000)
रघुवीर चौधरी (ज्ञानपीठ पुरस्कार 2015)

## हिन्दी

चन्दवरदाई
मलिक मुहम्मद जायसी
तुलसीदास
सूरदास
कबीरदास
केशवदास
बिहारी लाल
भारतेन्दु हरिश्चन्द्र
जयशंकर प्रसाद
सुमित्रा नन्दन पंत (ज्ञानपीठ पुरस्कार 1968)
मैथिलीशरण गुप्त
मुंशी प्रेमचन्द्र

सुदर्शन
कृष्णा सोबती (ज्ञानपीठ पुरस्कार 2017)
रामधारी सिंह दिनकर (ज्ञानपीठ पुरस्कार 1972)
सच्चिदानन्द हीरानन्द वात्स्यायन अज्ञेय
महादेवी वर्मा (ज्ञानपीठ पुरस्कार 1982)
नरेश मेहता (ज्ञानपीठ पुरस्कार 1992)
निर्मल वर्मा (ज्ञानपीठ पुरस्कार 1999)
डॉ॰ रामविलास शर्मा
गोपाल प्रसाद व्यास (श्लाका सम्मान 1998-99)
डॉ॰ रामदरश मिश्र (श्लाका सम्मान 2001-2002)
अलका सरावगी (साहित्य अकादमी पुरस्कार 2001)
डॉ॰ रमेश चन्द्र शाह (व्यास सम्मान 2001)

## कन्नड़

कम्बन
पुरन्दर दास
के॰ वी॰ पुत्तपा (ज्ञानपीठ पुरस्कार 1967)
शिवराम कारंथ (ज्ञानपीठ पुरस्कार 1977)
डॉ॰ डी॰ आर॰ बेन्द्रे (ज्ञानपीठ पुरस्कार 1973)
मस्ती वेंकटेश आयंगर (ज्ञानपीठ पुरस्कार 1983)
यू॰ आर॰ अनन्त मूर्ति (ज्ञानपीठ पुरस्कार 1994)
शांतिनाथ देसाई (साहित्य अकादमी पुरस्कार 2000)
एल॰ एस॰ शेषगिरि राव (साहित्य अकादमी पुरस्कार 2001)

## मलयालम

ओ॰ चन्दू मेनन
के॰ वी॰ रमन पिल्लई
थकाशी
जी॰ शंकर कुरूप (ज्ञानपीठ पुरस्कार 1965)
कुमारन आसन
नारायन मेनन
मुहम्मद बशीर
बल्लतोल
एस॰ के॰ पोट्टेकट (ज्ञानपीठ पुरस्कार 1980)
एन॰ के॰ वासुदेवन नायर (ज्ञानपीठ पुरस्कार 1995)
डॉ॰ एम॰ लीलावती (भारतीय भाषा परिषद् पुरस्कार 2000)
आट्टर रवि वर्मा (साहित्य अकादमी पुरस्कार 2001)

## मराठी

हरीनारायन आप्टे
टीकाराम सहाय
तुकाराम
बी॰ एस॰ खांडेकर (ज्ञानपीठ पुरस्कार 1974)
वी॰ वी॰ शिखाडकर 'कुसुमाग्रज' (ज्ञानपीठ पुरस्कार 1987)
प्रहलाद केशव अत्रे
एन॰ डी॰ महानोर (साहित्य अकादमी पुरस्कार 2000)
राजन गवस (साहित्य अकादमी पुरस्कार 2001)

## उड़िया

गोपाल बन्धु दास
राधा नाथ राय
गोपीनाथ मोहन्ती (ज्ञानपीठ पुरस्कार 1973)
वि॰ वा॰ शिखाडकर (ज्ञानपीठ पुरस्कार 1987)
सीताकान्त महापात्र (ज्ञानपीठ पुरस्कार 1993)
एम॰ नीलमणि साहू (भारतीय भाषा परिषद् पुरस्कार 2000)
प्रतिभा राय (साहित्य अकादमी पुरस्कार 2000)
मनोज दास (सरस्वती सम्मान 2000)
प्रतिभा सत्पथी (साहित्य अकादमी पुरस्कार 2001)

## पंजाबी

धनीराम चैत्रिक
भाई वीर सिंह
अमृता प्रीतम (ज्ञानपीठ पुरस्कार 1981)
बारिश शाह बलवन्त गार्गी
नानक सिंह
हरभजन सिंह (व्यास सम्मान 1994)
वरयाम सिंह संधू (साहित्य अकादमी पुरस्कार 2000)
देव (साहित्य अकादमी पुरस्कार 2001)
डॉ॰ दलीप कौर तिवाना (सरस्वती सम्मान 2001)

## संस्कृत

भास
कालिदास
बाणभट्ट
भर्तृहरि
वाल्मीकि
कल्हण
प्रो॰ रसिक बिहारी जोशी (वाचस्पति पुरस्कार 1999)
रामानुजताताचार्य (वाचस्पति पुरस्कार 2000)
पी॰ श्रीराम चंदुडु (साहित्य अकादमी पुरस्कार 2001)
डॉ॰ गजानन बालकृष्ण पल्सुले (वाचस्पति पुरस्कार 2001)

## तमिल

सुब्रमण्यम भारती
नवक्कल के॰ रामलिंगम
सी॰ वी॰ अकिलंदम (ज्ञानपीठ पुरस्कार 1975)
डी॰ जी॰ शिवशंकरन (साहित्य अकादमी पुरस्कार 2000)
सी॰ एस॰ चेलप्पा (साहित्य अकादमी पुरस्कार 2001)

## तेलुगू

विश्वनाथ सत्यनारायण (ज्ञानपीठ पुरस्कार 1970)
श्रीमती लक्ष्मी नरसिंहन
सी॰ नारायण रेड्डी (ज्ञानपीठ पुरस्कार 1988)
एन॰ गोपी (साहित्य अकादमी पुरस्कार 2000)
तिरूमला रामचन्द्र (साहित्य अकादमी पुरस्कार 2001)

## उर्दू

मुहम्मद इकबाल
मिर्जा गालिब
रघुपति सहाय फिराक गोरखपुरी (ज्ञानपीठ पुरस्कार 1969)
अल्ताफ हुसैन जोश मलीहाबादी
ज्ञानचन्द जैन (गालिब पुरस्कार विजेता)
सिकन्दर अलीवल्द
कुर्रतुल एन॰ हैदर (ज्ञानपीठ पुरस्कार 1989)
अली सरदार जाफरी (ज्ञानपीठ पुरस्कार 1997)
जोगिन्दर पाल (मजलिस-ए-फरोग उर्दू अदद पुरस्कार 1999)
अम्बर बहरायची (साहित्य अकादमी पुरस्कार 2000)
नय्यर मसूद (साहित्य अकादमी पुरस्कार 2001)

## अंग्रेजी के प्रसिद्ध भारतीय लेखक

अरविन्द घोष, रवीन्द्रनाथ टैगोर, के॰ एम॰ मुंशी, बंकिम चन्द्र चटर्जी, सरोजिनी नायडू, तोरुदत्त, हरिनाथ चट्टोपाध्याय, मुल्कराज आनन्द, आर॰ के॰ नारायन, लाला हरदयाल, मोहनदास करमचन्द गाँधी, जवाहरलाल नेहरू, चक्रवर्ती राजगोपालाचारी, अशोक मेहता, डॉ॰ राधा कृष्णन, मौलाना अबुल कलाम आजाद, नयनतारा सहगल, अमित चौधरी, अरुन्धती राय, विक्रम सेठ, शोभा डे, खुशवन्त सिंह, अनीता देसाई, अमिताभ घोष।

# राज्यों एवं संघीय प्रदेशों की मुख्य भाषाएँ

| राज्य | मुख्य भाषा |
|---|---|
| अरुणाचल प्रदेश | मोनया, मिजी, अका, अपातानी, अंग्रेजी |
| असम | असमिया |
| आंध्र प्रदेश/तेलंगाना | तेलुगू, उर्दू |
| ओडिशा | ओडिया |
| उत्तर प्रदेश | हिन्दी, उर्दू |
| कर्नाटक | कन्नड़ |
| केरल | मलयालम |
| गुजरात | गुजराती |
| गोआ | कोंकणी, मराठी |
| जम्मू और कश्मीर | कश्मीरी, लद्दाखी, डोगरी, बाल्टी, दादरी, पहाड़ी, राजकीय भाषा उर्दू |
| तमिलनाडु | तमिल |
| त्रिपुरा | बंगला, त्रिपुरी, काका बोरक, मणिपुरी |
| नागालैण्ड | अंग्रेजी, आओ, कोन्याल, चाग, आगामी, समा, लोचा |
| पंजाब | पंजाबी |
| प. बंगाल | बंगला |
| बिहार | हिन्दी, उर्दू, मैथिली |
| मणिपुरी | मणिपुरी |
| मध्य प्रदेश | हिन्दी |

| राज्य | मुख्य भाषा |
|---|---|
| महाराष्ट्र | मराठी |
| मेघालय | खासी, गारो, जैन्तिया, अंग्रेजी |
| मिजोरम | मिजो, अंग्रेजी |
| राजस्थान | राजस्थानी, हिन्दी |
| सिक्किम | भूटिया, नेपाली, लेप्सा, लिम्बू, हिन्दी |
| हरियाणा | हिन्दी |
| हिमाचल प्रदेश | हिन्दी, पहाड़ी |
| छत्तीसगढ़ | हिन्दी |
| उत्तराखंड | हिन्दी |
| झारखण्ड | हिन्दी, संथाली, बांग्ला, मुंडारी, हो |

| संघीय प्रदेश | मुख्य भाषा |
|---|---|
| अण्डमान और निकोबार द्वीप समूह | हिंदी, बंगला, तमिल, मलयालम, निकोबारी, तेलुगू |
| चण्डीगढ़ | हिन्दी, पंजाबी |
| दमन और दीव | गुजराती |
| दादर और नागर हवेली | हिन्दी, अंग्रेजी, गुजराती, मराठी |
| दिल्ली | हिन्दी, पंजाबी, उर्दू |
| पुडुचेरी | तमिल, तेलुगू, फ्रेंच, मलयालम, अंग्रेजी |
| लक्षद्वीप | हिन्दी, अंग्रेजी, मलयालम |

## YOUR SPACE

YOUR SPACE